⊙ 1950 年 8 月 8 日，周恩来、邓颖超银婚纪念日于西花厅，孙维世摄。（周秉德提供）

⊙ 1951 年，周恩来三兄弟家人合影。后排左起：周荣庆、周恩来、周八太、邓颖超、周同宇；前排左起：王兰芳、周秉德、周秉华、周秉钧、王士琴、周尔辉。（周秉德提供）

⊙ 1950 年，周恩来、邓颖超与六伯周嵩尧合影。（周秉德提供）

⊙ 1938年摄于八路军驻武汉办事处楼顶阳台。左起：葛少文（周恩彦之妻）、周保常、邓颖超、周保芳、周保庄、赵忠绮、赵忠继、周保章、桑春兰（赵光宸之妻）。（周保章提供）

⊙ 周恩来黑皮夹中存放的周恩来父亲遗像。（周秉德提供）

⊙ 周氏兄弟夫妇。后排左起：邓颖超、周恩来、王士琴、周同宇；前排左起：周秉建、周秉和。
（周秉德提供）

⊙ 周恩来和邓颖超在杨振
德的墓前，左一为刘昂。

周恩来家世

李海文 主编

秦九凤 周秉宜 张能耿 副主编

九州出版社 JIUZHOUPRESS | 全国百佳图书出版单位

图书在版编目（CIP）数据

周恩来家世 / 李海文主编. -- 北京 ：九州出版社，
2017.4（2018.3重印）
ISBN 978-7-5108-5279-4

Ⅰ．①周… Ⅱ．①李… Ⅲ．①周恩来（1898-1976）
－家族－史料 Ⅳ．①K820.9

中国版本图书馆CIP数据核字（2017）第100433号

周恩来家世

作　　者	李海文　主编
出版发行	九州出版社
地　　址	北京市西城区阜外大街甲 35 号（100037）
发行电话	(010)68992190/3/5/6
网　　址	www.jiuzhoupress.com
电子信箱	jiuzhou@jiuzhoupress.com
印　　刷	三河市九洲财鑫印刷有限公司
开　　本	787 毫米 ×1092 毫米　16 开
印　　张	26　彩插 0.25
字　　数	430 千字
版　　次	2017 年 9 月第 1 版
印　　次	2018 年 3 月第 2 次印刷
书　　号	ISBN 978-7-5108-5279-4
定　　价	68.00 元

目　录

一版前言

　　1963 年夏天，周恩来在北京给应届大学毕业生讲话，号召学生们要树立阶级观点、劳动观点、革命观点、集体观点。他说自己出身于一个封建的大家庭，解放以后有 100 多个亲戚来找他，全是邓大姐处理的。邓大姐处理得很好。周恩来作报告常常用自己的经历现身说法。当时我正在大学学习。

　　周恩来出身于剥削阶级家庭，这是众所周知的事。但是，当我于 1979 年专业从事周恩来生平和思想的研究工作后，得知周恩来的父亲只是个小职员，一辈子穷困潦倒。我十分惊讶，他为什么要填自己是封建官僚家庭而不说自己出身于小职员家庭呢？我知道，在革命队伍（在建国前参加革命的共产党员）中不少出身剥削阶级的同志，他们填自己的出身时，并不是按照 1947 年或 1952 年土改时划的成份（由于日本侵入许多家庭破产），而是按照自己离开家庭参加革命前的家庭状况。可是在周恩来很小时他的父亲就是个小职员，常常不能给家里寄钱，因而他的生活十分窘迫，与官僚家庭相去甚远。

　　周恩来的故居是他爷爷买的，那他的爷爷是不是大官呢？在中国往往有这种情况，后代就是靠祖上留下的产业生活，虽然官职没有了，但是家里的生活仍比较富裕，仍守着旧习惯、旧规矩生活。然而 1989 年人民出版社和中央文献出版社共同出版的《周恩来传》（我参加了这本书的写作）根据资料和淮安同志多年的考证明确，周恩来的爷爷仅仅是个师爷，他做了多年的师爷，做过很短时间的巡检，这个职务比区长还小，比七品芝麻官更小，何以说他是官僚？仅到晚年有很短时间做了山阳县（今淮安）的知县。而淮安的材料认为他仅仅是候补，因为前任一直不交印，他并没有到任即去世了。即便当时为官的人比较少，到民国年间，县长都是由中央政府的第一把手任命。但是，师爷并不在官僚之列。他的外祖父在淮阴当知县30年，知县相当于现在的县长。可在周恩来出生的前一天外祖父就去世了，周恩来仅在6岁时在外祖父家里生活不到一年，以后就搬出来单住。而且在这一年当中，他是依靠母亲生活，并不是依靠外祖母。

这样我产生了研究周恩来家世的念头。利用一切机会，到周恩来的故居淮安，到周恩来的祖居绍兴，看故居，看家谱，和他的亲属谈，向当地研究周恩来生平的同志请教，渐渐地对周恩来有较深入的了解。这时我才明白：为什么毛泽东一再向人推荐《红楼梦》，当一位将军说这是吊膀子的书没有意思时，毛泽东对他说，看五遍才能看懂。并说，这本书里讲的是阶级斗争。他认为《红楼梦》是封建社会没落时期的社会生活的百科全书。而喜爱文艺的周恩来很钟爱越剧《红楼梦》，却从来没有向别人推荐过这本书。因为周恩来早在童年，早在封建的大家庭里，已深知《红楼梦》的滋味。他对侄子周华章说：巴金写了一本《家》，将来等我退休了，也写一本名叫《房》的书。他写《房》就是揭露封建大家庭。他后来回忆自己走过的道路时说："12岁的那年，我离家去东北。这是我生活和思想转变的关键。没有这一次的离家，我的一生一定也是无所成就，和留在家里的弟兄辈一样，走向悲剧的下场。"

我只有在研究了周恩来的家世后，才理解他的这句话。

主　编

1997 年 4 月 12 日

再版前言

1989 年我担任《周恩来年谱（1898—1949》的副主编，参与写作的《周恩来传》出版后，又与研究周恩来生平与思想的同仁们合作，出版了《周恩来的足迹》①《周恩来研究述评》《穿过硝烟的握手》《周恩来青少年的故事》《伟人周恩来》及《周恩来家世》六本书。

在这六本书中我最钟爱的是《周恩来家世》。原因有两个，首先，这本书我付出的心血最多，为此住院半月有余。

我从 1995 年发起组织四方（李海文、张能耿、周秉宜、秦九凤）、三地（北京、绍兴、淮安）的学者通力合作，历经两年半才写出了《周恩来家世》一书。在编写这本书的过程中，我考证了周氏家族从 1017 年到 1983 年，前后长达近千年的家族史。在这段周氏家族史中，由于人口众多并时过境迁，不少人名不见经传；不少地方发生变化，难以查找；不少称谓都已经消失。这对于作为一个党史研究者的我来说确实勉为其难。周氏家族根深叶茂，支系庞大，繁衍近千年 33 代家族史，文中涉及人物达数百。而我出身一个简单的家庭，不仅要理清周氏家族庞杂的关系，还要烂熟于心，绝非易事。中国人对亲戚的称谓复杂而严格，是以周恩来为准，还是以回忆者为准，大不相同，常易混淆。再加上中华人民共和国成立以来社会发生巨大的变化，不少称谓不复存在。仅举一例，周恩来出身旺族，众多的亲戚是读书人，以前读书人除有名外，还有字、号，在不同的场合有不同的称谓。随着时代变迁，人物身份的变化，有的

---

① 四川人民出版社 1994 年出版时全书 12 万字，四川天地出版社 2006 年再版，收入中国农村文库。后增加到 30 万字，以《周恩来之路——100 个真实的故事》为书名，北京出版社 1998 年版。

人更是数次更名，因而要将上千个名、字、号、官阶变化一一记住，实属不易。本着厚今薄古的原则，此书写了近 200 人的传记，其中超过 500 字以上的就有 80 多人。近千年来随着周氏家族不断繁衍、迁徙，从湖南迁到河南，而后到浙江杭州、诸暨、绍兴，最后周恩来所属的这支才落户于淮安。"一方水土养一方人"，为此，本书介绍了与周氏家族有关的十多个地方的历史与现状。

从周恩来起，上溯四代都是师爷，为他们立传，用事实为绍兴师爷正名，冲破了 100 多年来社会贬低、丑化绍兴师爷之风。我认真阅读了中国近代史所研究员郭润涛写的《官府、幕友与书生——师爷研究》一书，并请他特为本书写了《绍兴师爷》作为附录（见附录九），对绍兴师爷的形成、作用、思想、生活状况及优劣做了详细的分析，从而增强了此书的学术性和思想深度。

出版时，读者对本书反响较大，这是我喜爱此书的第二原因。该书出版后盛况空前。第一次印刷二万册，同年便加印了。1998 年 2 月中旬，绍兴举行了纪念周恩来百周年盛大活动。单单这次会议就订了一千册，发给与会者，人手一册。浙江、杭州、绍兴各报纷纷报道了此事。此外，该书出版后收到许多海内外读者及专家的来信，尤其是周氏后代的来信，鼓励我并问询自己那支的情况。特别是本书引起研究宋史学者的注意，中国社科院研究宋史学者吴丽娱虽然认为朱熹写的《克顺公紫岩谱序》是伪作，但是在她著文 ① 评论本书时这样写道：

> 此书从研究周恩来的出身家族出发，详细地排出叙述了有史可考的周代祖先世系，及有关的周恩来内外家族亲属事迹。书中征集引用了大量地方志、族谱、墓志等材料，以及报刊文章、照片与采访记录等，许多尚属首次发表。本书编著者抱着十分严肃认真的态度，在陈述有关人物及与周恩来的关系时，尽可能做到实事求是。这使本书具有一定的史料价值。特别是各种族谱、家传的综合利用，使得关于周恩来总理的出身家系、有了

---

① 吴丽娱：《读〈周恩来家世〉辩绍兴周氏族谱中的真伪问题——兼谈如何科学使用古代族谱家乘》，《历史研究》1999 年第三期。

比较完整而清晰的面貌。而这样的写作内容及方式，在有关国家领导人的著作中尚属第一次。

本书通过对周恩来家世系和家族成员事迹的详尽阐述，儿时及青年时代所受家族的教育、影响与熏陶，因家族变故而受到的锻炼，以及周恩来本人对家族谱系、家族成员的承认与尊重，清楚地呈现了周恩来个人生活经历的另一个侧面及重视传统、尊重历史的态度。使人对于形成周恩来人格的深厚文化底蕴有了切实的认识与了解。它的写作和出版，说明编著者抛弃了以往关于出身的简单概念化，而力求恢复历史的本来面貌。

写作这本书，对我来说，不仅"对于形成周恩来人格的深厚文化底蕴有了切实的认识与了解"，使我对研究周恩来的性格、思想形成有了深入了解，而且还远远超过党史的范围，通过诸多传记，对研究中国民族的迁徙史、民俗、伦理道德、家族兴衰的规律获得大量的考证材料和依据。

现在离首次出版已经过去了十八年，时代在前进，人们的观念在随着时代的变化而变化，我的认识也在深化。

1997 年时，我在研究周恩来上溯四代的周氏家族史时，归纳出了两个特点：其一是紧密性；其二是世代为师爷，擅长"佐官制吏"。此次进一步研究后发现了第三个特点，这就是：他们除祖茔地外并不置地产，只有房屋若干。他们都是凭自己的才干、学识、品行端正立足社会、谋求发展，所以有良好的家风，注重对后人的教育，并将他们培养成有道德、有真才实学的接班人，以期做一个对家庭、对国家有益的人才。

周恩来受到师爷世家的影响，在 1997 年时我们看到周恩来受消极影响多一些，对周恩来旧家族的批判多一些。周恩来提出人的一生要过好五关：思想关、政治关、社会关、亲属关、生活关（详见本书第十三章）。这些是十分必要的，应该坚持，尤其是在反贪腐的今天更应该发扬光大。但是，只强调师爷世家消极的影响是片面的、错误的。既然师爷擅长"佐官制吏",那么他们的治国理念、行为方式、行事规矩等经验就必然有可取之处,有值得后人借鉴、学习的地方,如仁恕治狱①。现在我看到了师爷世家对周恩来正面的、积极的影响。这些可以概况为以下几点:

1. 书香门弟,家传久远,文化底蕴深厚,文化素养高。从小养成学习的习惯和自学能力,勤学好问,善善人长,知识广博。所以周恩来常说:"活到老,学到老。"

2. 有品德,讲操守。"文革"中,他常说:"我就是八个字,'鞠躬尽瘁,死而后已'。"他言行一致,做到了鞠躬尽瘁,死而后已。他说:"文革,使我少活了十年。"他逝世后,百万群众冒着被"四人帮"追查、迫害的危险,自发为他送行,称他为"人民的好总理"。纵观历史,放眼世界,有谁得到这样的评价!

3. 从小耳闻目睹,知道朝廷政治、经济体制及运行程序、规则。懂规矩,知进退,办事有分寸。有极强的行政管理能力、组织能力。

4. 从家族的变迁,知道世事艰难。大家庭人多口杂,要取得共识,做成一件事,实在不易。他从小身处复杂的环境,养成极强的责任心。做事兢兢业业,慎始慎终。他常说:"戒慎恐惧,如履薄冰。"越是复杂越能显现他的才华。

周恩来18岁时,四伯父到奉天(今辽宁)西丰县工作,他写信说,西丰"僻处奉北,政塞俗陋",建议伯父:"大人虽欲力求真实,曲高寡和,恐不易为力。处兹浊世,惟有直道求己,枉道恕人,方可与众共立(克见容于世)。"他一生都是"直道求己,枉道恕人"。

他深知在中国,共产党发展壮大甚为艰难,因外有敌人的镇压、压迫,内有意见纷争,各派政治关系常常势均力敌,相持不下,甚至反目为仇、形成分裂之势。周恩来的思想从不走极端,他知道要取得胜利,除有正确的政策外,还要顾全大局,维护中国共产党的统一、团结,这是十分重要的。他在六届四中全会、在"大跃进"失败后的三年困难时期、特别在"文革"十年中,不计前嫌,不怕

---

① 详见本书附录九《绍兴师爷》中,"仁恕"一节。

攻击和误解，挺身而出，忍辱负重，坚守岗位，苦撑局面，力挽狂澜，维护了党和国家的正常运转，维护了党和国家的统一和团结。刚一开始他的举动不为激烈相争的人们理解，被指责为中庸、调和。但是，当人们看到由于他的苦苦支撑和坚持，终于使我们党渡过了一次又一次危机与难关，才渐渐认识到他在党内起的中和作用，稳定作用，团结作用，是难能可贵、无可替代的。周恩来在人民中的崇高威信是历史形成的。周恩来的这些品质就是在这样家族教育、薰陶中而形成的。

5. 师爷的理想是做像张良、诸葛亮这样的将军、宰相。出将入相，而没有当刘邦、朱元璋的想法。没有称王称霸的僭越之妄想，用现在的话讲就是没有个人野心。周恩来追求的不是个人的出路和前途，而是国家、民族的解放和兴盛。所以他在"文革"中能说出"我不入地狱，谁入地狱"这样惊天地、泣鬼神的话。

在此次增订过程中，再次研读、修订周恩来的爷爷、外祖父、二伯、六伯等人，增写民国总理钱能训的传记时，进一步发现周恩来从少年时代就与这些达官贵人有交往，通过这些日常的交往，使他认识到，统治阶级内部并不是铁板一块，不是清一色，也是各不相同，各有千秋，统治阶级内部保存着中华民族优秀文化、优良传统，更何况随着社会的变化、发展而进步、变化，其中不乏为民为国的志士仁人。中国共产党的高级领导人不少是来自于旧阵营。如朱德、刘伯承、贺龙、彭德怀、叶剑英、杨度等等。朱德放弃高官厚禄，1922 年 7、8 月间千里迢迢从四川到上海找到中国共产党的总书记陈独秀，提出入党要求。"陈独秀说，要参加共产党的话，必须以工人的事业为自己的事业，并且准备为它献出生命。对于像朱德这样的人，就需要长时间的学习和真诚的申请"①，以此将他拒之门外。为了寻找共产党，同年 10 月朱德远渡重洋，到德国见到周恩来。俩人彻夜长谈，相见恨晚。周恩来同意他入党的要求，并报上级得到批准后，亲自做介绍人。这年周恩来仅 24 岁，陈独秀 43 岁。这件事显示出周恩来早在二十几岁就从实际出发，不拘泥教条、概念，有过人的胆识和担当。1927 年周恩来亲自做贺龙的工

---

① 艾格妮丝·史沫特莱：《伟大的道路——朱德的生平和时代》，第 175 页，生活·读书·新知三联书店 1979 年版。

作，并任命贺龙为南昌起义的总指挥。起义军南下，在瑞金，周恩来亲自出席贺龙的入党仪式。① 这些例子举不胜举。

马克思在分析资本主义社会的经济现象时，发现商品是资本主义财富的原素形态（财富的细胞）。商品和货币的流通发展到一定程度才产生资本。资本的产生表示着商品经济相当高度地发展，不单一般生产物（包括生产手段与消费资料）当作商品生产出来，在商品市场上出卖，同时人的劳动力也当作商品出现在劳动市场之上。资本主义的商品不仅有使用价值和价值，而且价值中包含有剩余价值。他在分析劳动力这种特殊商品，计算劳动力的价值时，将种种劳动化作简单劳动（即体力劳动），说可以"把一日高级劳动还原为 X 日简单劳动"，② 但是没有展开论述。由于中国是一个商品、资本都不发达的国家，很多人由此误解为只有体力劳动才是无产阶级，脑力劳动不是无产阶级，甚至认为知识越多越反动。周恩来学习马克思主义，并不墨守成规，由于他众多的亲属都是读书人，这些人中有：官僚、中下层官吏、师爷、医生、教师、学生、作家、职员、生活状态种异的市民、甚至是革命者，通过自己对这些人的观察，对社会的研究，他认为脑力劳动即知识分子中的许多人也是受剥削、受压迫的，也是革命的依靠对象。早在 1957 年他就提出："他们已经为社会主义服务，已经是工人阶级的一部分。"③

正是基于周恩来与社会各阶层的接触、往来，特别是与城市中各个阶层的交往，使他熟悉众多阶层的社会形态、生活状态、生活习惯、思想理念及其心理、秉性、语境、为人处事之道，知道他们在经济、政治、思想及文化上的诉求。所以他是党的统一战线政策的制定者和执行者，他一生从事统一战线工作，提出"求同存异，广结盟友""风雨同舟，患难与共""荣辱与共，肝胆相照""长期共存，互相监督"等行之有效的方针、政策，团结了大批的知识分子和民主人士。胡乔木曾经这样评价周恩来领导的南方局的工作，他说："没有南方局大量的工

---

① 李烈主编：《贺龙年谱》，第 95—96 页，人民出版社 1995 年版。
② 马克思：《资本论》第一卷，第 194—195 页，人民出版社 1965 年版。
③ 《周恩来选集》（下），第 162 页，人民出版社 1984 年版。

作，就没有后来解放战争时期那样大规模的群众运动，形成那样强大的第二条战线。""南方局的统一战线工作是很出色的。没有南方局在大后方进行的广泛的统一战线工作，就很难把当时在国民党区域的各民主党派和各方面人士团结在我们共产党的周围，后来我们建立新中国的情况就会不一样。就没有今天的格局。因此，可以说，南方局的统战工作从一个方面的意义上讲，为新中国奠定了重要的政治基础。南方局的统战工作是多方面的。有国内的也有国际的，有上层的也有下层的，为我们党团结争取了许多朋友。"① 中华人民共和国成立后周恩来任总理。1949 年 10 月 19 日毛泽东主持中央人民政府委员会会议正式通过了政务院副总理以及下属委、部、会、院、署、行主要负责人的任命。在这次任命中，各民主党派和无党派民主人士占了相当大的比重：4 个副总理中，民主党派和无党派民主人士 2 人；21 名政务院领导中，民主党派和无党派民主人士 11 人；政务院下属 34 个机构的 109 个正副职位中，民主党派和无党派民主人士 49 个，其中 15 个是正职。② 历史证明他对复杂的中国社会认识是深刻的、全面的。这些都与他的家族、早年经历有关。对这个问题的研究还需要进一步深化和发扬，本书在此仅抛砖引玉而已。

1997 年时，我关注家族对周恩来的影响多些。今天，反贪腐斗争进行得如火如荼，使我常常思考贪腐产生的社会、家庭原因时，从而认识到周恩来率亲属、后人改造旧家族，移风易俗，对社会所起的表率作用。周恩来历来认为家事是社会问题的一部分，从不把家庭应承担的责任推向社会。有族人求他要他解决更好的工作，他专门召开家庭会议，在会上对这些亲属说："我们共产党是唯物主义者，我们要承认家族之间的关系。问题是不能依赖它。但是，我们不能像国民党那样搞裙带风。想靠我给你找个好事。这点我做不到。你只能依靠自己，要自食其力。"1950 年前后，周恩来的许多亲戚失业，无以为生，写信求救，周恩来一律建议他们到当地政府登记报名，由当地政府量才录用，做自食

---

① 胡乔木：《关于南方局党史的编写及其他》，1988 年《红岩春秋》创刊号，《胡乔木谈中共党史》，第 341 页，人民出版社 1999 年版。

② 李海文主编：《周恩来之路》，第 163 页，北京出版社 1998 年版。

其力的劳动者,以期为人民服务。"自食其力,为人民服务"是他改造旧家庭的目标。

他带头移风易俗,坚决反对重修祖坟,一向主张平坟深葬。他说:坟地问题一定要解决,中国有六七亿人口,只有 16 亿亩耕地,平均一人二亩三分地,将来人口越多,每人平均土地就越少。为此,他身体力行,带头移风易俗。1958年他分别派人将自己父亲和岳母在重庆的坟、将淮安的祖坟深葬,将原墓地给当地农民耕种。他去世后,邓颖超按照他的遗愿,派亲戚到绍兴将周恩来祖先的墓地深葬。周恩来没有保留骨灰,撒向祖国大地。邓颖超病逝后骨灰撒向大海。

周恩来在半个世纪前提出的过五关(思想关、政治关、社会关、亲属关、生活关)这一教诲,时至今日,仍然是那么切合实际,它对于我们共产党人的自身修养和教育,仍然有十分重要的的现实意义和深远的历史意义。周恩来严于律己,身传言教,贯彻于他的一言一行、日常生活中的点点滴滴,做到了言行一致、表里如一、始终如一。他永远是我们学习的榜样。这是此书再版的第一个意义。

此次修改,将附录中的大事记从 1791 年提前到周恩来太高祖母出生的 1766年。因为史学界认为康乾盛世是从 1775 年之后才开始走向衰败的。[①] 那么,1775年发生了什么事,能成为标志性的年份?这年乾隆 65 岁,重用、擢升 25 岁的和珅。和珅从这年起到 1799 年乾隆病逝,25 年间大肆侵吞财物,祸害朝纲,将高达 8 亿两白银的财富窃为己有。由于和珅的把持和影响,朝廷上下贪污成风,旗人变得放荡不羁,玩物丧志,不再能充任打仗之职。汉军绿营丧失以往的锐气。西方帝国主义向中国贩卖鸦片,中国由上而下吸食鸦片,逐渐遍及全社会,造成白银外流,财政困难。同时,中国人的体魄也受到严重摧残,成为"东亚病夫"。从此国力大减,完全不能抵御帝国主义的侵略。

周恩来家族的变迁是社会的缩影。首先随着清王朝的衰落,大家族分崩离析,各奔东西,纷纷破产。清王朝被推翻后,军阀混战,日本帝国主义侵入,几十年的战乱,民不聊生。周恩来的亲属有 15 人因战乱、贫穷而病故,周恩来的八伯周贻奎、周恩来的姑父王子余、大伯父周贻豫、二伯父周嵩尧的妻子、孙媳妇、

---

① 徐中约:《中国近代史——中国的奋斗》,世界图书出版有限公司 2008 年版。

孙女，亲弟弟周博宇、堂弟周恩彦的妻子、三个孩子，堂弟龚仁甫。在绍兴的周金麟、延祐夫人和祥婆婆三人被饿死。到1949年新中国成立前后，许多人失业，艰难度日，甚至无以为生。

中国积贫积弱，旧有的大家庭土崩瓦解。另一方面中国又在失败、屈辱中不断觉醒。从林则徐、太平天国、洋务运动、康有为梁启超的改良、孙中山的革命，一直到中国共产党的成立，到中华人民共和国建立，中国人民终于站起来了，一代又一代人地奋斗。大事记从1791年提前到1766年，从1920年延长到1992年邓颖超逝世。这样，不仅涵盖了中国从衰败、觉醒、奋斗、崛起的全过程，而且也使周恩来夫妇与家族的故事完整了。此书不单单从一个侧面反映了中国200多年的历史，书中人物的经历更是时代的缩影。这是此书再版的第二个意义。

此书出版后，在一些具体问题上曾引起过争论。我的态度是对各方观点无论是否同意，只要言之有据，都经过认真地考量才决定取舍。一些问题因资料缺失，难以断定的，将双方意见摆出来，供读者探讨、研究。

李海文

2015年8月　一稿

2016年3月5日于博鳌千舟湾　二稿

2016年9月于北京　三稿

一、始祖

1. 祥符① 周氏始祖周敦颐传

周恩来常讲："生生不已。""生生"是中国哲学术语，承认事物在变化中时时有新生事物产生。"生生之谓易"，宋朝理学（道学）创始人周敦颐强调"生生"是宇宙的根本，他在"太极图说"中说："二气交感，化生万物，万物生生而变化无穷焉。"

周敦颐被绍兴宝祐桥周氏尊为始祖。而周恩来是宝祐桥周氏的后代。由此看来周敦颐就是周恩来的祖先了。这有没有根据呢？因为中国人历来有攀名人为祖先的习惯。如姓周的常常要追溯到周文王、周武王，其实周文王、周武王姓姬并不姓周，正如大禹姓姒一样。只是后人以国号为姓。

宝祐桥的周氏没有尊周文王、周武王为始祖，而是尊周敦颐为始祖。这是有根据的，最主要的根据就是周敦颐的曾孙周靖的墓志铭，墓志铭成文具体时间无从考，但是作者李大同是南宋嘉定的进士。嘉定年间是 1208—1224 年，距离周敦颐去世的时间仅差 100 余年，此时周敦颐已被尊为理学（道学）鼻祖，一般人也是不敢冒认其后代的。碑文的记载应该是可信的，周靖的墓碑已不复存在，但是墓志铭全文收录于光绪年间修订的《诸暨县志·山水志》一书。

另外，周氏后裔迁徙成族者 50 余处，其中包括紫岩族、南门族、丰江族、梅山族、周桥族、后马族等等，各族宗谱，详细记载族史，溯其源均谓系宋代理学家周敦颐之后，而且与周敦颐出生地湖南道县楼田村的《濂溪故里周氏族谱》

---

① 祥符：地名，宋大中祥符三年（1010 年）改浚仪县置，以年号为名，治所与开封县同城，在今河南开封市。

相符。①

此外还有一个证据，国民党元老、考试院院长于右任等社会名流也承认周敦颐是周恩来的祖先。

事情的经过是这样的。1961年3月中旬，章士钊转述了于右任给一位港人的信，于老先生在信中说："今年是我老伴80寿辰，可惜我不在大陆，今年她的生日一定会很冷落，不会有人理睬她的。想到这一点，我十分伤心。"章在信末说"于老的这种心情，请总理给予注意"。周恩来看了信后即让屈武以女婿名义，去为于夫人做80大寿。事后，屈武想把周总理关怀经过告知岳丈于老，但又不知怎么写为好，就与于右任的朋友邵力子商量。邵力子和于右任在抗日战争时期，同住陪都重庆康心之的家中，朝夕相处。邵力子在黄埔军校和周恩来共过事，他是国民党的主和派，被称为和平老人，多次与周恩来谈判。邵力子也是绍兴人，他说："可用'濂溪'二字代称，因为濂溪是宋代理学家周敦颐的别号，于先生一看就知道。"果然于老先生收到信后，心领神会，对濂溪先生即周恩来表示感谢。

为何于右任见信看到"濂溪"两字就心领神会？因为于右任知道周恩来是周敦颐的后代。周敦颐晚年在庐山濂溪学堂讲学，后人称他为濂溪先生。于老先生和邵力子在重庆时就常常以濂溪先生称周恩来。

周敦颐，字茂叔，宋真宗天禧元年（1017年）出生在道州营道（今湖南道县）濂溪。原名敦实，因避宋英宗讳，改名敦颐。

周敦颐15岁失去父亲，母亲带他到开封投奔舅父龙图阁直学士郑向。他因舅父的官职荫恩为官，不是科举出身，24岁任洪州②分宁县③主簿。周敦颐初进仕途，就不同凡响。当时，分宁县有一个案件，拖了好长时间，不能决断。他到任后，只传讯了一次，便了结。经按察使推荐，他被调为南安军④司理参军。

在南安军司理参军任上，又有一事震动官场。当时转运使王逵是个酷吏，独断专横。有一个罪犯，就案情说，不该判为死刑，王逵则非将他判为死刑不可，没有人敢说个不字，独有周敦颐敢于争辩。王逵固执己见，毫不理会，周敦颐就

---

① 参见胡正耀、蒋聪顺：《鲁迅和周恩来的祖籍考》，刊《辽宁大学学报》1991年第2期。
② 洪州，南昌的别称。隋、唐、宋三代南昌为洪州的治所。
③ 分宁，今修水一带。
④ 南安军，宋淳化元年（990年）分虔州置军，治所在大庾（今江西大余），辖境相当于今江西章水、上犹江流域。

将上朝用的手板交给随从，决定弃官而去，并说："像这种样子，还可以做官吗？用随意杀人的办法来讨好上司，我可不干！"这番话传到王逵耳里，王逵醒悟了，这个罪犯总算没有死。

不久，周敦颐被调为郴州桂阳县令，治绩更加显著。有了好名声，推荐的人就多。他被调为洪州府南昌县知县。

接着，他担任了合州①通判，为官4年。当时，州内大小事情，不经周敦颐之手，下吏不敢随便处理；即使下吏勉强布置下去，百姓也不肯执行。这时，按察使赵抃前来巡察，有人向赵抃进谗，赵抃摆出一副威严的样子，察看动静。周敦颐不以为意，泰然处之。赵抃无可奈何，但对谗言总不能释于怀。后来，周敦颐调任虔州②通判，虔州知府正是赵抃。赵抃又仔细考察周敦颐的一言一行，才省悟进谗者的险恶用心。赵抃握住周敦颐的手说："我几乎要失去你了。现在我才算真正了解你。"

熙宁初年，周敦颐升任郴州知府。不久，由赵抃和吕公著推荐，他担任广东路转运判官，兼任提点刑狱。他便以清理冤狱、造福百姓为己任。他视察各地，不畏劳苦，即使是瘴疠之地、险远之所，甚至穷崖绝岛、人迹罕至之处，也一个一个地走到，发现处置不当的事情，设施不够完备的地方，他都尽力而为，让百姓满意。

由于长年劳累，他疾病缠身，再也不能东奔西跑了。1072年他向朝廷提出，希望担任知南康军③。朝廷同意了他的要求，他便在庐山莲花峰下安了家。门前有一条溪流，发源于莲花峰，流向湓江口，洁清甘寒，沁人心脾，他就以家乡的濂溪称呼它，并以濂溪为自己的号。他有时徜徉庐山，乐而忘返；有时濯缨濂溪，心旷神怡。他在溪上筑了书堂，名为濂溪书堂，早晚读书、讲学，怡然自得。

周敦颐为官30年，但官职比较低。他的生活并不富裕。他年轻时就信古好义，以名节自重，对自己要求严格。做官所得俸禄，基本上用来周济族中贫困的人和一些亲朋好友，自己连百钱的积蓄也没有，自己的妻子和儿女，有时甚至连粥也吃不上。他却旷然不以为意，襟怀飘洒，雅有高趣。诚如黄庭坚所说："茂

---

① 合州，治所在徐闻（今广东海康），辖境相当今雷州半岛。
② 虔州，治所在赣县（今赣州市），辖境相当今江西赣县以南的赣水领域。
③ 南康，宋太平兴国七年（982年）分洪、江等州置军，治所在星子，辖境相当于今江西星子、永修、都昌等县地。知南康军就是南康军（即州）的地方行政长官。

叔人品甚高，胸中洒落，如光风霁月。"周敦颐的《爱莲说》便是他人格的写照：

予独爱莲之出淤泥而不染，濯清涟而不妖。中通外直，不蔓不枝，香远益清，亭亭净植，可远观而不可亵玩焉。

《爱莲说》脍炙人口，"出淤泥而不染"成为千古流传的名言。

周敦颐是儒家学者，为官的同时传道授业，著名理学家程颢、程颐是他的得意门生，朱熹是他的再传弟子。他的著作流传下来的有《太极图说》《通书》等，后人编为《周子全书》。

周敦颐立学的宗旨是教人如何做个圣人，注重道德修养，讲正心诚意的性命之学。在哲学上，把孔孟的修心养性的理论和佛老的虚静、无为的思想结合起来，终于推衍出唯心主义的体系，是宋明理学（道学）的创始人。

周敦颐继承《易传》和道家思想，提出一个简单而系统的宇宙构成说。他认为"无极而太极。太极动而生阳，动极而静。静而生阴，静极复动。一动一静，互为其根。分阴分阳，两仪立焉"，"万物生生而变化无穷焉，惟人也得其秀而最灵"。又认为圣人模仿"太极"而建立"人极"，"人极"就是"诚"，"诚"是"纯粹至善"的"五常之本，百行之源"，是道的最高境界。他又上承孔子、孟子，而自成理学体系，对以后理学的发展有很大影响，为理学一派哲学体系的形成奠定了基础。

周敦颐生前社会名声不算大，经程颢、程颐特别是朱熹的宣扬，后人认为他的哲学是孔孟的真传，儒学的再起，其功绩仅次于孔孟。南宋封他为汝南伯，元朝封道国公。从祀文庙。

熙宁六年六月七日（1073年7月14日），周敦颐逝世，享年57岁。"葬江州德化县德化乡清泉社"或"卜厝于德化县清泉社（庐山）莲花峰三起山郑太君墓侧"。[①]这只是一种说法，李海文1997年到九江，得知至今在庐山脚下的九江市东南郊有一座周敦颐墓，此墓历经沧桑，几毁几建。

此墓在栗树岭下，濂溪前。此濂溪，就是当年周先生讲学的濂溪。曾任德化县尉的潘兴嗣与周敦颐为莫逆之交，作墓志铭："其家服饰之物，止有一敝箧，

---

① 见《周子全书》之《濂溪志》，朱熹撰写《周敦颐事状》。

钱不数百，人莫不叹服，此余之亲见也。"

据说此墓开始不为常人知，到南宋由于朱熹的推崇，他的墓地得到修葺。明英宗正统元年（1436年）诏修祠墓，对墓地进行了大的修复。墓前五里处，有墓道，两旁建墓道亭和竖墓道碑，过濂溪，小桥流水，迎面是高大的石牌坊，墓的左右为太极图碑和像图石碑。墓前建濂溪祠，祠前又凿二池种莲，四周古树参天，气势不凡，成为明代的"江州十景"之一。

清朝咸丰五年（1855年）罗泽南、李续宾出资主修濂溪墓，重建牌坊。1934年又筑钢筋水泥，使陵墓加高。

到建国后墓区保存完好。墓地古木参天，浓荫蔽日，两旁各有一座墓亭，中间随着山势修有层层的石阶，拾级而上，最上一层是墓茔。

然而这个墓区在十年浩劫中遭受灭顶之灾，被人用炸药炸开墓茔，古木被砍伐，古墙、牌坊荡然无存。据说，有人认为周敦颐官居六品，权倾一方，墓内定有不少陪葬物，炸开之后一无所获。完全证实了潘兴嗣写的墓志铭真实可信。

可喜的是，1988年全国上下肃贪倡廉，乡民们敬佩周敦颐的清正廉洁，自发集资，义务献工，重修濂溪墓。

周敦颐在九江的时间并不长，可是影响很大。至今星子县城的东侧，仍有爱莲池，周围数十余丈，中筑石台，上面造观莲亭，内立石碑。碑上刻周敦颐的名篇《爱莲说》。这是朱熹任知南康军时，对亭重修，又征得《爱莲说》墨迹，刻石碑于亭，保存至今。

周敦颐生二子：寿、焘。

2. 周敦颐—周靖世系表 [①]

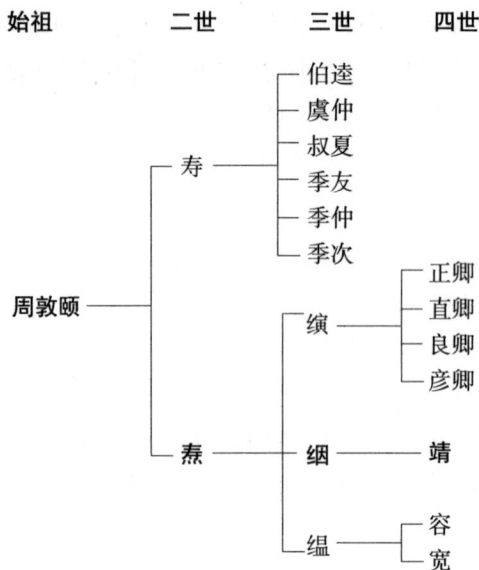

```
          始祖        二世       三世       四世

                              ┌ 伯逵
                              ├ 虞仲
                              ├ 叔夏
                       寿 ────┤ 季友
                              ├ 季仲
                              └ 季次

    周敦颐 ──┤                        ┌ 正卿
                              ┌ 缤 ──┤ 直卿
                              │       ├ 良卿
                              │       └ 彦卿
                       焘 ────┤ 绲 ──── 靖
                              │
                              │       ┌ 容
                              └ 缊 ──┤
                                      └ 宽
```

3. 周敦颐之后二世、三世小传

二世

寿　字元翁，又字李老，宋元丰五年（1082 年）黄裳榜登第，终司封郎中。
生子六：伯逵、虞仲、叔夏、季友、季仲、季次。寿之后迁居江州。[②]
伯逵一作伯达。

焘　字次元，一字通老，宋元祐三年（1088 年）李常宁榜登第，政和六年
（1116 年）以中大夫充宝文阁待制，知成都府，七月二十九日到任，政
和七年（1117 年）七月罢，九月落职。落职后提举亳州明道宫，终朝议
大夫徽猷阁待制，赠通奉大夫。又云：元公 44 岁娶薄氏，46 岁生焘。
焘随父居南康莲花峰下。生三子：缤、绲、缊。[③]

---

① 据绍兴鱼化桥周氏《越城周氏支谱》记载编成。
②③参见绍兴《越城周氏支谱·营道族》及诸暨丰江《周氏宗谱》卷一。

三世

缤　字庆长，父荫终奉议郎，通判蕲州，生四子：正卿、直卿、良卿、彦卿。
　　居南康，是为南康族。①

细　奏改名彝，字庆和，宋绍圣四年（1098年）何昌言榜登第，积官礼部
　　（一说兵部）侍郎，以言忤当道，谪守河南祥符。祥符，故汴州地，宋祥
　　符中改今名，开封府十六县之一。遂家于东镇关外，娶邵氏，生一子：
　　靖。据绍兴《越城周氏支谱·祥符族》一文云："计侍郎公居祥符当在四
　　十内外，子博士公靖方舞象勺②，越十二三年成进士，又三年而汴京陷，
　　扈思陵③居杭州，又十五年而迁紫岩，是家祥符仅十五六年，距迁紫岩
　　三十年有奇。"

缊　字庆醇，固始丞，累世以儒为业，父荫终承事郎。生二子：容、宽。④

---

① 参见绍兴《越城周氏支谱·营道族》及诸暨丰江《周氏宗谱》卷一。
② 象勺：《象》《勺》，古代儿童舞蹈名。此处是说当时周靖还是个儿童。
③ 思陵：宋高宗赵构死后葬于会稽之永思陵，因以"思陵"为高宗代称。
④ 参见绍兴《越城周氏支谱·康族》。绍兴鱼化桥《越城周氏支谱》，始编于清同治丁卯（1867年），
成于光绪三年（1877年），周以均主编。

二、诸暨紫岩

1. 诸暨紫岩族始祖（周敦颐四世孙）周靖传 [①]

周靖 [②]（1102—1163 年），为周敦颐曾孙 [②]，字天锡，生于崇宁元年（1102年），自幼聪明好学，6 岁进乡校，13 岁补邑庠弟子员，19 岁宪官考置优等，有司给廪饩。始以父荫奏补承信郎，监江州（江西南昌）酒税。宣和二年（1120

---

① 根据绍兴鱼化桥周氏《越城周氏支谱·周氏寿一公世系表》，并参照诸暨丰江《周氏宗谱》编辑而成。

② 周靖，据濂溪故里元公宗子周祖保 2005 年来信说湖南道县藏有《濂溪故里族谱》，和北京图书馆藏浙江省《重修西湖周元公祠志》所载的世系相对照，周靖不是周敦颐的曾孙，而是六代孙。他提供的世系表如下：

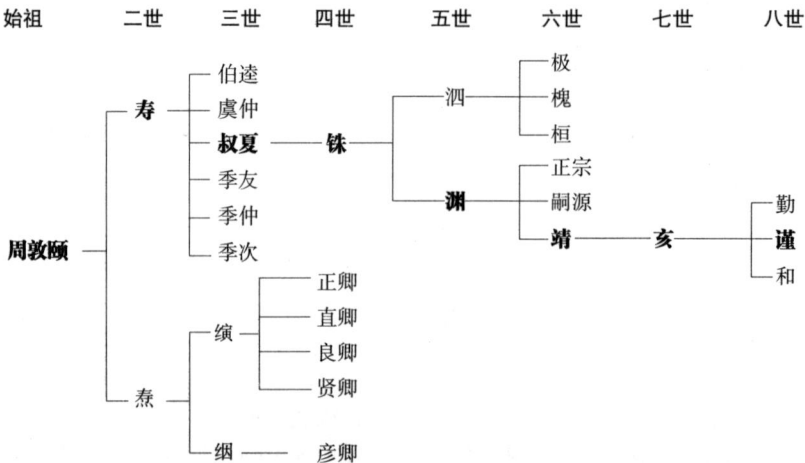

始祖	二世	三世	四世	五世	六世	七世	八世
周敦颐	寿	伯逵 虞仲 **叔夏** 季友 季仲 季次	铢	泗 **渊** 靖	极 槐 桓 正宗 嗣源 亥	谨	勤 谨 和
	焘	缤 纲	正卿 直卿 良卿 贤卿 彦卿				

周敦颐生于 1017 年，1063 年 47 岁时生焘。周靖生于 1102 年，比焘小 39 岁，那时结婚早，39岁得孙子也是有的。周靖比周敦颐小 85 岁，按周祖保提供的世系表，每代相差 20 岁也说得过去。故将此表列上，供读者研究。

年）举进士。宣和中主中江簿，转彬州录事，以太常博士随高宗南渡，居于杭州。绍兴三年（1133 年）诏置国子监博士二员、正录二员，起靖为正录，绍兴甲寅（1134 年）进博士。三舍弟子列几数百人，业成而仕。后因岳武穆（岳飞）遇害，吁天泣曰："忠良之殄，邦国之祸也，中原终不复矣！"乃于绍兴十一年（1141 年）隐居诸暨紫岩盛厚里（今属店口镇），携子亥同居。南宋隆兴元年（1163 年）去世，享年 62 岁。葬大将山，墓穴占地约 30 平方米，坟前上下两层祭礼平台，可站五六十人。三面群山环抱，远眺视野开阔。墓地附近有守陵人后人居住的村庄。娶洛阳李翰林女，生一子，即亥。所著有《扈东记》，计 40 余页。周靖事略，诸暨县志、浙江省志均有记载。

附：

周靖墓志铭 ①

〔南宋〕李大同 ②

三代盛时，圣贤继作，道统日以修明，百姓日用而不知，盖时虽有治乱，而道无一日不在天地也。道学之名，何自而立哉？秦汉以降千三百年，圣贤亦复不作，天下贸易而无一人能识其用，儒者何从得之以尊其身而独立于天下耶？吾是以叹斯道为不传之妙物矣。濂溪先生溯源邹鲁，倡道伊洛，图书行世，日月丽天，盖其推明二五之尊，得天所卑，不由师传，诚一代之醇儒而卓乎其不可尚也。已始，余在馆阁时，诸公能言先生之后，每以文学致显，至今克世其业，思欲一交其人而不得。丧乱以来，人事弗齐，文物遗献，若周氏者，其可复见乎？一日，大理寺周子和 ③ 以著作陈耆卿 ④ 氏书，求铭其大父国子博士墓上之碑，因阅其家世，则开封之子，而开封则濂溪之孙也。其事有慨于心，且使畴昔 ⑤ 向慕之私，一旦如行空谷而闻足音之跫然，适故都而见流风余韵之存也。是我虽欲却和之请，而心知其可以张之，矧和求之再乎？博士讳靖，字天锡，其先本南康人，自其先

---

① 此文收入《光绪诸暨县志·山水志》。

② 李大同，东阳人，字从仲，南宋嘉定进士，学于朱熹，首陈谨独之戒，官右正言兼侍讲，迁工部尚书，以宝谟阁直学士知平江府。著有《群经讲义》。

③ 周子和，周靖之孙，嘉定元年（1208 年）进士，任大理事。

④ 陈耆卿，临海人，字寿老，嘉定进士，官至国子监司业。有《论孟纪蒙》《赤城志》等。耆：同著。

⑤ 畴昔：往日，从前。

君彝起家至开封，因留居祥符之东镇关。思陵南渡，博士从以迁，因侨居于杭，再迁而为诸暨人。幼通敏好古，善属文。在汴都时始以父荫奏补承信郎，监江州酒税，非其好也，去。举进士。宣和中，得出身起家，主中江簿，转彬州录事，遏于守帅，事多掣肘，君守法不阿，尝预内铨已而。靖康之乱，中外共忧，家国危迫，君孤远不恤，乃以宗社大计关白大臣，至欲投书阙下，庶几天子一悟，当事者呵之曰："尔所言何事而书之纸耶？"卒为其阻，君亦知势不可为，乃遂弃归。自是以来，环河南北，鞠为戎马之区，大家右族弃骨肉、去坟墓，散之四方。君亦在播迁之中。绍兴癸丑（1133 年），銮舆南幸，定鼎临安，百僚奔问，官守兆庶，自发以从，始息肩钱唐，朝廷收采舆望，谓宜甄录，以表遗直，起为国子正录。明年进博士，三舍弟子列几数百人，业成而仕，后多知名。居亡何力丐罢官 ①，以诸暨有中州风，遂徙居之，故今为诸暨人焉。隆兴癸未（1163 年）以疾卒。距生于崇宁壬午（1102 年），享年六十有二。葬邑之六都大将山。娶洛阳李翰林女，生一子亥，仕终大理评事。孙勤、谨、和。铭曰：濂溪汤汤，道久弥光；泽流演漾，派于四方。君其孙曾，五世而昌；受材孔硕，亦既含章。胡弗究竟，黼黻笙簧；桥门彻席，安车悬乡。嗣人克世，虽逝不亡；我铭勒石，有坎斯藏。

绍兴《越城周氏支谱》② 记载：

> 紫岩在浙东绍兴府诸暨县。按府自宋绍兴辛亥由帅府始升，③ 县凡八，④ 诸暨属望之一。紫岩，山名，亦曰迥雁峰⑤，乡即以是名里，曰盛厚。距县城西北六十余里。绍兴辛酉，博士公靖始居之。⑥

---

① 居亡何力丐罢官：亡何，不久；丐，乞求。居（临安）不久，即力求辞去官职。
② 周以均主编：《越城周氏支谱》，记载了鱼化桥周氏（即鲁迅的祖先）的宗谱，编于清同治丁卯（1867 年），成于光绪三年（1877 年），现藏鲁迅纪念馆。
③ 宋建炎四年以后，改元为绍兴元年（1131 年），即"绍兴辛亥"年，时仿"唐幸梁州故事，升州为府，冠以纪元"。时为南宋临时首都的越州，从此改为绍兴府。
④ 绍兴府辖山阴、会稽、诸暨、萧山、上虞、余姚、嵊县、新昌八县。
⑤ 今回燕峰。
⑥ 指周靖从杭州移居紫岩为绍兴辛酉，即宋绍兴十一年（1141 年）。

2. 周敦颐之后五世、六世小传

五世

玄　字仲宾，天资颖秀，读书通大义，受训于本乡王绍明，讲求至理，落笔成章，年17游邑庠，19岁食廪饩，从父扈跸南渡，绍兴八年（1138年）20岁中举人，绍兴九年（1139年）登黄度榜为进士，丁内艰服阕，授大理寺评事。谳狱详明，行将大用，靖因虑祸促其归隐，玄亦抚然曰："奸相误国，吾不能尽忠矣，不如尽孝之为愈也。"遂归居乡里，孝亲睦里，课子训农，角巾杖履，徜徉泉石间，老而弥饬。父靖去世，哀毁骨立，庐墓三载。绍定六年（1233年）当局表其孝后，以子和贵封大理寺少卿，卒年89岁。追赠中奉大夫，娶王氏追赠恭人，生三子：勤、谨、和。①

六世②

勤　字克敏，宋任州录、军事参军。生三子：伯一、伯二、伯三。伯一，名荣，仍居紫岩；伯二，名华，宝祐三年（1255年）迁嵊县西门开元；伯三，名茂，赘山阴阮港唐氏，袭其姓。

谨　字克顺（慎），宋任节度行军司马。据清道光十七年（1837年）诸暨丰江《周氏宗谱·重修谱牒序》记载："我族自博士公南渡迁暨，至庆元咸淳间，三世克慎公（即周谨）追本溯源得谱一卷，子朱子序之。"谨娶俞氏，继娶廖氏讳淑，生三子：治、阎、恪。

和　字克贵，登嘉定元年（1208年）进士，任大理寺卿，娶陈氏，生一子：雍。迁江大，为江大族。

---

① 参见黄度：《大理寺评事仲宾周公传》，刊诸暨丰江《周氏宗谱》。
② 据绍兴鱼化桥周氏《越城周氏支谱》、诸暨丰江《周氏宗谱》记载编辑而成。

3. 诸暨紫岩族世系表

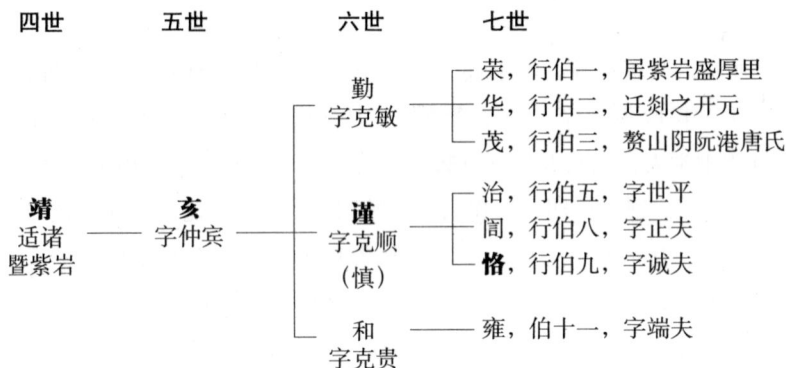

四世	五世	六世	七世
靖 适诸暨紫岩	**亥** 字仲宾	勤 字克敏	荣，行伯一，居紫岩盛厚里
			华，行伯二，迁剡之开元
			茂，行伯三，赘山阴阮港唐氏
		谨 字克顺 （慎）	治，行伯五，字世平
			间，行伯八，字正夫
			恪，行伯九，字诚夫
		和 字克贵	雍，伯十一，字端夫

4. 克顺公紫岩谱序

谱牒之作，所以别宗支、明世系，诚士君子有家之要务也。其意起于黄钟，形于律吕；其法始于始祖，一世、二世以至五宗、九族，列为傍从之类。族有图以别昭穆、明亲疏，而礼制丧服行焉，尊卑、上下、等级、隆杀设焉。予观周克慎之世系，本出姬姓，黄帝之裔，以国为氏，绵千余年，支分派别，蔓延天下，而尤望于河南。至始迁祖讳靖，字天赐（锡），世居祥符，为国子正录；扈跸南渡居杭，迁于诸暨，历四世，祖伯五、伯八、伯九迁南郭于今，凡几世矣。其谱系所辑，灿然明备；先世之泽，至今赖以不坠者，克慎之力也。俾同源分派，人易世疏，不有谱，将使宗支世系紊乱无考。其后世之弊殆有不可胜言者矣。鸣呼！可不谨哉？

大宋庆元岁次丙辰秋月中浣

晦庵朱熹叙

《克顺公紫岩谱》现已失传。此序成文于 1196 年。朱熹（1130—1200 年）字元晦，号晦偈（庵）。南宋哲学家、教育家。集北宋周敦颐、程颢、程颐之大成，为程朱学派的主要代表人物。他尊周敦颐为理学（道学）的鼻祖。1179 年到

1181 年任知南康军，在任上积极修葺周敦颐的遗迹、墓地，并主办白鹿洞书院。1194 年在宰相赵汝愚的推荐下，十月到杭州任皇帝侍读。由于进言，闰十月被罢官，十一月回到福建。1195 年南宋朝廷爆发了反理学（道学）的斗争，首先从罢宰相赵汝愚的官并贬到韶关开始。1198 年朝廷以理学为"逆党"，人们不敢以儒自命。此文写于 1196 年，是朱熹离开杭州的第三年。朱熹迫于反理学的形势，文中没有提到他所尊敬的周敦颐，但是提到周敦颐之四世孙周靖。那时李大同为周靖写的墓志铭一定还在，在墓志铭中将周靖与周敦颐的关系交代得十分清楚，不必朱熹赘述。文中所提克慎即周瑾，任行军司马。从文中看，此时周瑾的儿子伯五、伯八、伯九已迁居南门，伯九周恪与朱熹友善，常通书信。因而现在保存此本的两个宗谱有两个不同的题目。保存于《越城周氏支谱》的题目为《克顺公紫岩谱序》，保存于《诸暨丰江周氏宗谱》的题目为《南门周氏谱序》。编者认为前者更为可靠，因为周恪为南门谱作序是在朱熹作序 29 年后的事。而朱熹已于 1200 年去世。也就是说朱熹去世后 25 年周恪才开始作南门谱。1633 年刘宗周为《周桥（周氏）宗谱》作序，也提到朱熹的序文，认为是为克顺公序。而《诸暨丰江周氏宗谱》成书于 1946 年，较刘宗周的序言晚了 300 多年。由此推断朱熹的序文是为《克顺公紫岩谱》而不是为《南门谱》作的。

5. 诸暨和紫岩的历史与现状

周氏四世祖周靖，因羡诸暨有中州风 [1]，遂于绍兴十一年（1141 年）从杭州徙居诸暨。

诸暨位于浙江中部，钱塘江以南，会稽山西麓，东邻嵊州，北靠萧山，南接东阳、义乌，西界浦江、桐庐，西北与富阳相连，东北与绍兴接壤。"诸暨"之名，或谓因境内有诸山、概浦而名，或谓因诸侯毕及而名，或谓因神农氏大臣诸稽而名，或谓出自越语，众说纷纭，迄无定论。

诸暨历史悠久，远在新石器时代即有先民在此繁衍生息，为於越文化发祥地之一。南朝宋孔灵符《会稽记》载："诸暨东北一百七里有古越城，越之中叶，

---

[1] 诸暨自古有当兵的风气，民风强悍。见 1907 年诸暨《周氏家谱·紫岩分族图叙》。民国期间，诸暨出过 100 位左右将军。

在此为都。"①唐释道世所撰《法苑珠林》载："诸暨东北一百七里大部乡有古越城，周回三里。"②北魏郦道元《水经注》引《吴越春秋》云："越王都埤中，在诸暨。"宋《嘉泰会稽志》："勾乘山，在县南五十里，《旧经》云勾践所都也。"秦王政二十五年（公元前222年）设诸暨县，自后虽县名、境域稍有变动而两千余年建置未废。1989年撤县设市。境内古迹众多，景观秀美。西施故里位于苎萝山麓，唐有浣纱庙之筑。境西有五泄，以一水五瀑而名，其地瀑奇寺古、谷幽林秀，为浙江省级风景名胜区。境东有小天竺，始建于明代，玲珑剔透，颇擅林泉之胜。斗岩、汤江岩、勾乘山、越山、东白山、杭坞山等亦均为游览胜地。

诸暨人杰地灵，物华天宝。春秋时绝代佳人西施、郑旦临危受命，忍辱报国，传为佳话。唐代高僧良价，为佛教曹洞宗之创始人，教义远播海外。元代大画家王冕，元末明初杰出文学家、书法家杨维桢，明末清初画坛宗师陈洪绶，均留有宝贵文化遗产。及至近现代，哲人英贤，迭出不穷。中国共产党早期无产阶级革命家俞秀松、张秋人、宣中华、宣侠父、汪寿华、郑复他等烈士光照千秋。著名物理学家赵忠尧、农学家金善宝、古植物学家斯行健、海洋学家毛汉礼、林学家吴中伦、鱼类学家陈兼善、物理学家何增禄、航空航天专家冯绥安等科技界精英，均以其卓越贡献而饮誉海内外，为祖国及诸暨增光添彩。诸暨之重要城镇有城关镇、大唐镇、枫桥镇、草塔镇、牌头镇等。1939年3月31日，周恩来以国民政府军事委员会政治部副部长身份由绍兴抵达枫桥镇，曾在枫桥大庙群众大会上演讲，号召"团结抗日，一致对外"，极大地鼓舞了诸暨民众抗日斗志。

诸暨姓氏构成复杂。据1990年7月1日统计，全市有姓氏416个，而以陈、周两姓人数为众多。周氏分汝南族、营道族、南康族、祥符族，诸暨周氏属祥符族。祥符，故汴州地，宋祥符中改今名，隶开封府十六县之一。宋博士周靖为周姓迁诸始祖。朱子作序的《紫岩谱》载："计侍郎公居祥符当在四十岁内外，子博士公靖方舞象勺，越十二三年成进士，又三年而汴京陷，扈思陵居杭州，又十五年而迁紫岩，是家祥符仅十五六年，距迁紫岩三十年有奇。"

紫岩山是浙江省诸暨县和萧山县交界的一座小山，因岩呈紫色而名。清《康熙诸暨县志》载："紫岩山，紫岩乡，北去县七十里。"③紫岩山位于金湖港与浦阳

---

① 《鲁迅全集》第8卷，第106页，人民文学出版社1973年版。

② 台湾版《钦定四库全书·法苑珠林》第51卷，第12页。

③ 《康熙诸暨县志》第2卷，第19页。

江交汇处之东南，今湄池镇横山湖村王家自然村西北，西距浦阳江约 1 公里，亦称横山，海拔 45.3 米。至迟至宋代，其乡即以"紫岩"名之。中华人民共和国建国初仍称紫岩乡，今亦有紫东、紫西之名。

紫岩乡盛厚里为诸暨周姓发祥之地。据清光绪三十三年（1907 年）重修《周氏家谱》所载《紫岩分族图叙》云："周氏自南渡居诸暨之紫岩，历宋、元、明以迄昭代，子姓蕃盛，迁居成族者五十余处。"据《周氏家谱》（1907 年重修本）载，诸暨之周氏有南门族、五指山族、丰江族、塘头族、周家渡族、梅山族、九眼族、湖西族、新州族、杨柳堰族等等。

紫岩乡盛厚，古称盛后里，距紫岩山 13 里，建国后属紫东乡，今属店口镇，现已无周姓人居住。但与盛厚邻近的下畈、花园西村则多为周姓，因为古代下畈、花园均属盛后里。

三、诸暨南门

1. 诸暨南门族始祖（周敦颐七世孙）周治·周阃·周恪及八世、九世、十世小传①

七世

治　行伯五，字世平，迁居诸暨南门。娶江东张氏，生一子：文衍。伯五之子文衍无后，据明万历九年诸暨丰江《周氏宗谱，续修宗谱序》记载："伯八公、伯九公为浣城南门之祖。"浣城即诸暨县城，从而形成了诸暨南门族。"嗣后分迁不一，皆以暨阳②南门为祖贯云。"

阃　行伯八，字正夫，宋授宣义郎，任宁国路教授。赘诸暨南门金氏，生一女。继娶吴氏，生三子：文溢、文侃、文敏。

恪　行伯九，字诚夫，号梅轩，宋绍定五年（1232年）进士，授翰林殿前承旨，已而乞归，筑清燕楼，图书彝鼎充庋其中，昕夕吟咏，屏弃世事，时论高之。③宋嘉熙四年（1240年）随兄迁居南门，苎萝山下三踏步村。④娶俞氏，合葬苎萝山，生三子：文乔、文郁、文实。

八世

文乔　字继高，娶黄氏，生三子：敦、厚、朴。迁萧山周家湖。

文郁　字继周，任提举。尝寓居金华，仍归诸暨南门。据诸暨丰江《周氏宗谱·重修谱牒序》记载，周文郁曾修南门谱，"文郁公绘图列传记，

---

① 参见诸暨安华镇丰江《周氏宗谱》卷五。丰江全称为丰江周。
② "暨阳"即诸暨。
③ 《光绪诸暨县·人物志》第27卷，第12页。
④ 《光绪诸暨县·人物志》第8卷，第6页。

谱三卷，马枢密叶右承序之"。同知枢密院事马廷鸾撰《周氏谱序》
云："金华友人周君文郁延谈腧时，出谱系一帙，曰此吾家宗谱，晦
庵先生考证，敢请一言以叙之。"时在宋咸淳三年（1267 年）。文郁
娶胡氏，生二子：茂森、茂林。

文实 字继诚，娶俞氏，生一子：副。迁萧山来苏。

九世

茂森 字修盛，娶黄氏、胡氏，生四子：渊、兴祖、智、睿。

茂林 字修竹，娶陈氏，生二子：淇、澳。

十世

淇 字希谨，娶虞氏，合葬桃花岭，生三子：祯、瑞、杰。

澳 字希衡，号楮斋，定居山阴周桥，被称为"山阴周氏始祖"。

2. 诸暨南门族世系表①

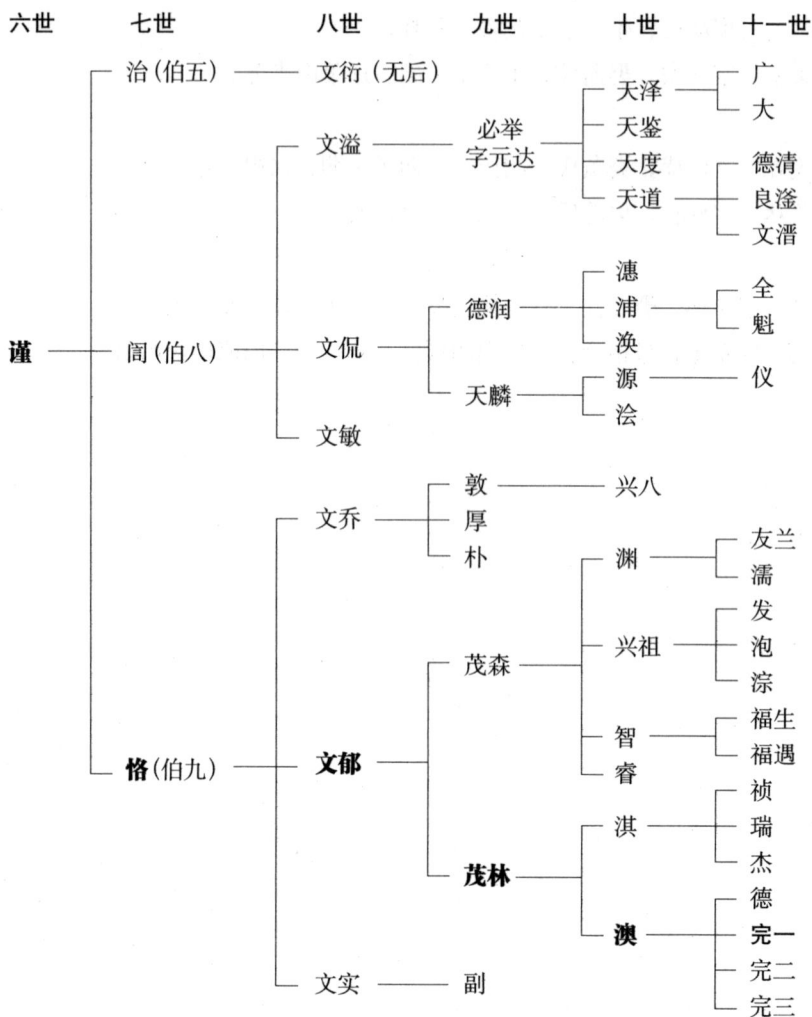

六世	七世	八世	九世	十世	十一世

- **谨**（六世）
  - 治（伯五）（七世）
    - 文衍（无后）（八世）
  - 闿（伯八）（七世）
    - 文溢（八世）
      - 必举 字元达（九世）
        - 天泽（十世）— 广、大（十一世）
        - 天鉴（十世）
        - 天度（十世）
        - 天道（十世）— 德清、良滏、文潜（十一世）
    - 文侃（八世）
      - 德润（九世）
        - 潓（十世）
        - 浦（十世）— 全、魁（十一世）
        - 涣（十世）
      - 天麟（九世）
        - 源（十世）— 仪（十一世）
        - 浍（十世）
    - 文敏（八世）
  - **恪**（伯九）（七世）
    - 文乔（八世）
      - 敦（九世）— 兴八（十世）
      - 厚（九世）
      - 朴（九世）
    - **文郁**（八世）
      - 茂森（九世）
        - 渊（十世）— 友兰、濡（十一世）
        - 兴祖（十世）— 发、泡、淙（十一世）
        - 智（十世）— 福生、福遇（十一世）
        - 睿（十世）
      - **茂林**（九世）
        - 淇（十世）— 祯、瑞、杰（十一世）
        - **澳**（十世）— 德、**完一**、完二、完三（十一世）
    - 文实（八世）— 副（九世）

① 本表根据诸暨南门族后裔族谱——诸暨市安华镇丰江《周氏宗谱》内容编排而成。诸暨市安华镇丰江周现分丰一、丰二、丰三三个行政村，其《周氏宗谱》修订于 1946 年，多达 50 大本，号称"万派归宗"，由丰二村族人周柏琴保存至今，由于安华镇镇长和丰二村村委主任周红光的协助，使张能耿找到了该谱。

3.《南门梅轩公家乘》自序 ①

周　恪

夫有夫妇而后有父子，有父子而后有兄弟，有兄弟而后有宗族。一家之亲，始于三者而已。然自一家至于九族，上承下继，而亲亲有自矣。孔子曰："不爱其亲，而爱他人者，谓之背德。不敬其亲，而敬他人者，谓之悖礼。"爱敬先于吾亲而后及于他人，斯不失先后之序矣。使能知一本之理，则知吾身本于亲，吾亲本于祖，推而上之，则爱敬之道又不止亲身而已。《记》曰："亲亲，以三为五，以五为九，上杀下杀旁杀，良有以夫。"吾之先本姬姓，厥后子孙以国为氏。秦汉以来，显者历历，有稽而断，自祥符来迁，则东镇关为世居。有讳靖字天锡者，当宣和间登进士第，受太学正录，升太常博士朝散郎，娶世戚李翰林女，生一子，讳亥，行二十，从父扈跸，南渡于杭。登绍兴九年（1139 年）进士，任大理评事文林郎，卜居越之诸暨紫岩盛厚里，生三子，曰勤、谨、和。勤生三子，长居盛厚，次迁剡之开元，季赘山阴阮港唐氏，因冒其姓而居焉。和登进士，任大理卿，生二子，归隐江大。谨，吾父也，任行军司马，娶廖氏，讳淑，生三子：长曰治，行伯五，迁居南隅。仲曰闾，行伯八，赘本隅金氏，受宣义郎甯国府教授。季即恪，亦叨宣义郎，迁殿前承旨，奉诏致政。从兄治，共居之，世与廖枢密亲谊，暨晦庵先生友善，书札往复，及家刻警禄，皆摹石，位列于图，以家藏旧书，考正异同。我族繁衍未详，近以入正禄南渡于杭，为今之始祖。其族中更有知所自者，增以葺之，使子孙闻其姓，察其名，相为永之，乃曰：我之族属也。必加礼异于路人，庶不失爱敬之义矣。斯谱传之不朽，俾后世阅是谱而知所本焉。

宋宝庆改元乙酉仲春望日。四世孙恪谨序。

4. 诸暨南门概况

诸暨旧有城，出城墙南门近郊之地，统称为南门。今城墙虽毁，而"南门"

---

① 　此文写于宋宝庆元年乙酉仲春，即公元 1225 年。原刊绍兴《越城周氏支谱》。

之名依然，并作为南门之外居民区及浣纱村（即西施故里）之泛称。

南门有石塔头、三踏步、下七年、高道地、溪坑里、夏家坞、山下杨等自然村。今统称浣纱村，即苎萝村。

清《光绪诸暨县志》载："苎萝山有翰林学士承旨周恪墓，山下三踏步村即学士里居。"① 周恪即周梅轩，为周氏南门三族之一。据光绪三十三年（1907年）重修《周氏家谱》载：诸暨周氏始于周靖。周靖生一子仲宾亥。周亥生三子：勤、谨、和。周和生雍，迁江大，为江大族。周勤生三子：长荣居紫岩；次华迁嵊之开元，为开元族；三茂袭山阴阮港唐克顺。周谨生三子：长治，号世平；次闾，号正夫；三恪，号梅轩。周治、周闾、周恪并自紫岩迁南门，为诸暨周氏南门三族。周恪生三子：文乔、文郁、文实。周文郁生二子：茂森、茂林。周茂林生二子：淇、澳。周澳（号褚斋）为诸暨南门族迁绍兴之始祖。

南门距离紫岩七八十里，南门一带至今尚多古越遗迹。清《光绪诸暨县志》载："濒江特起者曰苎萝山，亦白阳支峰也，山不大而端秀，宛然东向，即西施故里。"宋《嘉泰会稽志》云："苎萝山，在县南五里。《舆地志》云：'诸暨县苎萝山，西施、郑旦所居，其方石乃晒纱处。'《十道志》：'勾践索美女以献吴王，得之诸暨苎萝山卖薪女西施，山下有浣纱石。'"苎萝山久有西施纪念建筑。唐有浣纱庙，明重修西子祠，又称西施殿。1981年重建西施亭。1990年重修西施殿。西施殿与苎萝山、苎萝村、浣江、浣纱石、西施亭、范蠡岩、鸬鹚湾、金鸡山等已形成西施古迹群，成为诸暨主要旅游胜地之一。

周氏在诸暨南门的聚居地今称浣纱村，至今仍以周姓为主。

5. 诸暨南门周氏的迁徙
　　——周桥周氏和后马周氏同为周恪之后

绍兴鲁迅纪念馆保存的《越城周氏支谱》是鱼化桥周氏的族谱。绍兴鱼化桥周氏与绍兴宝祐桥周氏，同为周敦颐十世孙周澳之后。据《越城周氏支谱》记载，诸暨南门族，嗣后分迁不一，然皆以诸暨南门为祖籍云。

关于诸暨南门族后裔的迁徙，绍兴《越城周氏支谱》对于伯八公与伯九公之后，有较为详细的记载。所谓"伯八公"者，即周闾；"伯九公"者，即周恪。

---

① 《光绪诸暨县志》第8卷，第6页。

该谱又称："其先南门而徙者不载。"凡此，方彩琴均照原文誊录。

伯八公闾之后：

　　山阴吴家塘下

　　　　第四世尚一公（名天泽），长子广，迁居焉。

　　诸暨丰江

　　　　第二世文三公（名文侃），四世孙魁，徙居焉。

　　五指山

　　　　第四世尚八公（名天道）孙景濂、景阳、景中、景瑞、景荣、景昌并居焉。

　　清平岭

　　　　尚八公幼孙景亨居焉。

　　湖西

　　　　第九世新五公（名麟），迁居于此。

　　新川

　　　　新三公（名文）长子悫、新八公（名武）幼子宪同居焉。

　　梅山

　　　　新三公次子慄、三子悯移居。即上三房新八公三子忭行鉴十何氏安人徙居焉。

　　杨柳堰

　　　　新三公幼子侧，新八公长子恂，次子果并居焉。

　　吴家桥

　　　　新九公（名复）三子骞、言、臣徙居焉。

　　江滩、磨石坞、梅花潭头

　　　　新一公（名辛）之后。

　　牌头

　　　　文一公（名文溢）、文三公（名文侃）之后。

　　三达（踏）步

　　　　文一公、文三公、希谨公（名淇）派俱全。

　　平阔、拜关、竹浦、欢潭、范严

新二公（名云）之后。

慕实坞朱村

　　新三公长子憲四世孙迁居于此。

街亭

　　尚八公派。

金家坞

　　新五公四世孙徙焉。

河汉

　　新八公长子移住。

里蔡

　　湖西更此。

张家坪

　　即梅山派。

董公西河

　　即丰江派。

山阴赭川

　　即吴家塘下派。

广东香山县

　　第六世允五公（名允恭）次子行义三讳祚，字宗祚，由庠贡入太
　　学，授香山县尹，迁军储副使，留住任所。

北直牛栏山

　　梅山上三房伯傅，伯华流寓焉。

伯九公恪之后

萧山周家湖

　　伯九公长子文乔偕子迁居焉。

来苏

　　伯九公幼子文实之子徙焉。

东周、西周、县前周

　　三周皆周家湖来苏派。

沙里周家渡

即来苏派。

南门

第五世完二公次子文显迁居焉。

打铁韩

即周家湖派。

钱塘

即周家湖派。

诸暨塘头

第四世希谨公长子桢之子务、玉徙居焉。

郑坞

希谨公之后。

山阴周家桥

楮斋公元元贞中徙居焉。

桥东

楮斋公次子完一徙焉。

张川

谦甫公（名文益）第三世达居焉。

官河漓渚

楮斋公孙文成之后。

许墅

楮斋公孙文奇次子叔时居焉。

梅山

楮斋公孙文奇之子叔昱居焉。

九眼

楮斋公孙文奇之子叔玙居焉。

江墅

楮斋公孙文奇之子叔贤居焉。

瓜田（即后马）

楮斋公孙文惠长子茂居焉。

上午

　　楮斋公孙文惠次子莘居焉。

前梅

　　居安公达三子才迁居焉。

安昌

　　居安公七子江徙居焉。

会稽伦塘

　　居安公五子倮、六子并居焉。

吴江兰溪（即车溪）

　　楮斋公长子德，行寿一徙居焉。

金华兰溪县

　　山阴楮斋公长子德，行寿一公之支派。

辽阳

　　楮斋公孙文奇长子叔垌，坐法戍辽阳，四子安贵定益从之。

　　这张迁徙表证明绍兴周（家）桥周氏和后马周氏，均为诸暨南门族"伯九公"即周恪之后，而且证明周桥始祖为周澳（楮斋），后马周氏始祖即周茂，而周茂为周澳孙周文惠长子。

6. 周谨到周庆世系表

周谨世系：

- **谨**
  - **恪**
    - 文实 — 副
      - 恭 — 纪 — 堪
      - 信 — 纲 — 坞
    - **文郁**
      - **茂林** — **澳**
        - 完二
          - 文显 — 宗贤
            - **恪**
            - 恺
            - **忭** — 镒 — 雷
            - 忕 — 清
            - 恂
          - 文益
            - 达
              - 江
              - **慈**
              - 慄
              - 才
              - 满
              - 华
              - 贵
            - 广韶
        - **完一**
          - 文城 — 邦
            - 祯
            - 礼
            - 袯
            - 龄 — 暨 — **庆**
              - 敬
              - 教
              - 敖
              - 政
          - 文原
          - **文惠**
            - 莘 — 阊
            - **茂** — **万** — **寿**
              - **庆**
              - 臣
              - 言
              - 謇
              - 复
                - 玹
                  - 盛
                  - 庆
                  - 长
                - 武
                  - **宪**
                  - **忭**
                  - 果
                  - 恂
                - 文
                  - 恻
                  - 悯
                  - 慄
                  - 悫
                - 瑾
                  - **麟**
                  - **旻**
                  - 云
                  - 辛
        - 文奇
          - 叔贤
          - 叔玮
          - 叔昱
          - 叔珉
          - 叔时
          - 叔坤
            - 益
            - 定
            - 贵
            - 安
            - 用训
        - 德 — 希贤
      - 茂森
      - 淇 — 祯
        - 玉
        - 务
        - 昌
    - 文乔
      - 朴
      - 厚
      - 敦
  - **阊**
    - 文敏
    - 文侃
      - 天麟
      - 德润
        - 溥 — 魁、全
        - 涣
        - 潓
    - 文溢 — 必举
      - 天道 — 文潜
        - 景亨
        - 景昌
        - 景荣
      - 良滢 — 德清
      - 天度
      - 天鉴
      - 天泽 — 大广
        - 允恭
        - 允中
  - 治

四、绍兴周桥

1. 绍兴周桥始祖（周敦颐十世孙）周澳传 ①

周澳（1263—1323 年），行兴七，字希衡，号楮斋，生于宋景定四年（1263 年）。元至元中，由贡举中选补行省令史。娶金氏，迁吴江，因藩令史以注误，谪山阴白洋巡司 ②。故周澳为诸暨周氏第七世，同时亦为绍兴周家周氏之第一世。娶胡氏，生一子：德。元贞（1295—1297 年）间，赘温渎俞氏，俞氏为山阴梅市乡温渎村一诚公女。遂家温渎睦桥，后人呼为周桥，今名周家桥。癸亥（1323 年）卒，葬诸暨桃花岭，与兄希谨（淇）列葬。俞氏葬温渎涂头。俞氏生三子：完一、完二、完三。

诸暨丰江《周氏宗谱·续修宗谱序》云：诸暨"丰江、新州、梅山、湖西、杨柳堰、五指山、清平岭、吴家桥"，和"山阴之周桥、姑苏之吴江、萧山之来苏"，俱为南门族之后裔。诸暨丰江《周氏宗谱》，还尊周澳为"山阴周氏始祖"。

据绍兴老人朱仲华（现已去世）谈，周家桥有一穴大坟头，旧时，绍兴鱼化桥周氏（鲁迅家族）与宝祐桥周氏（周恩来家族）都曾前往祭扫，可见周澳确为山阴周氏始祖。

---

① 据绍兴《越城周氏支谱》和诸暨市安华镇丰江《周氏宗谱》卷五记载编写而成。
② 白洋现属绍兴县安昌镇，古时为绍兴重要港口，筑有巡检司城。

2. 周敦颐之后十一世、十二世小传

十一世

德　行寿一，字俊德，生于元至元十七年（1280年），赘江苏吴江烂溪张氏
　　院判张公女，遂居焉。烂溪一称车溪，开族烂溪，子希贤。绍兴《越
　　城周氏支谱·周氏寿一公世系表》云："南门谱楮斋公列传云，宗子德，
　　赘吴江张氏，开族烂溪，六传吏部尚书用，谥恭肃。十六传御史宗建，
　　谥忠毅，裔最盛，先世相传，逸斋公盖出其后云。"

完一　生于元大德三年（1299年），赘马氏，生四子：文奇、文惠、文原、
　　文城。迁周桥东。

完二　生于元延祐三年（1316年），配赵氏，继娶王氏。生二子：文益、文显。

完三　早卒。

十二世

文奇　生四子：叔昱（迁诸暨梅山）、叔时（迁许墅）、叔玙（迁九眼）、叔
　　贤（迁江墅）。

文惠　生二子：茂、莘。茂迁后马；莘迁上午头。

文原　后世迁周桥东。

文城　后世居官河漓渚。

3. 绍兴周桥族世系表 ①

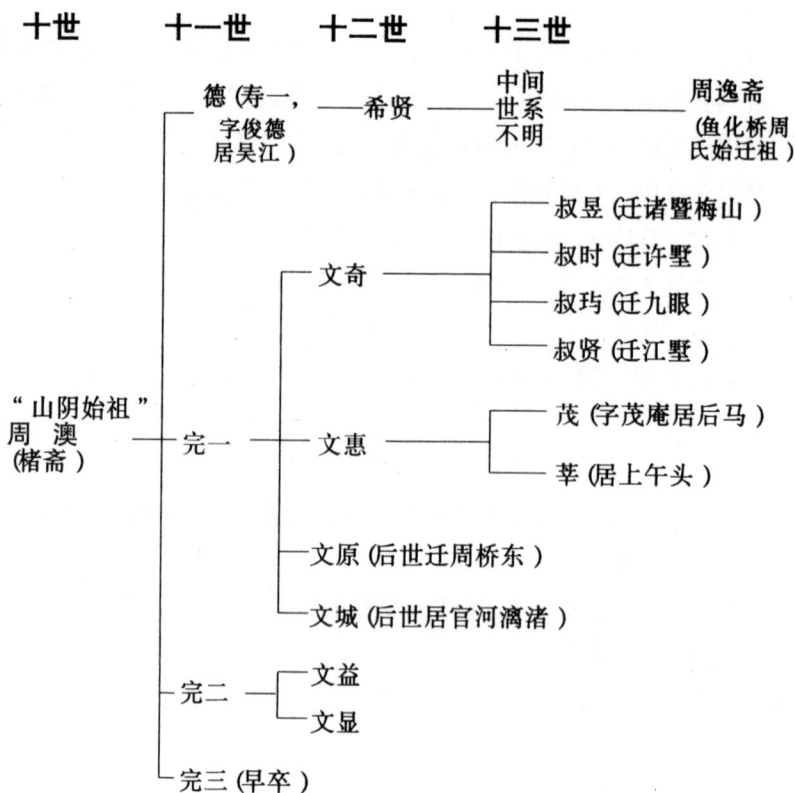

十世	十一世	十二世	十三世

```
                              德 (寿一,     —— 希贤 ——   中间          周逸斋
                              字俊德                    世系       (鱼化桥周
                              居吴江 )                  不明        氏始迁祖 )

                                            ┌── 叔昱 (迁诸暨梅山 )
                                            ├── 叔时 (迁许墅 )
                                  ┌─ 文奇 ──┤
                                  │         ├── 叔玙 (迁九眼 )
                                  │         └── 叔贤 (迁江墅 )
                                  │
 "山阴始祖"          ┌─ 完一 ──┤         ┌── 茂 (字茂庵居后马 )
   周 澳   ─────────┤           ├─ 文惠 ──┤
  (楮斋 )            │           │         └── 莘 (居上午头 )
                    │           │
                    │           ├── 文原 (后世迁周桥东 )
                    │           └── 文城 (后世居官河漓渚 )
                    │
                    ├─ 完二 ──┬── 文益
                    │         └── 文显
                    │
                    └─ 完三 (早卒 )
```

---

① 据绍兴鱼化桥《越城周氏支谱》记载编成。

4.《周桥（周氏）宗谱》序 ①

刘宗周 ②

　　周氏为越望族，与予家积世姻亲，往不遑述。即今剑所公为冲阳叔祖馆甥，此犹外房也。伯遇乃恭寰从叔冢婿，而长甥寿祺又为九华弟妹倩，是周氏与刘氏固当日秦晋也。岁癸酉（1633年），予刻刘氏家乘，而伯遇即承父命有事宗谱，予窃意其废久难举也，散处难稽也，且人众难齐也，事繁难竣也，曷若我刘氏聚处一隅也。及观其宗谱，乃知迁居府城西北隅之方塘公者，为其高祖。而求山阴之楮斋公者，为其十二世祖也。其扈跸南渡，居诸暨紫岩之博士公者，为元公曾孙，乃其十八世祖也。自博士而下，散居诸暨之南门、丰江、五指、平清、梅山、湖西、江大与姑苏之吴江、萧邑之来苏者，总一本之殊枝，一源之分派也。夫支繁易乱，派众易淆，兹乃高串相承，甲乙相递，使上下数百年，远近数百里，灿然，秩然，如视诸掌焉。夫周氏之谱，始于有宋庆元丙辰，晦庵先生为克顺公序之矣。其间修辑者具有名序，至拙庵孝子谱，则东川公序之为详，然第皆手录耳。乃伯遇则遵父命而镌勒之，是上继前人，下乘奕业，真媲美于拙庵，直等于克顺公矣。独愧宗周，不能骥尾于晦庵先生也，因其诚恳，义不容辞，乃僭为之序。

　　赐进士第，资政大夫，兵部左侍郎，前顺天府府尹，通政司右通政，水澄刘宗周撰。

---

　　①　绍兴《越城周氏支谱》收有《周桥（周氏）宗谱》序言两篇，第一篇为南京吏部尚书王华所撰，题为《周桥涂山公谱序》。刘宗周之《周桥谱序》为第二篇。此文原刊绍兴《越城周氏支谱》。

　　②　刘宗周（1578—1645年），号念台，世称蕺山先生，山阴（今绍兴）人。明末著名哲学家，蕺山学派创始人，黄宗羲、陈确即为其学生。万历二十九年（1601年）进士，母卒于家，丧居七年，以母节闻于朝。万历四十年（1612年）与给事中彭惟成出使江西建昌册封益王，益王具报百金、谢之。天启元年（1621年）任礼部主事，参与东林党活动。上疏指斥宦官魏忠贤擅权，直声震中外。青年多信其为直儒，纷纷执贽问道于门下。天启四年（1624年）升通政司右通政，连上两疏，一申告退，一参魏忠贤排斥群贤误国之罪，乃削籍归里。崇祯元年（1628年）魏忠贤正法，不久起为顺天府尹，又任工部侍郎、吏部侍郎等职。弘光政权初建，因疏陈时政，为宰相马士英所不容。明亡誓不降清绝食而死，为著名气节之士。著有《刘子全书》40卷、《刘子全遗编》24卷，《明史》有传。

5. 历史文化名城绍兴

绍兴古称於越，中华人民共和国成立后，被首批公布为中国历史文化名城。

绍兴位于浙江省东北部宁绍平原的西部，南接会稽山，北濒杭州湾，东起曹娥江，西抵浦阳江，面积7900平方公里，人口430万，现辖越城区、绍兴县、上虞市、诸暨市、嵊州市和新昌县。

绍兴全境土地肥沃，湖泊星布，江河纵横，交通便捷，萧甬铁路、杭甬高速公路、浙东运河、杭温公路横贯东西，可直抵杭州、宁波，联结上海；浙赣铁路贯通境西，南可直达江西、湖南，水运舟楫梭穿四乡，外连萧山、余姚。向为八方辐辏的水陆码头。

绍兴历史悠久，早在距今约8000至1万年前的新石器时代，我们的祖先就在这块土地上披荆斩棘，渔猎农耕，繁衍生息。北距绍兴100多公里的杭州良渚镇于1936年发掘出公元前4700多年前新石器时代晚期的实物，证实了我们的祖先曾在这一带创造了以黑陶为特征的"良渚文化"。东距绍兴100多公里的余姚河姆渡村，则于1973年11月出土距今约7000年的原始村落遗址，叠压在四个文化层中的大量文物及干栏式建筑等，证实为母系氏族社会典型的"河姆渡文化"。"良渚文化"与"河姆渡文化"证明了长江流域同黄河流域一样，都是中华民族古老文化的发祥地。而绍兴正界于这两个新石器文化遗址之间。1958年，在绍兴县庙下村、攒宫、富盛西堡、梅山、湖南山、蓬山、里庄等地，又先后出土了石斧、石刀等新石器时代遗物。近年来更在马鞍、袍谷、漓渚等地陆续出土了新石器时代的石器、陶器、玉器、编织物和多种远古植物种子，从而证明4000多年前，这里就已有了原始农业的萌芽。绍兴，这片古老的土地，孕育了华夏文化的胚胎。

原始社会末期，绍兴曾是"荒服国"的一部分，相传到了尧的时代，禅让于舜，尧之子丹朱不服，抗命作乱，舜为避丹朱之乱，率百官来到绍兴，巡狩游憩，耕耘自给。至今在绍兴还留存有舜井、象田、双江溪等遗迹，并有后人为追念舜德而命名的舜江、舜王山、舜桥、百官、上虞等遗址，绍兴县双江溪宏伟的舜王庙，是专为纪念舜的历史性建筑。

继舜之后，约在公元前21世纪，鲧治水失败，禹奉尧命承担平涝重任。当时，洪水肆虐，九州茫茫，鱼蛇横行，生灵涂炭。禹接治水大任，焦心劳思，含辛茹苦，摩顶放踵，胼手胝足，栉风沐雨，跋涉山河，巡视八方，登临五岳，十三年于外，三过家门而不入，改堵为疏，因势引流，水分九派，导之入海，终于平定水患，大功告成。禹之治水，与绍兴关系密切。禹在绍兴娶涂山氏之女名娇者为妻，治水功成后，禹又在苗山（茅山）召集各路诸侯会商计功，并将茅山改名"会稽山"（"稽"与"计"相通），这也就是绍兴古称"会稽"的由来。禹临终又遗命归葬会稽，根据他的生前遗志，禹葬会稽山西北五里之茅山山麓，桐木为棺，苇草作郭，穿圹七尺，墓高三尺，覆以木炭砾石，占地一亩，史称"禹冢"，即为后世的"禹陵"。禹在绍兴，留存有大量遗迹，如夏履桥，为大禹巡行江南遗履之处；了溪为禹治水事毕最后弋游之江；禹粮山系后人追思禹之功德，赋山林以积有余粮之意。此外还有"会稽鸟耘""杀防风氏"等多种传说。此后，汉司马迁为撰写《史记》，曾"上会稽，探禹穴"，寻求"金册玉简"，检索史传资料。《汉书·地理志》中也曾明确指出，会稽山有"禹冢""禹井"。为祭祀禹陵，夏启后曾有禹的一个分支长守陵旁，岁岁祭享，至今陵旁的禹陵村，即为禹的后嗣，保持禹的本姓"姒"，并有宗谱，已是100多代，与历史记载完全吻合。禹陵左侧为禹祠，始建于夏少康之时，后虽屡有兴废，但香火不断。紧靠禹陵的还有禹庙，相传最早为禹的儿子启所建。现存禹庙始建于梁大同十一年（545年），后几经倾圮、修葺，而禹庙始终保持着巍峨庄严的建筑风貌，并为后世公祭大禹的正式场所。1939年3月底，周恩来巡行江南，宣传抗日，曾返故乡绍兴省亲，也来禹陵瞻仰，并于陵前摄影留念。1995年5月，江泽民也曾亲临禹陵、禹庙瞻仰，并为新辟神道题写"大禹陵"牌坊坊额。

到公元前20世纪，绍兴地区为於越部族活动的中心。於越部族的第一个酋长名无余，是夏朝第六位帝王少康的支庶。於越部族"随陵陆而耕种""逐禽鹿以给食"，是刀耕火种和狩猎渔弋的典型奴隶制时代。至西周成王，於越朝聘于周，而与中原相通。《史记·越王勾践世家》称，越人"断发文身，披草莱而邑"，当时文化相对落后，经1400余年，越传国30余世而至允常，越得楚国相助，逐渐强大而称王，并与吴争霸东南。

公元前496年，允常逝世，其子勾践继位，勾践接纳范蠡之言，"不处平易之都、四达之地，将焉立霸主之业"，将部族酋长驻地由会稽山北迁至山麓冲积扇状的平阳。为争霸，当时东南吴越之间屡兴战争。公元前494年，吴王夫差大败越军于夫椒（今江苏吴县西南太湖中）。越请和，越王勾践入质于吴为奴，历尽侮辱折磨。公元前490年，越王勾践获释返回会稽，立志报仇雪耻，卧薪尝胆，矢志砥砺，同时重用范蠡、文种等贤臣能人，刷新政治；鼓励部族士民兴修水利，垦荒种地，发展生产，积粮备战；并轻徭薄赋，宽刑抚民，鼓励生育，繁殖人口，休养生息，积聚财货；营造战船，冶铸兵器，整顿部队，训练士卒，以增强军事战斗力。这就是历史上著称的"十年生聚，十年教训"，国力由此大振。经公元前482年夏和公元前473年冬两次激战，越国终于灭吴称霸，洗雪前耻。勾践"卧薪尝胆""十年生聚，十年教训"的故事，也就成为激励华夏民族发愤图强、雪耻复国的精神象征。周恩来于1939年3月来绍兴时，也亲笔题词"生聚教训，廿年犹未为晚"，以激励故乡人民抗日救国，赴难兴邦。

公元前210年，秦始皇南巡登会稽以观沧海，并驻跸祭禹，命李斯作文记盛，这就是有名的"李斯碑"，秦始皇登临的山峰被命名为"秦望山"。秦以后，吴、越两国旧地合设会稽郡，至东汉顺帝永建三年（128年），吴、会分治，并以钱塘江为界，江南置会稽郡，郡治为山阴县（即原会稽），辖领山阴、余暨、剡、上虞、余姚、句章、鄞、乌伤、太末、章安等13县。226年后，辖区缩小为绍兴、宁波两地区。南北朝时期，会稽为江南大郡，与建康齐名。至南朝陈代，山阴划分为山阴、会稽两县，这也是会稽作为县名的第一次出现。隋炀帝大业元年（605年），越国公杨素在封地采石筑城，并改会稽为"越州"，直至北宋，绍兴地区一直以越州地名见诸史籍。南宋高宗建炎三年（1129年）三月，赵构为避金军，驻跸越州，并为南宋临时首都。建炎四年后一年，宋高宗改元绍兴元年（1131年），并仿"唐幸梁州故事，升州为府，冠以纪元"，越州改称绍兴府。这也就是绍兴一名的由来。

绍兴的名称一直沿用到现在，只是元改绍兴府为绍兴路，明、清又恢复绍兴府。历史上，绍兴一直是浙东宁绍平原的行政中心和经济发达的商业都市。中华人民共和国成立后，绍兴设行政专署，一度曾并入宁波地区，后一仍旧制，为地级行政区域中心，20世纪70年代后改为地级市，现辖三市（县级市）、二县和一个县级城区。

历史悠久的文化古城绍兴，同时又是江南著名的水乡风光城市。"千金不须买画图，听我长歌歌鉴湖。"由东汉会稽太守马臻疏凿的鉴湖，因其水平如镜，色可鉴人而名"镜湖"。鉴湖汇聚会稽、山阴三十六源之水，当时周围面积达

179平方公里，横亘80公里，后因历代农民围湖造田，湖面渐小。现在的鉴湖周围仍有50余公里，是浙东名湖之一。

与鉴湖水系相连接，绍兴境内密布纵横交错的江河溪渠，河边湖岸散落着大小渔村农舍，村口屋边总有小船系缆。这些小船两头尖翘，中间覆盖着半圆的用竹片竹箬编织而成的乌篷，这便是绍兴水乡特有的"乌篷船"。乌篷船是水乡居民的知己伴侣，水上劳作，上城赶集，走亲访友，乡亲们就是乘坐这乌篷小舟游弋四方。

绍兴水乡集镇的主街总有一条小河穿过，沿河两岸店铺林立，黎明市集繁忙之际，小河便也成了街市，船只首尾相接，桅杆栉比，两岸遥呼，市声嘈杂。镇上人家多傍河而筑，乌瓦粉墙，斗拱挑檐，漏窗借景，后门临水，下河设有石砌踏步，用以泊船迎客，淘米洗菜，捶衣浣纱。小镇种种透发出了江南水乡特有的风情。与周恩来具有祖根亲缘关系的后马、华舍、皋埠、陶堰等地，都是这样的水乡集镇。

东湖西区尽头建有"陶社"，这是为纪念反清革命志士陶成章而设。陶成章，字焕卿，1878年出生于绍兴陶堰贫苦农家，一生为推翻清朝反动统治呼号奔走，1912年1月14日被人刺杀于上海广慈医院。陶社正中悬挂有孙中山为陶成章题写的"气壮山河"的横匾，门柱楹联曰："半生奔走，有志竟成，开中华民主邦基，君子六千齐下拜；万古馨香，于今为烈，是吾越英雄人物，湖山八百并争光。"概括了陶成章从事反清革命斗争的一生，也表达了后人万众敬仰之情。凭临陶社，更使我们见贤思齐，壮怀激烈。

绍兴是水乡，又是著名的酒乡。"东越相逢几醉眠，酒楼明月镜湖边。"在绍兴，你既可以品尝到色如琥珀、醇厚微甘的黄酒，又能领略和感受到积淀深厚的古老文化的别样风情。

绍兴酿酒的历史已很久远，据传最早起于夏启六世孙少康时代，而至春秋已流行于民间。公元前473年，越王勾践誓师伐吴，倒酒入河犒军同饮。"一壶解遗三军醉"，留下了"投醪劳师"的故事。现在绍兴城南的"投醪河"，便源自这个故事。

绍兴黄酒采用精白糯米、麦曲和鉴湖水酿制，称为"酒中肉、酒中骨、酒中血"，色黄澄清澈，气浓郁芬芳，味醇厚微甘，酒精度在18至20度间，含有20多种氨基酸，被外宾称为"液体面包"。

绍兴酒独特的酒质主要得之于鉴湖水的恩泽。鉴湖源出于会稽山脉，那里重金属元素分布散落，水源矿化度低，加之湖区广布泥煤层，内蕴多种含氧官能团，对金属离子具有吸附交换功能，使水质更加稳定和净化。因而，用鉴湖水酿酒，酒味独特，这也就是为什么外地制作的黄酒终不及绍兴酒的缘故。

真正的绍兴酒越陈越红，越陈越香，越陈越醇，所以又称"老酒"。旧时风俗，女儿呱呱坠地之日，就在地下埋存若干坛酒，待女儿出嫁时，作为嫁妆陪嫁，俗称"女儿酒"或"女儿红"。中国古典小说《红楼梦》《镜花缘》中，都有关于绍兴女儿酒的描述。

绍兴人的生活，与酒为伴，"绍兴无处不酒家"。在绍兴，城乡处处散布着多种多样的酒楼、酒肆和酒店。河埠头、桥塅下，都有酒幡高悬或酒招临风的小酒铺，劳动人民在这里休憩买醉，纵论古今。鲁迅笔下的"咸亨酒店"，更是众多酒客经常光顾的地方。酒店用倒凸形"串筒"温酒饷客，尤具地方特色。"吃过串筒热老酒，跑过三江六码头"，人们在喝着串筒老酒时，似乎正神游于天地之间，心驰向千山万水，俗中寓雅，乐泡酒中。

周恩来生前也于家乡老酒情有独钟，平时也爱小酌几杯，回绍兴时，都曾以酒会友，倍感亲切。

"绿浪东西南北水，红栏三百九十桥。"绍兴既是河网如织的水乡，也是越流跨空的桥城。在面积约 18 平方公里的绍兴旧城区，就有各种大小桥梁两百余座，平均每平方公里有桥达 12 座之多。这里有映波恰似满月的圆洞桥，立水仿佛城关的方门桥；也有街巷两用，高低复合的四向桥，一线贴水，迤逦湖面的纤塘桥；更有七弯九转的曲桥，无栏无柱的平桥……绍兴的桥，在我国的桥梁建筑史上写下了光辉的篇章。"垂虹玉带门前事，万古名桥出越州。"绍兴是真正的桥的工艺"画廊"，不仅桥式多样，而且史传令名，呈现出丰富的桥文化。绍兴现存石桥中，以城东八字桥历史最为悠久。它建于南宋理宗宝祐四年（1256 年），其结构独创一格，因其南向平面成"八"字状而得名，桥原跨三水而东西向，南北通航，水陆平行。过桥踏步，一可沿河岸北下于广宁桥直街，一可南下于东双桥东河沿，西墩踏步，则可从八字桥直街直上正桥踏步，同时又可南下东双桥西河沿，可说是我国最早的"立交桥"。宋代桥梁，人们多从张择端《清明上河图》及李嵩的《水殿纳凉图》等宋画中有所见外，存世实物已属少有，历时 700 多年的"八字桥"，就愈益显得珍贵。

古纤道，是绍兴又一著名桥梁，现已列入国家级文物保护单位。桥在柯桥镇，与萧绍运河并行，俗称"百孔官塘"。始建于清同治年间，全长386.2米，共有115跨，每跨净跨度为2米左右，桥宽1.5米，桥面用三条长石板挤铺，桥墩用条石干砌，礅厚1.5米，为当年纤夫拉船行走之用，桥底几近贴水，桥侧两岸河水潺潺，远望如长桥一线浮漾水面，桥头两端各设茶亭一座，以供纤夫水手歇息之用。这一桥型为全国所仅见，绍兴原曾有皋埠的贯虹桥类似，现已为残迹，因而这古纤道尤显可贵。

绍兴同时还是著名的书乡。"想学书法到绍兴，书艺精进上兰亭。"兰亭，是中国书法真正的"圣地"。东晋穆帝永和九年（353年）三月初三，王羲之约同当时名士孙绰、谢安等41人，在兰亭修禊会宴，饮酒作诗。王羲之集诗成册，作序记盛，这就是有名的《兰亭集序》。他手写的这篇序言，就是中国书法史上的精品《兰亭帖》。

绍兴以其秀丽山川和热土沃野哺育和抚养了一代又一代的志士仁人、贤才豪杰。治水归流的夏禹，卧薪尝胆的勾践，东汉唯物主义思想家王充，魏晋南北朝时期的名士嵇康，山水诗人谢灵运和大政治家谢安，大书法家王羲之、王献之父子，唐代诗人贺知章，南宋伟大爱国诗人陆游，元明清时期著名书画家王冕、徐渭和哲学家王守仁，晚清革命志士秋瑾、徐锡麟、陶成章，以及近现代著名教育家、经济学家和科学家蔡元培、马寅初和竺可桢、范文澜、陈建功等，都以其照人肝胆、千秋功业，照亮了伟大祖国灿烂的历史星空。其他像虞舜、范蠡、文种，矢志复国雪耻的西施、郑旦，秦末楚霸王项羽，汉代著名学者蔡邕、治水专家马臻、名臣刘宠、朱买臣，隋代开国元勋杨素，唐代大诗人李白、杜甫、白居易、元稹，宋代政治家范仲淹，明清著名学者张岱、祁彪佳、王骥德，明代志士王思任、刘宗周，近现代名医张景岳和教育家经亨颐、诗人刘大白、新闻出版界著名人士胡愈之、徐懋庸，军政要人邵力子、陈仪等，都在绍兴留下了他们生活的踪迹或与之相关的诗文、轶事。特别是伟大的革命家、思想家、文学家鲁迅和无产阶级忠诚的战士、伟大的政治家、军事家、外交家、全国人民爱戴的周恩来总理，为绍兴历史挥写了最辉煌的篇章。

在绍兴，无论你漫步街巷，或远足郊县，历代伟人所遗留的史传古迹，都会给你以一种历史纵深感和联翩浮想，都将激发起你的民族自豪感和拳拳爱国之情。绍兴市现有国家级文物保护单位3处，省级文物保护单位35处，市区10多平方公里内就有文物保护点 184 处。所以作为历史文化名城的绍兴市区,几乎处处散布着远古余韵的回声,弥漫着华夏人文的馥郁气息。绍兴,是一个没有围墙的历史博物馆。

改革开放以来,古城绍兴更以突飞猛进的步伐,开拓出了一个崭新的时代天地。2014 年,绍兴紧扣转型升级主线,积极融入"一带一路"国家发展战略,坚持"改革创新促发展,求真务实惠民生"工作基调,全面实施与"五水共治"相结合的"重构绍兴产业,重建绍兴水城"战略部署,全力以赴防风险、稳增长、调结构、促改革、惠民生,保持了经济社会平稳健康发展。全市实现生产总值 4266 亿元,增长 7.5%。公共财政预算收入 317.27 亿元,增长 8.3%;固定资产投资 2305 亿元,其中工业投资 1106 亿元,分别增长 15.1%、10.6%;社会消费品零售总额 1487 亿元,增长 12.8%;外贸出口 297.51 亿美元,增长 6.6%;城镇居民人均可支配收入 43167 元,增长 9.1%;农村居民人均纯收入 23539 元,增长 10.5%。

绍兴,作为周恩来的故乡,将无愧于他的声名。古城绍兴人民,正以自己的实际行动告慰周恩来的英灵。

6. 周桥简介

周桥,今名周家桥,自明代周澳从诸暨南门迁居此处,周桥便成为山阴(绍兴)周氏的发祥地,至今小巷逶迤,古貌犹存。

周家桥位于绍兴县齐贤镇的西南端,东近张家店、迎驾桥,西与华舍镇的西岸周村隔江相望,南靠温溇、待驾桥,北毗张溇、光华溇。珠岩江的支流安湾江自东向西流贯全村,一座圆拱石桥南北向架在村河之上。石桥上东西两边栏石分别镌有"周家桥"三个楷书大字,旁有"光绪丙午年重修"等字样,桥洞上方两侧又各有一扇形浮雕,上有阳文石刻"周桥"两字,证明周家桥即为古时之周桥。

村民沿河筑舍,沿着河道形成南北两岸住宅区,北岸最东端叫"作场头",有一石牌坊和石亭,尚存。最西端叫"水廊下"。南岸最东端叫"马家",最西端叫"四水归"。西南方曾有大坟,称作"柏树坟头",现已辟为菜市场。南边村口至周桥桥头与河形成一条丁字形古街,街长 130 米,街宽 2 米,沿街开有茶店、南北杂货水果店、小酒店、鞋店、刻印店、缝纫店，村民生活所需设施一应俱全。

清代中后期，周家桥纸扇业始兴，并以产纸扇闻名，多家扇庄在天津、上海、南京设庄销售，年产量千万把以上。20世纪50年代以来村中建有珠岩、人民、周桥三个扇社。周家桥西南端旧有"鼎新庙"，与其他庙宇不同的是该庙塑有纸扇业祖师徐恒公塑像，中华人民共和国成立后，一度改作周家桥小学。

临近周家桥的温渎以朱姓为多，亦杂有周姓，而周家桥村民以周姓为最多，其他均为杂姓，共有村民近千人。周桥周氏，早在明末就修过宗谱，但现在周桥的周氏宗祠随着时代的变迁，已无处寻觅。

周家桥水路交通十分发达。五更时分有吹海螺为号的去萧山、西兴、瓜沥的"西兴船""塘头船"。天亮时有敲着铜锣的"绍兴城里船"，接下来有一声高一声低吆喝的"柯桥—阳嘉弄"船、"柯桥—安昌"船、华舍船，前后相接，蔚成景观，现因公路交通发达，水上交通仅剩货运，此景不再。

周家桥一日两市，早上是附近农民来街上卖蔬菜的菜市；下午两三点钟，是摸鱼摸虾的渔民来卖鱼虾的鱼市。村民满足于此，有"游遍天下，不及周家桥桥下"的自得之说。

现在周家桥属浙江省绍兴县齐贤镇，村中设有居民委员会。

7. 周恩来与鲁迅属周桥同宗

周恩来与鲁迅（周树人）同宗的问题，是1938年10月19日周恩来在武汉鲁迅逝世两周年纪念大会上的一篇演说中提出来的。他说：

> 我想在今天鲁迅先生逝世二周年纪念会上大家都是诚心诚意来纪念鲁迅先生的。我自己不是文学作家，然而却参加了文艺协会，同时在血统上我也"或许"是鲁迅先生的本家；因为都是出身浙江绍兴城的周家，所以并不如主席所说以来宾资格讲话。[①]

---

① 《新华日报》1938年10月19日。

周恩来为了对自己讲过的或许与鲁迅同宗的话负责，次年 3 月顺道访问故乡的时候，特地问他的姑丈王子余先生："周家跟鲁迅是否同族？"王子余答道："同姓不同族，鲁迅是鲁墟周，你是后马周。"

张异认为两周是否均属周敦颐后代，在周恩来方面，即宝祐桥周氏方面自然不成问题，不仅百岁堂内有"莲溪绵世族，沂国振家声"的门联可以作证，而且现存的《周氏破塘祖茔祭簿》与《老八房祭簿》中也都有所记载，并明确地写着宝祐桥周氏始祖为周敦颐十三世孙周茂。

问题是鲁迅这一系，也就是鱼化桥周氏的渊源，鲁迅二弟周作人对此持怀疑态度，他在《鲁迅的故家》第一部分第七十五节（400 年前）一节中这样写道：

> 会稽姓周的大族很不少，但和我们都是同姓不同宗。他们家谱上的世系从南北宋列记下来，有的可以上达唐汉，有五六十代之多。我们的便不行，从始迁祖算起到我们这一辈才有十四代。以三十年一代计算，只有四百年的历史。实际上也是对的，据说第一世逸斋公移至绍兴城内居住是在正德年间。我们从正德元年（1506 年）算起，至清末刚是四百年。一般家谱的办法，始迁祖是晚近或微末，却可以去别找一个阔的始祖来，最普通的是拉住那做过《爱莲说》的周茂叔，喜欢往上爬的还可以硬说是周公之后，大家弄惯了也不以为可笑。但是我们的家谱上不曾采用此法，干脆地说逸斋公以前不可考。其实逸斋公虽有其人，却也不大可考了。不但从什么地方移来，是什么样的人，都无从知悉，便是名字也已失传。总之他带了两个儿子进城住下是事实，儿子长名寿一，次名寿二，以后世系完全存在。老太爷没有名字不好叫，后来修谱的人便送他这一个笔名。逸斋者言逸其名也。[①]

周作人怀疑的原因之一，是他们的《越城周氏支谱》关于鱼化桥周氏的渊源没有明确记载，如该谱在《谱例》中写道："吾周氏自始迁祖逸斋公于明正德间徙居越城竹园桥，而字讳生卒不详，宗支世系亦无可考。"但周作人的祖父周福清，是肯定鱼化桥周氏为周敦颐之后的，他在《浙江乡试朱卷》中所填履历就是

---

① 周遐寿（作人）：《鲁迅的故家》，第 109 页，人民文学出版社 1981 年版。

这样写的：

> 始祖元公，宋封汝南伯，元封道国公，学者称濂溪先生，从祀文庙。

周福清的确信，并非没有道理，因为《越城周氏支谱》在《周氏寿一公世系表》里有这样一段话：

> 澳长子——德（第十一世）又名寿一，字俊德，元至元十七年庚辰生，赘江苏吴江烂溪张氏院判张公女，遂居焉。子希贤。烂溪一称车溪，按南门谱楮斋公列传云：宗子德，赘吴江张氏，开族烂溪，六传吏部尚书用，谥恭肃，十六传御史宗建，谥忠毅，裔最盛，先世相传，逸斋公盖出其后。

"逸斋公"虽是"笔名"，但"逸斋公"盖出周德之后这一点，鱼化桥支覆盆桥分支有关人物都是承认的。就是《越城周氏支谱》谱例中，也还有如下的话：关于"逸斋公"，"先世相传，谓吴江烂溪人行德八，出暨阳南门翰林承旨伯九公派，山阴楮斋公长子德，行寿一公之后，是以粮户有明德户，而先世又皆以寿德二字名其堂，想有由来也，惟世远人邈未敢遽信，然亦不敢埋没"。所以在鱼化桥周氏的《越城周氏支谱》前面，又有"周氏"渊源考。在"受族"的题目下，有关于汝南族、营道族、康族、南康族、祥符族、紫岩族、南门族的简介。还收有诸暨（暨阳）紫岩谱、南门谱和山阴周桥谱的多种序文。又有南门派分宗和从周敦颐开始的世系表。旧时，鲁迅家灯笼上所号也是"汝南周"三字。《越城周氏支谱》主编周以均自撰（年谱）上也明确写着："先世出道国元公之后，家世业儒。"因为有这样一个大前提，所以1937年，由王子余主编的《绍兴县志资料》第一辑"姓氏编"中就有了如下记载：

> 鱼化桥周氏：
> 先世：其先世与后马同为澳长子名德者之后。此族支派有竹园桥、清道桥、鹅行街、广宁桥、跨湖桥、通市桥、合壁楼、华仙弄、保枯桥、圆通寺、覆盆桥、大树下、松林半壁街、王府庄、湖南岸、箪醪河、小任家板、商家村、谢家湾头等处。此称鱼化桥者系就其宗祠所在地而言。

许多文章就是根据这一记载，均说两周同为周敦颐之后。这当然是对的，但又说鱼化桥周氏与宝祐桥周氏同为澳长子周德之后，这就错了，说清这个问题要从周氏世系说起。

据记载，周敦颐四世孙周靖，随宋室南渡住杭州，不久又迁诸暨紫岩（即紫岩族），至第七世恪，又迁诸暨南门（即南门族），至第十世周澳（楮斋）始迁山阴，定居周桥，即今周家桥。诸暨丰江《周氏宗谱》，将周澳称为"山阴始祖"。澳生四子：德、完一、完二、完三。完一又生四子：文奇、文惠、文原、文城。文惠生二子：茂、莘。茂从周桥迁居后马，莘居上午头。据《周氏破塘祖茔祭簿》记载，宝祐桥周氏始祖为茂。因此，宝祐桥周氏始祖与覆盆桥周氏共同的始祖应是居于周桥的澳。澳之后分成了二系，一是德之后，即鲁迅一系。澳次子完一之后就是后马村与宝祐桥周氏一系。所以两周同宗应属周桥时期。由此可以得出结论，两周确是同宗，他们五百年前确是一家。但《鲁迅和周恩来的祖籍考》与《绍兴县志资料》第一辑说两周同是周德之后却是错了。因为他们错把鱼化桥周氏的《越城周氏支谱》中记载的鱼化桥周氏曾有一房分于宝祐桥，当作了周恩来一系的宝祐桥周氏。中华人民共和国成立后，周恩来本人继续调查，经过调查，他与鲁迅的族系终于搞得较为清楚。

1952 年的一天，鲁迅夫人许广平到中南海周恩来家做客，当时周恩霍也在场，周恩来根据自己掌握的材料，很认真地对许广平说："我应该叫你婶母呢。"许广平笑笑说："那可不敢当。"周恩来接着说明，已经了解到，和鲁迅先生确属本家，不过是很疏远的关系，按辈分，鲁迅要长一辈。1969 年中共九大期间，周恩来又特地到北京饭店拜访鲁迅三弟周建人。周恩来用绍兴腔对周建人说："建老，我已查过了，你是绍兴周氏二十世孙，我是绍兴周氏二十一世孙，你是我的长辈，我要叫你叔叔喽。"周建人忙说："你是总理，不敢当。"①

8. 周恩来与鲁迅的革命友谊

1938 年 10 月 19 日在武汉举行的鲁迅逝世二周年纪念会上，周恩来发表了

---

① 参见周续端：《周恩来与鲁迅同宗》，刊 1996 年 10 月 28 日《大公报》。

著名演说，其中提到了与鲁迅同乡同宗的问题。周恩来郑重地提出这个问题，并非偶然，因为他们神交已久。

1919 年五四运动前后，鲁迅先后发表了《狂人日记》《孔乙己》《药》等小说，吹响了五四文学革命的号角，引起社会极大反响。这时周恩来已是天津学生运动的领导人之一，邀请鲁迅到天津演讲。

在此之前，鲁迅已看过周恩来参加编写的话剧《新村正》。《鲁迅日记》1919 年 6 月 19 日记载道："晚与二弟同至第一舞台观学生演剧，计《终生大事》一幕，《新村正》四幕，南开学校本也，夜半归。"① 日记中之"二弟"即周作人。"第一舞台"在北京前门外珠市口。北京大学新剧团演出的《新村正》，原为五幕新剧（话剧），天津南开新剧团集体创作，周恩来是编剧之一。北大新剧团排演时，将原有五幕压缩为四幕。剧本描写天津周家庄恶霸地主吴绅，辛亥革命后又当上新村正，即村长，强迫全村百姓给他送"万民伞"，深刻地揭露了辛亥革命的不彻底性。关于周恩来邀请鲁迅去天津演讲这件事，时隔 50 多年后的 1971 年夏天的一个深夜，周恩来总理在会见日本友人尾崎秀树时，他还深情地提到。他说："鲁迅先生到了那天，忽然有事走不开，来了代替他的人——周作人，同学们略感失望，但相谈后，就说那也好吧，就请周作人先生去学校，他讲的是关于新村的事，也提到武者小路实笃先生，讲得非常有趣。"②

查有关日记，周作人代鲁迅在天津演讲的时间，应是 1919 年 11 月 8 日。这时正是鲁迅将从绍兴搬家到北京的时候，为此正紧张地修理刚买下的北京八道湾房子，应周恩来之邀去天津的演讲，也只好由二弟周作人去代替。周作人的讲稿后载于 11 月 23 日、24 日两天的《民国日报·觉悟》和 1920 年 1 月号的《新青年》杂志。当时鲁迅和周作人都对日本武者小路实笃的作品以及他所进行的"新村"实验很感兴趣。1919 年鲁迅曾译出武者小路实笃的四幕剧《一个青年的梦》。周作人在天津的演讲题目当是与鲁迅商量过的。当时的青年周恩来、毛泽东、恽代英都曾受过新村思想的影响。

鲁迅于 1926 年 8 月离开居住了 14 年之久的北京，到福建厦门大学任教授。次年应聘广州中山大学文学系主任兼教务主任。大革命失败后，鲁迅于 1927 年 9 月 27 日离开广州，10 月 3 日午后抵沪，从此定居上海。当时的上海，一片白

① 《鲁迅全集》第 14 卷，第 359 页，人民文学出版社 1980 年版。
② 参见福康：《周恩来曾邀请鲁讯讲演》，刊《文学报》1988 年 9 月 8 日。

色恐怖。这时上海的革命文学团体创造社、太阳社，包括成仿吾等人，为适应时代潮流和革命需要，积极介绍马克思主义理论，倡导无产阶级革命文学，其革命精神和大方向是正确的，但他们却把鲁迅视为革命文学的障碍。鲁迅对于太阳社和创造社的无理攻击感到十分愤慨，认为他们将"在苏维埃政权下才能运用的方法"，机械地搬到了白色恐怖下的中国，而且，他们"将革命使一般人理解为非常可怕的事，摆着一种极'左'的凶恶的面貌，好似革命一到，一切非革命者都得死，令人对革命只抱着恐怖。其实革命是并非教人死而是教人活的"。当时鲁迅有一位在哈尔滨工作的叫任国桢的朋友，他译过一本《苏俄文艺论战》。鲁迅应请为他的这本书写序，于是便写信给他，告诉自己的处境。其时，周恩来正在莫斯科参加中国共产党的第六次代表大会，返国途中，在哈尔滨碰到楚图南和王德三。楚、王两人向周汇报了鲁迅给在中共黑龙江省委工作的任国桢的信，信中谈到了创造社的"理论"和对这次论争的不满。信中还谈到，由于他们的围攻，他想找一些马列主义关于文艺的论述看看，从理论上加深认识，也好应付对他进行围攻的那些人，比较有把握地进行战斗。为此希望曾学俄文的、翻译过《苏俄文艺论战》的任国桢能介绍一些书给他看看。周恩来当即表示如果情况真如鲁迅来信所讲的那样，围攻和责怪鲁迅是不对的，应该团结、争取鲁迅，并表示回上海后，对团结鲁迅的工作会有所安排和考虑。于是中共江苏省委兼上海市委领导，根据周恩来指示和党中央决定，在文艺界做了大量工作，终于消除了各文学团体之间及个别作家对鲁迅的成见和误会，提出要团结鲁迅，尊重鲁迅，促进了双方在反对帝国主义、封建主义和买办资产阶级，以及倡导革命文学为无产阶级工农大众服务等基本观点和总方向上的一致，成立了以鲁迅为主要领导人的中国左翼作家联盟。① 在 1930 年 3 月 2 日的"左联"成立大会上，鲁迅发表了《关于左翼作家联盟的意见》的讲话，指出：左翼作家如不好好改造自己的世界观，左翼作家是很容易变成右翼作家的。

1935 年 10 月 19 日，毛泽东、周恩来等率红军长征到达陕北吴起镇，受到陕甘根据地军民的热烈欢迎。鲁迅听到红军长征到达陕北的消息后，兴奋异常，他和茅盾联合发出祝贺长征胜利的电报："在你们身上寄托着人类和中国的将来。"

党中央收到鲁迅祝贺长征胜利的电报后，次年春将冯雪峰派往上海，去寻找

---

① 参见陶柏康：《潘汉年与鲁迅》，刊《世纪》1996 年第 5 期。

和恢复那里的党组织。中央对鲁迅的评价是革命的硬骨头，党外的布尔什维克。所以冯雪峰临走时，张闻天和周恩来关照他，到上海后务必先找到鲁迅，弄清情况，然后再着手恢复党组织的工作。①

1936年4月，冯雪峰从陕北到达上海，鲁迅从他那里了解到了当时的革命形势和党中央的政策，也知道了陕北生活的艰苦，便托冯雪峰代买了两只火腿，经党的交通站带往陕北，一只给毛泽东，另一只给周恩来。

1936年7月6日，张闻天、周恩来在陕北致信中共中央在上海的特派员冯雪峰，信中表述了对鲁迅的问候、关切和思念之情。信说："你的老师与沈兄好吗？念甚。你老师送的东西虽是因交通的关系尚未收到，但我们大家都很感激。他们为抗日救国的努力，我们都很钦佩，希望你转致我们的敬意。对于你老师的任何怀疑，我们都是不相信的，请他也不要为一些轻薄的议论而发气。"这里的"你老师"就是鲁迅，"沈兄"即茅盾，"送的东西"也就是鲁迅送给周恩来等人的火腿。②

1936年10月19日鲁迅去世后，党中央发出了对鲁迅评价极高的唁电，其中当然也表达了周恩来的意思。唁电甚至建议国民党政府将绍兴县改为"鲁迅县"。1938年10月19日，周恩来在武汉《新华日报》纪念鲁迅逝世两周年的专刊上题词："鲁迅先生之伟大，在于一贯的为真理正义而倔强奋斗，至死不屈，并在于从极其艰险困难的处境中，预见与确信有光明的将来，这种伟大，是我们今日坚持长期抗战，坚信最后胜利所必须发扬的民族精神。"

1946年10月鲁迅逝世十周年，周恩来在上海出席纪念会，并发表演说，高度评价鲁迅。他说："鲁迅先生曾说过：'横眉冷对千夫指，俯首甘为孺子牛。'这是鲁迅先生的方向，也是鲁迅先生之立场。在人民面前，鲁迅痛恨的反动派，对于反对派，所谓之千夫指，我们是只有横眉冷对的，不怕的。我们要以眼还眼，以牙还牙。假如是对人民，我们要如对孺子一样地为他们做牛的。要诚诚恳恳，老老实实为人民服务。"③

1959年周恩来夫人邓颖超到绍兴，特地参观了鲁迅纪念馆，并与工作人员合影，不仅表达了她对鲁迅的敬意，同时也代表了周恩来。

---

① 参见张乐初：《雪峰纪事》，第68—75页，江西人民出版社1986年版。
② 张闻天、周恩来：《请向鲁迅转致我们的敬意》，现存中央档案馆。
③ 《周恩来选集（上卷）》，第240—241页，人民出版社1980年版。

五、绍兴后马

1. 绍兴后马始祖（周敦颐十三世孙）周茂传

周茂，周敦颐十三世孙，字元泊，号茂庵。元末明初人，由进士官至左丞相，特进金紫光禄大夫，封沂国公，赠太师。配司马氏，继施氏，俱封一品夫人。[①]他被封为沂国公，这只是周氏谱牒的记录[②]，俞昌泰等反复查阅《元史》《宰相志》《绍兴方志》等，均未见到沂国公周茂的记载。也可能他曾任某行省的左丞。尚待进一步查考。

根据周文灏（1824年）遵照老簿眷录周恩来的六伯周嵩尧1943年写的《周氏渊源考》（见本书附录二）介绍周茂："茂，字元泊。元封沂口公。配司马氏、施氏，元封一品夫人，合葬。"文中没有写明葬于何地。他特别注明："按：敕命沂国公茂嫡母孙氏，元左丞相女，封太夫人，系延祐二年所封。沂口公之父失考，俟查全谱载入可也。"虽然沂口公之父失考，但是周嵩尧认为周氏发源于周朝，以国为姓，承认是周敦颐的后代，他写道："数传而生元公敦颐。""子孙繁衍分徙扬州、溢都。未几宋南迁徙至浙东山阴、柯峰亭之阳。所居地曰螺蛳湖主人，建

---

①　见宝祐桥周氏《周氏破塘祖茔祭簿》中的《历代祖妣考》。

②　道光四年（1824年）修的《周氏渊源考》载："按敕命察载，沂国公讳茂，嫡母孙氏，左丞相女，封太夫人，系延祐二年（1315年）所封。"现在有人说周茂是元朝回回人赛典赤瞻思丁之孙。据《元史》125卷第3063—3068页记载：赛典赤在元世祖中统二年（1261年）任中书平章政事，后到陕西、四川、云南任职。至元十六年（1277年）卒云南平章政事任上，年69岁。其有子五人，长子纳速刺丁累官中奉大夫、云南（诸）路宣慰都使元帅。其有子十二人，伯颜，中书平章政事。只记载七个儿子的姓名、官职。只有最后一名"伯颜察儿赠太师，开府仪同三司，上柱国、中书左丞相、奉元王、谥忠宪"。不能由此推断伯颜察儿即是周茂。另外元史顺帝（1333—1341年）《本纪》记："秋七月丙午，诏以公主奴伦引者思之地五千顷赐伯颜。"（《元史》835页）此伯颜是赛典赤之孙否，没有写明，待考。

周惠王庙，奉为香火院。"从南宋即住在浙东一带，并不是元代来自陕西、云南。

另外，在《周氏破塘祖茔祭簿》中记载他的夫人姓司马，而在后马世世代代却流传这样一个故事。周茂与父母、弟弟周莘住在周家桥，何以迁到3公里以外的后马？

后马村有个姓缪的员外，他家里很有钱，人家都叫他"缪百万"。说来也怪，这缪员外只生了一个女儿，偏偏从不会说话。缪员外心里很焦急。可是女儿已经18岁，丝毫没有要说话的样子，缪员外的心情越来越沉重……

一天，缪员外做了个梦，梦中有位鹤发童颜、手执麈拂的老者告诉他："你不必为女儿的婚事担忧，以后，她见到一个贵人就会突然开口，这个人就是你将来的女婿。你千万不要错过良机。"醒来以后，缪员外就暗中嘱咐女儿的贴身侍女，叫她随时注意小姐的举动。

某一日，天下起阵雨，缪小姐坐在窗前看见雨色迷濛中有个戴"铁帽"的人朝村里走来，帽子盖得没头没脸，她觉得很奇怪，惊讶中脱口喊道："唷，有人戴着铁帽子！"侍女听见后，高兴地禀报员外。缪员外顾不上唤人，亲自到门外叫住来人，请他进屋避雨。那人取下头上的"帽"，缪员外一打量，却原来是位浓眉大眼、身材魁梧的年轻后生，头上取下的是他在集上买回的一口锅，因半途遇雨，手中别无雨具，便将锅倒扣头上。

缪员外心里非常高兴，表面上不露声色，他婉转地问起年轻后生的身世，当知道青年人家住东面不远的周桥，家里还有一个兄弟时，缪员外抑制不住心底的喜悦，直截了当地把要他当上门女婿的想法告诉他。年轻人听了缪员外的话，又知道有这么一个梦兆，心里已同意大半，但他不失分寸地说："承蒙老丈厚爱，晚辈感恩不尽，但婚姻大事还得回家禀过父母，请父母允准，然后请人前来提亲才是。"

不久，年轻人来到后马村缪家落户，缪员外特盖了楼赠予他住。他姓周名茂，号茂庵，后马周氏子孙称他为"一世祖"。[1]周茂在后马落户以后，他没有向老家父母要半点田产，为表明自己不与兄弟争夺的心迹，他刻下一块"廉让家风"的石碑，立在"周大宗祠"内，告诫后世子孙也要廉让成风。宗祠早已改建学校，而这碑仍由周氏后人保存着，不肯轻易示人。

---

[1]　1997年俞昌泰访问69岁的周荣桂（周茂17世孙）、79岁的周百义（周茂19世孙）等老人。

因此，后马周氏后人称周茂为第一世。亦为绍兴宝祐桥周氏一世。

周茂到后马缪家后，生四子，长夭，次居村西（后成西周村），三及幼子居村东（后成东周村）。

周茂殁后葬后马村旁杂地，坟墓四周遍植松柏，墓碑上刻"濂溪第十三世后马周茂庵公墓"等字样，后人称为"大佬坟头"。60多年前，每逢农历正月初一，族人纷往墓前叩拜先祖，礼毕，每人可分馒首4个，然后去祠堂膜拜列祖列宗。后马"周大宗祠"七开间三进，门前棋杆石如林。大厅两旁挂有"翰林""进士""解元"等匾额。"翰林"一匾为举博学鸿词、授编修、官至侍讲学士的周长发所立。另有"祖孙父子翰林""兄弟叔侄翰林"两匾尤为注目。后进神堂正中上方悬青底金字"道国七迁"及"忠本家传"匾额。此墓及祠堂毁于五六十年代，现仅存一段墓碑"后马周茂庵公墓"。此墓碑已被砌在河沿作为护堤石。每当河水下落就可以看见。他以此种方式护卫着后马的村民。20世纪90年代李海文和俞昌泰专门到后马，乘船时看到过这块护堤石。

后马周氏族人说道国公即周敦颐。1997年，时年79岁的周百义（周茂19世）和69岁的周荣桂①（周茂17世，住祠堂旁）详尽地向俞昌泰述说其先世自河南最终至后马七迁经过，所言与现存有关资料的记载十分吻合，令人叫绝。②

2. 周茂之后二世、三世、四世小传

二世　据绍兴宝祐桥《周氏破塘祖茔祭簿》记载，二世为"无召府君，讳万，字元旮，由官生授奉政大夫，淮安府同知，配钱氏，赠宜人"。

三世　葆真府君，讳寿，字葆真，由进士授高安丞，累官浙江儒学副提举，配朱氏，赠孺人。③

四世　德芳府君，讳庆，字德芳，赠文林郎，山西道监察御史，配程氏，封太孺人。④周嵩尧1943年写的《周氏渊源考》上记载：四世祖"明赠资政大夫，福建布政使司布政使。配程氏，明封太夫人，子四。合葬绍兴破塘殷山坞山麓"。生前于元末由山阴迁入绍兴城内镜水里，洪武辛酉徙

---

① 周荣桂，男，1929年生，原西周村会计。
② 七迁：1.祥符，2.杭州，3.紫岩，4.南门，5.温渎，6.周桥，7.后马。
③④ 均照绍兴宝祐桥《周氏破塘祖茔祭簿》原文抄录。

居永昌坊。

3. 后马村、上午头及其历代名人

后马周氏为绍兴望族，其村原名板桥，又名瓜田。村中元时马姓最盛，故名后马，位在绍兴县西北，距县城约 15 公里，现属华舍镇，设有东周、西周两个行政村，20 世纪 90 年代总人口 3600 余，80% 左右姓周。

后马东依蜀阜、湖门，南靠上午头，西连横江、左（赭）一，北接西蜀阜、大西庄和钱清镇的珠墅村。村四周河道如网，众水自西北分注于村，往复潆洄，如玉重环而南汇于两"太史湖"（现名大版、小版湖）。周茂曾祖周澳居地周（家）桥，在后马以东约 3 公里处，周（家）桥以北 8 公里处即白洋，明时筑有巡检司城，当时为绍兴重要港口。周澳曾为白洋巡司。

周茂始居后马时，村中已有余、严、刘、宋、缪五姓，周姓位列第六，称"六社"。六社人在村中央建造"瓜田庙"。现存瓜田庙系崇祯三年（1630 年）重修，三开间三进，供奉杜姓土地神，庙前即戏台，全部建在岸上，东、南傍河，歇山顶，雕梁画栋，飞檐凌空，颇有气势。台正中悬"六社笙歌"楣额，楹联曰："太史湖畔听渔唱，瓜田旧筑起新貌。"旧时，绍兴农村常年演戏，瓜田庙每逢四月十一便演目莲戏，岁岁不绝，已成定规。

上午头，古称"上午"，东濒大版，南接亭后，西界小赭，北与后马村相近，据《绍兴县志资料·民族·氏族上》记载："其由周（家）桥……又分于上午者，则（周）完一子（周）文惠之第二子（周）莘之后也（周莘即周茂之弟）。"上午头村 20 世纪 90 年代有三百余户，周姓占百余户。由于后马周氏与上午头周氏关系亲近，密不可分，"莘之后"有族事俱聚于后马周家祠堂（其中十余户周姓，系直接从周桥迁居于此，另辟有小祠堂）。上午头村中旧有一座大坟墓，墓前有华表等物，极为气派。或疑为"周莘之墓"。今坟已废，而村人仍呼其地曰"周家坟头"。旧时上午头、后马之间有旗杆相连接；20 世纪 90 年代全村有人口一千余。

"上午"的由来已有 800 多年历史。据《绍兴县志资料》（第一辑）载："宋高宗南渡时，午饷于前墟，驻驾潭侧，因名其地曰'上午'。"相传北宋末年，金兵进犯中原，小康王赵构被金兀术一路穷追，南渡钱塘江经越州往明州（今宁波）

避难。到达今上午头村地段时，已近中午。因疲于奔命，乃在村首土地庙稍事休息。有村妇以麦糊饭①供高宗解饥，高宗因名土地庙为"饷午庙"；上午头村民萧传根，建国初曾任当地乡长，据他说，饷午庙为三开间两侧厢一进深，后改名"上午庙"。庙后石桥称"饷午桥"；并御赐地名曰"上午"。绍兴习俗，喜在名词后加上"头"字。如"砖头、筷头、被头"等。地名亦如此，"上午"也渐呼作"上午头"。

史料证明：明清两代后马周氏家族在旧山阴县是出人才最多的家族之一。这与当地重视读书，鼓励走仕途的风气有关。为官则勤政为民，多行善事，在家则事亲甚孝，义行四方。当地就有"张溇多旗杆，后马多师爷"的民谚。其中记入《嘉庆山阴县志》的后马历代名人有：周端、周述学、周洪谟、周懋谷、周长发、周宾雅、周炳曾、周铣（谱作士铣）、周钺、周镶等。②

周 端

周端，字孟端。周茂之子，周敦颐第十四世孙。年十六丧父，与兄孟璇合力安葬了父亲。母缪氏盛年守节不嫁。周端兄弟侍母甚孝，在乡里传为美谈。

明正统五年（1440年）逢灾年，饥民遍地，端与同乡高宗浙一起出来帮助朝廷救灾。周端出粟2500石助赈，救活饥民无数。朝廷派人传达皇帝诏令，表旌周端为"义民"。周端受封后，更加尽力接济乡人，丝毫没有得意忘形的样子。

周述学

周述学，字继志，号云渊子。自幼发愤攻读，好学深思，尤精于历学，上知天文，下通地理，其学问远胜于元朝的郭守敬。凡诸述数之学，各有成书，共达一千余卷，统称为"神道大编"。明嘉靖年间，锦衣卫陆炳要经历③沈炼（亦系越人）推举人才，沈力荐述学。于是周述学被推荐给兵部尚书赵锦，赵向其请教边防事，其分析与预言者无不中，仇鸾闻其名欲招致幕下，述学识其必败乃返回故乡。浙督胡宗宪欲聘请其为幕僚，周亦不应招。终以白衣之身去世。

周洪谟

周洪谟，字宗稷。明万历元年（1573年）进士。授职延平府推官，与时任

---

① 清·范寅《越谚》："麦糊饭，麦与米对煮。"即米和麦糊拌和煮成的饭。
② 因为没有看到《后马周氏家谱》，无法排出他们的辈分。《后马周氏家谱》由浙江省地方志办公室的干部调走，未能看到。
③ 经历：官名，掌衙门案牍和管辖吏员，处理官府日常事务的官员。

福州推官的周顺昌同负清官盛名，时称"二周"。后洪谟升户科给事中，上疏弹劾宦官魏忠贤等，因当时魏逆等人欲加重浙东田粮赋税，已派人来浙江执行。周洪谟上奏据理力争，终使此举不得施行。第二年周顺昌被捕，洪谟自请免职。崇祯初年（1628 年），重新起用为吏科给事中，上奏推荐绍兴名士刘宗周，弹劾王永光搞乱了朝廷审查官员资格的章法，不久因病返乡。

周懋谷

周懋谷，字戬伯，明天启元年（1621 年）举人。曾会集越中名士著《旧雨堂文》，恰逢松陵一带创立复社，大家一致推举周懋谷为越中文人之首。《旧雨堂文》每期辑录有关政务典籍及边防机要对策等事宜，每发议论，皆切中流弊。不久国家改朝换代，周懋谷不愿与清当局合作，躲避在乡间。清地方官吏多次登门拜访都见不到他。

周懋谷侠义心肠，乐善好施，遇有贫苦之人请求他接济，常常尽其所有，倾囊相助，卒年 88 岁。

周宾雅·周中铉

周中铉，字子振，周宾雅之子。清康熙年间任崇明县丞，时镇兵闹饷，官吏皆害怕得躲起来，唯中铉挺身而出，说服镇兵，平息事态，以功升华亭知县。康熙四十三年（1704 年）秋，大风雨，海水猛涨，淹数县。周中铉准备了大量衣粮棺木救恤之。又为百姓请赈，缓租 4 年。后以催科不及格被罢官，县民数万拦路向上级告状，得复职，升松江知府，多惠政。雍正六年（1728 年）奉旨兴办江南水利，上官重其才，凡兴筑渠塘坝闸之事一概委托他办理。是年三月督吴淞口筑堤，昼夜冒险指挥，仓卒舟覆而殁，年四十九，赠太仆寺少卿。

其父周宾雅，字友声，曾任广东恩平知县，善察民意平冤狱，抑豪民，官声很好。

周长发

周长发，字兰坡，号石帆。康熙三十五年（1696 年）出生于山阴（今浙江绍兴）后马村。

雍正二年（1724 年），周长发登进士第，被任命为翰林院庶吉士。不久，出任江西广昌（今江西东部，抚河上游）县令。乾隆元年（1736 年），应诏赴试博学鸿词科，录取后，授翰林院检讨。乾隆十三年（1748 年），升任翰林院侍讲学士，入直上书房，为爱新觉罗·颙琰（即后来的嘉庆皇帝）讲书授课，并一度担任江南副考官，顺天府同考官。乾隆二十年（1755 年），以翰林院侍讲学士身份，再次入直上书房。不久致仕，告老还乡。

在担任翰林院侍讲学士时，曾两度随乾隆皇帝出游，一次赴西北，一次到江南。致仕告归时，乾隆皇帝曾问他有什么要求，他说："别无他求，只想常常尝到新鲜鱼虾。"乾隆皇帝就将后马村附近的两个湖赏赐给他，时人呼为"大太史湖"和"小太史湖"。周长发之《后村清景八首》诗，分别以"板桥书屋""驷潭紫藤""金沙红叶""闻亭松籁""趣园墨池""西园水榭""花埂渔唱""瓜田僧舍"为题，将后（马）村景色作了形象描绘，也表达了他悠闲自得的心情。序中曰："予家世居山阴后（马）村，村西有潭，相传宋高宗南渡时驻驾潭侧，因名驻驷潭。潭左有草堂，潭北为祖墓，多古木。予村又曰瓜田，于明洪武间。"其故居"太史第"，至今保存完好。驻驷潭畔的"南楼书屋"，相传为周长发苦读之所。

周长发以词章著称于时，时人认为他有汉代枚乘、司马相如那样的才情，朝廷内外，颇有声誉。他也以崇尚枚乘、司马相如而自鸣得意。他曾应制作《觉生寺大钟歌》，在皇帝和臣僚面前，挥毫疾书，其才思之敏捷，笔力之雄健，一时轰动朝野，传为美谈。但他的诗多数学杜甫，曾自我评价道："我学杜陵翁，苦吟惊太瘦。"（《凤岭》）他的《玉女峰》《龙背洞》《射虎川》等诗，大有杜甫韵致。一生作诗 3000 余首，有《赐书堂集》八卷。

乾隆二十五年（1760 年），周长发在后马村逝世，享年 65 岁。

周炳曾·周镶

周镶，字汝屏，周炳曾之子，清康熙五十年（1711 年）举人。被山西巡抚苏克济请为家庭教师。偶尔与周镶商量政事，镶皆一一为其分析利弊，使苏克济对其刮目相视。时西南边境发生战争，周镶积极为苏克济出谋划策，从粮草供应到具体用兵，无不条分缕析，了若指掌。后因军功授山西隰州知州，经常轻车简从，访贫问苦，深受百姓拥戴。去职时当地百姓泣送数百里。为官五年，不带家属，妻子在家，仅得温饱。两次担任考官，发现和提拔了一批人才，从不图人报答。晚年卒于湖南，终年 70。著有文集十卷。

其父周炳曾工书，能诗、善画，有《南嬉集》问世。

周 铣

周铣（谱名士铣），字季章。清康熙年间，有名缪元兆者带家眷在云南一带做官 20 余年，把家乡的产业全部托付给周铣代为管理。等到元兆去职还乡时，周铣将历年账册交还给元兆，上面所有财物进出都记得清清楚楚，没有少一分钱。元兆以金帛相赠，铣坚辞不受，被乡里称为义人。

周大枢

周大枢，字元木，自幼聪明绝顶，及长博览群书，曾被推荐试博学鸿词科。清乾隆十七年（1752 年）考取举人。后任平湖县教谕，卒于任上，有《存吾春轩集》问世。

周应宿

周应宿，字宋为，清雍正七年（1729 年）举人，乾隆元年（1736 年）进士。任江苏句容县知县。上任不久即遇水、旱两灾，毕力救灾。开仓赈粮，救活灾民无数。后因盗案未破去官，百姓所借仓谷，两月还清。著有《学易快编》等文，其所作文深受清代著名文学家胡天游的称赞。

周大榜

周大榜，字虎木，乾隆五十九年（1794 年），被推荐为优贡生。自幼博闻强记，乾隆年间，两湖总督衙门看重他的名声，把他请到府上待为上宾，曾当场写就《晴川阁》《黄鹤楼》《快哉亭》三赋，一时广为传诵，著有《半半稿文集》。

六、宝祐桥周氏

1. 宝祐桥始祖（周茂四世孙）周庆传

周庆，字德芳，赠文林郎，山西道监察御史，配程氏，封太孺人，为绍兴宝祐桥周氏始祖。

据宝祐桥《周氏破塘祖茔祭簿·周氏渊源考》记载，明初，庆避兵入城。当时的绍兴城，以府河为界，府河之西属山阴县，府河之东属会稽县，周庆入城后居会稽镜水里。洪武十四年（1381年）徙居永昌坊。查《绍兴县志资料》第一辑，县西桥后街、日晖桥南，属旧永昌坊，与宝祐桥地块相邻。

周庆为周茂第四代，后人称他为四世祖。死后与妻合葬绍兴破塘殷家坞山麓。所以记载绍兴宝祐桥周氏族史的祭簿，称《周氏破塘祖茔祭簿》。

周嵩尧1943年写的《周氏渊源考》写周庆是"明赠资政大夫，福建布政使司布政使"。官阶同《周氏破塘祖茔祭簿》记载一样，任职的省份不一样。并说他有四个儿子，但现在有记载的只有两个儿子，也可能只有周叔庄、周颐长大成人，做了官。

据《周氏破塘祖茔祭簿》记载，周庆后裔后分塔山下四九房、宝祐桥五十房、酒务桥瑞源房、新街口老三房、圆通寺四一房、昌安九如房及伯斋房等共七房。

2. 周茂之后五世、六世、七世、八世、九世、十世、十一世小传

后人尊周茂为后马始祖，由此排下来到周恩来是二十一世。根据《周氏破塘祖茔祭簿》和周嵩尧1943年写的《周氏渊源考》的记载，现将周茂的第五世到

第十一世做一介绍。不过限于迁到绍兴宝祐桥的一支,即周庆之后。

在古代,读书人除有"名"外,还有"字""号"。一般以"字"为尊称。但是劳动人民只有"名",多无"字"。五四运动后,主张劳工神圣的知识分子,首先废除"字",相互之间直呼其名,以表示平等和革命的决心。周恩来等创建的觉悟社不但废除字,也废除姓,抓阄以号为名。周恩来抓的是5号,他起名为伍豪。废除"字",直呼其名,在建国后更为普通,为广大群众所接受。为了便于现在读者阅读,我们在介绍人物时,一般以"名"为主。

五世 叔庄,字玄童,号怡乐,周庆之子。永乐初选充北京顺天府大兴县第六箱万石长。配王氏,赠孺人,有子二人。葬绍兴林家湾。

颐,字养浩,周庆之子。由选贡授山西道监察御史,升山东布政使司左参议,以内艰服阕还朝,选江西布政使司左参议,功绩尤著,累官至福建布政使司左布政使,按公孝悌于家,忠勤于国,功绩丕著,详载郡志,有传。配余氏,继鲁氏、郑氏,俱诰授二品夫人。葬黄祊岭①。

六世 宗,字承甫,号克勤,周叔庄之子。授大兴县第五箱万石长,配柳氏,赠孺人。有子三人,葬林家湾。

宪,字文纲,周颐长子。诸暨县医学训科,升太医院,有传。配王氏,赠孺人。

七世 富,字富三,周宗次子。配钟氏,赠孺人,有子一人,葬林家湾。

咸,字德素,大兴县万石长加散官。

八世 顺,字慎斋,周富之子。配袁氏,赠孺人,有子三人,葬林家湾。

文英,字世杰,曾任医学训科。

九世 镇,字南坡,号敏庵,周顺之长子。吏员冠带散官。生于明嘉靖四年(1525年),配陈氏,赠孺人。按:公多才尚义,名誉日隆,为弟排陷屏迹,山居不入城市。葬黄祊岭。

铭,字仕警,号近泉,周景明之子,赠燕山右卫经历,配余氏,赠孺人。

十世 廷孝,字宇明,周镇之次子,赠文林郎,山西大宁县知县,晋赠奉政大夫,扬州府同知,上寿乡宾,配胡氏,封太安人,有子二。生于明嘉靖二十九年(1550年),寿90岁。葬三凰山。

---

① 俗名牛腿山。

十一世 懋文，字奈庵，周廷孝长子，行四十九。壬午科，授山西大宁县知县，升扬州府同知，诰授奉政大夫，配胡氏，赠安人。

懋章，字奕庵，号宜迪，周廷孝次子，行五十，例赠承德郎，州同知，上寿乡宾，寿94岁。

3. 五十房始祖周懋章

周懋章，字奕庵，号宜迪，周廷孝之次子。生于明万历二十七年（1599年）八月二十四日，行五十，为绍兴宝祐桥周氏五十房始祖，住绍兴宝祐桥河沿掇木桥头，今绍兴市劳动路50号。终年寿94岁。①

关于周懋章的生平，宝祐桥《周氏破塘祖茔祭簿》有如下记载："例赠承德郎、州同知、上寿乡宾。"所谓"例赠"，古代往往将儿子或其他后代的职衔经政府批准，赠与长辈，所以此并非周懋章实职。"破塘"者，绍兴城南十里，为周庆等祖先葬地。据《周氏破塘祖茔祭簿》记载，周懋章有子四人，为周世润、周世洪、周世法、周世治。"合葬于绍兴钓鱼台。"②

宝祐桥周氏并无祠堂，亦无正式族谱，关于周懋章，据《会稽县志》记载，清康熙三十七年（1698年），周懋章91岁，妻王氏寿百岁，浙江巡抚特赐"百岁寿母之门"匾额庆贺，从此，其宅便叫"百岁堂"。"百岁寿母之门"匾额悬于二门之上，直至"文革"期间才被毁坏，今已恢复。"老宅（即百岁堂）大厅额曰锡养堂，其右新厅曰诵芬堂，而族人则统称曰百岁堂。今散布苏浙科名宦者皆百岁堂一支之后裔也。"③

1939年3月周恩来在绍兴宝祐桥周氏《老八房祭簿》中续写之谱系中写道："恩来，字翔宇，五十房，樵水公曾孙，云门公长孙，懋臣长子，出继簪臣公为子，生于光绪戊戌年（1898年）二月十三日卯时，妻邓颖超。"其中的"五十房"即由周懋章的排行五十形成的五十房而来。

---

① ② 据周嵩尧1943年写的《周氏渊源考》。
③ 周嵩尧：《周氏渊源考》。

4. 宝祐桥周氏世系表 [①]

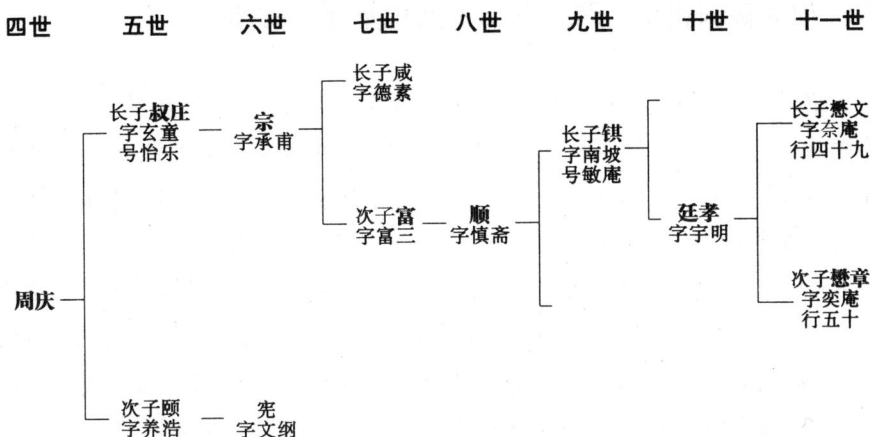

四世	五世	六世	七世	八世	九世	十世	十一世

周庆
├ 长子叔庄 字玄童 号怡乐 — 宗甫 字承甫
│   ├ 长子咸 字德素
│   └ 次子富 字富三 — 顺 字慎斋 — 长子镇 字南坡 号敏庵 — 廷孝 字宇明
│   ├ 长子懋文 字奈庵 行四十九
│   └ 次子懋章 字奕庵 行五十
└ 次子颐 字养浩 — 宪 字文纲

5. 周茂之后十二世、十三世、十四世、十五世小传 [②]

十二世 汝相，字公佐，号觉轩，生于明崇祯五年壬申（1632年），夫人倪氏，继陈氏，有子六人。合葬绍兴石旗。

十三世 熙祚，字竹庄，周汝相第六子，生于清康熙二十一年（1682年）七月二十日。夫人徐氏。有子二人。合葬绍兴中灶山。

十四世 步超，字孟班，熙祚长子，生于康熙五十年（1711年）十一月十二日。夫人陈氏，继孙氏、倪氏。子应麟、应凤、应熊。合葬绍兴鸭嘴桥。

十五世 应麟，字孔锡，号红雪。步超长子，陈氏生，生于乾隆元年（1736年）十一月初五。夫人陈氏，继鲁氏、俞氏、王氏。去世于乾隆四十八年（1783年）十二月十九日，终年48岁。其妻鲁氏生于乾隆九年（1744年），死于乾隆三十六年（1771年），文灏之生母。仅有一子。合葬于绍兴鸭嘴桥。佃户张长云、张长庆。这说明周家除有墓穴外，也有几亩薄田供守墓人耕种。至于交不交田租，视田地的数目，由两家商量而

---

① 本表据绍兴宝祐桥周氏《破塘祖传茔祭簿》记载编成。
② 参见本书附录二，周嵩尧：《周氏渊源考》。

定。1939周恩来到此为十四、十五世祖扫墓时，还有坟亲①。周恩来给坟亲20大洋作酬金，并留下两桌祭席。

6.《周氏破塘祖茔祭簿》和《老八房祭簿》介绍

绍兴宝祐桥周氏房族不大，却散居于半个绍兴城。这一房族又较穷，不但没有祠堂，也没有族谱。百岁堂大厅即为五十房举行公共祭典的地方。《周氏破塘祖茔祭簿》所收之《值祭规》规定："旧定除夕悬像做饭，元旦设茶酒供果；元宵张灯收像。做饭、香烛、纸锭、案菜各听其便，不立成规。春秋二分悬像设祭散胙饮福旧有定例。雍正十三年（1735年）公议停止，俟各房子孙振起重建宗祠举行可也。拜扫日期务在清明前后十日之内，腧限罚锭壹千足，拜扫五日前分帖。"从《值祭规》看，他们也有过建造祠堂的想法，但一直未能实现。族谱资料方面只留有两本祭簿：《周氏破塘祖茔祭簿》和《老八房祭簿》。

《周氏破塘祖茔祭簿》立于清道光四年（1804年），内分八个方面：

一、周氏渊源考；二、公议禁约；三、各房分地址；四、捐例；五、历代祖妣考；六、祀土祝文；七、墓祭文；八、宗系图。所以称《周氏破塘祖茔祭簿》者，因宝祐桥周氏始迁祖周庆葬于破塘。破塘在绍兴城南的秦望山脚，距城10里。

《周氏破塘祖茔祭簿》中的《历代祖妣考》理顺了从周茂至周懋章的世系，记载了从周茂至十三世的情况。其中关于十二世的记载是：

逢甲　懋文公长子。

世沽　懋文公次子。

世汲　懋文公三子。

世洽　懋文公四子。

世润　懋章公长子。

世洪　懋章公次子。

世法　懋章公三子。

世治　懋章公四子。

《历代祖妣考》所写之十三世，标题为"发字沂国公第十三世孙"，共记19

---

① 坟亲：看坟人。

人，分别属于四九房、老大房、新街口房、大川房、昌安房、酒务桥房等。

《周氏破塘祖茔祭簿》中的"公议禁约"，为保护葬于破塘殷家坞山麓的四世周庆（德芳）和葬于黄祊岭的五世周养浩的坟茔而写。① 内中多为祖墓被盗掘的官司记录和官府的禁盗布告。

绍兴宝祐桥周氏分为四九房、五十房、瑞源房、老三房、四一房、九如房、伯斋房。关于这些祖茔的祭扫，乾隆二十九年（1764 年）公议，各房发花浪船一只，茶具一副，于辰刻泊南门外伏虎桥会齐，然后前往祭地。规定"值年者给钱八十文，今加念文，连早夜饭在内，每船官客四位，菜一席，酒二升，不得增减"。这也是他们的族规之一。

族中常有些事务性开支，但宝祐桥周氏祭田很少，"遇公事一切经费必须按房派垫，其间或有筹费不资，或有外出不家者，难免推诿"。于是他们定了一个捐例，写在《周氏破塘祖茔祭簿》内，《捐例》定入泮（考中秀才）捐银伍钱；中举捐银陆两；中进士捐银拾贰两；纳监捐银壹两；出仕捐银，正印贰拾两，杂职肆两；生子捐银壹钱。这个捐例于清初开始执行，现将《周氏破塘祖茔祭簿》中的记载抄录于下：

顺治辛丑科（1661 年）	讳世泽，	中进士应捐银拾贰两。
雍正癸丑科（1733 年）	讳然， 字瀛斋，	中进士应捐银拾贰两。
乙卯年（1735 年）	讳祭昌， 字大川，	选授四川保县县丞应捐银肆两。
乾隆丙辰年（1736 年）	讳塈， 字克建，	选授陕西兰州应捐银肆两。
戊午年（1738 年）	讳然， 字瀛斋，	选授四川内江县知县应捐银贰拾两。
戊午年（1738 年）	讳令恺， 字宗培，	进学应捐银伍钱。
己未年（1739 年）	讳梦龙， 字毓坤，	进学应捐银伍钱。
庚申年（1740 年）	讳垌， 字鲁臧，	进学应捐银伍钱。
甲子科（1744 年）	讳垌， 字鲁臧，	中举人应捐银陆两。
丁卯年（1747 年）	讳维嵩， 字岱景，	选授山东新嘉驿应捐银肆两。
庚午年（1750 年）	讳洪， 字星源，	入泮应捐银伍钱。
辛未年（1751 年）	讳步超， 字孟班，	捐监应捐银壹两。

---

① 详见本书附录二《周氏渊源考》九世祖"谨樱"一段话。

丙子年（1756 年）	讳广钧， 字公调，	捐监应捐银壹两。
	赞宸，	捐监应捐银壹两。
丁丑年（1757 年）	讳礼， 字用和，	选授广西林桂县尉应捐银肆两。
戊寅年（1758 年）	讳兆龙， 字素安，	捐职应捐银壹两。
壬午年（1762 年）	讳应凤， 字羽凰，	入泮应捐银伍钱。
癸未年（1763 年）	讳应麟， 字孔锡，	捐监应捐银壹两。
甲申年（1764 年）	讳易， 字纹猗，	捐监应捐银壹两。
丙戌年（1766 年）	讳镇， 字星南，	捐监应捐银壹两。
壬午年（1762 年）	讳垌， 字鲁臧，	选授福建盐库厅应捐银肆两。
庚寅年（1770 年）	讳中规， 字圆也，	入泮应捐银伍钱。
同年	讳绥曾， 字佩苍，	捐监应捐银壹两。
乙未年（1775 年）	讳洪， 字星源，	岁贡应捐银壹两。
丙申年（1776 年）	讳应熊， 字龙川，	入泮应捐银伍钱。
辛丑年（1781 年）	讳梦龄， 字锦木，	入泮应捐银伍钱。
癸卯年（1783 年）	讳中规， 字圆也，	捐监应捐银壹两。
癸丑年（1793 年）	讳应凤， 字羽凰，	岁贡应捐银壹两。
嘉庆丙辰年（1796 年）	讳益清， 字又香，	入泮应捐银伍钱。
壬戌年（1802 年）	讳益清， 字又香，	食饩应捐银壹两。
辛未年（1811 年）	讳益谦， 字受之，	入泮应捐银伍钱。
丙子年（1816 年）	讳焕荪， 字子筠，	捐监应捐银壹两。
丁丑年（1817 年）	讳元棠， 字笑岩，	入泮应捐银伍钱。
道光辛巳年（1821 年）	讳元植， 字建甫，	入泮应捐银伍钱。
壬午年（1822 年）	讳焕荪， 字子筠，	中举人应捐银陆两。
丁未年（1847 年）	讳光勋， 字樵水，	入泮应捐银伍钱。
癸卯年（1843 年）	讳元枢， 字拱辰，	选授福建平和县县丞应捐银肆两。
光绪庚辰年（1880 年）	讳南英， 字翰青，	入泮应捐银伍钱。
甲午科（1894 年）	名龢鼐， 字调之，	中举人应捐银陆两。
丁酉科（1897 年）	名嵩尧， 字峋之，	中举人应捐银陆两。

壬寅科（1902 年）　　　　名嘉琛，　字衡峰，　中举人应捐银陆两。

甲辰年（1904 年）　　　　名嘉英，　字莲峰，　入泮应捐银伍钱。

从《捐例》中可以看出，宝祐桥周氏在清朝一代的仕途面貌，即为官者不多，更多的人是游幕，也就是做师爷，以致"或有外出不家者"。科举上较有成就者，清以后，宝祐桥周氏中中进士者二人。第一个登进士榜的是周世泽。

周世泽，周懋文曾孙，清顺治十一年 (1654 年) 顺天中举，顺治十八年（1611年）辛丑科进士，寄籍大兴，登马世浚榜。

周然是第二位进士，雍正元年 (1723 年)，"恭逢世宗宪皇帝登极，开科于四月举行乡试，九月举行会试"，周然于是年中举，雍正十一年 (1733 年) 癸丑科中进士，寄籍大兴，登陈谈榜。

《捐例》告诉我们，宝祐桥周氏在清朝，中进士 2 人，中举人 5 人，其中周龢鼐、周嵩尧是周恩来的堂伯父，周嘉琛、周嘉英是周恩来的从伯父。

《周氏破塘祖茔祭簿》与《老八房祭簿》相衔接，周懋章之后，就由《老八房祭簿》作详细记录。同时，《历代祖妣考》也是以五十房为主线，作了一代代的排立。

《老八房祭簿》之所谓"老八房"者，即四九房和五十房，属懋文、懋章子孙，因他们各有四位儿子，一共八房，属十二世祖，后人也称"八老房"。

《老八房祭簿》前有《序言》，说明该簿始立于乾隆戊戌年 (1778 年)，嘉庆年间由周恩来曾祖父周樵水重新誊录新簿。祭簿后面是祭产记录和祖茔管理的各种族中文件。其中保存有写于康熙七年 (1668 年) 的周懋章的文字和懋章曾孙周世泽写的田契存四十九房等内容。又有同治九年（1870 年）周樵水次子周昂骏写的关于祖茔管理的长篇文章。还有周樵水长子周骏侯（逸帆）同治十三年（1874 年）回绍时在祭簿上留的手迹，其中写道："逸帆于同治十三年季春回里，竹泉率同逸帆、少庭等，于五月十五日买舟赴山，将新旧两禁碑竖立南坡公墓侧。"

随后有地图记录了林家湾、黄祊岭、三凰山墓茔和拜扫情况。

《老八房祭簿》的中间部分，为族人名录，开头写"祭主"两字。共记族人201 名，这 201 人包括周恩来等人的姓名和出生年月，属十四世至二十一世，共八世的人，刚好与《周氏破塘祖茔祭簿》的记载相衔接。其中十四世标明"强"字辈，记有 8 人；十五世标明"刚"字辈，26 人；十六世标明"毅"字辈，42

人；十七世标明"斋"字辈，39人；十八世标明"庄"字辈，9人；十九世标明"中"字辈，17人；二十世标明"正"字辈，19人；二十一世标明"文"字辈也就是周恩来这一辈，41人。这201名族人中，极大部分是五十房的人，标明四九房的，仅7人。记录方式，现以周恩来曾祖父周樵水为例："光勋，字簧铭，号樵水，五十房，景商孙，笑岩长子，生于嘉庆巳卯年正月十九日戌时，配樊氏，子庚侯、亥同、寅正、攀龙、鸣鹿。邑庠生。"所有记载都是这个模式，几乎全部没有卒年。因《老八房祭簿》写的主要是族人世系，所以有人把《老八房祭簿》称为宝祐桥周氏家谱手抄本，张能耿认为也不无道理。当然，作为族谱这是不规范的。因内有周恩来亲笔所写谱系一页，现已定为国家一级文物。

这两本祭簿由族长周希农和五十房的周文炳保存下来，这对研究周恩来世系，是非常有用的材料。1960年由张能耿动员周文炳将其捐献给了国家，现藏绍兴鲁迅纪念馆。"文革"期间，造反者曾将其作为"四旧"塞进字纸篓，1976年周总理去世后，人们想起了这两件文物，经到处搜寻，才又被抢救了回来，真是万幸。

7. 百岁堂（五十房）世系（从周懋章到周恩来的父辈）①

十一世　十二世　十三世　十四世　十五世　十六世　十七世　十八世　十九世　二十世

（世系图，主要人名如下）

懋章（字奕庵，号宜迪，行五十，为五十房始祖）

汝相—熙祚—步超（字孟班）—应麟（字孔锡）—文灏（字景商）—元棠（字笑岩）—光勋（号樵水）
　骏侯（晋侯）—贻康
　骏昂（昂骏）—贻豫
　　　　　　—贻良（嵩尧）
　骏联（联骏）—贻定
　骏龙（起魁）—贻庚
　　　　　　—贻能（劭纲）
　　　　　　—贻奎
　　　　　　—贻淦
　骏庞（子庞）—贻德（济渠）
　　　　　　—贻震（早故）
　　　　　　—贻升（早故）

光焘（字水心）—骏聪（殿魁）—骏皆
　　　　　　—骏发—贻宽

元枚（字卜哉）—光裕
元槐—光燕
　　—光坝

应凤（字羽皇）—文澄（字受之）—元荣

应熊（字龙川）—文溥
　　　　　—文渊
　　　　　—益清（字又香）—元植（字碧园）—含祖（字绍庭）—延鲁（字省吾）—金麟
　　　　　　　　　　　　　　　　　　　　　　　　　　　　　—玉麟
　　　　　　　　　　　　　　—衍祖—延龄
　　　　　　　　　　　　　　—蕃祖—延喜—嘉琛（衡峰）
　　　　　　　　　　　　　　　　　—延春—嘉瑛（莲峰）
　　　　　　　　　　　　　　　　　—延寿—嘉璋（云峰）
　　　　　　　　　　　　　　　　　—延祐
　　　　　—元燮—给祖
　　　　　—元标
　　　　　—元枢
　　　　　—元机—浩祖

世洪—颙祚—峒（字鲁臧，出继繁祚）—绶曾—建功（字与参）—荣
　　　　　　　　　　　　　　　　　　　　　　　—元
　　　　　　　　　　　　　　　　　　　　　　　—樑
　　　　　　　　　　　　　　　　　—建中（字履和）—喜
世法—繁祚

　　　　　　　　　　　　　　　　　—建伟（字君烈）—元樟
　　　　　　　　　　　　　　　　　　　　　　　—元杏—绳祖（字耀川）

世治—长祚—吉（改名凤，字兆丰）
　　　　　　—祥（字沛善）
　　　　　—和钧（字鸿绪）—淇（字竹泉）—南英（字瀚青）—希农—学渊—思英
　　　　　　　　　　　　　　　　　　　　　　　　　　　　　　—思雄
　　　　　　　　　　　　　　　　　　　　　　　　　　　　　　—三保
　　　　　　　　　　　　　　　　　　　　　　　　　　　　　　—思源
　　　　　　　　　　　　—浙（字四宜）—南金（字式如）—福庆
　　　　　　　　　　　　　　　　　　　　　　　—福田（又名祥骏）—尚麟
　　　　　　　　　　　　—淦（字景辉）—南成（字焕章）—文炳（字云程）
　　　　　　　　　　　　　　　　　　　　　　　—文奎（字子卿）
　　　　　　—泰钧（字星华）—瀚（字亦豪）
　　　　　　—鼎钧
　　　　　　—孝钧
附：　　　—菁钧（字德成）—潮（字东辉）—元春（字左泉）—发普（字济安）
　　　　　　　　　　　　　　　　　—元麟—发祥—福恒

————————————

① 此表据《老八房祭簿》编成。

8. 周恩来的太高祖父周文灏

周文灏，字景商，应麟子，乾隆三十六年（1771年）五月初三日生于绍兴，配鲁氏（1766—1833年），子元棠（字笑岩）、元枚（字卜哉）、元橄（改名棣，字萼塘），死于清道光十二年（1832年）十一月二十八日丑时，终年62岁。①

周文灏与周恩来相距六代，1939年3月周恩来曾去他的墓地祭扫。周恩来的这位太高祖，以开寿枋店卖棺材为业，但他重视子女教育，为择良师，曾送长子周元棠到绍兴乡下的漓渚六峰读书，以后入泮为秀才，并成为绍兴著名诗人。

周文灏虽开寿枋店，经济情况却并不见佳，《老八房祭簿》中就有一张关于周文灏房产的老八房的议单，议单前半部分写祭田易主的事，下半部分写的即为关于周文灏典戳房产的决议，全文如下：

> ……适有景商自己房屋出戳他姓，今各房合议，将景商房屋典戳公堂，当付典价钱壹佰叁拾千文正，即命景商立典契一纸，交存房长兆丰②房处，自典之后，听凭公堂管业收花。今景商缺屋居住，情愿浼同各房出赁，公议每年收租钱拾壹千文，当立赁票一纸，交存老二房德成③处。值年房收租，凭立经折两次交付，冬季付钱伍千文，次年拜扫时，付钱陆千文。窃思较田租略胜，使值年房略为宽裕。自议之后，各无异言，俾将来各房自外归者得能尽知，始终以服众心云尔。
>
> 计开
>
> 伏字号平屋陆间，左右侧披一带，前后明堂两个，坐落石童坊并照
>
> 嘉庆拾壹年④拾贰月　　日
>
> 立议族长　兆丰　德成　龙川⑤

---

① 周嵩尧：《周氏渊源考》。
② 周兆丰，强字辈，原名吉，改名风。
③ 周德成，刚字辈，原名菁钧，字德成。生于清乾隆十一年（1746年）十二月十六日。
④ 嘉庆十一年即1806年。
⑤ 周龙川，刚字辈，原名应熊，字叶飞，又字龙川，生于清乾隆十四年（1749年）七月初五。

元野　再溪 ①　燕山 ②

保之 ③ 景商　君烈 ④　亦江 ⑤

　　议单中的景商房屋地址在石童坊，查《绍兴县志资料》，宝祐桥河沿即属石童坊。至于性质，民间惯例，典不同于卖，但又没有写明典几年，只是说清楚周文灏（景商）典出后仍住原处，每年付房租拾壹仟文。从议单中也可以看出，宝祐桥周氏，向来有人外出做师爷或在外地作商店职工，所以议单中有"俾将来各房自外归者得能尽知，始终以服众心云尔"之句。

　　周文灏除了开寿枋店，还做过什么事？情况不明。但有一点是清楚的，就是家贫。原寄希望于长子周元棠，而元棠在科场上也并不得意，中了秀才后，未能进入举人、进士的行列，难以进入仕途，而只能以坐馆教书、游幕为生。元棠因为忧家贫，叫孙子周昂骏改习金谷，从此就出现了周恩来祖上几代人都外出各地做师爷靠笔墨谋生的局面。

　　从周文灏到周恩来虽已相距六代，但从议单中可以看出一点，周文灏（景商）的房屋，原已出戤他姓，周氏五十房族人合议将文灏房屋平房六间改为典戤公堂，说明宝祐桥周氏百岁堂及其左右房屋，族中一直作为周氏五十房聚居地，而在产权上不使外姓染指，以后，虽然族中产权仍在不断变化，但直到 1949 年 5 月绍兴解放，百岁堂建筑群中居住的仍始终为周氏五十房族人。

　　1832 年周文灏去世，享年 61 岁，葬绍兴石旗唐家峇 ⑥。佃户金阿贡，子华林。⑦ 夫人鲁氏生于乾隆丙戌年（1766 年），死于道光癸巳年（1833 年），与丈夫合葬。

---

① 周再溪，毅字辈，原名学濂，字再溪。生于乾隆十四年（1749 年）。

② 周燕山，毅字辈，原名湴，字燕山。生于乾隆十六年（1751 年）七月二十六日。

③ 周保之，毅字辈，原名式序，字保之。生于乾隆十八年（1753 年）二月初八。

④ 周君烈，毅字辈，原名建伟，字君烈。生于乾隆四十一年（1776 年）五月二十日。

⑤ 周亦江，毅字辈，原名文澄，改名益谦，字受之。生于清乾隆五十三年（1788 年）三月初一。

⑥ 周嵩尧在《周氏渊源考》写的是石脐唐家澳。

⑦ 周嵩尧：《周氏渊源考》。

9. 周恩来的高祖周元棠

周恩来高祖周元棠，字笑岩，生于清乾隆五十六年（1791年）九月八日，卒于咸丰元年（1851年）八月初六日寅时。[①]为周文灏长子。30岁以前致力于诗词古文，其后转而研究经济性理之学，著述数种。[②]但在太平天国、捻军起义时，由于兵荒马乱而散佚，仅保留下22岁前做的诗134首，名为《海巢书屋诗稿》。

周元棠少年离家到今绍兴西南40里的六峰求学。[③]他在《六峰即事》诗自序中说："六峰在山阴漓渚村，读书处也。"六峰村为200多户的小村，四周六个山峰环围，村后一峰最高，称大牛岭。诗曰："山花低衬野花新，淡淡轻烟锁未匀。蟹舍鱼庄何处是，前村隐约见行人。""谈罢新诗卧石根，愁怀取次化时魂。松涛卷过溪流急，一片山光绿到门。"[④]他在《冬夜六峰忆家》中写道："闷剔寒灯忆故乡，风斜雨细助荒凉。谁怜身作山楼客，读破离骚夜天长。"这两首诗描绘了六峰村优美的自然环境，表现了周元棠当时悠然自在的生活，也流露了急切上进的心情。

他15岁时，父亲由于生活困难，将祖上留下的住房典当。但是这也没有改变家中的处境。元棠夫人姓史，道光丙戌年（1826年）十一月初十日去世，年仅32岁。时大儿子樵水7岁，二儿子只有4岁。因元棠还只35岁，故又续弦。[⑤]道光十二年（1832年）父亲周文灏去世。他将两个儿子抚养成人，成家立业。周元棠在《自述》中对窘迫的境况做了生动的描写："知贪依鲍叔，养客羞孟尝。""椿树病已瘦，萱帏发已苍。"他的生活很清贫，"书生无远志，讽咏守清贫"（《秋夜杂咏》）。他看到"人情薄如纸，世态澹如水"（《自述》）。他有时简直想遁入空门，"试听谈经声隐约，禅机好向此中参"（《登东武山浮屠绝顶》）。但总的

---

① 周嵩尧：《周氏渊源考》。

② 见周嵩尧为《海巢书屋诗稿》作的跋。

③ 周秉宜根据对《海巢书屋诗稿》的研究，认为周元棠1807年16岁时去漓渚村六峰山家塾馆教书并读书写诗，1811年春末夏初离开六峰山前往福建随馆学幕。

④ 见《海巢书屋诗稿》中的《六峰即事》。

⑤ 1977年9月23日住在杭州的周毓燕致邓颖超信，信中汇报他回绍兴平祖坟的过程，提到高祖周笑岩和两位高祖母的坟。

说来是面向现实的，由于科场失意，为生计所迫，不得不设帐授徒。他的私塾办在都泗门。都泗门是当时会稽县城的水城门，界于五云门和昌安门之间，距宝祐桥不远。以教书为业，生活清苦，在《杂感》一诗中对自己教书生涯的生活、心境做了很好的刻画："匆匆岁月易推迁，愁对青灯兴索然。去日难留成旧恨，前途莫问惜流年。封侯自古轻投笔，求富于今愧执鞭。兀坐南斋无一事，床头犹有买书钱。"其《都泗书屋即事》四首，其中两首很能反映他当时的心情："既非城市复非乡，碧水青山趣自长。只惜瓮开春酿熟，如何没福与周郎？""一声欸乃近寒城，谁是归舟叫放行。知是门军专受贿，不须中夜学鸡鸣。"在第一首诗下面周元棠的孙子周昂骏特别注明"海巢素不爱酒"，他平素不喜欢喝酒，却自称周郎，可见其对才情的自负，也可见授徒时尚年轻。他对管门人的受贿，心怀不满，而寄情义侠之士，也足见他的正义感。

尽管家境破落，周元棠却为人正派耿直。这在他直抒胸怀的《自述》中可见一斑。现将全诗抄录如下：

其一

才愧曹子建，谋惭张子房。

读书书未解，吟诗诗涉狂。

谈心间访友，消闷偶持觞。

知贫依鲍叔，养客羞孟尝。

何时金作屋，戏彩事高堂。

椿树病已瘦，萱帏发已苍。

敢求升斗禄，拟欲游四方。

青毡难守旧，南浦许寻芳。

建业须及早，莫待醒黄粱。

其二

人情薄如纸，世态澹如水。

为人不由人，当作奇男子。

我行不入邪，我言不苟訾。

言只舒我心，行只安吾履。

躬耕惟砚田，不须分疆以。

舒情惟笔锋，何事执弧矢。

欲希倚马才，抛尽雕虫技。

功名虽偃蹇，此此无时已。

身或作飘萍，门总开桃李。

惟冀才学成，不愧一佳士。

内动亲心欢，上对天颜喜。

正因为如此，他在凭吊画家徐渭时，这样写道："奇才古为造物忌，况复灵根特表异。岂必聪明尽误人，如何毕世终遗弃。……吁嗟乎，达人不达无奈何，诗魂酒魂难消磨。一腔豪气摩空碧，中原麟凤脱网罗。"他借同情徐渭身世，来浇胸中块垒，喊出了对埋没人才的封建社会的强烈不满。

周元棠作诗十分认真。他写道："笔到枯时得句悭，惭无七锦缀斓斑。情痴只解千章赋，语病何嫌五次删。抛却花心才避俗，结成诗梦几曾间。每当秋月春风际，一段吟魂总挂攀。"①凡艳体一概从删，他追求清新、质朴、自然。他的诗多为写景、抒怀、咏物、言事，颇具文采。

他热爱家乡，对家乡的山水充满深情。他在鉴湖泛舟："人在镜中天在水，菱花飞处落红铺。"（《鉴湖归棹》）他在吼山避暑："坐久凉生忘日午，好风摇曳上罗衫。"（《吼山曹溪阁避暑》）他到箬篑山观瀑："泉声泻若飞，半规山欲暝。几似水帘垂，锁住芙蓉径。又似酒帘飘，卷来松萝磴。"（《箬篑山前观瀑布》）他到若耶溪探幽："万顷烟波新雨过，一声欸乃夕阳斜。"（《若耶春涨》）兰亭修竹，也给他留下极深的印象："两岸新枝横曲水，千竿清影印流觞。"（《兰亭修竹》）星闸锦涛，激起他无限想象："白马奔驰到海门，海神蹴起七襄痕。"（《星闸锦涛》）柯亭赏月，他凉意顿生："影穿翠竹宜消夏，色射澄波欲送凉。"（《柯亭夜月》）娥江竞渡，他情思忒深："移来人影斜阳里，荡起波声古渡头。"（《曹江竞度》）他漫步望海亭，遥观日出："望海亭边容远眺，春潮涌上日光华。"（《卧龙春晓》）他登上蕺山，放眼湖山："登楼闲眺爱晴和，四面湖山入望多。"（《蕺山晴眺》秦望山积雪，在他看来，那么美好："玉女调脂新晕印，貌姑传粉旧痕留。"（《秦望积雪》）香炉峰烟雨，在他眼里，宛如画图："竹林深处开图画，妙手难摹

---

① 见《海巢书屋诗稿》中的《自题诗集》。

擘玉容。"(《炉峰烟雨》)

他热爱家乡，对家乡的民情风俗，自有体味。农村春耕，他感到极富情趣："上接春山下接溪，扬鞭呼犊岸高低。翻开麦陇云千顷，唤起桃花雨一犁。响隔芳林穿碧霭，音流新涨卷红泥。试听到处催耕早，引得沙禽恰恰啼。"(《水田叱犊声》)乡人采葭，他认为很有诗意："不采日铸茶，不采龙山草。试登葭山巅，一色迷离好。层层翠欲翻，蔼蔼云回抱。应是笔飞时，满岫留余藻。采采已盈筐，游遍蓬莱岛。……"(《采葭吟》)他绘声绘色地记下了民间跳神活动："坎坎鼓，蹲蹲舞，踏遍千门与万户。略似逐乌鸢，莫认迎猫虎。黄金四目肃其明，执戈扬盾奋厥武。魑魑魉魅不教逢，有时懿态翻成怒。痴男靧效作钗裙，俚语巴歌耸听闻。乐岁盈宁联百室，主人接纳殊欣欣。纵有语言博欢笑，何须歌舞按仪文。……莫嗤乡老不知书，春官月令仪参半。年年演出季冬时，村后村前声不断。谁家束发几儿童，黄昏学向阿婆看。"(《俗有跳灶神者，其古傩之遗意也，戏纪之》)

他热爱家乡，对先贤非常敬仰。他曾瞻仰禹庙，手抚岣嵝碑，怀念大禹功绩："夏后建丰功，奠川与敷土。史臣不绝书，谟赞忧勤主。……一读一怀思，精光射天宇。"(《译岣嵝碑有怀禹功》)他曾徘徊青藤书屋，凭吊徐渭："或笑矜情太奇癖，不知自有凌云策。都缘傲骨本天成，难强朱衣点头额。青衫一领竟终身，何妨独善全其真。剖劂文章堪寿世，供养山水作游人。"(《青藤书屋吊徐天池先生》)

此诗稿由周元棠的孙子周昂骏(周恩来的二祖父)抄录，后由周元棠的曾孙子周恩来的堂伯父周龢鼐、周炳豫、周嵩尧刊印。建国后周恩来得到此文稿一直珍藏在西花厅。邓颖超去世后，由赵炜交给淮安周恩来故居收藏。这本诗集不仅有较高的艺术价值，而且是研究周恩来家世的重要文献。

周元棠天赋高、诗文好，这些收在《海巢书屋诗稿》中的诗作，都是他22岁以前写的。当时他曾参加绍兴的一个诗人团体"鉴若吟社"。《海巢书屋诗稿》中就有四首诗是与社友唱和的，如《和褚三茂才迅波寄题社集原韵》《留别鉴若吟社诸同人》等。周嵩尧在《海巢书屋诗稿》的跋文中就说"先曾祖三十以前肆力于诗古文词，其后遂专研经济性理之学"，著作甚多。但他在科举路上却屡受挫折，直到28岁才中了秀才。他在《留别鉴若吟社诸同人》一诗中写道："愧我无才夺锦袍，年年怅望禹门高。"所以在周龢鼐、周嵩尧的中举资料中均写他的身份是"邑庠生、历科荐卷堂备"。说明他参加了考举人之前的科试，虽然没有考取，但是成绩还不错。

据周恩来的侄女周秉宜推测，他仕途不成，为了改变家境的困顿和窘迫，便到福建、浙江一带做钱谷师爷。他的"做师爷"非同一般，潜心研究，并有经济性著述多种。因而他指导的学生也比较多，如儿子周樵水、光焘兄弟，孙子骏侯（逸帆）、昂骏（霞轩），朋友樊维城的儿子樊文炜、樊燮兄弟等均出自他的门下。由此他与樊家结亲，大儿子周樵水娶樊文炜、樊燮的姐姐樊氏为妻。他在福建作幕，结交了同乡鲁登四，后来鲁登四将女儿鲁大姑嫁给了周元棠的孙子周起魁（周恩来的祖父）。当然这仅仅是一种推测。但是从周氏后来的发展来看，周元棠无疑起了很大的作用。

晚年，周元棠因年轻时家贫，他看到儿子周樵水有病，科举屡试不中，决定孙子周昂骏不要再考科举，而是学习钱谷师爷。他不仅为孙子选定职业，而且他的学问和为人都影响了后人，深受后人的尊敬。

在绍兴宝祐桥周氏的历史上，从四世祖庆（德芳）避兵入城算起，已有600年左右历史，其中住在宝祐桥百岁堂的始于周懋章的五十房，至今的历史是288年左右，就是周元棠（笑岩）一房，至今也有200多年历史。

周元棠（笑岩）一房在宝祐桥周氏中的位置，据他们的《老八房祭簿》记载，周元棠（笑岩）属"斋"字辈，周樵水属"壮"字辈，周樵水儿子属"中"字辈，周樵水孙子，即周恩来父亲一辈，属"正"字辈，周樵水曾孙，即周恩来一辈，属"文"字辈。但是这点在他们的名字中并没有表现出来。

他们一家自周元棠（笑岩）开始形成了一个小房族。他们这个小房族，具有三个特点。第一个特点是在这个周氏小房族内，都以大排行计算族内相互关系，从这点上说，他们之间的关系是紧密型的。

周元棠（笑岩）配史氏（1795—1846年），生子二人：周樵水、周光焘。周樵水有5个儿子，周光焘有3个儿子，他们名字的第一个字都是"骏"字，下列世系表中就完全按出生先后排列：

周樵水之子骏侯，更名晋侯，字逸帆，生于道光丙申年（1836年）

周樵水之子骏昂，更名昂骏，字霞轩，生于道光己亥年（1839年）

周樵水之子骏联，更名联骏，字捷三，生于道光壬寅年（1842年）

周樵水之子骏龙，更名起魁，字云门，生于道光甲辰年（1844年）

光燾长子骏聪，更名殿魁，生于道光甲辰年（1844 年）

周樵水之子骏庞，更名子庞，字敦甫，生于道光丙午年（1846 年）

光燾次子骏皆，又名延俊，生于道光丁未年（1847 年）

光燾三子骏发，字纯甫，生于咸丰辛亥年（1851 年）

周元棠于咸丰元年（1851 年）八月初六寅时去世。葬于绍兴外凰。不到一个月，他的长子周樵水去世，也葬于绍兴。①他留下五个儿子，大的 15 岁，小的只有 5 岁。其妻在弟弟周光燾的帮助下将儿子抚养成人。晋侯（逸帆）、昂骏（霞轩）到江苏作幕后，不仅将自己的亲弟弟带出去，而且将堂弟（叔叔的儿子）骏聪、骏发也带到江苏。到周元棠曾孙子这一辈仍是大排行。这一辈名字的第一个字都是"贻"字，如果照出生先后的大排行排列，其次序是：

1. 贻豫，更名炳豫，字立之，生于同治三年（1864 年）七月

2. 贻康，更名龢鼐，字调之，生于同治六年（1867 年）十二月

3. 贻德，更名贻谦，又更名济渠，字吉之，生于同治十年（1871 年）九月

4. 贻赓，原字翰臣，改字曼青，生于同治十一年（1872 年）八月

5. 贻定，更名贻鼎，字静之，生于同治十二年（1873 年）四月

6. 贻良，更名嵩尧，字循之，又字峋之，生于同治十二年（1873 年）闰六月

7. 贻能，更名劭纲，字懋臣，生于同治十三年（1874 年）五月

8. 贻奎，字焕臣，生于光绪二年（1876 年）三月

9. 贻宽，生于光绪二年（1876 年）

10. 贻淦，字簪臣，生于光绪四年（1878 年）三月

11. 贻震，字诚之，生于光绪五年（1879 年），早故

12. 贻升，字允之，生于光绪七年（1881 年），早故

周元棠玄孙名字的第一个字，都是"恩"字，据周恩霔在《我的堂兄——周恩来》一文中说："我们的祖父是胞兄弟。我们恩字排行的共 14 位。"如果加上光燾的后代恩灿是 15 位。现在周恩寿与周恩霔也已去世，由于资料不全，他们的后代星散全国各地，已没有人在绍兴、淮安居住。"恩"字排行的堂兄弟们已

---

① 1977 年周毓燕、刘淑媛遵照邓颖超的来信，回到绍兴将祖坟平掉时，只剩下埋葬 16 世祖周景商和 18 世祖周樵水的坟。祖坟平掉后，成为当地村民的菜地，墓碑由村民运回家另行处理。2011 年 16 世祖周景商的墓碑在周恩来纪念馆陈列。

排不齐，也可能有的人没有成年就夭折了，现将已经知道的 12 位排列如下：①

1. 恩涛，贻豫长子，字松生

4. 恩夔，贻良长子，字铁仙，生于光绪十九年（1893 年）

5. 恩焕，贻定长子，生于光绪二十年（1894 年），早夭

7. 恩来，贻能长子，字翔宇，生于光绪二十四年（1898 年）

8. 恩溥，贻能次子，字博宇，生于光绪二十五年（1899 年）

9. 恩灿，贻宽之子，生于光绪二十七年（1901 年）

10. 恩宏，贻定（静之）子，生于光绪二十八年（1902 年）

11. 恩煦，贻豫次子

12. 恩硕，贻奎子，生于光绪二十八年（1902 年）

13. 恩寿，贻能三子，字同宇，生于光绪三十年（1904 年）

14. 恩彦，贻谦子，字蔚人，生于光绪三十一年（1905 年）

15. 恩霔，稣霈之子，字润民，生于光绪三十三年（1907 年）

周恩来的爷爷周骏龙有四个儿子：贻赓、贻能、贻奎、贻淦。周贻能就是周恩来的父亲，而周恩来却叫周贻赓为四伯父，周贻谦为三伯父，周嵩尧为六伯父，他就是按照家族中大排行叫的。

由于家族之间关系密切，互相帮助，少年时代的周恩来在经济和学习上得到族中长辈的许多帮助。没有他们的帮助，他是不可能离开苏北到东北、天津，受到现代科学教育，完成学业的。

在封建社会里，血缘关系是维系社会的纽带，大家都很看重亲戚关系。共一个爷爷是一家，五服之内为本家，出了五服行同路人。在一个大家庭内，共一个曾祖父每一代人都是大排行。即使分了家也要互相帮助，相互提携，忠孝友悌。在中国因不是长子继承制，财产不是由一个儿子继承，而是由众多的儿子共同继承。第一代是一个大地主、大官僚，到第二代、第三代财产就分散了，到第四代、第五代可能连小地主都够不上了，再加上天灾人祸，男主人过早地死亡，这个家庭很快就会衰败下去。在两千年的封建社会，地主阶级是稳定的，长久存在，而地主成员变化很大，经常变动。为了维系一个家族的永续昌盛，家庭内部必须要互相帮助，一代出了一个进士、师爷等人物，他就有义务帮助子侄们读书，因为

---

① 根据周同宇写的世系表排列。

他小时候读书就很可能受过伯、叔的帮助。这不仅对家族发达是必要的，对个人的发展也是十分必要的。但是这种关系带来很多弊病，如裙带风、家族观念、外戚掌权等等。在现代社会这些弊病更加显露，阻碍了社会的前进。周恩来对中国社会了解甚深，对这种陋习深恶痛绝，因而他对自己、对亲属要求甚严，绝不搞裙带风。

周元棠（笑岩）小房族的第二个特点：几代人都做过师爷，可谓师爷世家。关于这一点，周恩来自己也说过："我的家庭近几代祖先也是绍兴师爷。外祖父原籍江西南昌，也是师爷。"

师爷就是幕僚，用今天的话说就是秘书、智囊、文胆，这个职业自古有之，但是到清朝中期才广泛地兴起。

周元棠房族之所以成为师爷世家的社会背景是清代幕业发达。而师爷这个职业和中国一千多年的科举制度有关。科举制度是隋朝（581—618年）开始建立的，在唐朝（618—907年）得以推广。科举制度的建立是社会的进步，打破了名门望族对官府的垄断。魏晋南北朝（220—589年）实行九品中正制，以人物的品行授官职，高品授大官，低品授小官。但是，评定品行的权力掌管在各州郡的中正手里，他们将出身门第的高低作为评定人品的重要条件，形成"上品无寒门，下品无势族"。科举以考试取官吏，将选用官吏的权力由豪门手中收归中央政府，从政治上巩固中央集权，经过300年的努力，到唐的晚期，世族豪门基本不复存在。科举制度将知识分子引上仕途，中国人再穷，只要有一点办法就要送孩子读书，考科举，这是唯一的出路。

"科举—命官制度"到明朝达到登峰造极的程度，只有通过考试中举、考取进士才能当官。国家所需要的官吏是有限的，国库再充盈也不能养很多的官吏，所以科举制度有严格的规定，每年录取的人数是个死数，每次开考中举在浙江全省不过只有一百多个名额。江浙经济发达，文化程度高，读书人多，中举的比例是万分之一，甚至更少，真是凤毛麟角。中举后也未必有官可做，常常要候补多年。候补时没有薪水可拿。在旧中国常常是大家庭，众多的兄弟合力供一个子侄读书。如果这个人即使中了秀才、举人也无官可做，他不仅要维持自己小家庭的生活，还要对大家庭尽义务，怎么办？别无一技之长，只有外出做师爷。绍兴人多地少，不恋乡土，向外发展。

中国近千年的科举制度规定书生只读圣贤之书——四书五经，用孔孟之道可以教化人民，而统治人民、治理国家光有孔孟之道是不够的，还必须要有行政手段，还要有法律、财政税收。通过科举考试当了主官的人并不懂行政管理，不懂法律。这是吏所擅长的。吏是由民间进入官府，是一种行政职务，职务小而作用大。统治国家离不了官和吏，因而人们常常将他们放在一起，称为官吏。以前吏可以靠自己的政绩得到提升，因而官和吏的利益是一致的，要共同治理好地方。

朱元璋幼年生活贫困，深受胥吏的欺压，对他们深恶痛绝，他当了皇帝就惩罚胥吏，不准胥吏靠政绩步入仕途，也不准他们参加科举考试。到明朝中期，这种规定越来越严格，完全堵死了吏的出路。结果适得其反，胥吏因无出路，因不求上进而沦落。好的，当一天和尚撞一天钟；坏的，鱼肉百姓。朝廷有回避制度，为官者不能在家乡当官，也不能在一地任职时间过长，形成主官是流动的，而胥吏是世袭的局面。

吏的稳定保证了封建社会统治的延续性。可是吏为非作歹，鱼肉百姓，玩弄权术到了无所顾忌的程度，常常引起民怨。为官者要治理好地方，力求稳定、发展，以图提升。这样官的利益和吏的利益不是统一的而是矛盾的，甚至是对立的。当官者要管住吏，要约束他们，自己又没有这个本领，怎么办？他们就雇用懂刑法、懂财政税收的人在后面出谋划策，这就是师爷。负责刑法、判案的是刑名师爷，负责财政税收的是钱粮师爷，或金谷、钱谷师爷。主官和胥吏的对立，是清朝师爷职业兴起的原因。为官者要在官场上应酬，上下打点，打通关节。要会书琴诗画，常常吟诗作赋、互相唱和，占用大量时间。这也是起用师爷的一个原因。

师爷的任务是"佐官制吏"，为主官捉刀代笔，出谋划策，以至操纵地方政治，成为维持封建统治不可缺少的人才，既懂民情，又知道官场运作的程序和潜规则。因此他们的思想、生活习惯、作风、传统既有中华民族的优良传统和文化，又有封建社会的陋习和糟粕，二者在他们的身上都得到充分的体现。世事洞明皆学问，人情练达即文章。

当师爷要受专门的训练，不是所有的读书人都可以当，那时并没有培养师爷的学校，都是师徒相传。因为绍兴地区读书人多，他们走不通科举之路时就转而当师爷，父子相承，兄弟相传，渐渐垄断了这个职业。清朝时，全国上千个县，各县的主官多请绍兴师爷，上一级行政机关府里的师爷也是绍兴人。哪一级的案子不是绍兴师爷办的，到了上一级就不能让你通过。所以有"无绍不成衙"之说，互通声气，互为党援。有的师爷已经在外多年，在外面（多在河北的沧州、保定）安家落户，也要讲绍兴话，也要称自己是绍兴人。管钱粮的多是沧州师爷，管判案的多是绍兴师爷，说到底还是绍兴师爷。到晚清，随着湘军、淮军的崛起，师爷中皖人才多起来。清朝重臣左宗棠、李鸿章均是师爷出身。

师爷是明码标价，薪金比较丰厚。他们挣了钱，一个置土地当地主，一个办南货庄当商人。1840 年帝国主义入侵以来，中国不断割地赔款，逐渐沦为半殖民地，国势衰落，工农士商各阶层纷纷破产，民不聊生，激起民变，人们对官府无能、黑暗统治不满，必然殃及师爷，认为他们控制讼诉，强词夺理，助纣为虐。在旧的戏剧中，师爷多由红鼻头的丑角扮演，讽刺、挖苦。而没有看到他们在治理地方上的作用，没有看到他们的行政管理能力。近来人们的看法才渐渐发生改变。

当人们批判封建社会时，常常批判科举制度，而忽视了科举制度有用人公平、公开、公正的一面，在近代传入欧洲后，发展为文官制度，即现在推行的公务员制度。师爷作为文官制度的一个补充，师爷的工作方式、作风有许多都值得后人研究、学习、继承。

周恩来分析："绍兴社会除劳动者（农民、手工业者）外，中上层有两种人：一种是封建知识分子；一种是商人。这两种人都是向外发展的。读书人的出路照例是中科举，而绍兴人则大批的当师爷，在全国各级衙门里管文案，几乎包办了全国的衙门的师爷。"正因为如此，所以在明清时期民间有"无绍不成衙"之说。周恩来又说："师爷在旧戏里的脸谱是红鼻子，大概因为他们都是喝酒的。商人的出路是在各大城市开杂货店兼卖绍兴酒。"①

周元棠（笑岩）小房族的第三个特点：除茔地外不置地产，只有房产若干。他们是凭自己的才干、学识、品行端正立足、谋生，所以有良好的家风，特别重视后人的教育。

探索这个小房族的发展轨迹，研究一下他们的相互关系，成为周恩来研究领域中的一个重要方面。

周元棠死后葬于绍兴外凤。

---

10. 周元棠族弟周左泉

周左泉，名元春，改名承积，字左泉，绍兴宝祐桥周氏五十房周东辉之子，生于清道光十八年（1838年）正月十一日（阳历2月5日），与周恩来高祖周元棠（笑岩）为五十房族兄弟。

周左泉的青年时代，正是太平天国革命爆发的时代。咸丰十年（1860年）南路太平军出师天京，第二年十一月十日占领绍兴。太平军在绍兴，曾建立地方政权——乡官200余处，担任乡官的，多为基本群众。至于地主，有的被太平军捉住镇压了，有的则闻风逃跑。没有逃跑的，乡官也经常加以传讯。由于中外反动派的联合镇压，驻绍太平军于同治二年（1863年）三月十五日主动撤出绍兴。据《越州纪略》和《微虫世界》等书记载，清兵和洋兵入城后，借口镇压太平军有功，大肆劫掠，老百姓的许多财产，"荡焉无复存"。

太平军占领绍兴的时候，左泉应在绍兴。因据周嵩尧为《海巢书屋焚余诗稿》的跋中写道："先祖三十年以前肆力于诗古文词，其后遂专研经济性理之学，著述数种。于发捻①之变散佚无存，仅此一卷得之，左泉叔曾祖乃删弃欲焚者。"由此李海文推断，这时光勋、光焘的后人已不在绍兴，因而周元棠的文稿才落到他的手上。他与元棠是族兄弟，比较远，但那时同族人聚居，另外他在族内是能干、活跃的分子。还有一件事可证明他的精干。

据周氏《老八房祭簿》记载，同治六年（1867年）十月，族中与侵犯祖墓者打官司时，左泉就在绍兴。

所谓官司者，为同治四年（1865年），周光亭等突于黑夜在周氏五世祖周养浩、九世祖周南坡墓地，毁坏禁碑，盗葬父棺。族长东辉与竹泉、椒升、蕃祖鸣县究治。周骏侯、周昂骏在清淮②得信，亦于淮安起诉，由淮安府移绍兴府提讯。东辉，名潮，字慕韩，又字东辉，生于乾隆六十年（1795年），即左泉之父。官司事几经周折，于同治六年（1867年）十月集讯到堂，原告出席者，除东辉、竹泉、椒升，还有左泉。承讯者，绍兴知府李树堂，判周光亭在两月内将父棺迁移。

周左泉亦业师爷，此时正游幕清淮。祖墓案胜诉后，即于腊月出门做事。而

---

① 发捻，指太平天国和捻军。
② 清淮，即今江苏清江淮阴、淮安一带。

周光亭见左泉已走，遂生藐视，逾限不迁父棺，并于同治七年（1868年）赴臬司翻控。而当时"椒升需次江西，左泉幕江宁，……逸帆、霞轩①幕淮清"。东辉、竹泉遂飞致诸人回绍投质。官司一直打了4年之久，至同治九年（1870年）才事毕。正回绍兴的周昂骏（霞轩）分别致函"江宁左泉，江西椒升，清淮逸帆、云门②等知之，以慰远人数年来南望之悬念"。可见这时左泉就幕的地点已由清淮到了江宁。

经这场官司，周光亭终于迁走了父棺，墓区禁碑重刻，旧禁碑亦赔还在山。周逸帆于同治十三年（1874年）春回里，竹泉率同逸帆、少庭等于五月十五日买舟赴山，将新旧两禁碑竖立南坡公墓侧。

在这场长达4年的官司中，周左泉父子两人始终是主要人物中的两个。周左泉以后的身世，已无从查考。去世时间亦不明。

11. 周恩来的曾祖父周樵水及夫人樊氏

周樵水（1819—1851年），名光勋，字箓铭，号樵水，元棠长子，生于清嘉庆二十四年（1819年）正月十九日。7岁丧母。其父周元棠，为绍兴著名诗人，所以樵水从小受到很好的文化教养。

周樵水于清道光二十七年（1847年）入泮为秀才，时年已28岁，可见周樵水一直在做学业上的努力。

其孙子周嵩尧在填写中举资料时，写他为"邑庠生、诰赠奉政大夫、提举衔、两淮候补盐运判，升用同知直隶州、仪征县知县、江苏候补同

⊙ 周恩来的曾祖父周樵水先生遗像。（周尔鎏提供）

知，晋封中宪大夫"。邑庠生就是秀才，这是他生前考取的，其余均是虚衔，是他的儿子在他去世后，得到这些官衔，上封到父亲。这从他的墓碑中得到佐证，墓碑中仅写"邑庠生"一个头衔。

他的重孙子，比周恩来小10岁的周恩霔生前回忆："远祖有农民、商人，也

---

① 逸帆即周樵水长子周骏侯，霞轩即周樵水二子周昂骏。

② 云门即周恩来祖父周起魁。他于同治八年（1869年）始接办淮安的师爷席位。

有读书考科第外出游幕做官的，到我曾祖父这一支，他完全是以教读为生，门弟子从学者的很不少。"① 由此可见，他是子承父业，仍以教私塾为业。一边学习，一边准备功课，继续考科举。

周樵水娶绍兴人氏樊氏，生有5个儿子：骏侯（改名晋侯）、骏昂（改名昂骏）、骏联（改名联骏）、骏龙（改名起魁）、骏庞（改名子庞）。樵水不幸英年早逝，于咸丰元年（1851年）九月十九日酉时去世，只活了32岁。② 去世时5个儿子，大的只有15岁，小的才5岁。周樵水的夫人樊氏生于清嘉庆戊寅（1818年）十一月十二日，周樵水病逝时，她只有33岁。

樊氏的父亲樊维城，浙江绍兴人，是周笑岩的朋友，也是一名秀才、师爷。父母做主，门当户对，樊氏17岁时嫁给了周笑岩的长子周樵水。第二年，她为周家生了一个男孩，即周恩来的大祖父周晋侯。

樊氏在娘家是长女，她下面还有两个弟弟樊文炜和樊燮。后来，她的两个弟弟都拜笑岩公为师，学习钱谷。

樊氏为周家生了5个儿子。1851年8月、9月，小儿子骏庞才5岁，她的公公周笑岩和丈夫周樵水竟在一个月之内先后去世了。周笑岩夫妇和周樵水同葬于红桃子山即外凤。

樊氏和她的5个儿子一夜之间变成了孤儿寡母。这时，已经学成幕业在外做师爷的两个弟弟帮助了她。他们把樵水公的大儿子晋侯、二儿子昂骏带出去，跟在他们身边学习幕业。樊氏在周樵水的弟弟周光焘和百岁堂族人的关照下，茹苦含辛，抚养3个幼小的儿子联骏、起魁（周恩来的祖父）和子庞。9年过去了，1860年，儿子们都长大了。樊氏却因操劳过度，心情郁闷而撒手人寰，去世时才42岁。

樊氏为人善良本分。她起早贪黑，尽心尽职地抚养大了5个儿子，自己却从没有享过一天福。多年之后，为了纪念母亲的功劳，樵水的儿子们共同出资，由二儿子昂骏出面禀奏官府，在百岁堂老宅的大厅里，挂上了"钦旌节孝"的匾额，为周家"一门三节"之一。

樊氏去世后，与丈夫合葬。1939年3月29日，周恩来曾回绍兴祭祖扫墓，专程到外凰狮子山祭扫了周元棠（笑岩）、周樵水的墓。周樵水的墓碑碑文为：

---

① 见周恩霔1949年10月写的《自传》。
② 见周嵩尧1943年写《周氏渊源考》。

```
        邑庠生樵水周公
皇清                      合墓
        暨德配樊氏孺人
```

1964 年，周恩来在一次与亲属谈话中，他说："我们的曾祖父光勋，号樵水，这个名字还好些，还有点务农之意。他是地道的绍兴人，绍兴有他的坟，到我们的祖父一辈就迁到淮安了，坟在淮安。"①

另外宝祐桥周氏在嘉庆年间写的《老八房祭簿》的《序》中也提到了周樵水，全文如下：

> 《老八房祭簿》曾于乾隆戊戌年誊立，俾各得所遵循，无如轮流值祭，难免翻阅过多，而代远年湮，几成□（断）简。缘此族长星华，命侄沂捐置新簿，并嘱曾侄孙樵（水）敬录，且自捐坚实厚本，周围包裹，使新簿或无伤之虑。敬告同族，每逢值祭，俱□□□□，庶几上昭恪□□□□□□□感焉。是 [为序]

序言中提到的族长星华，名泰钧，风（即兆丰）之次子，生于乾隆四十八年（1783 年）八月初八日。侄"沂"，字诗宜，生于嘉庆二十五年（1820 年）十月廿六日，出继星华。周樵水为星华曾侄孙，祭簿为樵水手迹，内中也有周骏昂文章、周骏侯和周嵩尧手迹，还有周恩来补写的谱录，这本祭簿就成了他们（曾）祖孙几代共同写成的一件十分宝贵的文物手迹，也成了周恩来研究中不可缺少的资料之一。

附：

樊氏的两个弟弟樊文炜、樊燮

樊文炜，周樵水的妻子樊氏的大弟。② 出生时间，约在清嘉庆末年道光初年，具体年月不详。

樊文炜出身于师爷之家。父亲樊维城是周笑岩的同行，也是朋友。樊文炜年轻时和姐夫周樵水、弟弟樊燮一同向樵水的父亲周笑岩学习幕业。由于幕业是绍

---

① 1964 年 8 月周恩来和周同宇、周秉德等亲属谈话。
② 周嵩尧中举资料。

兴人谋生的重要手段，所以他们一般多将这一行业传授给自己的后代晚辈。师爷授业一般都要收很高的学费，但如果是自己的家人也就免去了。樊文炜向周笑岩学幕，一方面可以减免学费，另一方面，周笑岩博学多才，是一个出色的幕僚。他不但有实践经验，自己还总结有理论，且有著述数种。樊文炜和弟弟樊燮在周笑岩那里学习，获益匪浅。樊文炜和弟弟学成后便前往江苏游幕。1851年，樊文炜的老师周笑岩和姐夫周樵水相继去世，樊文炜和弟弟一方面为帮助姐姐摆脱困境，另一方面为报答恩师，遂将两个外甥周晋侯（逸帆）、周昂骏（霞轩）带到江苏，培养他们学习幕业。此为周家迁往江苏之始。也就是说，周家迁徙江苏，樊氏兄弟是最早的带路人。

樊文炜大半生都以作幕为业。他曾买过一个五品官衔，但若要补上五品官缺，那就还要花费更多的银两，还要打通很多的关节，实非易事。根据目前的资料所记，樊文炜只补过一任小官，即"江苏甘草司巡检"。①

樊文炜后来在淮安定居，他的后代子孙也在淮安繁衍生息。19世纪末，1892年左右，他的孙女又嫁给了姐姐樊氏和姐夫周樵水的孙子周嵩尧。周恩来的胞弟周同宇晚年曾说："我们在淮安有很多亲戚。鲁家、郑家都和我们是姑表亲。"②鲁家是周恩来祖母的娘家，居住绍兴，樊家是周恩来曾祖母的娘家，已迁居淮安。此处恐为周同宇的口误，淮安的"鲁家"应改为"樊家"。

樊燮，周樵水妻子樊氏的二弟③，约出生于清道光初年，具体年月不详。

樊燮少时也像哥哥樊文炜一样，得樵水之父周笑岩的师传，学习幕业。他聪明好学，领悟力强，学得比较好。以后，他到江苏做幕僚，由于业务精通、工作能力强，比较快地从师爷升到了知县。樊燮先后在皖北和苏北的砀山、萧县、宿迁、沭阳、沛县和铜山等县担任过知县。逐渐地，他在苏北地区打下了一定的社会基础。1860年樊燮的姐姐去世以后，他在远离家乡的苏北，对外甥们担起了家长的责任。周氏外甥们陆续前往江苏谋职，樊燮都一一为他们操心安排。

樊燮在做幕僚时，不光教授外甥周昂骏（霞轩），同时还招收其他学生教授

---

① 巡检：清设巡检司于州、县的关津要冲之地，掌缉捕盗贼、盘诘奸伪之职，县巡检司秩从九品官。

② 1983年5月4日淮安纪念馆采访周同宇记录。

③ 樊燮，光绪五年（1879年）任沛县知县，光绪十二年（1886年）任铜山县知县。见1920年版《民国沛县志》，1926年《民国铜山县志》，存全国地方志领导小组办公室资料室。

钱谷。其中有一个学生名郑仁寿（见山），樊燮见他学习刻苦、品行端正、办事勤勉，很是喜欢。郑仁寿有一位大他一岁的胞姐郑氏，还有一位大他18岁的胞兄郑仁昌；郑仁昌是江苏东台县知县。[①]郑仁寿父亲早逝，哥嫂如父母，郑仁寿和姐姐由大哥郑仁昌抚养长大。大约是1863年，身为舅舅的樊燮替外甥周昂骏（霞轩）做主，前往郑仁昌家提亲。周昂骏（霞轩）在舅舅的安排下，娶了郑仁寿的姐姐郑氏为妻。

樊燮崇拜恩师周笑岩，在对学生讲课时，常常向他们介绍周笑岩的诗文、经济性理与道德风范。以后，周昂骏（霞轩）在知县任上"居官清正，爱民如子，事必躬亲，不避嫌怨"[②]，郑仁寿也以勤奋、公正，在漕运总督幕府内享有盛名。这些都与他们年轻时受到周笑岩思想品格的影响有很大关系。而承前启后，授业解道，樊燮舅舅功不可没。

樊燮去世时间与后人的足迹，目前尚无考。

12. 周樵水胞弟周光焘，侄子周殿魁、周骏发及后代

周光焘，字水心，周恩来高祖周笑岩次子，周恩来曾祖周樵水胞弟。生于清道光二年（1822年）四月二十日，配夫人沈氏，共生育有三个儿子：周骏聪、周骏皆和周骏发。

周骏聪，更名殿魁，字子明，生于道光二十四年（1844年）八月二十八日，配夏氏。[③]在周龢鼐、周嵩尧的中举资料中均写为"嫡堂叔殿魁"。经淮安的同志查阅[④]，在《淮安府志》"盐城县巡检"一栏有如下记载："周殿魁，会稽人，光绪中任，上冈巡检"；在《阜宁县志》记载："光绪元年（1875年）周殿魁，浙江会稽人，监生，七月任草堰司巡检。"《如皋县志》记载，周殿魁曾任如皋县巡检。在周殿魁堂侄周昂骏的儿子周龢鼐（光绪甲午科，1894年）、周嵩尧（光绪

---

① 郑仁寿孙子郑约之所撰《世懿堂忆述》手稿。

② 周嵩尧中举资料；周嵩尧：《周氏渊源考》。

③ 《老八房祭簿》。

④ 周嵩尧在《周氏家谱纪略》中写周恩来的祖父周云门还有一个名字叫周殿魁，周恩来也如是说。因而淮安的同志下力气查了周殿魁的历史。1989年出版的《周恩来传（1898—1949）》《周恩来年谱（1898—1949）》，均采用淮安的考证。今查《老八房祭簿》骏龙的右边有改名起魁，骏聪的右边是更名殿魁。正巧这两个名字挨着。可能由此周嵩尧是记错了。

丁酉科，1897年）的中举资料《浙江乡试同年齿录》上均记载："嫡堂叔殿魁，国学生①，理问②衔，现任江宁布政使司仓库大使③。"而在庚子辛丑恩正并科（1901年），周殿魁的族侄周嘉琛的中举资料中记载："从堂伯，周殿魁，国学生，理问衔，前任江宁布仓大使。"可见到1901年他已不担任江宁布仓大使。他这些头衔只有江宁布仓大使是实职。

江宁即今南京，江宁布政使管辖江宁、淮安、扬州、徐州、海门、通州六府州之地。布政使是督抚之属官，布政使司即布政使的衙署。

仓大使，在清代只有江宁布政司设一人，是九品官，主管稽检仓库，稽检仓库并不是仓库主任，因为江宁所属六州是比较富裕的地方，又是漕运必经之路，仓库定然不少，不然全国各布政使司仅江宁布政司库大使下设仓大使一人。但是周殿魁无论是在盐城、阜宁、如皋等做巡检，还是到南京当仓大使，都是九品官，官位极低。《老八房祭簿》没有关于他的后人的记载。

周骏皆，又名延俊，周光焘的次子。生于道光二十七年（1847年）二月二十九日。大约没有结婚即去世。④

周骏发，字纯甫，周光焘的三子，生于清咸丰元年二月十五日（1851年3月17日）。周骏发早年也从绍兴游幕到清淮一带，落脚于淮安驸马巷。游幕期间，周骏发曾捐过一个未秩官衔"南河后（候）补闸官"。故周秉宜推测他很可能在管理河务的漕运总督或江南河道的官府中就官。据李海文推测，由于樵水公年仅33岁就离开人世，他遗下的5个儿子均未成年，作为亲叔叔的周光焘曾照料过他们。所以周樵水的儿子们长大成人，自然也要照顾叔叔的后代，周殿魁、周骏发均到江苏做事。1905年周骏发去世于淮安驸马巷周家院⑤，安葬于淮安东门外周氏茔地，配夫人朱氏，生子周贻宽。

周贻宽，字厚之，生于清光绪二年（1876年）。在周龢鼐和周嵩尧的中举资料上，他都是"从堂弟贻宽，国学生"；而在周嘉琛的中举资料上，他已是"国学生，后补典史"。清末民初，他曾在淮安居住较长一段时间，后移居南京。20

---

① 国学生，指到国子监学习之生，有了这个名份，便于考举人。也可以花钱捐，并不一定到国子监学习。

② 理问，布政使司下设理问所。理问，秩从六品。在此是以从六品官衔任仓大使。

③ 库大使，为管库官，杂职。掌库藏帐籍，秩正八品。

④ 《老八房祭簿》。

⑤ 1980年5月14日周恩灿、周慰萱、周佩萱在淮安县招待所座谈记录，记录人宋立勤。

世纪 20 年代末迁居扬州，家境一直较贫寒。1927 年左右和 30 年代，周恩来的父亲周劭纲几次去扬州，均在周贻宽家中住过。周贻宽在扬州和周嵩尧一家来往密切，周嵩尧的孙子们叫他"九公公"。"公公"是对远房叔伯祖父的称谓。周贻宽 1940 年左右于扬州去世。[1] 生子周恩灿。

周恩灿，周贻宽之子，清光绪二十七年（公元 1901 年）生于南京，诨名"小侉子"。他的这一诨名是因出生后体弱，家里人怕他活不大，就为他做了个"关目"：让他在满月那天穿上山东人家孩子的衣服，意思是他已不算是周家人了，所以被人们喊做"小侉子"。

周恩灿与周恩来已不属同一曾祖，是同一高祖。如果各用单一的世系表排列是这样的：

$$
周元棠（笑岩）\begin{cases} 周樵水—周起魁—周劭纲—周恩来 \\ 周光焘—周骏发—周贻宽—周恩灿 \end{cases}
$$

1905 年，周恩灿的祖父周骏发在淮安驸马巷周家院病逝，按封建习俗惯例，周恩灿随父亲周贻宽由南京返淮安守孝，同时入周家塾馆读书。1908 年夏，周恩来生母、嗣母相继去世后，他带着弟弟从清江浦回到驸马巷，与周恩灿有几年的交往。周恩灿清楚地记得恩来大哥好读书，周恩来嗣母十一婶陈氏去世后，周恩来一边为母亲守灵，一边手里还抱着书本不放。周恩灿回忆说："我顽皮，不聪明。总理小时候常在沙盘上练字，有时在月光下还在沙盘上练字。""总理小时常和我们在后院放风筝。"[2]

因在一起长大，周恩灿在周恩来这一代兄弟中排行为九。

1912 年周恩灿 11 岁时随父亲离开了淮安，以后全家迁居扬州。抗战时期，周恩灿为了谋生到苏北一个县的税务所工作了几年。1946 年周恩来到南京进行国共谈判。周恩灿曾去南京看望过周恩来，周恩来鼓励他要依靠自己的力量，坚持做一个自食其力的人，并给他 5 万元，这是周恩来当时一个月的津贴。周恩灿回到扬州后改去学校教书。解放后，周恩灿一直在学校教书直到退休。[3]

1980 年和 1982 年周恩灿两次回到淮安向周恩来故居的工作人员介绍驸马巷当年的情况，提供了许多宝贵的第一手资料。1983 年 3 月 31 日，他在扬州病逝，

---

① 周秉宜提供。
② 1980 年 5 月 14 日与周恩灿、周慰萱、周佩萱在淮安县招待所座谈记录，记录人宋立勤。
③ 1996 年 12 月周秉宜采访周华章记录。

享年 82 岁。

13. 宝祐桥河沿·百岁堂·诵芬堂

古时绍兴的城区格局，以一河一街、一河两街或有河无街的水巷构成，且以桥名地块，具有浓厚的水乡特色。

宝祐桥河沿，有一条东西向的河道，属一河一街格局，位于城区中部，南河北街，街随河走。河宽约 6 米，东通都泗门漕河，西接山阴、会稽分界之府河，长达 2 里多的宝祐河上，有桥四座，自西而东依次为通泰桥、瑞安桥、掇木桥和宝祐桥，通泰桥俗名新桥，瑞安桥俗呼滑桥，掇木桥为简易木桥，木桥可掇起，以利大船通行。宝祐桥则为四墩三跨宋代梁式石桥，四桥中最为著名，因桥始建于宋宝祐元年（1253 年），故名宝祐桥，其街遂称宝祐桥河沿，后人以"宝祐"二字取谐音，讹传为保佑桥河沿。

宝祐河北岸，青石铺地，宽约 4 米，是为"河沿"，即为其街。百岁堂在河沿的东段，属明代建筑。百岁堂西侧房屋为周恩来嫡系世居故宅，西边有一条南北向小弄，弄南口原有牌坊一座，上书"唐贺学士故里"六字，弄北端即为纪念唐代大诗人贺知章的"贺秘监祠"。

过去宝祐桥河沿是进都泗门往会稽县治的水陆主要通道，来往船只多停泊于此，着实一番舟楫相衔、万头攒动的景象，百岁堂东邻之长桥头遂成街市，曾有周大昌米店和朱合兴菜馆等商号。

20 世纪 60 年代初，由于交通建设需要，填河拆桥，原宝祐桥河沿被改建成为柏油马路，地名亦随之改称劳动路。

宝祐桥周氏尊周茂为一世，四世周庆入城居永昌坊（在百岁堂附近）。[①]清康熙三十七年（1698 年），十世祖周懋章 91 岁，妻王氏百岁，浙江巡抚授"百岁寿母之门"匾额，从此其居处就称百岁堂。

"百岁堂"台门坐北朝南，系明代建筑风格的竹丝台门。三开间宽，三进深。明清时期，中了举人就可以立旗杆，由于宝祐桥周氏族人中曾中过两位进士和几位举人，所以百岁堂前曾有几对旗杆石，现已无存。但"百岁寿母之门"匾额，

----

① 根据《周代破塘祖祭簿》所载，周庆入城先"居镜水里"，明洪武辛酉（1381 年），"徙居永昌坊"。见周秉宜：《绍兴周恩来祖居房产略考》，《绍兴学刊》，2008 年第 5 期。

仍悬于二门之上，由于原匾在"文革"中已毁，现由现代书法家顾廷龙重写。隐门有门对一副："莲溪绵世泽，沂国振家声。"莲溪指周敦颐，沂国指周茂，因为周氏传说周茂在元朝被封沂国公，说明周氏渊源。百岁堂第二进为大厅，上悬"锡养堂"匾额，这是宝祐桥周氏举行公共祭典的地方。1939 年 3 月，周氏族人曾在这里宴请远道归来的周恩来。周恩来也曾在这里为族人一一题词，并在大厅前合影留念。第三进为二层楼房，1956 年被台风刮倒，改建成平房，现已复原。

由于周懋章排行五十，百岁堂即成为宝祐桥周氏五十房祖宅。百岁堂左右房子，为五十房族人住宅，周恩来高祖的房子即在百岁堂西首，新厅曰诵芬堂。[①]周嵩尧在《周氏渊源考》中写道："……诵芬堂，而族人则统称曰百岁堂，今散布苏浙科名宦者皆百岁堂一枝之后裔也。"在今劳动路 60 号。百岁堂西首房屋三开间，三进，第三进为木结构楼房三间，高祖周元棠命其为"海巢书屋"，所著之《海巢书屋诗稿》，曾刻版问世，至今尚存。以后周恩来祖父周起魁（云门）、父亲周劭纲（懋臣）也都居住于此。

诵芬堂于 1806 年由周恩来的太高祖周文灏典出，仍由周文灏家人居住、使用。估计后由周元棠（笑岩）赎回。1878 年周恩来的二祖父周昂骏（霞轩）和祖父周起魁（云门）在淮安驸马巷置房后，将此房租给昂骏、起魁的堂弟周延春。周延春一家均在淮阴生活，并不回来住。即使房子已租出，周恩来祖母带周恩来回浙省亲，在绍兴城里就仍住在这里。1900 年 10 月，周昂骏的幼子周嵩尧和周延春续立租赁合同。1999 年，周嵩尧孙子周华凯将合同赠给绍兴周恩来纪念馆。

周恩来童年在淮安度过，但是他的父亲曾在绍兴跟鲁小和学做师爷，共三年。清朝有规定，凡是参加科举考试必须回到原籍，他的几个伯伯为参加科举也多次从江苏回到绍兴。周恩来祖母的娘家 1890 年分家时为她分了一份家产。由于以上原因，周恩来童年时也到过绍兴百岁堂，住在诵芬堂。据周恩来姑丈王子余女儿王去病回忆，她曾听大哥王贶甫说周恩来少年时代曾回过绍兴；族人周尚麟也回忆辛亥革命前后周恩来曾在绍兴住过一年。1957 年周瑞英给周恩来写信询问：总理是否是 30 多年前约 20 岁时离家赴奉天的周促立？周恩来批复："我离家为 12 岁，是从淮安赴辽宁省铁岭县。年代在 1910 年，并非绍兴，也非 30 年前，而是快 50 年了。"[②]周秉宜提供：周恩来的胞弟周同宇生前看了周尚麟的回忆后，

---

① 周嵩尧：《周氏渊源考》。

② 周恩来的卫士韩福裕提供的档案（现存中央信访局）。

根据回忆中关于周氏的举止言谈，认为回绍兴的是二哥周博宇，而不是周恩来。

绍兴皋埠鲁氏表亲则回忆周恩来小时曾跟着父亲到皋埠鲁家走亲拜年。据说1924年周恩来从法国回到广州后，曾回绍兴探亲。但是这些说法还没有找到更有力的证据，特别是周恩来生前多次专门说过自己的童年及革命经历，但是从未谈及童年在绍兴的生活情景及1924年回绍兴探亲。

他没谈及并不等于他没有回过绍兴，可能他认为不太重要。越剧给他留下深刻印象。他和戏剧工作者多次谈过童年在绍兴看戏的情景。1950年7、8月，他接见越剧团时说：我在年纪小的时候就看过"的笃班"，是在绍兴看的，我还小呢。我还记得两句话：可恨山王太不良，强逼民女罪难当。说得大家都笑起来了。① 另外1957年4月25日周恩来在杭州看了金华越剧团演出的《孟丽君》后，接见演职员时说："我是绍兴人，从小跟着祖母看过越剧，最早越剧叫'的笃班'，《孟丽君》又叫《华丽缘》，你们演得很好。"② 周恩来的祖母何时去世，现已无可考。比周恩来小6岁的胞弟周同宇（恩寿）在回忆中从未提起过祖母，可见祖母去世时他还没有记事，估计1904年周恩来随父母搬到外婆家住时，祖母已去世。

周恩来对故乡绍兴是很有感情的。一方面这是他祖父、父亲的家乡。绍兴人，特别是当师爷的，在外多年甚至安家立户，都不改乡音，以保持绍兴人的特点，也要讲自己是绍兴人，否则他们难以在师爷这个行中立足，因为是由绍兴人垄断了这个行业。他的祖父、二伯、四伯、六伯均做师爷，他们多与师爷来往、结亲。周恩来幼年时，即使住在江苏淮安，家庭中绍兴的气氛也应是很浓的。日常生活中的耳濡目染，使周恩来对师爷的工作情况有所了解。据周恩来的秘书马列回忆，周恩来曾向他们介绍过师爷的工作方法，为主管准备材料齐而全，并提出几种处理方案，供主官选择，等等。③ 祖母鲁氏是绍兴人，家里的生活习惯，包括吃饭、起居都保留着绍兴人的口味、习惯，更使他忘不了绍兴。④

另一方面他童年也到过绍兴。他在绍兴，看戏的机会很多，因为当时绍兴的庙台戏不断。火珠巷王子余府邸的对面就是一座"元帅庙"（今"五星书场"），进"三门"就是一个固定的"万年台"，经常演戏。他老家百岁堂附近的团基巷，

---

① 1995年《周恩来与文艺》摄制组采访范瑞娟、傅全香。

② 《浙江日报》1997年5月16日。

③ 1997年4月周秉宜采访马列。

④ 据周秉宜回忆，一次周国镇为周恩来做绍兴式的霉干菜烧肉，周恩来说：这不是我们绍兴人的做法，绍兴人不放这么多的糖。可见他深知绍兴人的口味。

有一座"火神庙"，里面也有一个金碧辉煌的"鸡笼顶"大戏台，经常演戏。"百岁堂"斜对面有陀头庵，也有临街戏台，建于清道光年间。靠北边，在小江桥与大江桥之间，也耸立着一座被称为"相公殿"的戏台，建于明代。"百岁堂"后门紧靠学士街，绍兴的戏曲艺人，大都住在"学士街""永福街""唐皇街"三条街上，俗称"三埭街"。所以，"百岁堂"的位置处于绍兴戏曲艺人集居的腹心地带，而且隔学士街与戏曲艺人的"老郎庙"相望。戏曲艺人尊唐明皇为戏神，"老郎庙"是艺人议事、祭祀的重要场所。永福街又有过街戏台，由福建人据为"福建会馆"，也建有"万年台"。所有这些戏台，都与"百岁堂"近在咫尺，可以清清楚楚听到锣鼓声和艺人的演唱。面对着这样密集的戏曲环境，加上当时演的都是不必买票的"庙台戏"，孩子们可以随时跟着长辈自由出入于戏场。少年周恩来对绍兴丰富多彩的地方戏曲留下深刻的印象，特别是越剧。当时绍剧称为大戏，嵊县女子文戏即越剧，被称为小歌班和的笃班。

1964年8月，周恩来和邓颖超召开家庭会议，他对弟弟周同宇，弟媳王士琴、陶华，侄女侄子周秉德、周秉钧、周秉宜、周秉华、周尔辉、孙桂云，侄孙国盛、国镇说："祖坟在绍兴，绍兴的家谱有我的名字，我不能不承认是绍兴人。但我生长在淮安，满嘴的淮安口音，也不能不承认是淮安人，所以我说我是原籍浙江，淮安生人，江浙人也。说是绍兴人，不仅是因为祖坟和家谱，更主要的是我们封建家庭的根子在绍兴。封建家庭的老根子可厉害了，影响思想，影响生活习惯，封建根子不挖清，思想认识不行，你的思想觉悟就提高不了。"

"我们没有土地，为什么说是封建家庭呢？过去绍兴人靠什么为生？一靠土地，二靠当绍兴师爷。师爷很厉害的，给县官出主意的，现在叫'秘书'。县官都用两个师爷，一个管收税，多数是沧州师爷（沧州师爷也是由绍兴人迁到沧州定居的——李海文注），一个管判案子，多数是绍兴师爷，都可以剥削人。绍兴师爷的行会把持、垄断师爷职业，全国两千多个县，多是绍兴师爷，上一级的府也是，哪个县的案子如果不是绍兴师爷办的，到上一级就不能让你打赢。"

周恩来从他爷爷这一代人起多是做师爷。周恩来说"原籍绍兴"，也是从他家祖上几代人的职业、思想、工作作风、生活习俗而言。

1939年春，周恩来为了贯彻中共六届六中全会精神，确定新四军的发展方针，解决项英与叶挺的团结问题，并指导中共闽、浙、赣三省委（地下）工作，到华东南去。当时他担任国民政府军事委员会政治部副部长，中将衔。新四军名义上是归国民政府军事委员会领导的，因此，他到新四军部安徽泾阳是没有问题。而要到浙江去见中共东南局副书记兼组织部长曾山、东南局宣传部长兼新四军驻南昌办事处主任黄道、中共浙江省委书记刘英、中共江西省委书记郭潜、福建省常委兼组织部长范式人等同志就不那么容易。虽然浙江省主席黄绍竑请他到浙江去，但是光有这个理由，行动仍不便。为了能到更多的地方，他提出回浙江绍兴省亲、扫墓。蒋介石是奉化人，奉化离绍兴仅百多公里。蒋介石1928年一上台就为母亲修墓，以孝子闻名。周恩来提出扫墓、省亲，这个理由谁也不能反对。因而他到浙江后除在于潜、天目山和黄绍竑会晤外，还到桐庐、富阳、绍兴、诸暨、丽水、金华等地，广泛接触各界群众，发表演说，扩大党的影响，并很顺利地和中共闽、赣、浙省委负责人谈话，传达了中共六届六中全会精神，对各省委的工作做了重要指示。

他在绍兴住了三天，扫墓、省亲，并在《老八房祭簿》上写了自己及在淮安出生、成长的兄弟们的名字和生辰及周嘉琛、周嘉璋孩子的名字。

中华人民共和国建立之初，宝祐桥周氏多数人失业在家，生活困难，连房产税都交不出，引起了周恩来的注意，他曾两次汇款，为其故宅缴纳房产税。

据宝祐桥周氏族人回忆，周恩来为宝祐桥故宅缴纳房产税有两次。宝祐桥同周恩来有关的房子共两处，一是"百岁堂"，前两进，为五十房族人共有产；二是周恩来祖居诵芬堂，租给周嘉璋的父亲周延春。多年战乱，并没有收租金。周嘉璋认为是父亲周延春买的私产。民国二十八年（1939年）《绍兴城区地籍图册》中"绍兴县县中都第一图地籍表"上此房产的业主已是周延春之子周嘉璋。[1] 但这时周嘉璋失业在家，生活困难。据周尚麟回忆："1950年下半年还是1951年，周总理有38万（旧人民币）汇到第十三分会来缴百岁堂的房产税。"

另据族人回忆，1951年光景，因缴房产税有困难，周希农、周文炳联名写信给周恩来，有要求总理支援的意思。不久，他们就收到了周恩来复电，大意是说：国家税收绝对不能欠缴，并要一次缴清。隔了两个月，周恩来汇来了20万元（旧人民币）缴税，不足部分，周希农、周文炳想尽办法，终于缴清了房产税。

百岁堂由于年久失修，1956年又遭台风袭击，整座建筑已破败不堪。第一进除中间台门斗仪门尚存木框和悬在木框背面的"百岁寿母之门"匾外，左右耳

---

① 周秉宜：《绍兴周恩来祖居房产略考》，《绍兴月刊》2008年第5期。

房已面目全非。第二进不仅大厅前左右走廊荡然无存，就连地面的石板也无一块完好，厅前照墙上的细壁更是千疮百孔，厅堂西墙的上半部已倒塌，下半部也摇摇欲坠，厅前沿的花格木窗早已不知去向，廊轩顶部的弯椽大多数霉烂脱落，屋脊残缺不全。第三进的坐楼遭台风袭击后，也因居住者无力修复而改为平房，整座建筑岌岌可危。

修复百岁堂，不仅因为它是明代的建筑，更重要的是因为周恩来总理曾在这里居住生活过，是一处周恩来总理进行过革命活动的地方。绍兴人民曾多次提议，要求修复和保护百岁堂，可是均被周恩来劝阻了。1959年邓颖超来绍兴视察工作，她又一次传达了周恩来的意见，劝大家不要修，把钱用到国家建设上去。

面对百岁堂摇摇欲坠的状况，1960年2月，有关部门背着周总理，请示省政府，提出修理要求。当时任浙江省省长的周建人非常重视，即指派浙江省文化局许钦文副局长到绍兴实地察看，并当场提出修缮意见：第一、第二进按原状修复，第三进尚有人居住暂缓。

同年4月29日修理百岁堂工程动工。此时正值我国三年困难时期，为了减少开支，购买旧材，解决了木材不足的问题。

修旧如旧，要求严格，工程有粗有细，粗至一块普通石板的修补，细至许多门窗的雕刻。为此建筑部门汇集了最好的、有丰富经验的雕刻工参加这一工程。其中有一位砖雕老工人马和尚师傅，已有几十年的砖雕实践经验，他不用图纸，可把几块方砖凿刻成精细的花窗，整个百岁堂的室内室外、细壁等的砖雕均由他一人完成。

百岁堂修复历时8个月，于同年12月底完工。恢复了门斗、大厅原貌，修理费用计12600多元。不久，百岁堂修复情况被周恩来知道了。1961年2月总理办公室主任童小鹏给浙江省委来电话，传达周恩来的三条意见：一、本来就不同意修，也不应维修；二、既然修了，应作公益用；三、不要作纪念馆，不要让人参观。根据这个电话指示，绍兴县委决定，"百岁堂"作为鲁迅图书馆馆址。现为浙江省级文物保护单位。

在广大群众的要求下，1984年百岁堂正式对外开放。1986年陈云为百岁堂题写了门额"周恩来祖居"，现为绍兴周恩来纪念馆。

14. 周恩来 1939 年在绍兴祭祖与续谱

回到绍兴

随同周恩来回绍兴的邱南章在《抗战前哨纪事》一文中说："1939 年春，周副主席从新四军军部返回桂林八路军办事处的途中，绕行原籍浙江绍兴。此行的目的，一是看望家乡父老，动员人民积极抗战；二是向当地地下党了解情况。为了行动方便，借名回原籍扫墓。"①

3 月 28 日，周恩来身着戎装，由秘书邱南章、警卫员刘久洲随行，自萧山临浦乘专轮到达绍兴，被国民党绍兴当局安排住在小校场绍兴县商会② 中厅。

周恩来在小校场县商会稍事休息后，就派警卫员刘久洲到绍兴城内火珠巷板桥弄姑父王子余家拜访探望，受到王家的热情接待。随即，刘久洲在王子余长子——王贶甫陪同下，到市区宝祐桥河沿"百岁堂"联系祭祖的事，族曾祖周希农和周守白（字文炳）接待了他们。周希农从里屋取出了《老八房祭簿》翻阅，但祭簿上只记录到樵水公孙周懋臣的名字，没有记载周恩来。刘久洲回县商会后，向周恩来汇报了这一情况。

下午 5 时半，周恩来偕秘书邱南章步行到板桥弄四号姑父王子余家。他拜望姑父王子余时，拿出自己的名片，作了自我介绍。乱世相逢，倍觉亲切。他在王家勤训堂内向相继前来相见的亲友们一一问好。然后，由姑父王子余引见，在座期间瞻仰了姑妈周桂珍半身遗像，并默哀三鞠躬。晚餐由姑父款待，除他大儿子王贶甫陪同外，还邀请地方著名人士张天汉、沈复生、王铎中和《绍兴民国日报》记者宋山（子亢）作陪。

周恩来边吃边谈。他说："抗战必然是困难的，而且以后还有更严重的困难，抗战要有长期的思想准备，要准备迎接更艰苦的局面。"又说："日本侵华是非正义的，最后难逃失败的命运。"这时，子余先生的孙子慕向（现名王成）来告："门外有两个戴呢帽、穿短衫的人（特务），站着不走。"周恩来告诉在座的人说："不要紧的，他们有他们的事，我们说我们的话。"他继续向在座的人详尽地介绍

---

① 中共浙江省委党史资料征集研究委员会编：《周恩来抗日前哨行》，第 144 页，浙江人民出版社 1989 年版。

② 其址现为绍兴市人民政府办公楼。

八路军所在地的情况："那里不论是工人、农民、青年、妇女、知识分子或开明绅士，只要不是当汉奸的，统统在民主政府的领导下，组织起来，艰苦奋斗，在各方面支援抗日。年轻力壮的争着要参军，去前方打鬼子，如去不成的就参加地方自卫队，支援运输，救护伤员，协助八路军探听敌人的行动等等。人民爱护军队，军队保护人民，军民一家，胜似鱼水，使敌人（日军）陷入了人民战争的汪洋大海之中。总之，那里的人民个个对抗战怀着必胜的信心。我相信，以后你们这里的人民，一定会走上全民抗战的道路。"

周恩来谈笑风生，当他尝到特地为他准备的绍兴家乡菜"霉千张"时，爽朗地说："闻闻臭，放到嘴里倒很香。"引得大家哄然大笑。

周恩来又与姑父王子余商讨明日下乡祭祖的事情。饭后，周恩来用"浙江省第三区行政督察专员公署保安司令部便笺"，亲笔书便条一张，并随附现金 100 元，派秘书邱南章送往百岁堂周希农太公处，以作代为办理明日祭席之用。便条全文为：

希农太公公 ① 赐鉴：

兹派人呈上国币百元。请代办明晨祭席四桌，并于午后代请宝祐桥本家各长幼午餐，烦渎之请，容明晨面谢。专禀，敬请

晚安

曾侄孙周恩来叩　即晚

按照周恩来的嘱托，希农太公根据绍兴地方传统扫墓习俗，在当时绍兴城内最有名声的饭馆——知味馆订办了四桌祭席。

扫　墓

3 月 29 日晨 6 时许，姑父王子余来访，周恩来恭迎入室。接着，周家族长希农太公前来县商会相见，周恩来急忙起身相迎，并很恭敬地向希农太公行三鞠躬礼，又扶太公坐首席。谈话中，周恩来详询了家族近况。

清明时节雨纷纷。29 日清晨，忽逢细雨霏微。8 时半左右，天空放晴，刚才

---

① 公公：绍兴人称族内较远的爷爷辈亲戚为"公公"。称爷爷为 yaya。

还是一片茫茫雨丝，霎间微阳含笑，映照着宝祐桥下如练的清流。

周恩来一身戎装，在表弟王觋甫、表侄王慕向（又名王戎）和《绍兴民国日报》记者宋子亢陪同下，从县商会来到宝祐桥百岁堂，县政府事务主任郑冠堂也参与陪同。三区专员贺扬灵以保护为由，派了5个特务人员随行，名曰保护，实为监视。

由县政府事务主任郑冠堂和表弟王觋甫，为祭祖扫墓而准备的三只三明瓦大乌篷船停靠在宝祐桥河埠踏道边。9时许，周恩来在百岁堂稍予逗留，并作了礼节性的问候致意后，就与周氏族曾祖周希农、周文炳，族叔周嘉璋、周金麟等一行总共10余人，徒步至宝祐桥河埠上船。在船上，因周恩来与族曾祖周文炳尚是第一次见面，希农太公给他们做了介绍，周恩来听后，非常恭敬和蔼地脱了帽，面对周文炳行三鞠躬礼，并叫"太公公"。船上主要就座的有：周恩来、邱南章、宋子亢、王觋甫、王戎（王觋甫子），以及周希农、周文炳、周嘉璋、周金麟等人，船头上还有一些警卫人员。第二只船是伙食船，装运祭祀用品及厨师等杂勤人员。

船从宝祐桥河埠出发，沿城河过五云门、东郭门往东，经渡东桥顺着若耶溪行进。

在船上，虽有一名负责祭扫事务的特务科长和两名冒充船工的特务监视，但周恩来依然泰然自若，以闲谈聊天的方式进行着社会调查。他详细地询问了绍兴农民生活等情况，并了解农民对抗战前途的看法，表弟王觋甫和记者宋子亢作了如实的回答。周恩来不露声色地一一记下了。当周恩来听到大家谈绍兴有水乡、山乡之别，很感兴趣。他认为绍兴北面是平原，中间有古运河支流水道，是鱼米之乡，生活可以无虑；而绍兴南边是山乡，山脉蜿蜒，连绵浙南，地瘠而民贫，生活远远不及水乡，需要长期改造它。这时，希农太公诉说："国民党政府抽壮丁都抽到穷人的头上，有去无回，妻离子散，怨声载道啊！"周恩来听了非常气愤地说："这是严重的政治问题。"周恩来谦虚、热情的态度，使船上的气氛活跃和谐，时间也就好像过得较快，一会儿船就到了会稽山北麓的涂山鸭嘴桥，这里有周氏十四世祖周步超（字孟班）和十五世祖周应麟（字孔锡）的坟墓。

涂山在绍兴城东，距城约5华里，是一处有500余人口、百余户人家的自然村。离城区较近，水陆交通方便，地形环境好，10余米高的小山连绵，所以，城里人多喜欢在这里建造先人墓地。鸭嘴桥是一座颇具地方特色的清代梁式石桥，小巧雅致，造型优美，连桥堍全长也不过 10 余米左右。涂山鸭嘴桥周氏祖坟，是宝祐桥五十房周氏祭祀中辈分最高的一代，即周氏十四世祖周孟班和十五世祖周孔锡。

在坟亲的帮助陪同下，周恩来恭恭敬敬地祭扫了周氏十四、十五世祖二代祖坟后，周恩来给坟亲送上 20 元大洋作酬金，并留下两桌祭席，对坟亲表示谢意和托付好好照看坟地后，即告辞坟亲，下船逆流而上，驶往外凰狮子山祖坟地。

外凰位于今绍兴县东南的平水镇上灶地区。相传，上灶曾是春秋时期铸剑大师欧冶子为越王铸剑起灶的地方，因而，这里也就称作"上灶"。船到狮子山已是上午 10 时多，于外凰多吉桥靠岸后，在坟亲的陪同下，周恩来步行登山来到祖上坟地。

外凰狮子山有周氏十七世祖周元棠（笑岩）（周恩来高祖）墓，和周氏十八世祖周樵水（周恩来曾祖）墓。这里的二处周氏祖坟保存得较为完好，樵水公墓前的石碑还完整地竖立着，碑额呈圆形，碑高约 170 厘米，宽约 60 厘米，底部没有基座，直接竖立在墓前的山地上，上面以阴文竖刻："皇清，邑庠生樵水周公，暨德配樊氏孺人合墓。"据碑文可知这是周恩来曾祖父、曾祖母的合葬墓。

祭祀用的祭席是由坟亲王来富挑上山去的。王来富的儿子王阿焕当年 11 岁，也跟随父亲一起到了山上，周恩来摸着小阿焕的头亲切地问，今年几岁啦，有没有读书，读些什么书之类的话题。

祭扫完笑岩公、樵水公的墓，已快中午，周恩来送给坟亲 20 元大洋作为酬金，并留下两桌祭席。坟亲王来富看到前来上坟祭祀的人较多，只收下了一桌祭席，还有一桌留给了周氏族人自用，主客之间都表现得十分客气随和。

根据绍兴地方传统习惯，上坟祭祖一定要在上午进行，因此，虽然已时近中午，但周恩来等人还是在坟亲王来富的陪同下，由王来富肩挑一桌祭席，又到石旗唐家岙祭扫周氏十六世祖周景商墓。周景商，即周文灏，周氏十五世祖周孔锡子。周文灏有三子，长子元棠，字笑岩，次子元枚，字卜哉，三子元樾。

从外凰狮子山到石旗唐家岙才 3 里路左右，水路至此已到了尽头。唐家岙周氏墓地坟亲叫金阿介。这一天，金阿介正好有事外出，女坟亲章氏接待了他们。祭扫完周景商的墓，周恩来给坟亲留下一桌祭席和 10 元大洋作常年照看坟地的酬金后，回到外凰，在施家庄孝子祠吃中饭。孝子祠是一座三开间的普通平屋，原是施家庄屋，现在这里仍叫庄屋埠头，房屋已成了村里的集体仓库。

拜谒大禹陵

周恩来对大禹为民治水 13 年，三过家门而不入的精神十分赞赏，在他的倡议下扫墓一行顺道瞻仰禹陵、禹庙。

大禹陵在会稽山麓，以山为陵。司马迁《史记·夏本纪》云："或言禹会诸侯江南，计功而崩，因葬焉，命曰会稽。会稽者，会计也。"《越绝书》云："（禹）因病亡死，葬会稽。苇椁桐棺，穿圹七尺；上无漏泄，下无即水，坛高三尺，土阶三等，延袤一亩。"

北宋建隆二年（961 年），宋太祖诏先代帝王陵寝，令所属州县，遣近户守视，其陵墓石坠毁者亦加修葺。乾德元年（963 年），诏给会稽守夏禹陵五户长吏，春秋奉祀。明洪武三年（1370 年）朝廷遣官访查历代帝王陵寝。浙江行省进大禹陵庙图，被钦定为全国该祭的 36 座王陵之一。九年（1376 年）诏令禹陵五百步之内禁人樵采，设陵户看守。

陵前石碑上刻"大禹陵"三字，为明代绍兴知府南大吉所书，上覆以亭。碑高 4.05 米，宽 1.9 米。周恩来高度评价了南大吉写的"大禹陵"三个字，与随行者在此合影留念。大禹陵后有陵殿三间，为知府南大吉所建。大禹陵北为禹庙。禹庙始建于夏，以后历代都有增建，遂成为一个较大的建筑群。进出口为东西辕门，相对而立，中轴线自南而北，依次为照壁、岣嵝碑、棂星门、午门、拜厅、大殿。各进殿宇依山而上，前低后高，檐牙高啄，甚是壮观。庙内有汉、明、清、民国重建禹陵、禹庙及有关水利等碑刻 60 余通。

最后一进是正殿，也就是大殿。殿高 24 米，面阔进深各 5 间，通面阔 23.96 米，通进深 21.55 米，重檐歇山顶，民国二十二年（1933 年）仿清初木构建筑形式，用钢筋混凝土重建。殿中立大禹塑像，据章太炎考定塑建，像高 5 米。周恩来看到大禹的高大立体塑像时问："这个塑像是原样修的还是重新塑造的？"大家回答说："是新塑造的。"又问："是谁定的稿？"宋子亢回答说："是请章太炎先生审定的。"周恩来认真地看了塑像服饰的画面，点头表示赞赏。又指着塑像供壁上的油彩画九把斧头，问：这是什么意思？王觊甫和宋山一时不知所对。周恩来笑着说："是象征九州吧？"殿内有楹联二副："江淮河汉思明德，精一危微见道心"，康熙撰。"绩奠九州垂万世；统承二帝道三王"，乾隆撰。殿左侧有《重建大禹陵庙碑》，民国二十二年（1933 年）七月立，章太炎撰文。

大殿前东侧有御碑亭，碑文为乾隆皇帝祭禹诗句，1751 年所书。祭厅与大殿之间两侧，各有厢屋 5 间。

窆石亭在禹庙东配殿背后山坡上，亭呈八角形，内立窆石，形如秤砣，高 2.04 米，底围 2.3 米。上尖下圆，顶端有穿，穿大如碗。石中折。据清初学者朱彝尊考证，古时"下棺用窆，盖在用碑之前，碑有铭而窆无铭"。清李绂撰写的《敕修夏禹王陵庙碑记》云："《史记正义》引会稽旧记，以窆石证葬处，故累朝祀典，凡祭禹陵，必于会稽。"这就是窆石的价值。周恩来对窆石上模糊不清的古代刻文作了观摩，还按习俗对顶端之穿，投了几颗石子。

在返城途中，周恩来兴致勃勃地对大家说："大禹在人类向大自然做斗争中，打响了第一炮，在科学萌芽的时代，能同大自然作战是很不容易的，中国历代统治阶级都没有学好大禹治水这一课，他们只晓得遏制，不晓得利导，所以成了专制魔王，到处受到人民的反抗。他们是注定要失败的。"周恩来又亲切地教诲同船的青年人说："你们要学习和发扬五四革命精神，要积极地全心全意地投身到抗战的大熔炉里去，在炮火中学习，在炮火中锻炼，为抗战的胜利和祖国的前途做出应有的贡献。"

续　谱

周恩来一行回百岁堂后，希农太公捧出百岁堂的《老八房祭簿》，请周恩来续谱。当周恩来看到自己的谱系，是樵水公之子云门，云门公之子懋臣（即周恩来的父亲）时，欣然提笔在手抄本家谱中写上：

恩焕　五十房，樵水公曾孙，捷三公孙，静之公长子，生于光绪二十年。

恩来　字翔宇，五十房，樵水公曾孙，云门公长孙，懋臣长子，出继簪臣公为子，生于光绪戊戌年二月十三日卯时，妻邓颖超。

恩溥　字博宇，五十房，樵水公曾孙，云门公孙，懋臣次子，生于光绪己亥年。

恩宏　字（不详），五十房，生于光绪壬寅年，樵水公曾孙，捷三公孙，静之公次子。

恩寿　字同宇，五十房，樵水公曾孙，云门公孙，懋臣三子，出继曼青公为子，生于光绪甲辰年二月二十三日。

恩勤　字不详，五十房，樵水公曾孙，云门公孙，焕臣公子，生于光绪壬寅年。①

恩彦　字蔚人，五十房，樵水公曾孙，敦甫公孙，劫之公子，生于光绪乙已年，妻葛少文。

恩霍　字润民，五十房，樵水公曾孙，逸帆公孙，调之公子。

毓鉴

毓燕

毓沛

毓济

毓

恩

题　词

30日上午，周恩来再次到百岁堂。应邀为族人题词。题词后又在百岁堂大厅前与族人合影留念。

族长周希农媳妇陈芝年回忆说："写的时候我在场，他站着写字，写得很快，好像是预先想好了的。基本上每家一幅。他一写完就告辞，又去忙别的事情了。"又说："这些照片和题词，我一直珍藏着，可惜在'文革'期间被抄走，连同神像，都被当作'四旧'烧光了。"保存下来的只有周恩来给族长周希农的信和周恩来的一张名片等。至于题词的内容，现已失传。

15. 周起魁的堂弟周延春

周延春，字涤初，生于清道光三十年（1850年）十一月二十五日。为绍兴宝祐桥周氏"中"字辈。

延春父亲周蕃祖，字椒圃，又字椒升，生于清道光十一年（1831年）九月初八日，曾游幕江西。长子延春，游幕苏北，并在江苏淮阴成亲。原配王氏，生二子，长子嘉琛，字衡峰，为浙江"庚子辛丑恩正并科"（1901年）举人。次子嘉瑛，字瑞麟，又字莲峰，甲辰年（1904年）入泮，为秀才。延春又配曹氏，亦苏北人，生一子，名嘉璋，字庆麟，又字云峰。嘉璋在民国三年（1914年）

---

① 应为恩硕，字潘字。

出继延春三弟延祐，并由族侄周金麟执笔，为周延春写就《合同继书》一份，《继书》云："窃余早离乡井，托迹江扬，兹因老母在乡，不敢久恋，遂携眷驰归，亲侍荫下，以娱早昏。惟我父蕃祖公，生我兄弟三人。长，余延春；次延寿，未婚早卒；三延祐，配本城赵氏为室，生一子德麟，未及成丁遽尔天殁。讵三弟不幸先逝，念弟妇不辞劳瘁，并皿自操，矢志坚守，闾里咸知。故我母在日，决为三房立嗣，今余悉遵遗训，邀集亲族爰为妥议，愿将余庶出之子嘉璋，过继与赵氏为嗣，继续香烟。"《继书》写明："延祐派下，仅族中轮流祭田捌亩二分九厘二毫，坐落平水昌源。此外就是积蓄现洋贰佰元，别无恒产。议定从积蓄中提一百元，作嘉璋婚娶之用，另一百元留存弟妇自用。今后赵氏生养死葬应归嘉璋承值。"在《继书》上签字的有周延春、赵氏和继子嘉璋、庶室曹氏及周延春长子嘉琛、次子嘉瑛。见继亲族有周陈氏、周玉书、周希农、周嵩尧（峋芝）、周文炳、周玉麟等。执笔人周金麟也在《合同继书》上签字。

同在苏北做师爷，周延春同周恩来的爷爷起魁（云门）及其兄弟交往甚多，租下了周起魁（云门）兄弟在绍兴的房屋诵芬堂。1914年周延春死于江苏淮阴任上，棺木仍运回绍兴安葬。原配王氏，去世于1921年前后，棺木亦运回绍兴。继配曹氏，1964年在绍兴去世，终年77岁。

周延春与周恩来祖父周起魁，同为十四世祖周孟班（步超）之后，两房关系亲近。1939年3月，周恩来回故乡绍兴探亲，3月30日应邀到百岁堂与族人共进早餐时，族人谈起周蕃祖第三子延祐早逝，身后无子，遗孀赵氏孤苦操家，早年延祐之长兄延春遵照母训，将庶出之子嘉璋，过继于延祐遗孀赵氏为子，立有《合同继书》。当时在场的《绍兴民国日报》记者宋子亢在《周恩来绍兴省亲记》一文中记载说，为增加《继书》的有效性，族人提议请周恩来在《继书》上列名签字补证。因为按照绍兴习俗，族中有身份的各房长老，如能在继书上签字，就更具有社会约束力，会更提高它的有效性。周恩来尊敬老人，同情孤寡，他听了族人的提议，欣然表示同意，随即在《合同继书》上写了"补证"两字，具日期为"民国二十八年三月三十一日"，又签名盖章，使这份继书成了周氏家族的历史文物之一。[1]周嘉璋次子周毓沛将这份《合同继书》一直保存在家中。70年代末绍兴县委干部金经天前往走访时，见到了继书，得以抄录并摄影。[2]

---

① 参见宋子亢：《周恩来绍兴省亲记》，《周恩来家世》绍兴打印本，第210页。

② 《继书》照片由绍兴市文物管理处顾问金经天提供，又由技师李操作技术处理，王养吾重摄。

16. 周恩来的再从堂叔周嘉琛及其子女

周恩来生前称之为"衡峰大叔"的周嘉琛，字衡峰，号笑如。清光绪六年二月廿八日（1880年4月7日）出生于淮阴。[①] 是周延春的长子。"附贡生[②]，民籍，试用训导[③]"。

周嘉琛和周恩来的父亲虽然同宗，但按封建习惯已经出了五代。如果各用单一的世系表排列是这样的：

14世周步超（孟班）
{
周应麟—周文灏—周元棠—周光勋—周起魁—周贻能—周恩来
（孔锡）（景商）（笑岩）（樵水）（云门）（劭纲）（翔宇）

周应熊—周益清—周元植—周蕃祖—周延春—周嘉琛—周毓澧
（龙川）（友茆）（碧园）（椒升）（涤初）（衡峰）（佩秋）
}

从周嘉琛的中举资料上看，他却留下了"从堂伯晋侯、昂骏、联骏、起魁"，"再从堂侄恩涛、恩夔、恩焕、恩溥、恩来"的字样，说明他们这一支周家与周恩来他们这一支关系比较亲密。原因是他们同出自于绍兴宝祐桥周家五十房。周嘉琛从小随父亲周延春、母亲王氏在淮阴一带生活。

1901年，周嘉琛回绍兴参加清庚子辛丑恩正并科[④]乡试并考取第一百三十二名举人。

周嘉琛中举之后曾做过湖北荆门州的知州和烟台的道尹[⑤]，并觐见过光绪皇帝。周嘉琛曾对四子周毓沧说：有一年，出了一个大案子，必须要去北京禀奏皇上。在皇宫大殿里，百官下跪，我也跪在下面，曾斜着眼偷偷看了光绪皇帝一眼。我想看看皇上究竟是什么样子。可是我发现光绪皇帝是一个面色肌黄、苍白瘦弱

---

① 周嘉琛中举资料(浙江乡试同年齿录庚子辛丑恩正并科第五册)。在《老八房祭簿》中写的是生于光绪四年（1878年）。周嘉琛的三子周毓平、四子周毓沧所说也是1878年阴历正月二十八日。

② 清代由府州县学选送国子监肄业的生员。

③ 训导是府以下儒学职官中最低的一级。

④ 清代科考是隔三年一科。本来庚子年（1900年）是正科，但因那年帝国主义"八国联军"打进北京，故到第二年辛丑年开考，是谓"庚子、辛丑恩正并科"。这样，周嘉琛实际中举时间是公元1901年。

⑤ 道尹：清朝负责地方上专项事务的长官，官从五品。1994年6月5日周秉宜采访周嘉琛次女周毓济记录。

的人。我跪在地上想：“皇上怎么这样？面色肌黄的。”①

民国时期，周嘉琛曾先在河北内邱县任县知事。1918 年前后到河北临榆县 ②
任县知事。

建国初，周恩来一次在前往北戴河陪外宾游览莲花石公园时，看到公园里立
有《莲花石公园记》的一块石碑，碑文中有“临榆令周嘉琛又为之禁樵苏，杜侵
夺，名山胜迹庶几获全”一语，便很感兴趣地记在心上。

1957 年深秋的一个傍晚，周恩来到北京东四八条朱启钤 ③ 先生的住处，特意
向撰写该碑文的朱启钤讨教此事：“桂老，我在北戴河莲花石公园里看到一块刻
有《莲花石公园记》的石碑，你撰写的碑文中有‘临榆令周嘉琛又为之禁樵苏’
一语。周嘉琛还是我的叔父呢，您知道吗？”

朱启钤听到周恩来提起这段往事，不禁陷入了回忆：“民国二年，我任北洋
政府内务总长。在举办县知事训练班时，他还是我的门生。1919 年，我在北戴
河任‘公益会’会长时，主持修建北戴河第一个公园——莲花石公园。为了保护
公园里的古松翠柏不被破坏，滨海傍山的优美环境不被污染，就请你叔父周嘉琛
支持。他当即以县令身份布告县民，明令禁止汽车、摩托车在海滨行驶，禁止民
众上山砍柴、伐木、采药、打猎和挖土取石等。由于你叔父两次布告，效果很好，
终于使整个莲花山的优美环境一直保持到今天。”

周恩来听了朱启钤的一席话之后，十分感慨。以后，在与周家晚辈的谈话中，
他不止一次提到周嘉琛做过的好事。

周嘉琛在内邱、临榆等县任县知事期间，与同在北方做事的几位堂兄弟，周
恩来的二伯父周龢鼐、三伯父周济渠、四伯父周贻赓、五伯父周贻鼎、父亲周劭
纲都有过联系与交往。

1920 年周嘉琛到山东济南任山东省民政厅长一职，10 月，周恩来从天津出
发，前往上海乘轮船赴法国留学。路经济南，顺便看望“衡峰大叔”周嘉琛，并
向他告别。周嘉琛十分赞赏周恩来有理想有抱负。周恩来在济南住了四天左右。
临别时，周嘉琛送给周恩来 120 元 ④ 银洋作为旅途的盘缠。

---

① 1997 年 9 月 12 日周秉宜采访周嘉琛四子周毓沧记录。

② 临榆县：河北省旧县名，1954 年撤销，辖区划归秦皇岛市。

③ 朱启钤（1872—1964 年），1913 年 7 月 17 日至 19 日以交通总长暂行代理北洋政府国务院，8 月
任内务总长。

④ 1996 年 11 月 9 日周秉宜采访周毓平记录，关于盘缠的数目，又有周毓沧一说为 80 元。

1923 年，周嘉琛赴北京，任北洋政府内务部民政司司长。

1928 年，北洋政府濒临垮台。形势一片混乱，内务部人员终日惶惑不安，矛盾也愈发尖锐。周嘉琛的二女儿周毓济回忆："当时好像出了什么事，威胁着父亲的人身安全，使父亲整天在家坐立不安。不多久，父亲就赋闲回家了。"

周嘉琛赋闲之后，转而经商。他投资办了两家公司：山东济南华庆面粉公司和裕兴颜料公司。周嘉琛还在华庆面粉公司担任董事长。全家 20 口人就靠这两家公司的利润来维持生活。但是官僚人家要撑着官场的门面，迎来送往，亲友社交，都需讲究一定的排场，所以开销比较大；加上颜料公司经营效益不好，日子便越过越难了。周毓沧说："我们家原先住在西四北六条一座带花园、回廊和假山的有 70 间房子的大院子里，家里还有汽车。到我六七岁（1937、1938年）时，父亲已经把汽车卖了，改定包月（即人力车）；房子也由原来的 70 间换成 40 间。我也开始跟着母亲跑当铺，卖些金银细软。一边当一边仍然讲排场，我的感觉是我们家又穷又富。父亲常常拿着账本发愁。有时母亲上街买东西买多了，父亲也会发脾气。最后实在支撑不下去，父亲就和二伯嘉瑛、大哥毓澧分了家。父亲带着我们这一房 7 口人住进了 5 间小平房。后来，父亲就在这里去世的。"①

20 世纪 30 年代初，周嘉琛为生意上的事，经常来往于天津与北平之间。"九一八"事变以后，周恩来的四伯父周贻赓、父亲周劭纲从东北回到了天津。周嘉琛曾去看望过周贻赓。因为周恩来正被国民党作为"匪首"通缉，周贻赓劝周嘉琛"以后不要再来了"。② 周恩来在解放后曾说过："那时不和亲戚们来往，是怕牵连大家。"1936 年西安事变以后，国共关系缓和，周嘉琛去天津办事，经常和周劭纲联系交往。他知道周劭纲的嗜好，时常请他喝酒。

1938 年夏天，周恩来的二弟周博宇（恩溥）由于失业来到了北平，周博宇时常去看望"衡峰大叔"。周嘉琛虽然家境已日趋败落，但是山东的面粉公司还有一些效益，每年家中还能分到大约 20 袋面粉。面粉在沦陷时期的北平是十分稀有的粮食。周嘉琛吩咐长子毓澧给周博宇家送去一些面粉。后来，周嘉琛又介绍周博宇去了济南华庆面粉公司当一名文书。

1939 年春，周恩来回到绍兴。周家族人拿出百岁堂所藏《老八房祭簿》送

---

① 1997 年 9 月 12 日周秉宜采访周毓沧记录。

② 1997 年 9 月 14 日周秉宜采访周毓济记录。

给周恩来看。周恩来在祭簿上填上了自己和弟、堂兄弟的名字，同时还填上了再从堂兄弟、周嘉琛次子周毓燕的名字。不久，周嘉琛得悉，心中甚感欣慰。[①]

1944年春，周嘉琛病逝于北京。终年64岁。

周嘉琛娶妻包氏，安徽泾县人，生长子毓澧。又娶妻朱式婉，江苏无锡人，生次子毓燕，三子毓平，四子毓沧，长女毓瑜，次女毓济。他们多是按各自的出生地取的名字。

长子周毓澧[②]

周毓澧，字佩秋。清光绪二十五年（1899年）出生。

周毓澧自幼生长在官宦人家，生活一直优越而舒适。由于父亲周嘉琛任职的地点时常变动，他从小跟着父亲去过不少地方，见多识广。

1920年，周嘉琛在济南任山东省财政厅厅长。10月，周恩来准备赴法国留学，从天津南下，在济南看望叔父周嘉琛，并见到了比自己小一岁的堂弟周毓澧。周恩来抵达欧洲以后，曾多次给周毓澧写信和寄明信片。介绍欧洲见闻和法国的工人运动情况。1937年北平沦陷时，周毓澧正在北平邮电检查所所长任上。由于担心这些信件被日本人搜去会惹出麻烦，便扔进火炉中。唯有一张明信片，被毓澧的二弟毓燕抢了下来。这张明信片的画面是具有异国风情的英国伦敦车站。周毓燕很喜欢，明信片的背面留有周恩来的笔迹"佩秋弟：此处为由英伦乘船赴巴黎之所也。恩来 民国十年一月廿一日"。后来，周毓澧用黑墨将"恩来"二字盖住，明信片才得以保存了下来。解放以后，这张明信片一直保存在周毓澧的四弟周毓沧的手中。20世纪70年代末，周毓沧捐给了中国历史博物馆。

1938年左右，周毓澧在山东益都县任税务局长，一直到日本投降前后。而他的原配夫人和四个女儿一直留在北京，四个女儿后来均参加工作。

解放以后，周毓澧回到北京。由于他年纪较大，又是旧官僚，找工作比较难，就在街道服务社，负责传呼电话，卖些日用小百货以维持生计。有时他还挎个篮子，装些香烟、肥皂和针头线脑等小杂品走街串巷，沿路叫卖。周毓澧虽然生活比较清贫，却从没有向堂兄周恩来提出过任何要求。为此得到周恩来的多次表扬。

---

① 1996年11月9日周秉宜采访周毓平记录。

② 周嘉琛的子女部分由周秉宜根据对周毓沧、周毓济等人的采访撰写。

周毓澧有两个女儿因父亲毓澧曾将她们留在北京不管，有很长一段时间不和父亲来往。这件事被周恩来知道了。有一天，他把周毓澧和他的两个女儿找到西花厅来谈话。他首先批评了这两个身为共产党员的侄女。他说："解放好几年了，你们的父亲他从来没有找过我，他卖小百货，自食其力，我看这就很好嘛！我们共产党人也是父母生的。你们的父亲现在年纪大了，你们如果和他脱离关系就意味着把他推给社会。这怎么能行呢？你们怎么能这样对待他呢？"他又说："我参加革命快 40 年了。在我身上，在感情上，作风上都还遗留着封建家庭的痕迹。你们就那么干净？就那么布尔什维克？""我们共产党人是历史主义者。历史主义者就是怎么正确地认识历史。秦始皇是历史上的暴君，但是他修了万里长城，万里长城是好的嘛！他还统一了中国，统一了度量衡。统一了中国是好的嘛！袁世凯是卖国贼，但他统一了币制。统一币制还是好的嘛！清朝时候币制不统一，主要是分量不同。袁世凯以袁大头为准，一律七钱二一块。还有你们的祖父周嘉琛，他在临榆当县知事时曾发布告保护山林和滨海环境，这就是一件造福子孙后代的好事。"

1956 年秋天，周恩来的一个本家叔叔（他比周恩来还小 8 岁）从绍兴老家来北京找从堂侄周恩来，希望能帮助他介绍个好工作。周恩来接待了他。周恩来处理家事历来是作为社会问题的一部分，不推向社会。他召开家庭会议，将周家在北京的亲属 20 多人找到西花厅来，客厅里坐得满满的，另外还有几位秘书也在场。

周恩来首先说："我们共产党是唯物主义者，我们要承认家族之间的关系。问题是不能依赖它。"他转身望着本家小叔："从封建家族关系来说，我承认你是我的叔叔；我是你的侄子。但是，我们不能像国民党那样搞裙带风。"

他问小叔："你在家干什么？"小叔回答："我给人教书。"

周恩来十分严肃地说："这次你到北京来，想靠我给你找个好事。这点我做不到。你只能依靠自己，要自食其力。"周恩来的一番话说得全场鸦雀无声。"你看看毓澧，"周恩来伸手指了指周毓澧："你看他，过去不也是肩不能担担，手不能提篮……"还没等周恩来把话说完，周毓澧忽然插了一句话："我现在手可以提篮了。"他话说得不紧不慢，把大家全都逗笑了。周恩来并没有笑，表情依然那么严肃，盯着周毓澧问："你提篮干什么？"周毓澧回答说："我卖小百货。卖香烟、草纸。"周恩来点了点头："这很好嘛，这叫自食其力嘛！"他又转过身来向小叔，一字一句地说道："你应该向他学习。"一个批评一个表扬，周恩来再次向亲属们重申了新的家庭观，表示了他要同封建的裙带关系彻底决裂的决心。

周毓澧于1961年去世。终年62岁。

长女周毓瑜

周嘉琛的长女周毓瑜民国七年（1918年）十二月生于河北临榆县。高中毕业时，家庭境况开始败落，为帮助父亲维持生计，她毅然放弃考大学的机会，转而考取天津邮局做了一名邮务佐，负责信件的分拣工作。周毓瑜初到外地工作，很想找一个安全可靠的住宿地，为此她去找过四妈（周恩来的四伯母杨氏）。但四妈告诉她，住在她家会"很不方便"，拒绝了。周毓瑜意识到这是指周恩来是共产党的领导人，四妈和共产党那边还有联系，怕牵连她。

1943年周毓瑜到成都四川大学读书，1946年因病辍学回到北平养病。这时父亲已经去世，三个弟弟还在上学，家中只有三妹毓济一人在外挣钱养家，生活艰难。1948年，周毓瑜病情好转，经人介绍在北平市立图书馆找到了一份工作。1949年初，周毓瑜和她的弟弟妹妹们迎来了北平解放。

1949年4月中旬的一天，周毓瑜的三妹周毓济要参加一个妇女大会，并要她带领小学生到主席台向出席会议的全国妇联领导和外宾献花。她知道七嫂邓颖超是全国妇联副主席，这是与之联系的机会，事先写好一封信，信中写道："七哥七嫂：我是周嘉琛的女儿周毓济。不知七哥还有没有印象？还认不认这个关系？"

邓颖超在后台见到周毓济，说："我知道有这门亲戚。这个星期天下午我去看你们。"

周毓济回到家立刻把这个好消息告诉了全家人，大家兴奋不已，开始忙着大扫除，准备迎接贵客七嫂邓颖超。

星期天下午，全家都在家里等候。门外汽车来了，周毓瑜跑去开门，门口站着的竟是七哥周恩来。他身穿一身蓝制服，脚蹬一双方口白边布鞋，神采奕奕，步履稳健。他还带来了他的妻子邓颖超和弟弟周同宇，身后只跟了一个警卫——卫士长成元功。一看就是诚心诚意来认亲的。周恩来和堂弟妹们一一握手，性情活泼的周毓济高兴地对周恩来说："我还以为七哥不会来，不会认我们这个亲戚了呢。"周恩来笑了，答道："怎么能不认呢，我们进屋后再好好论论我们的关系。"

周恩来坐在堂弟妹们中间，耐心地向他们介绍两家之间的关系，往上第几代是一家人，周同宇也在旁边插话给予补充。两位兄长的讲解，才使这些周家的年轻人了解了家族的历史和两家的关系，父亲生前都不曾这样清楚地说过。最后周恩来话锋一转，作了一个精彩的总结："我们共产党是唯物主义者。我们应该承认家族之间的关系。问题是不能依赖它，不能像国民党那样搞裙带风。"

周恩来又逐个询问了弟妹们的生活情况。当他听说二妹周毓瑜、三妹周毓济高中毕业就挣钱养家时，立刻表扬了这两个妹妹。他说："你们的父亲去世以后，主要靠你们两个挣钱维持这个家，你们也很不容易呀！"邓颖超第一次和堂弟堂妹见面，特地准备了一点礼物，她拿出一摞小册子交给周毓瑜姐妹俩说："这都是些有关妇女儿童方面的书，你们看看吧。"

周毓瑜家里还有一个跟了他们30年的老保姆章妈，也是绍兴人。1920年10月周恩来去济南看望周嘉琛时，章妈就见过周恩来，并称他为"七少爷"。章妈看惯了人们穿长袍马褂，打躬作揖，说七少爷穿洋服，行洋礼（握手礼），她不习惯行洋礼，要用自己的方式来表示她的敬意和祝福。她对周恩来说："七少爷，你发财了！"周围的人哄的一声全都笑了。周恩来连连摆手："什么发财，什么发财，没有的事。"

周毓瑜向周恩来解释："她还是老脑筋。"章妈耳朵聋，听不清别人的话，只管往下接着说："七少爷你记得不记得多少年前，你到我家来住，我还给你补过衬衫呢。"周恩来笑着答道："是有这么回事，你记性真好。"章妈特地为"七少爷"摊了几张鸡蛋饼。周恩来理解章妈的心情，接过来和大家一起吃了。他一边吃饼一边指着章妈问弟妹们："你们吃饭和她在一起吃吗？"周毓瑜回说："同时吃，但不坐在一起。"

"为什么？"

"她多少年习惯了，愿意自己吃。但饭菜都是一样的，我们给她分出一份。"

周恩来点了点头，又问："你们吃饭都是自己添饭还是让她给你们添？"周毓瑜回答："是自己添饭，没有让她做过这事。"周恩来又点了点头，说道："应该自己添饭，不要让人伺候。封建旧家庭就是习惯让人伺候。"

周毓瑜告诉周恩来："三弟本应出来，但他肺病很厉害，医生要求他卧床静养。"周恩来一听马上站起来说："我去看看。"周恩来走进里屋，三弟周毓燕赶紧从床上欠起身子。周恩来用手扶住他，连声说道："你不要动，不要动，你好好躺着，养病要紧。"接着，周恩来关切地询问他病了多久？现在感觉怎么样？说了一会儿，又怕周毓燕太疲劳，方才出来。

周恩来在周毓瑜的家中坐了1个多小时。接着，他邀请弟妹们去中南海自己家里做客。邓颖超则说她要去看看何香凝老人，她先走了。临走时，她告诉弟妹们："你们七哥今天难得有这儿点时间能到你们这儿看看，平常他忙得一会儿空闲都没有。"

周毓瑜和妹妹周毓济，弟弟周毓平、周毓沧跟着七哥周恩来乘车来到了中南海。4月中旬的中南海春意盎然，杨柳刚刚抽出嫩绿的枝叶，在湖边摇曳低垂。粉红色的碧桃在园林中若隐若现。大家一边散步，一边听周恩来介绍，这里是瀛台，当初软禁光绪皇帝的地方；那块匾额是乾隆御笔，字写得好。又说："周家有很多人字都写得很好，你们父亲字也写得很好。"

他们来到居仁堂，殿堂高大宽敞，皇家气派，大厅中间有一张很长的桌子，可以坐二三十人。周恩来走到桌子的一头坐了下来，他告诉弟妹们："几天前，我就坐在这儿和张治中谈判八项条件。没有谈成，谈判破裂了。现在只能考虑用武力解决了。"周毓瑜坐在桌子的另一头，她说她也很想体验一下谈判时的感觉。弟弟妹妹站在旁边和她说笑，他们现在都已经很轻松随便了。然而他们看见，坐在另一边的七哥周恩来却不说话了，一个人正在默默地思考着什么问题。

走出居仁堂，周恩来又带弟妹们去假山。山坡坑坑坎坎，周恩来爬上一阶，总不忘了回过头用手搀一下两个妹妹，以免她们摔倒。待妹妹们爬上不高的山顶，他却又一个人坐在石头上，默默地考虑问题了。就这样，每走到一个地方，周恩来总要单独一个人思考一会儿问题。

大家来到南海，坐在湖边的亭子里，周恩来忽然回过头问周毓济："你们觉得过江好还是谈判好？"

周毓济说："还是能谈判成功最好吧，要是打仗那就会牺牲很多人呢。"

周恩来点点头，告诉弟妹们："当然最好不打，但是有什么办法，国民党不接受我们的条件。现在只能武力过江了。这样可以彻底地解决问题。"

晚上，邓颖超回到丰泽园，兄嫂二人请大家吃饭。一小锅打卤面，4盘炒菜。邓颖超说："你们不要以为我们天天都吃得这么好。你们今天来，这是为你们加的菜。"周恩来则一边吃一边不忘了再次抓紧时间教育弟妹们："吃完一碗自己去添饭呵，要自己动手。"

周毓瑜和弟弟妹妹回到家中已经很晚了，可他们还一直在兴奋地谈论着当天发生的事，久久也不肯去睡觉。

中华人民共和国成立以后，北平市立图书馆改名为北京市首都图书馆，周毓瑜留在图书馆继续工作。她十分热爱图书馆的工作，肯于钻研业务，注重学习与积累，她为人温和有礼、不愠不躁，和同志们相处得很融洽。每逢春节的大年初一那天，七哥周恩来和七嫂邓颖超就会把她和弟弟妹妹们请到西花厅去玩，还有其他在北京的周家亲属，大家一起在西花厅团聚、拜年。

1951年秋天，周毓瑜结婚时，邓颖超亲自登门祝贺，并且代表她和周恩来送给毓瑜妹一幅绣花软缎被面，这使周毓瑜深为感动。她觉得，七哥七嫂是在替故去多年的父亲关心照顾他们姐弟啊。

周毓瑜在首都图书馆一直工作到1982年，退休前她是辅导部主任。1993年12月，周毓瑜病故于北京人民医院。

次女周毓济

周嘉琛的次女周毓济，民国十年（1921年）七月出生于山东济南。1940年师范学校毕业后，为和姐姐周毓瑜一起帮助年迈的父亲维持生计，照顾3个上学的弟弟，放弃了考大学的机会，到北平北长街小学当了教师。1944年父亲周嘉琛因病去世，周毓济更是独自挑起了养家的重担。为此她一再推迟婚期，直到1950年，家里的生活境况有了改善，她才结婚。周毓济结婚那天，邓颖超作为证婚人去参加了她的婚宴，并代表周恩来送给新婚夫妇一只托盘和一幅写在红绸上的赠词："相爱始终，服务人民。"邓颖超还对周毓济的几个弟弟说："你们这两个姐姐可真不简单，为这个家做了很多事。"

周恩来也曾多次表扬周毓济姐妹，说她们"从封建大家庭出来的女孩子，在旧社会那样的环境里敢于出来独立参加工作，是很不容易的"。

解放以后，周恩来和邓颖超经常请周毓济姐妹去西花厅做客，请她们去看电影，关心她们的工作和生活。

1957年"反右"斗争以后，周恩来的工作更加繁忙，与亲属们的来往渐渐少了。周毓济姐妹见到周恩来的机会少了。

周毓济曾先后在北京北长街小学和北京实验二小教书。1959年，她随丈夫调到宁夏，在银川第二十一小学任教。1984年退休，教龄长达43年，堪称桃李满天下。周毓济对工作认真负责一丝不苟，任劳任怨，几十年如一日。1978年，她被评为特级教师，第三届宁夏回族自治区妇联委员，第四届宁夏回族自治区人大代表、常委会委员，并加入了中国共产党。

1979年，周毓济又被评为宁夏回族自治区劳动模范。七嫂邓颖超得知后特写信向她表示祝贺。1983年，周毓济以特邀代表身份到北京参加全国妇代会。会议期间，邓颖超又约见了周毓济和周毓瑜姐妹，表扬她们在平凡的工作岗位上尽心尽职的精神，并与她们合影留念。邓颖超得知周毓济患有老年性关节炎，心中甚为惦记。不久，待人一贯细心周到的邓颖超又特地托人给周毓济捎去了一张虎皮褥子，让她在银川御寒之用。

次子周毓燕

周毓燕，民国十二年（1923年）十二月生于北京。

周毓燕早年就读于北平辅仁大学。毕业后因患肺结核而养病在家。1949年4月，周恩来去北平复兴门成方街21号看望周嘉琛一家时，周毓燕正卧床不起。周恩来关切地询问了周毓燕的病情，安慰他耐心养病。以后，周恩来又为周毓燕的妻子刘淑媛介绍了工作，使周毓燕夫妇有了生活来源。

1953年，周毓燕病愈后被分配到建设部任会计。1958年，周毓燕响应中央关于中央机关干部支援地方的号召，从北京下放到杭州，在杭州市建筑安装公司任会计师。周毓燕在工作中牢记七哥周恩来的嘱咐，并以此鞭策自己的行动。他工作踏实认真，极少出错，并经常带病坚持上班，得到了领导的信任，同志们也称赞他是"难得的好人"。

周恩来生前多次提出要移风易俗，实行殡葬改革，尤其是他的祖籍浙东地区人多地少，50年代初人均占有耕地还不到一亩。周恩来坚决反对占用耕地大建坟墓。为此，他于60年代初把淮安的祖坟深埋，土地交生产队使用。但浙江绍兴祖坟的深埋一事，在他生前却一直未能实现。他把这件事委托给了邓颖超。1977年9月，邓颖超写信给正在杭州开会的侄子周秉钧，让他去找周毓燕，希望周毓燕能帮助实现七哥周恩来的迁坟遗愿。

周毓燕对七嫂的委托，十分重视，他立即和妻子刘淑媛一同前往绍兴。绍兴百岁堂还有他的小婶、周嘉璋的夫人顾育英。小婶每年都去周家坟地上坟、烧纸，她坚决不同意迁坟。周毓燕一再向她解释，这是周总理生前的遗愿，现在邓大姐又来催，最后总算把小婶说通了，答应带他们去看坟地。

　　周家祖坟位于绍兴郊区的外凰狮子山，路很远，还要坐船走水路。周毓燕夫妇去后找了当地的乡政府。乡政府也想不通，说周总理是国家领导人，怎么能随便动他的祖坟。周毓燕又向他们反复强调了周恩来生前的心愿，他们才终于同意。在乡政府的协助下，周恩来的高祖周元棠（笑岩）和曾祖周樵水的两处坟墓都被深埋到不影响种庄稼的位置。坟上的石板、石碑也全部拆除交给当地生产大队使用。周毓燕在 1977 年 9 月 23 日给邓颖超的信中写道："土地平整后，有的已种好树木，有的安排种植茶叶或番薯，原来的坟墓已无一点痕迹。深埋所用劳动力和生产队代买的收殓遗骨的木箱等，根据三大纪律八项注意的原则，也为体现总理一贯不搞特殊化的作风，均按照当地生产队的工分值和器具的市价照付，丝毫没有侵犯集体利益。对公社、大队的支持，表示了谢意。一切请您放心。"[①] 这次平坟的工作所花费用，邓颖超要求周家亲属共同分担，以共尽晚辈的责任。

　　周毓燕 1987 年初病逝，终年 64 岁。

三子周毓平

周毓平民国十七年（1928 年）五月生于北平。

　　1949 年 4 月，周恩来去周嘉琛家中探望时，周毓平还在上学。周恩来听说他在北平铁路管理学校念书，便很感兴趣地向他询问起学校的情况。周毓平讲了许多，周恩来一直仔细认真地听着，中间还不时提出一些问题。周恩来作为共产党的领导干部这种随时深入群众调查研究的作风，给周毓平留下了很深的印象。

　　当时周毓平 21 岁，邓颖超见到他后曾感慨地说："我的孩子要活着的话，和你同岁。"

　　解放后，周毓平考入北京农业大学。1953 年毕业一直留校任教。周毓平为人正直务实，从不炫耀自己的亲属关系，更不肯利用这种关系为自己谋取私利。他把精力全都放在了培养学生和科学实验上面。1992 年周毓平在鸡添加剂预混

---

① 周秉宜处存有此信的复印件。

饲料的配制上取得了科研成果，并获内贸部科技进步一等奖。1987年被评为教授。20世纪90年代，周毓平虽然已到耄耋之年，却依然兼着博士生导师，为祖国的教育战线发挥余热。

四子周毓沧

周毓沧民国二十年（1931年）二月出生于北平。

周毓沧1950年考入北京外语学院英文系。毕业以后分配在朝鲜驻华大使馆工作。1956年春节，周毓沧跟姐姐们去西花厅做客时，周恩来问他在哪儿工作，周毓沧回答：在朝鲜驻华大使馆教中文。周恩来又问他：都有哪些人学习中文？周毓沧说：从各级外交官到一般馆员都来学习。周恩来便嘱咐他："那你可一定要教好啊！"

周毓沧工作努力，几十年如一日，恪尽职守。1991年，周毓沧在其所在单位中国国际图书贸易总公司被评为高级经济师。20世纪90年代已退休。

17. 周恩来的再从堂叔周嘉璋

周嘉璋（1906—1956年），字云峰，又字庆麟，延春第三子，毕业于绍兴县立第二小学。为周恩来从堂叔。

周嘉璋8岁父亡，随母亲曹氏从江苏淮阴回到绍兴百岁堂西首的诵芬堂。一生生活艰难，曾经做过小学教师，更多的时间是失业，由大哥周嘉琛给予生活补助。1924年周恩来回绍探亲，周嘉璋给予了热情接待。①

1939年3月，周恩来以国民政府军事委员会政治部副部长的公开身份回乡祭祖探亲，周嘉璋与族人一起参加了接待，并陪周恩来去绍兴乡下祭扫祖墓。

周嘉璋的夫人顾育英是绍兴乡下的小学教师。周嘉璋喜欢喝酒，抗战胜利后，在绍兴县政府做过科员。

中华人民共和国成立后，周嘉璋一直失业在家，生活困难，连房产税也交不

---

① 1924年周嘉琛在北方做事，周恩来回绍兴探亲一说8月，一说9月，但是一直没有见到文字材料。1924年9月1日，周恩来在香港致函中国社会主义青年团中央写道："此番我们同行归国的同志共四人。刘伯庄、周子君两同志直往上海，罗振声同志和我至香港后须往广州一行，故不克直达沪上报到。"由此可见，周恩来9月1日从欧洲直达香港。

上。周恩来得知后，曾寄钱代他交上房产税。50年代初，他又自费去北京，要求担任政务院总理的周恩来帮助找点工作，一向以廉洁奉公著称的周总理，在热情接待之余，动员他回绍兴，找当地政府解决工作问题。据周嘉琛的儿子周毓燕生前对张能耿说，当时要求周恩来帮助解决工作的亲友很多。为此，周恩来召开了家庭会，周家的人都被召来参加，周毓燕因是周嘉璋的亲侄子，也参加了。周恩来在会上说：我是周家的人，我到法国留学时，谁×××都在经济上帮助过我，现在都已还清了。现在我是国家的总理、人民的总理，但不是周家的总理。大家经济有困难，要找工作，应该找当地的政府。

周嘉璋有子二人，长子周毓鉴，生于1924年，解放初参军，50年代末复员，在浙江海宁灯泡厂为技术员，20世纪90年代离休住绍兴。次子周毓沛，生于1925年，为上海第九印刷厂供销员，20世纪90年代初去世。现周毓鉴儿子周华夫在中国农业银行绍兴分行工作，媳妇吕凤是铁路职工，全家过上了安居祥和的生活。华夫兄弟在宁波等处也生活得不错。

18. 周恩来的再从堂叔周金麟

周金麟（1888—1944年），字宛樵，生于光绪十四年（1888年）六月十三日，住百岁堂，系周恩来从叔。

周金麟早年曾受雇在山东的杂货店做事，因身体不好，于1924年间回绍兴，在百岁堂附近开"一鑫杂货店"度日。金麟有三子：长庚（毓光）、复庚（毓淦）、汉庚（毓涛）。① 孩子长大，开销日增，生活日益困难，四五年后，把长子长庚，送到南货店做学徒，后被国民党抽壮丁。1936年又把第二个儿子复庚（毓淦）送到杭州横河桥"泰昌五金煤铁油行"学徒，一家人过着十分艰苦的生活。

周金麟也是绍兴宝祐桥周氏中的一支笔头，民国三年（1914年）周延春将幼子周嘉璋过继给三弟周延祐遗孀赵氏的《合同继书》就是周金麟执笔的。1939年3月周恩来顺道回乡祭祖探亲，周金麟作为族人参加了接待，几次与周恩来合影留念。当时周金麟剃个光头，与周恩来同志合影留念时站在后面。这次回绍，周恩来应请在周金麟执笔的《合同继书》上签上了"补证"两字并签了自己的

————————
① 毓光生于民国四年（1915年）；毓淦生于民国十一年（1922年）；毓涛生于民国十三年（1924年）。

名字。

1941年绍兴沦陷,"一鑫杂货店"倒闭,一家人失去了生活来源,周金麟身体也日坏,一家生活的重担落到了养女(后为媳妇)周桂英身上。周桂英7岁就替人褙锡箔纸,又替糖方店磨米粉。13岁出去做保姆,靠她的一点微薄的收入维持家庭,不但一日只能吃二餐,且是薄粥汤。周金麟几次被饿昏,都靠周桂英出去弄一点饭,才将其救转。1944年那次饿倒,再没有能够救活,终年56岁。死后,以复庚交周桂英的一点点私蓄办丧事,草草葬在乱坟堆里。复庚闻讯从杭州赶到,因为哭得太厉害,只好把棺材重新掘起来,让复庚最后看上一眼。抗战期间,百岁堂饿死的人有三个,除了周金麟,还有延祐夫人和祥婆婆。

1939年周恩来回绍祭祖时,曾把祭祖多余的钱救济过祥婆婆,但是她最后还是没能逃脱饿死的命运。1976年周恩来在北京去世,绍兴周氏族人无限悲痛,周金麟孙女周秋玲立即赴京奔丧,但因邓颖超规定外地的亲戚不要来京,被省革委会挡回绍兴。

19. 周恩来的再从堂叔周尚麟[①]

周尚麟(1902—1981年),绍兴人。原住绍兴宝祐桥百岁堂西侧诵芬堂台门,为周氏五十房族人,比周恩来小4岁,却比周恩来高一辈。

周尚麟家庭贫苦,11岁丧父,过三年祖父亡故,14岁经人介绍入东咸欢河沿恒济当店做学徒,6年后恒济当关闭,隔年去杭州华兴鞋店任外账房。[②]30岁时离开绍兴去山西太原大隆祥绸庄当职员,3年后回杭州鞋店。抗日战争爆发,杭州沦陷,鞋店倒闭,周尚麟避难绍兴乡下的东关镇,所以周恩来1939年回故乡省亲未能见到。他于1940年回到绍兴城内,以摆旧衣摊谋生。

中华人民共和国成立后,曾任绍兴市旧农业委员会常委、主委,绍兴市工商联塔山分会筹委会委员。[③]这时,周恩来表弟王贶甫任绍兴市工商联主任委员,

① 参见周尚麟《回忆敬爱的周总理》和金经天《关于周尚麟回忆文说明章若干情况的说明》,刊《绍兴文史资料》第八辑第24—37页,浙江人民出版社。沈建中:《周尚麟小传》,未发表稿。全文据上述三篇文章综合而成,特此致谢。

②③ 据沈建中:《周尚麟小传》,未刊稿。

1954年出席全国工商联代表会时，见到了周恩来，讲起周尚麟现在生活困难，周恩来就叫王觊甫带300元人民币给周尚麟这位穷苦的族人，作为生活补助。周尚麟收到为他所敬重的周恩来赠与的这笔款项，非常感动，他激动地问王觊甫："怎么办？"王觊甫说："既然叫我带来了，盛情难却，你就安心收下好了。"而且关照尚麟，总理有言，叫你不必宣扬，也不必去信。1955年秋天，经王觊甫事先联系，周尚麟跟着王觊甫一起去杭州拜见周恩来，受到周恩来的热情接待。尚麟当面感谢周恩来。1959年，邓颖超来绍兴视察，尚麟又与王觊甫一起，到府山背后的交际处拜访邓颖超，又受到了邓的热情接待。1965年周尚麟响应上级号召在旧农业退职，经有关部门协调，每月领少量保养费度日。1981年8月在绍兴去世。

20. 五十房族人周希农

周希农（1888—1951年），名福种，乳名和尚，字熙农，又写作希农，人称和尚店王，生于清光绪十四年（1888年）九月初一。为五十房族人，比周恩来高三辈。

周希农曾在长桥头开过周大昌米店，也做过布店倌和钱庄店倌。特别在绍兴明记钱庄信房，一直做到1941年绍兴沦陷前夕。

1939年周恩来以国民政府军事委员会政治部副部长的公开身份顺道回乡探亲时，周希农为宝祐桥周氏族长，又是值年房。周恩来到达绍兴后马上派警卫员到宝祐桥河沿百岁堂找希农太公，百岁堂有三开间房屋三进，第一进台门斗，第二进大厅，第三进楼房三间，周希农就住在第三进楼房里。傍晚，周恩来又让秘书邱南章送去一张便条。周恩来还关照，带去100元钱，作为上坟的酒饭钱，如果用过还有得多，就送给本家生活有困难的人家。

3月29日早晨，希农太公到小教场县商会看望曾侄孙周恩来，并报告祭席准备情况。周恩来急忙起身相迎，并很恭敬地向希农太公三鞠躬，又扶希农太公坐首席。谈话间，周恩来详细询问族人近况，知道有的族人生活十分艰难。又当场与希农太公商定了祭祖的事。希农太公根据周恩来的要求，从知味馆代订了四桌祭席。

交通方面，希农太公准备了两只大船。可是天公不作美，这一天下起大雨来了。周恩来说："下这么大的雨,等会儿不知会不会天晴?"希农说:"春天的雨下不长,等一会儿天会晴的。"过了一会儿,天空果然放晴。陪周恩来去上坟的全是男人,女人一个都没去,因为那时还讲封建。同船去的有五十房族人周文炳、周恩来从叔父周嘉璋和周金麟、周恩来的表弟王贶甫及其大儿子。

因为周金麟长子已被国民党抽壮丁拉走,所以在上坟船里希农太公对周恩来说:"国民党政府抽壮丁,都抽到穷人的头上,有去无回,妻离子散,怨声载道!"周恩来说:"这就是严重的政治问题。"

上坟船从宝祐桥河埠出发,经五云门至石旗、外凰。周恩来在船里感到闷气得很,但到了山地,走路走得很快,别人都跟不上他。他拿出的那 100 元钱没有花完,剩余的钱送给了隔壁的祥婆婆,她是本家中生活最困难的一户。

祭祖返城回到百岁堂,希农、文炳捧出《老八房祭簿》,周恩来看后,应周希农之请,一一补填了淮安等地的周氏的"恩"字辈族人谱系。

3 月 30 日绍兴宝祐桥周家由周希农发起,族人共同宴请远道归来的周氏族子周恩来。上午 8 时左右,周恩来应邀赴百岁堂与周氏族人共进早餐,并应请为希农太公等周氏族人题词多幅,又在百岁堂大厅前与族人合影留念。周恩来在百岁堂、禹陵等地与别人合影多次,每次都请希农太公参加,并请希农太公站在显要位置,以表示尊敬。

1941 年 4 月 16 日,绍兴沦陷,周希农失业在家,生活困苦,建国初,多次与周恩来通信,主要为解决长子的就业问题。他也无力缴房产税。周恩来认为国家的税收不能欠缴,寄去 20 万(旧币)帮助缴清了房产税。1951 年周希农在绍兴病逝,享年 65 岁。[1]

21. 五十房族人周文炳

周文炳(1888—1974 年),又名守白,字云程,生于清光绪十四年(1888 年)十一月初四。为五十房族人,比周恩来高三辈。

周文炳,为人清高,因厌恶旧社会的芜杂而取名守白,信奉耶稣教,一直以坐馆教书为生。1939 年 3 月,周恩来以国民政府军事委员会政治部副部长的公

---

[1]　周希农孙子周思英回忆。

开身份，顺道回乡祭祖，周文炳作为族中长辈，与周希农、周嘉璋、周金麟等人一起，给予了热情接待。

周文炳在族中，与族长周希农并辈，所以常参与族中活动。宝祐桥周氏有两本祭簿，第一本是《周氏破塘祖茔祭簿》，第二本是《老八房祭簿》，内中就有不少周文炳的手笔。如1939年族中值年房为周希农，这一年的2月19日，周希农在《老八房祭簿》上有一段记述，就是周文炳代笔的，并写明"注者周文炳"。

周恩来于1939年3月28日到绍兴，即派警卫员到宝祐桥河沿去寻找百岁堂，是周恩来表弟王贶甫陪去的。周文炳刚好站在百岁堂门口，便即进屋通知住在第三进的族长周希农，马上与周希农一起翻看《老八房祭簿》，发现"祭簿"中周恩来的祖父辈和父亲辈都已有名字，就是"恩"字排行的人还没填齐。百岁堂周氏族人对这位族中子弟的归来，都感到很亲切，也觉得脸上有光彩。

次日，周文炳与族人一起，陪周恩来去绍兴乡下扫墓，扫墓船上，周希农介绍周文炳与周恩来相识。周恩来马上脱帽向周文炳三鞠躬，并称周文炳为太公。回到百岁堂后，周恩来就是应周希农、周文炳之请，才在《老八房祭簿》上补填了淮安方面"恩"字辈的谱系，而使这本"祭簿"成为特别珍贵的文物。

3月30日，周恩来赴百岁堂用早餐。绍兴专员贺扬灵也闯到宝祐桥。王贶甫问周恩来："是否让贺扬灵进来？"回答说："可以。"贺扬灵进来后，由周文炳加以应付。贺扬灵对周文炳说："你们这位本家，字写得很好，你们可以请他题些词。"于是周恩来又应请为周氏族人一一题词并一起合影留念。

希农太公去世后，两本祭簿由周文炳保存了下来，其中《老八房祭簿》末尾写于1950年12月6日的一则记载，看笔迹，也是周文炳的手迹，全文如下：

查吾族裔孙吉园公故世后，遗下妻陈氏，至抗日时期无法谋生，行将饿殍，不得已将住屋零碎材料拆卖度日，族人目睹不忍，既无力援助，忍其所为，不料至一九四三（年）陈氏病故，拆剩楼披两架，情状危险，始有吉园之亲生女章周珠凤，现因生活困难，已将破屋材料全部拆去，后经族人毓淦提议，不妨连同地皮赠与章周珠凤所有，此后如有一切政府应纳税款，由章周珠凤负责，与周姓无涉。欲后有凭，立此笔据存照。公元一九五〇年十二月六日。

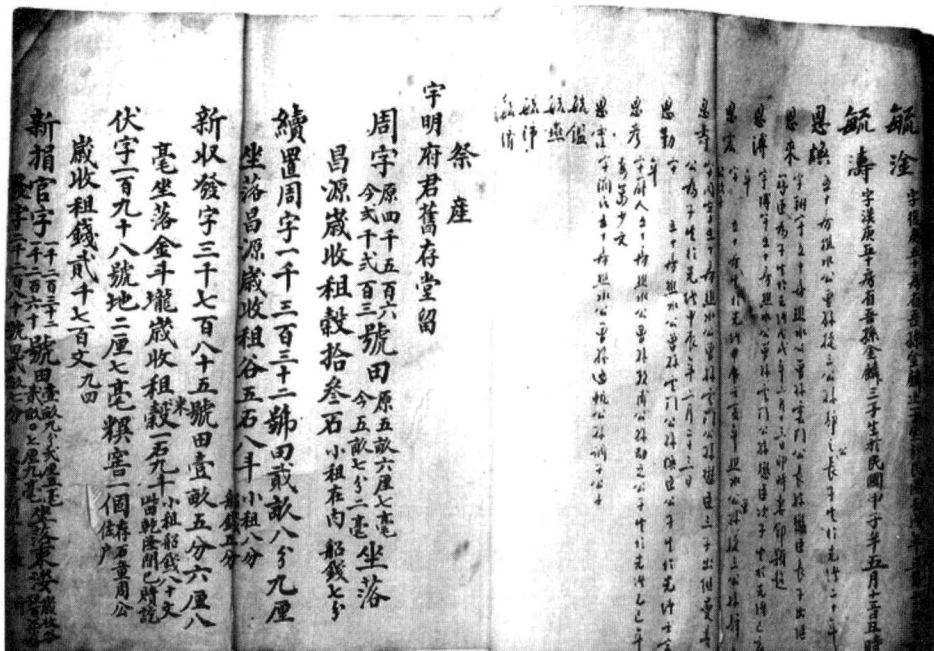

⊙《老八房祭簿》，现存绍兴鲁迅纪念馆。上有周恩来手迹。

这就是《老八房祭簿》的终笔，人们可以清楚地看到，绍兴解放前夕，宝祐桥周氏家族，经多年的战乱已衰落到这样一副破败相。这是旧中国的缩影。

中华人民共和国成立后，周文炳仍以坐馆教书为业，过着清苦的生活。两本祭簿虽几经战乱，由于周希农和周文炳的认真保管，才得以保存下来。1960年经绍兴鲁迅纪念馆的张能耿动员，由周文炳捐献给了国家，至今已成为研究周恩来生平不可缺少的史料。

七、周恩来的祖父周起魁及其兄弟

1. 祖父周起魁

周恩来的祖父周起魁，清道光二十四年甲辰六月廿七日（1844 年 8 月 10 日）出生于浙江绍兴。因为属龙，所以取名骏龙，后改名攀龙，再更名起魁，字云门。[①]他是周樵水的第四个儿子。

周起魁字云门，"云门"是他常用的。这就像他的大哥常用号"逸帆"，二哥常用字"霞轩"一样。这些富有诗意的"字""号"显然是他们酷爱诗词、文采过人的祖父笑岩公周元棠给他们起的。周起魁兄弟从小就崇拜祖父，可以说是祖父的才华与品格影响了他们的一生。

周起魁的祖父笑岩公于咸丰元年（1851 年）八月初病故。过了一个多月，起魁的父亲樵水公于九月十九日去世了。[②]一个多月内连丧两位男主人，周家如遭灭顶之灾。特别是樵水公去世时只有 32 岁，周起魁当时才 7 岁。周起魁幼年丧父，由母亲樊氏抚养。孤儿寡母，生活之艰难可想而知。直到多年之后，起魁的两个哥哥都已学成幕业，开始在官府衙门里做了师爷，有了一点收入，家中的困境才逐渐有所缓解。然而不久，苦命的母亲却终因心力交瘁不幸去世了。这是在咸丰十年（1860 年），起魁 16 岁。[③]母亲去世后，起魁担起了照顾五弟骏庞生活和读书的责任。[④]

---

① 《老八房祭簿》，现存绍兴鲁迅纪念馆。

②③ 参见周嵩尧：《周氏渊源考》。

④ 2000 年，秦九凤曾看到道光己亥年（1839 年）周光勋（时 20 岁）、周光焘（时 17 岁）用260 两白银从胡干臣手中买下淮安驸马巷的房子的房契。周秉宜有不同的看法，见《淮安驸马巷周宅房产略考》，《丰碑》2006 年第 2 期。

大约于 1863 年秋天，起魁 19 岁，追随二哥昂骏北上淮安，随馆学幕。学做师爷这一行，在当时尚没有专门的学校，从来都是父子相承，兄弟相传。绍兴人出来做师爷，主要以谋生救贫为目的，故家族中的传授比较多。从周家人学幕的历史看，基本上就是从父、从兄、从姻亲。起魁的父亲、叔父和舅舅们向祖父周元棠学习幕业；起魁的大哥和二哥向两个舅舅学习幕业；现在起魁又要向二哥学习幕业。100 多年来，周氏家族就是这样靠着学做师爷延续下来的。

同治四年（1865 年），起魁的大哥晋侯、二哥昂骏曾一起向淮安府起诉，告绍兴一族人"毁坏禁碑，盗葬父棺"。① 从当时的资料记载看，起魁并没有参与此事。这很有可能是因为他正在二哥那里学习幕业，还是个学生，没有介入此事。直到 1869 年，始有文字可查："同治八年秋，霞轩赴差扬州英士良太尊杰处邦鞫案牍。荐云门骏龙接淮安一席。"② 由此可以知道，在 1869 年秋天，周昂骏受命前往扬州府帮助扬州知府英士良审理一件案子，临行之前，他推荐了四弟起魁去接任他在淮安府幕的席位。这一年起魁 25 岁。绍兴人学习幕业，时间一般为 3 年，出师后，再跟老师作幕 3 年。周起魁从 1864 年初开始学幕，日夜跟在二哥身边，边学边做，耳濡目染，到这时已过了 6 年。周起魁完全有资格接任淮安府幕一席。

周起魁在淮安府做的是刑名师爷。③ 明清时期，治安与纳税为地方行政的两大基本内容。刑名师爷的任务就是为主官办案。从分析案情到断案定罪，一包到底，既要熟悉律例，又要活学活用儒家经典，使案件的处理顺乎人情。百姓的大小官司常年不断，刑名事务自然便成了地方行政的头号任务。刑名师爷的重要性也就可想而知了。另外，师爷还需要熟悉官场体制，帮助主官出谋划策并尽量减少工作中的误差。④

周起魁自从做了淮安府的刑名师爷，由于他"为人好、办事公正"，以至"上上下下都喜欢他"。⑤ 他善于处理问题，工作得心应手。

师爷的收入是丰厚的。周起魁办案子办得比较完满得体，主官脸上有光，少不了又发他一些奖金。起魁渐渐地攒了一点钱。于是他可以娶妻成家了。1871

---

① ② 见《周氏破塘祖茔祭簿》。

③ 郑仁寿之孙郑约之 1997 年 7 月 22 日给其侄沙青的信。

④ 参见郭润涛：《官府、幕友与书生——"绍兴师爷"研究》第 6、7 章，中国社会科学出版社 1996 年版。

⑤ 周同宇生前对儿媳李玉树的谈话。

年左右，27岁的周起魁回绍兴成亲。新娘姓鲁，乳名大姑，是绍兴城东皋埠镇西鲁村人，她的父亲鲁登四当时正在福建布政司中担任首席幕僚。布政司的职能乃负责一省之赋税。鲁登四做的是钱谷师爷。鲁登四头脑清晰，条理分明，算账算得毫厘不差，遇事也力求"一碗水端平"。周秉宜认为鲁登四和周家结亲，很可能是因为他在福建时向周元棠学过幕业或共过事。他对周起魁这个女婿，很是中意。鲁登四家道殷实，有房子有地，在镇上还有店铺。鲁登四拿出几亩田地作为嫁妆，送走了长女大姑。①

第二年，1872年8月，鲁氏生下一个男孩，取名贻赓。他就是周恩来的伯父周贻赓。因为大排行四，周恩来称他为"四伯"。周起魁去世后，长子周贻赓承担起抚养家庭的责任。

又过了两年，1874年5月，鲁氏为周起魁生下第二个儿子，取名贻能，后更名劭纲，这就是周恩来的生父。②

到了1878年，周起魁已经有了四个男孩，儿子们个个随他，浓眉大眼。周起魁心里喜欢。后来，周昂骏和周起魁商量买房的事情，昂骏是个知县，起魁也有了官衔，候补同知。都是官场上的人，必要的排场还得摆，房子还不能买得太小。可他们拖家带口的，经济负担都挺重，于是他们决定先去典一幢房子，典要比买便宜多了。他们便在淮安驸马巷合伙买下了一幢房子。③这就是后来周恩来的出生地，现在的淮安驸马巷7号周恩来故居。

驸马巷的房子共有33间，分东、西两个院子。东院是起魁一家的住处，西院则住着昂骏的几个孩子和他们的佣人。两个院子中间有穿堂相通。院子的西北角还有一块空地。周家人就在那里种上了腊梅、黄杨、梧桐和杏树，后来，前院又种了海棠、石榴和香橼等树。春天来临，孩子们在院子里快乐地玩耍。那满院的花、树不知勾起了驸马巷周宅的女主人鲁氏多少悠悠的思乡之情。

周起魁除了做幕僚，后来在官场上还有一些经历。这在他几个侄子的中举资料里都有所记载，如：

----

① 鲁登四《利字分书》手稿中有关于对几个女儿嫁妆的分配情况。

② 周同宇1983年5月2日接受淮安周恩来故居的同志采访时说，周劭纲生在绍兴。

③ 1964年8月周恩来对周同宗、周秉德等亲属说："我祖父周老四，从绍兴师爷做到县知事"，"他没有买下土地，只留下一处房产，在淮安驸马巷，还是我二祖父和我祖父合买的。"1997年6月29日周秉宜采访周昂骏的曾孙周华章记录。

1894 年周龢鼐的中举资料：“胞叔：起魁。国学生。前江苏尽先补用同知。前代理安东、阜宁等县知县。海州直隶州，赏戴花翎。”①

　　1897 年周嵩尧的中举资料：“胞叔：起魁。花翎江苏同知。前代理安东、阜宁、桃源等县知县。海州直隶州知州。”②

　　1901 年周嘉琛的中举资料：“从堂伯：起魁。国学生。赏戴花翎。江苏候补同知。代理安东、阜宁、桃源等县知县。海州直隶州知州。”③

　　另外，绍兴所藏《老八房祭簿》中也说周起魁为“江苏候补同知”。

　　从以上的历史资料中可以看出，周起魁曾经捐过一个“尽先补用同知”。当时，一般的师爷限于经济条件，大多买一个佐杂微职，如“巡检”“典史”等。“同知”为正五品衔，品位较高。周起魁捐到正五品，说明他的收入确实比较丰厚。况且“尽先补用同知”需分两次来捐。第一次先捐一个“候补同知”，然后再捐一个“尽先补用”，属于额外要捐的花样。④ 这样，他就可以尽早被安排补缺，或者暂时先去做代理知县了。

　　民国十五年（1926 年）编的《泗阳县志》中，记载：“周云门，浙江绍兴人。光绪廿一年任知县。”光绪廿一年即 1895 年，即周恩来出生的前三年。泗阳在清代称为桃源。民国三年（1914 年），因与湖南桃源县同名，改为泗阳。安东是现今涟水。安东县志和阜宁县志都只记到光绪初年（1875 年），所以目前还查不到其他有关周起魁的文字记载。

　　1964 年 8 月，周恩来在与亲属谈话时曾说：“我的曾祖下有五个兄弟，都搬到了苏北，大、二、三、四都做过县知事，老五没做过，我祖父（四）从绍兴师爷升为县知事。”

　　安东（今涟水）、阜宁、桃源（今泗阳）均由淮安府管辖。可以推断，周起魁 1869 年接任淮安府刑名师爷，因做事认真负责、干练，受到主官的赏识，而被派到安东、阜宁做代理知县，知县为正七品，设有专署办公，知县分掌一县之粮马、税征、户籍、巡捕诸务。安东、阜宁、桃源这几个县多在黄河沿岸，黄河

---

　　① 光绪甲午科浙江乡试同年齿录。
　　② 光绪丁酉科浙江乡试同年齿录。
　　③ 光绪庚子辛丑恩正并科浙江乡试同年齿录。
　　④ 参见郭润涛：《官府·幕友与书生——“绍兴师爷”研究》，第 241 页，中国社会科学出版社 1996 年版。

是三年二决口，水患多。如阜宁设专门机构管理黄河南北两岸堤工。治水是知县的一项主要任务。1855 年黄河在兰考北岸决口，掉头北上，从山东入海。终于结束了 700 年黄河夺淮历史。但黄河故道淤塞，水患仍十分严重。管理河工仍是这几个县知县的主要工作。建国后，周恩来对水利工作者说：我的祖上就有管河工的。

在周起魁侄子的中举资料中得知，他还曾被"赏戴花翎"。"赏戴花翎"一般指被赏人因为在一个较大的事件中立有功勋，由督抚上奏朝廷而得来的封赏。比如在战争中立功，或者一次治水成功，可能周起魁参与治水有功而被赏戴花翎。

周起魁最后任职是"海州直隶州知州"（海州即今日连云港），时间大约在1897 年周嵩尧中举前后，到 1901 年周嘉琛中举之前。直隶州是辖有属县的州，隶属于布政司。其制同府，其知州为正五品官。"知州为直接办理民事的官员。凡刑名、钱谷及争讼、盗贼各案，无不亲理。"① 目前我们看到的只有海州县志嘉庆十六年（1811 年）的刻印本②，所以也没有查到有关周起魁的文字记载。

周起魁为官清正廉洁。他生前除了几亩坟田，并不曾买过一亩田地。他的积蓄也不多。在淮安周起魁和兄弟们互相关照，互相帮助。他的大哥晋侯、三哥联骏、五弟骏庞以及叔叔光焘的后人，凡在苏北谋生不论长期的，还是临时的，都到驸马巷来落脚居住。事实上，淮安驸马巷周宅就是绍兴百岁堂周家在苏北的大本营。所以，"房子虽然多，也始终是住满了自家人，从来就没有出租过"③。

光绪十六年（1890 年），周起魁的岳父鲁登四老人为几个儿子分家的事，写了一本册簿——《利字分书》。书中很清楚地记着鲁登四的财产划分细则。在绍兴，一个家庭的子弟们分家，照例要请几个亲戚如侄子、姑爷们在场做中人。当时周起魁在苏北忙于公务，不能请假，便让正在绍兴的长子贻赓代表他出席并在"利字分书"上画押，又写了"婿周云门"。不知"周云门" 3 个字引起了鲁登四老人怎样的感慨，使他在"周云门"的名字下面随手写下"一生清白" 4 个字。应该说，这正是鲁登四老人对女婿的全部评价。④

周起魁夫人鲁氏。他有 4 个儿子：贻赓、贻能、贻奎、贻淦。没有女儿。在

① 《清代地方官制考》，第 105 页。
② 存全国地方志领导小组办公室资料室。
③ 周恩来 1964 年 8 月对周同宇、周秉德等亲属的谈话。
④ 鲁登四：《利字分书》。

周樵水后代大排行中贻赓为四，贻能为七，贻奎为八，贻淦为十一。周起魁重视孩子们的学业和教育，他的儿子们包括腿有残疾的贻奎均是国学生。他还为贻赓和贻能捐了官衔。

周起魁去世的时间已不详，大约在 1900 年左右。① 周起魁去世后，安葬于淮安城东门外周家坟地。

1965 年春节前夕，周恩来委托侄子周尔萃回淮安，带头平掉祖坟。将周家的 7 座坟墓、13 口棺枢全部就地深埋，不留坟包。其中就有祖父周起魁的坟墓。如今的坟地已变成了一片菜地良园。地址在淮安市板闸镇第五居民组，经周恩来百年诞辰和 110 诞辰两次纪念活动，已在这块坟地上竖碑，造了"怀恩亭"等纪念建筑物。

2. 大祖父周晋侯

周晋侯，周樵水长子。清道光十六年丙申九月十七日（1836 年 10 月 26 日）生于浙江绍兴。乳名康侯，谱名骏侯，更名晋侯。字晋藩，号逸帆。②

1851 年周晋侯 15 岁那年，祖父周笑岩和父亲周樵水在 1 个多月之内相继去世。家境从此急剧下降，母亲樊氏苦于无力抚养 5 个未成年的儿子。周晋侯和二弟周昂骏便跟随两个舅舅樊文炜、樊銮去苏北生活和学习幕业。此为绍兴百岁堂周元棠一支迁往江苏清淮地区的开始。

周晋侯幕业学成之后便由舅舅推荐在清淮地区游幕。绍兴周家族人所藏《周氏破塘祖茔祭簿》中曾经提到过这样的事：1865 年，绍兴周家另一支族人周光亭偷将其父的棺木葬在了周晋侯九世祖南坡公的茔地上。"时逸帆（晋侯）、霞轩（昂骏）幕清淮。"③ 兄弟二人得知消息立即向淮安府起诉，并由淮安府移交绍兴府处理。由于他们当时正在官府就馆，不能随便请假，所以没有能够回到绍兴，致使官司一直拖延着。1869 年秋，周晋侯的二弟昂骏应扬州知府英士良聘前往扬州做幕僚。他准备利用这个机会再去绍兴继续打官司。临走之前，周晋侯拿出自

① 周秉宜查 1983 年 5 月周恩来故居的同志采访周同宇记录。周同宇说："总理出生不久家里就破落了。"认为周起魁应在 1898 年末 1899 年初去世。李海文根据周嘉琛中举资料认为应在 1901 年后去世，故现采用 1900 年左右的说法。

② 见《老八房祭簿》。

③ 见《周氏破塘祖茔祭簿》。

己作幕的全部积蓄交给了昂骏，作为打官司的费用。同时，又嘱咐昂骏以绍兴老八房祭田9亩作押，去向族人周竹泉借一些钱来，以备需用。1870年春天，周昂骏将官司打赢以后，立即致函给正在清淮的大哥晋侯和四弟起魁，报告消息，"以慰远人数年来南望悬悬之念"。事后，周晋侯对自己所垫之钱表示认捐，与族人"共尽追远报本之意"。

1874年春，周晋侯回到绍兴，5月15日，他和百岁堂的族人一同"买舟赴山"，将新旧两块禁碑重新竖立在南坡公的墓侧，并亲笔将重立禁碑的事写在了《周氏破塘祖茔祭簿》的末页上。从以上的记载中可以看出周晋侯从1865年至1870年期间主要在清淮一带做师爷，后于1874年春回过一趟绍兴。

周晋侯后来也捐过官衔，他的嗣子周龢鼐在光绪甲午（1894年）科中举资料上介绍其嗣父的身份是"国学生，两淮候补盐运判，钦加提举衔，诰授奉政大夫"。侄子周嵩尧在光绪丁酉科（1897年）中举资料和从堂侄周嘉琛在光绪辛丑庚子恩正并科（1901年）中举资料中也分别介绍周晋侯的身份是"国学生，两淮候补盐运判"。这说明他在清淮一带主要在盐务机构做师爷。1830年（清道光十年），两淮盐运司从扬州迁到江宁，改由两江总督兼营。两淮盐运使专门负责"督察场民之生计，商人之行息，适时平其盐价，管理水陆挽运，计其道里远近，稽查往来时间，定其盐价之贵贱"[1]。两淮盐运司下设有盐务分司与盐场，所以，周晋侯做的应该是钱谷师爷。周晋侯的孙子，周龢鼐的儿子周恩霍也回忆说祖父曾在"淮阴一带做盐官"。

绍兴《周氏宗谱》中则介绍他："两淮候补盐运判，候选布政司理问"。这说明他后来可能还在江宁布政司做过一段时间的师爷。"盐运判"和布政司的"理问"都属于从六品，"提举"为从五品。[2] 看来周晋侯捐官衔不止一次，而且越捐越高。但是目前尚未查到他去任实职、补实缺的记录。也许他对自己在两淮盐运司和江宁布政司中的幕席位子还比较满意，捐个官衔或许是为了获取一个体面的身份，同时也便于参加各种官场活动，协助主官打点应酬。"诰授奉政大夫"一项，应该是周晋侯的嗣子周龢鼐中举做官之后，为他捐封而来。

周晋侯先后娶绍兴人沈氏，江苏丹徒人吴氏、褚氏等多房夫人，但皆未生子。

---

① 《清代地方官制考》，第414页。
② 《清代地方官制考》，第416、417页。

他有一女名周桂珍①,后来嫁给也曾在淮安一带做过师爷的绍兴同乡王庸吾之子王子余为妻。

周晋侯的嗣子周龢鼐是他二弟周昂骏的次子。1878年六月（阴历），周昂骏的夫人郑氏在江苏仪征因病去世。1881年（阴历）六月，周昂骏也去世于仪征知县任上。他们留下3个儿子和两个女儿，这些没爹没娘的孩子面临着一个由谁抚养的问题。大儿子周炳豫年已17岁，可以自立了；小儿子周嵩尧时年9岁，托交给舅父郑仁寿照管②；14岁的老二周龢鼐就过继给了大伯父周晋侯。

周晋侯去世的时间不详。但从他的嗣子周龢鼐1894年中举后为他捐封的荣誉来看，他当时还在世，年58岁。

3. 二祖父周昂骏及夫人郑氏

周昂骏是周樵水的次子。原名骏昂，乳名亥同，字霞轩，号绛生。清道光十九年六月初三（1839年7月5日）生于绍兴。③

在周樵水的5个儿子里，也就是在周恩来祖父一辈的人中，周昂骏少年聪慧，是最有作为的一位。他12岁考中秀才，参加会稽县试，绍兴府试，均名列前茅。这在当时被称为"百日连鼎"，很是轰动了一阵子。④

周昂骏考中秀才之后，本

⊙ 周昂骏和夫人郑氏。照片由周尔鎏提供。

① 周秉宜查1894年周龢鼐中举资料，中有"妹，一，未字"，认为周桂珍为周晋侯之女。"未字"即未出嫁之意。
② 1994年1月16日周华章对周秉宜回忆。
③ 周嵩尧：《周氏渊源考》。
④ 王子余：《绍兴县志》。

该继续发奋读书，准备参加下一届的乡试。不料第二年，祖父笑岩公和父亲樵水公突然相继去世，这对周家不啻是一个沉重的打击。家中没有了男人，只留下樊氏带着5个未成年的孩子孤苦伶仃，其悲恸之景况可想而知。这时，樊氏的两个弟弟樊文炜、樊燮回来帮助遭受巨大不幸的胞姐，自是他们义不容辞的事情。当时樊文炜、樊燮均在江苏、安徽一带游幕，于是他们决定将两个大外甥16岁的晋侯（逸帆）和13岁的昂骏（霞轩）带走，跟在他们身边生活和学习幕业。他们知道，只有把这两个孩子尽早教会，才能给姐姐一家的生活带来希望。从晋侯（逸帆）和昂骏（霞轩）后来工作的性质上看，晋侯（逸帆）学的似是钱谷，而天资聪颖的昂骏（霞轩）则不但学习了钱谷，还学习了刑名。

几年之后，幕业学成，由舅舅安排推荐，昂骏（霞轩）和大哥开始了游幕的生涯。师爷的工作虽然辛苦，但是收入普遍高于社会的一般收入，有时还会得到主官额外的馈送。周昂骏工作勤奋谨慎，任劳任怨，为让母亲高兴，为让弟弟们快快长大，他和大哥承担着抚养家庭的全部责任。

此时正值太平天国战争时期，江南一带的乡试无法进行，大批学业优秀的青年找不到出路。但是战争给了他们机会，围剿太平军的清江南江北大营以及湘军各军部招贤若渴，极需有文化的参谋人员，于是，无处可去的青年学子们便纷纷投效军旅，转做戎幕。他们中间有不少人通过军旅生涯的艰苦磨练，日后都得到了升迁。周昂骏（霞轩）可能这时期也正在戎幕之中。王子余所编的《绍兴县志》中记有周霞轩"以军功保知县"，即是一个证明。

大约同同治二年（1863年），24岁的周昂骏（霞轩）由舅舅樊燮做主，娶福建闽侯人、东台县知县郑仁昌①（字乐山）的胞妹郑氏为妻。郑氏还有一个比她只小一岁的弟弟郑仁寿（字见山），当时也在军旅中游幕。②郑仁寿（见山）曾向樊燮学习过钱谷，与昂骏是同学。郑仁寿是个极有才干的年轻人，但他为人谦和不慕功名，令昂骏十分敬佩。二人从此既是知己又是姻亲。郑氏及郑仁寿均由大哥郑仁昌抚养，其父辈已从福建迁到江苏，所以昂骏结婚后，将家安在江苏淮安，过了一年，即1864年，周昂骏的长子周炳豫即周恩来的大伯在淮安出生。③

同治三年（1864年）六月天京（南京）被攻陷，战争结束。郑仁寿离开军

---

①② 郑仁寿之孙郑约著：《世媺堂忆述》手稿第4页。
③ 1997年10月周秉宜采访周昂骏的曾孙周华章。

队，到淮安的漕运总督府作幕。随之，周昂骏转入淮安府做刑名师爷。① 大哥晋侯也到了清河的一个盐务机构做钱谷师爷。

就在这时，绍兴老家出了一件大事。周家族长周东辉来信相告，绍兴的另一支族人周光亭近来偷偷将他父亲的棺木葬在了黄祊岭周家九世祖南坡公的茔地上，并毁坏了周家立的禁碑。在中国人的传统习俗里，祖茔被侵占破坏，当为家族中的重大灾难，天理难容。周昂骏和大哥立即在淮安府起诉，由淮安府移交绍兴府处理。接着，他们又禀奏前漕河部堂升任闽浙部堂的吴仲仙大帅，请大帅亲批绍兴府认真查办。郑仁寿已被聘入漕河督府作幕，他与哥哥郑仁昌等亲友对周昂骏鼎力相助，利用工作条件之便不断从旁帮忙催办。终于在同治六年十月（1867 年）绍兴府开庭审理，判周光亭盗葬，但未追究毁碑之事，同时限周光亭两个月之内将其父棺迁出。周光亭拒不执行，又于同治七年（1868 年）翻供。而昂骏和大哥由于出外游幕，身不由己，始终未能回绍兴处理此事。

同治八年（1869 年）秋，周昂骏应扬州知府英士良聘，前往扬州府做幕僚。临走前，他推荐了他的四弟周云门（周恩来的祖父）代替他接办了淮安幕府一席。

同治九年（1870 年）春，周昂骏奉漕河总督张子青（之万）委派，赴浙江提河工饷。乘此机会，他又请求淮安知府存秀岩转请张漕帅咨会浙江巡抚杨石泉速办。抵达杭州之后，昂骏找到他童年的朋友，前任常山太守潘筱圃，请他帮助再去杨石泉处催办。然后，昂骏带上正在杭州游幕的三弟骏联（字捷三），由杭州同回绍兴。此时正值"兰亭修禊，天朗气清"。兄弟二人荡桨鉴湖，"重游旧地，靓山川之若昔，叹人事之已非"。

3 月 9 日，昂骏向绍兴知府海蕉塈面投禀词并递上扬州知府英士良的亲笔信，海蕉塈立即受理。但周光亭仍不肯将坟迁走，理由是此处风水好。昂骏力斥其非。

3 月 15 日，昂骏随族长等人去牛腿山扫墓，但见"盗坟紧贴南坡公墓，反高二尺"。昂骏见此"尊卑倒置，蔑祖弃宗"的行为，真是"一腔愤气，怒发冲冠"。他本想追究周光亭侵犯祖坟之罪，继而又想周光亭和他到底还是同出五世祖之后，权且给他一点宽限吧。于是过了几天，昂骏请上周家几位世交再去劝说

---

① 《周氏破塘祖茔祭簿》。

开导周光亭，告诉他老坟既已葬在正穴，其余处便无地气可说，谈不上什么风水，终于使周光亭醒悟。昂骏又去要求知府暂缓升堂，督促周光亭于开庭之前赶紧把坟迁走并赔还禁碑。光亭一一做到，并向历代祖坟磕头，赔礼道歉。这样事情总算有了一个较好的解决。"从此肃清泉壤，可以安先茔，并告无愧于后。"昂骏为此十分欣慰。

事毕，昂骏尽早将结果禀报绍兴知府海蕉塈，又请求允许再刻一块石碑，重申禁令。得海蕉塈同意后，昂骏便匆匆返回了杭州。同时致函给在清河、淮安一带作幕的大哥、四弟以及族人左泉、椒升等，报告消息，"以慰远人数年来南望悬悬之念"。

昂骏此次南来打官司之一切费用，先由周家族人分垫。大哥晋侯（逸帆）事先已拿出自己所存的全部馆脩①，又让昂骏以老八房祭田 9 亩作押向竹泉借了一些钱。事后竹泉表示认捐，未收老八房的祭产。晋侯、昂骏、东辉等人对各自所垫之钱也一致表示认捐，"共尽追远报本之意"。

以上的记载出自于周家族人所存的《周氏破塘祖茔祭簿》。从这些记载中，我们可以比较清楚地了解到 1865—1870 年间周家发生的事情和周氏兄弟的活动踪迹。

周昂骏后来得到了提升，"以军功保知县"，② 历任"代理江苏扬州府仪征、江都等县知县，署理通州③、如皋县知县、调补徐州府宿迁县知县。钦加知州衔升用同知直隶州"④。直隶州直属于布政使司，直隶州知州为正五品，同知为正六品。从扬州县志上查到同治十年（1872 年）周昂骏任江都县知县。⑤ 如皋县志中尚无记载，可能代理的时间短，志中不记。而仪征县志乃道光年间所修，以后的史实无法查找。但是据周昂骏的小儿子周嵩尧回忆，他幼时住在仪征，父亲在大堂审案子。按当时的规矩，来告状者趴在地上，有理无理先打 40 大板，他趴在大堂幕后掀起幕帘一角向外偷看。⑥ 可证明 1876—1877 年间，周昂骏正在仪征县任知县。

---

① 师爷受主官之聘曰坐馆，其工资收入曰馆脩。
② 王子余：《绍兴县志》。
③ 通州，今南通。
④ 1897 年周嵩尧中举资料，浙江乡试同年齿录（光绪丁酉科）。
⑤ 《续纂扬州府志》卷六，同治十三年刻本（影印本现存全国地方志领导小组办公室资料室）。
⑥ 1997 年 6 月 29 日周秉宜采访周嵩尧的孙子周华章记录。另一说 1839 年周光勋、周光焘合买。

知县是正七品官，为一县之长官。按《清朝道典》记，知县的职掌为"平赋役、听治讼、兴教化、历风俗。凡养民、祀神、贡士、读法，皆躬亲厥职而勤理之"。

周昂骏"所至平反冤狱，革除陋规，建义仓，兴文教，浚河渠，善政毕举，有'周青天'之称"[1]。1875年林则徐的女婿沈葆桢（文肃）升任两江总督后，曾评论周昂骏"居官清正，爱民如子，每事躬亲，不避嫌怨"，"明保，交军机处存记"。[2]

周昂骏的夫人郑氏生于清道光十八年（1838年）。自幼从其舅父学习书画，尤擅长花卉。郑氏"德行纯备，孝慈贤淑""天性仁德"，经常帮助生活有困难的亲戚，颇为人称道。幼年受舅父亲授六法，工花卉。中年多病，不轻易作画。她生了几个孩子以后，身体渐渐虚弱多病，于光绪四年六月十二日（1878年7月11日）去世，年仅40岁。郑氏死后葬于扬州平山堂西北蔡家山。[3]郑氏去世时留下三子一女。大的14岁，小的才5岁。

周昂骏和四弟起魁（云门），合买了坐落于淮安城内驸马巷的一幢房子。据周嵩尧晚年回忆，驸马巷的房子最早是典的，典要比买便宜一些。[4]

光绪七年九月初四（1881年10月26日）周昂骏病逝于仪征县任上，年仅43岁，入祀扬州名宦祠。与其妻郑氏合墓于扬州平山堂西北蔡家山，由周家佃农罗永富为其护墓。

周昂骏与郑氏共有三子一女。长子贻豫（炳豫），次子贻康（龢鼐），三子贻良（嵩尧）。大排行是一、二、六，对周恩来帮助多的是二伯贻康。周昂骏去世后，三子嵩尧9岁，托交其二舅郑仁寿照顾；长子炳豫17岁，可以自立后学幕；次子龢鼐14岁，过继给他的大伯父晋侯。一女后嫁给代理淮安知府万青选的第十八子万立钤，也就是周恩来的十八舅父。

昂骏尚有一妾王氏，江苏邵伯人，生一女，早逝。昂骏去世以后，王氏从仪征回到淮安，一直住在驸马巷周家老宅。晚辈称她为亚老太。1946年去世。

---

① 王子余：《绍兴县志》。
②③ 周嵩尧：《周氏渊源考》。
④ 1997年6月29日周秉宜采访周华章记录。

附：郑氏的兄弟

郑仁昌①

郑仁昌，郑氏之兄，福建闽侯人。清道光元年（1821 年）生于江苏。字乐山，号少芬。

郑仁昌早年服官江苏，曾任东台县令。后辞官居淮安，先住河下镇，光绪初年（1875 年）左右迁入淮安城内东岳庙市。

郑仁昌光绪十六年庚寅（1891 年 2 月 8 日）除夕殁，享年 70 岁。

郑仁寿②

郑仁寿，郑氏之弟，福建闽侯人。清道光十九年己亥（1839 年 9 月 27 日）生于江苏。字见山，晚号镜华。

郑仁寿自幼天资聪颖，勤奋用功，举止端凝。十几岁时，因为家中生活贫困和太平天国战争使道路阻隔，他不能返回福建原籍参加乡试。以后他随馆学习钱谷，老师便是周起魁和周昂骏的二舅樊燮。郑仁寿幕业学成的那年，太平天国军队正在江宁一带驻扎。清朝廷成立了江北大营围剿太平军。约 1859 年，郑仁寿为谋出路，投效江北大营，随军驻在江苏邗江、邵伯、瓜洲一带，负责"章奏公牍"。因办事勤勉，应付自如，很得镇守的器重。1864 年，太平天国战争平息，郑仁寿转入漕运总督府做一名文案，旋即升任总文案。③

漕运即水运。清顺治二年（1645 年）以后，漕运总督衙门设在淮安，专管运河南北八省漕政。如监督漕粮的征收、起运；处理运粮中的各种事故纠纷；修理漕船、兑换钱币；勘核漕船行程，还有催交漕欠，直至漕船抵通州交粮入仓。总之，要保证从南方各省运往京师的粮食万无一失。④同时，漕运总督还要兼负治军察吏、兵刑钱谷的任务。

清代的漕运总督不设属官，只用书吏即文案。有 20 名书吏办理一切公文案牍，由总文案汇总、定夺。郑仁寿为历届漕运总督做总文案达 40 余年。由于他学识渊博，文武兼备，品行端正，又积累了丰富的经验，成为一个深得历届漕运

---

① ②　全文参见郑仁寿之孙郑约之《世嫩堂忆述》手稿。
③　总文案，相当于秘书长。
④　参见《清代地方官制考》。

总督器重和倚恃的高级幕僚。李鸿章、李瀚章兄弟，江北提督王士珍和两江总督张人骏也都曾聘他到府中坐馆，共商政事，尊敬有加。

1878年至1881年，郑仁寿的胞姐和姐夫周昂骏先后不幸病逝。他们的小儿子、周恩来的六伯父周嵩尧时年只有9岁，便交由郑仁寿抚养照顾。郑仁寿督促周嵩尧刻苦读书，管教得极其严厉。周嵩尧后来官至邮传部员外郎，又为北洋政府总统袁世凯做过幕僚。在他晚年时，仍对舅父郑仁寿的工作精神和道德修养念念不能忘怀："公之居幕府也，晨起盥漱饮食毕，即理案牍、草奏疏，随时发送，一无停留。已而，漕帅来，外宾来，一一应接。""参赞帷幄，凡百措施，功德悉归诸府主。""所交封疆大吏，率一时名流，或侃侃而争，或訚訚而议，荐贤举能，隐恶扬善，不以告其人。""客散，又治官书，晚餐乃已。餐后独坐，未尝不手一卷，必秉烛至夜深。""公幼秉母兄之教，主敬存诚，火灭修容，恪恭笃慎，数十年如一日焉。居恒喜愠不形于色，望之俨然，即之也温。""辕下文官武将，外面镇道守令，见公敬畏，甚于见大帅，欲有所请托，见则自惭，无敢出诸口。"[1]历任漕运总督皆"多劝公出任，公以性刚，不能唯阿取容，皆固却不出"。

郑仁寿的外甥们、周恩来的几位伯父年轻时都曾在漕运总督做过文案，郑仁寿在做事做人方面均给过他们很深的影响。

辛亥革命以后，郑仁寿已是古稀之年，从幕府卸退，隐居淮安家中。于民国七年戊午（1919年1月24日）殁，享年80岁。

郑仁寿生前留有许多诗词、牍稿和来往信件。1946年，经他的孙子郑蘅之、郑约之检选后送至扬州周嵩尧处，由周嵩尧编辑成集：《镜华老人集》六卷和《镜华老人补集》四卷（手稿）。可惜这些珍贵的史料在十年浩劫中惨遭焚毁，片纸不留。唯有一小部分诗词，由周嵩尧另外编成一册《方壶遗客诗存》，附在了周恩来的高祖周元棠所写《海巢书屋诗稿》之后，并刻印成册，才得以散落民间。1964年淮安人士陈畏人、汪澄伯将所收藏的有关周家的字画诗集寄到北京给周恩来。[2]诗集因此保存至今。

郑仁寿虽为总督衙门中的高级幕僚，却也如其他做师爷的一样深深感叹"幕不可为"。在他的《幕叹—仿板桥·道情十首》中，将坐馆于官府中的酸甜苦辣一一道出，使我们得以了解到19世纪清朝大小官府中师爷这一特殊群体的真实

---

① 周嵩尧：《镜华老人传》手稿。
② 郭寿龄《关于周笑岩的〈海巢书屋诗稿〉》。

境况与无奈的心态。现摘选其中几首以飨读者：

　　苦埋头，四此堂①，勒文移，草奏章，年年画出葫芦样。任劳任怨先毋我，宜猛宜宽要有方。公门最怕良心丧，休只说东南尽美，也须防氓庶遭殃。

　　易伤怀，春复秋，好时光，去不留。几多佳日难消受，寻花问柳非吾事，冷雨凄风助客愁。空斋寂寞残灯瘦，却是个维摩丈室，说什么杜牧扬州。

　　最难居，夏与冬，逼骄阳，受朔风。水亭暖阁华胥梦，挥毫屡掷驱蚊扇，呵冻频僵作枕肱。御寒避暑人情共，独有这一支棲息，耐炎凉不出樊笼。

　　好才华，未显名，入朱门，假道行。莲花幕下终南径，尘封案牍双眸倦，云路津梁两足轻。升沉毕竟还由命，也有人扶摇直上，也有人落魄伶仃。

4. 三祖父周联骏

　　周联骏，原名骏联，又名官联，字捷三，樵水第三子，清道光二十二年（1842年）正月二十八日生于绍兴，配高氏，生一子，名贻定（鼎），大排行为五，周恩来称其为五伯父。

　　周恩来曾对他的亲属说："我的曾祖父下有五个兄弟，都搬到了苏北，大、二、三、四都做过知县。"但是到现在还未查到文字记载。

---

　　① 郑约之按：四此为清时文牍套语，对上级用"等因奉此"，平级用"等由准此"，下级用"等情据此"，皇帝用"等因钦此"。故后指办理文牍之处为"四此堂"。

5. 五祖父周子庞

周子庞谱名周骏庞，又名鸣鹿，字敦甫，樵水第五子，清道光二十六年八月二十八日（1846年10月17日）生于绍兴。"国学生，蓝翎五品衔，从九品，前署丹阳县典史。"[①] 配屠氏，生三子：贻德（济渠）、贻震、贻升，大排行是三、十三、十五，对周恩来影响较大的是三伯。

6. 千古名郡淮安[②]

1914年，周恩来在天津南开学校时，曾写过一篇回忆他故乡淮安的作文《射阳忆旧》，"淮阴[③]古之名郡，扼江北之要冲，清时海禁未开，南省人士北上所必经之孔道也。""热闹繁华，俨然省会。"这个印象一直留在他童年的记忆里。

当你翻开我们伟大祖国的地图，就会发现东侧沿海，有一条北起通州、南到杭州的京杭大运河。当这条古老的大运河延伸至江苏北部时，刚好与东西走向的苏北灌溉总渠（古时的淮河河床走向）相交，写下一个大大的"十"字形。在这个"十"字的左下角，就是中外闻名的历史文化名城——淮安。

淮安位于江淮平原的腹部，里下河地区的西北角。它地处淮河下游，东濒黄海，境内沟渠纵横，海拔高度较低，多在10米以下，属于温带的水网地区。

远在六七千年以前，淮安就孕育出了著名的新石器时代文化——青莲岗文化。

1951年冬，距淮安市区东北30多公里的宋集乡农民在青莲岗黑土塘一带兴修水利时，发现了大量远古文物。其中有人类早期居住的房舍，劳动生产用的石犁头、石斧、石镞，碾谷的石磨，织鱼网的骨针，陶制的纺轮、网坠以及钵、砖、壶、罐之类，既有人类早期的红陶，也有中期的灰黑陶和彩陶，还有碳化的稻粒，人工用火烧烤过的红土，人类吃剩的猪牛牙床，编织有原始"人"字形图案的芦席等。专家们鉴定这批遗物是人类6000—7000多年前遗留下来的，定名为"青

---

① 周龢鼒、周嵩尧等中举资料。典史，清代典史为末流官，掌监察狱囚诸事。凡县不设县丞、主簿者，其职由典史兼领之。

② 2006年成立淮安市，下辖清河（原清河县）、清浦区（原清江浦）、淮安区（原淮安市）、淮阴区（原淮阴县）。

③ 古时淮安名士对故乡的一种别称，并不是指现在的淮阴。

莲岗文化"。青莲岗文化的发现说明，我们的祖先早在新石器时代就已在淮安这块土地上繁衍生息，并创造出了灿烂的古代人类文明。然而，促使淮安经济发展并成为苏北近两千年政治、经济和文化中心的则是两千多年前吴王夫差的功劳。

春秋时期的周敬王三十四年（公元前486年），称雄我国东南的吴王夫差，为了北上中原，与齐桓公争夺中原的霸主，征集了大量民夫开凿邗沟，以沟通（长）江淮（河），便于向北方运兵送粮。据《左传》记载："（鲁）哀公九年（即公元前486年），吴城邗沟，通江淮。"西晋时代的大学者杜预更进一步指明说："于邗江筑城穿沟，东北通射阳湖，西北至末口入淮。"末口即今淮安市淮安区淮城镇新城村。吴王夫差利用古邗沟曾两次举兵北上中原，先后打败齐军，会诸侯于黄池，又挫败强晋，终于实现了他当上我国中原地区一霸的美梦。

交通的便利，也促使了我国东南的经济发展，带来了经济的繁荣和文化的发达，又加强了中原地区与江南地区的经济文化联系，缩短了它们之间的距离。而地处古邗沟与淮水交汇之处的末口地区也随之兴旺起来，现在的周恩来纪念馆所在地桃花垠就是当年的一处屯船坞。

自东晋安帝义熙七年（411年）起，淮安即筑城设置郡、县，名为山阳郡、山阳县，治所均设于淮城。至此，淮安就成了苏北的政治和经济中心。从那以后的1700多年里，淮安曾先后是山阳郡、楚州、淮安军、淮安路、淮安府等治所所在地，辖区远及安徽省的泗县，山东的郯城以北，以及苏北的大部分。山阳县的辖地也很广阔，今淮阴市区及周围地区曾划归山阳县管辖了400余年。直至民国三年（1914年），全国废府并统一县名，因陕西省也有个山阳县，为避免重复，淮安的山阳县才最后定名为淮安县。

政治地位显赫，必然是兵家必争之地。"南必得而后进取有资，北必得而后饷运无阻。"从吴王夫差起，经朝历代的统治者们都十分重视对淮安城池的营造。东汉时的名将陈登，晋代的大将祖逖，宋开国皇帝赵匡胤，南宋的抗金名将韩世忠、梁红玉，元初丞相伯颜，明代大将徐达等等，都在淮安一展他们的武功或谋略，从而留下了千古佳话。淮安城池的营建也相传沿袭了1000多年，前后修建了老城、新城和联城。"三城雄立深池迭绕"，从而在历史上留下"铁打的淮城"这一千古美誉。

政治、军事上的重要地位必然带来经济文化的繁荣。自大运河代替古邗沟之后，淮安就成了南北航运业的要津。隋代以后，历代封建王朝的财政收入，特别是粮食，主要来自富庶的江南。而江南的粮食若要北上，都必须通过淮安，循运河北上。封建帝王们为了做好皇粮的转运与衔接，从隋代起，即在淮安设立专门的漕运专署，唐宋两代设江淮专运使，元代改设总管府，明、清两代都设漕运总督衙门，管理漕粮的取齐、上缴和监押运输，中央直接委派大员到淮安督办漕事。宋代的范仲淹，明代的李三才、史可法，清代的铁保、施世纶、穆彰阿、恩铭等，都曾在淮安担任过漕运总督或负责漕运事务。据史料记载，"凡湖广、江西、浙江、江南之粮艘，衔尾而至山阳，经漕督盘查，依次出运河。虽山东、河南粮艘不经此地，亦皆遥禀戒约。故漕政通乎七省，而山阳实咽喉要地也。"[①]

淮安漕运的兴旺，还影响及运盐业、造船业和商业及各类手工业的繁荣发展。明清两代的淮安，人们见到的是"牵挽往来，百货山列"，"市不以夜息，人不以业名，富庶相沿"。运河沿线则更是"十里朱旗两岸舟，夜半桨声来客船"的繁盛景象。到了隋代，淮安、扬州、苏州、杭州被称为我国"四大都市"，明代时淮安又与山东的临清和江苏的扬州并列为运河线上的"三颗明珠"。明代大文学家、《永乐大典》的主纂姚广孝曾写诗赞美淮安说："襟吴带楚客多游，壮丽东南第一州。"淮安的这种繁盛一直持续到清光绪末年，因海运兴起、1908 年津浦铁路兴办，加之清王朝的腐败，任凭大运河淤塞而使漕运关闭，淮安这块繁荣了两千多年的地方，才逐渐闭塞衰败下来。

1000 多年来仰慕于淮安的文化名胜和经济的繁荣，墨客骚人、社会名流们纷至沓来。他们或到这里吟诗作画，著书立说；或买屋客居，安度晚年。李白、白居易、刘禹锡、杜牧、欧阳修、范仲淹、文天祥、苏东坡、秦少游、施耐庵、吴敬梓等一大批在中国文化历史上成就卓著的人物，都曾在淮安留下过他们的足迹。大戏曲家关汉卿踏访淮安时，写出了传世名著《感天动地窦娥冤》，至今淮安北门内还有一条窦娥巷。著名神话小说《西游记》在淮安诞生，位于淮安河下的打铜巷，是《西游记》作者吴承恩的故居，每天接待来自世界各地的游人。清末四大讽刺小说之一的《老残游记》，是客居于淮安的刘鹗撰写的，淮安至今保留有刘鹗的故居和墓地。其他的文臣武将等还有汉代大军事家韩信，开汉赋先河的《七发》作者枚乘，宋代盲人历算家卫朴，抗金巾帼英雄梁红玉，清代温病学家、《温病条辨》作者吴鞠通，抗英爱国名将、虎门禁烟殉国英雄关

---

① ［清］孙云修《重修山阳县志》，清同治十二年（1873 年）刻本。

天培，著名爱国七君子之一的李公朴等等都是由淮安这块古老大地哺育成长起来的。

运河之水给淮安经济注入活力，造就淮安历史的辉煌。但是，1194年（南宋、金）黄河在河南阳武（今原阳县）决口，一部分水经南清河流入淮河，黄河开始夺淮。到明朝，淮河入海道全部被黄河夺去。水也给淮安带来无数次的灾难。黄河、淮河两条大河争相泛滥，几乎次次殃及淮安。淮河在黄水顶托下，大批泥沙又涌沉到淮河下游，河床愈填愈高，最终完全破坏了淮河的原有水系，造成历史上有名的"水漫泗洲"的悲剧，淹没了距淮安仅几十华里的泗洲城，在清河（今淮安市区一带）与盱眙之间蓄积成一个巨大的湖泊——洪泽湖。两大水系没有了畅通的入海口，洪水便年复一年地肆虐起来。明隆庆三年（1569年）和隆庆四年（1570年）的两年夏季，淮河大水，洪峰均高达一丈五六尺，一般平地水深7尺。淮安府所辖山阳、桃源（今泗阳）、清河（今淮安市区）、安东（今涟水）等县7万多亩庄稼地一夜之间"沉"入水底，"人畜漂溺，一片惨景"。进入清朝之后，淮安水灾有增无减。"倒了高家堰（即高良涧，今洪泽县县城所在地），淮（安）、扬（州）二府不见面。"黄河再一次决口夺淮是清嘉庆十三年（1808年），淮安庄稼淹光，民舍倒塌，贪官污吏却趁机谎报灾情，从中克扣有限的赈银，弄得民不聊生，饿殍遍野，惨不忍睹。1851年（咸丰元年）淮河被迫改道，由洪泽湖南下，流入长江。1855年（咸丰五年）黄河在兰考北岸铜瓦厢决口，夺大清河由山东利津入海。但淮河入海道已被淤塞，高出两岸平地，淮河已不可能重返故道。在国民党政府统治期间，更是不问人民死活，"导淮"牌照不知挂了多少年，却很少干一件治淮实事。1931年一场大水，吞没了苏北1000多万亩农田，淹死了7000多人，并将300多万人赶出家园，当时的淮安城头，几乎可以行船。

1951年，毛泽东发出了"一定要把淮河修好"的号召，周恩来亲自制定了"蓄泄兼筹，以达根治之目的"的治淮方针。周恩来以"苏北人民在两次战争（指抗日战争和解放战争）中出了那么多人，那么多民工，出了那么多烈士，现在革命胜利了，我们应该支援他们"为由，坚持开挖苏北灌溉总渠。1951年，周恩来的八婶母杨氏从淮安赴京见到她多年想念的侄儿周恩来时，周恩来关切地向她问起家乡父老是否有饭吃，能否吃上大米等，然后，又兴奋地对这位一直住在淮安的婶娘说："家乡还要挖一条大河哪，从洪泽湖一直挖到海边，那时就更好了。"

周恩来说的这条大河，就是苏北灌溉总渠。它西起洪泽湖边的高良涧，东到黄海边的扁担港，全长 168 公里，苏、豫、皖三省 130 多万民工用铁锹挖土，用石硪打夯，仅用 83 个晴天就全部挖成竣工，创造了人间奇迹。随着苏北灌溉总渠的开挖和入江水道的疏浚，各种桥梁、闸坝、抽水站也一座座矗立起来，淮河终于被彻底治服了。淮安及其周围大片的肥田沃土终于都变成了旱能灌、涝能排、年年丰收的鱼米之乡。

7. 周恩来与淮安

淮安经济的发达、文化的繁荣是大运河的漕运带来的。历代每年从运河运到北方的漕粮多至几百万石。后因河道淤塞运输困难，船只消耗，官吏侵吞，耗费巨大。从道光年间起，朝廷腐败，外敌侵入，无人修理河道，运河淤塞。咸丰元年（1851 年）废漕运，改海运。同治四年（1865 年）清朝镇压了太平天国和捻军之后复行漕运，到光绪十年（1884 年）停止。[①] 淮安的经济随之逐渐凋零。

光绪三十一年（1905 年）因漕运已废多年，撤销了设在淮安的漕运总督。漕运总督府一撤，官员们纷纷离去，为总督府服务的人大批失业。凡是有能力、有本事的人纷纷外出另求高就，另找出路，留在家里的是老弱病残、没有文化、能力差或出不了门的。

漕运总督改为江淮巡抚，设在清江。从此清江浦的地位在淮安之上。1907年江淮巡抚改设江北提督，由袁世凯最信任的王士珍为提督。1909 年袁世凯被清廷罢黜回到原籍，1910 年王士珍也以病请退。

随着漕运的衰败，1912 年津浦铁路的建成，淮安由交通要道变得日趋闭塞；由千年古郡沦为三等小县；经济停滞不前，思想守旧、禁锢。所以周恩来说："12 岁的那年，我离家去东北。这是我生活和思想转变的关键。没有这一次的离家，我一生一定也是无所成就，和留在家里的弟兄辈一样，走向悲剧的下场。"[②]

---

① 泗阳县志编纂委员会编：《泗阳县志》，江苏人民出版社 1993 年版。
② 见中共中央党史资料征集委员会、中共中央党史研究室编：《周恩来同志说个人与革命的历史——和美国记者李勃曼谈话》，《中共党史资料》1982 年第 1 辑，第 4 页，中共中央党校出版社 1982 年版。

抗日战争时期，1940年8月黄克诚率八路军第五纵队东进到淮阴、沭阳开辟了淮海区，而后和新四军会师，成立了苏北临时行政委员会。从此，淮安的乡下成为苏北抗日根据地的一部分。

建国后，淮安县委想发展经济，改变淮安落后面貌。1958年"大跃进"，县委也想上工业项目，想请总理照顾。总理没有照顾，只是给江苏省委写了一封信：

渭清、顺元、浴宇①三同志：

江苏淮安县副县长王汝祥同志来北京谈到地方工作，据他所谈，淮安的农业生产搞得还不错，同时也想在地方工业上有所发展。我向他建议今后一年还应将主要力量放在农业上，争取粮食总产量今年达到二十亿斤左右，明年达到三十亿斤左右；每亩年均产量今年达到一千三百斤左右，明年达到二千斤左右，如果粮食产量显多，就可调整耕地，多种经济作物，或者增加储备和外调任务。在这样的农业基础上，地方工业的原料、资金、市场都易于解决，就更利于发展。因此，我向他建议，地方工业除手工业和土法生产的以外，今年不宜搞得过多，而且设备和钢材都供应不及，倒不如集中力量先将铁木农具厂搞起，然后再及其他。王汝祥同志这次来想在北京为他解决钢材问题，我当然不能这样做，不过，据他谈，无锡机床厂原与淮安订了合同，要为他们生产一百多台机床，现在由于今年钢材不够分配，无锡厂想废约或者推迟，而淮安方面认为，如能为他们生产二十五台机床，都是好的。我想这计划，在你们省的能力和权限以内，可能为他们解决这一困难，故特地写这封信给你们，请予考虑。我的看法，由于远在北京，而且对淮安建设也是初次听到，不一定对，所以你们千万不要以为这是什么成熟的意见，更非组织上的意见。写出仅供参考，并请酌办。敬礼！

周恩来

一九五八年七月廿七

---

① 渭清，即江渭清，时任江苏省委第一书记。顺元，即刘顺元，时任江苏省委副书记。浴宇，即惠浴宇，时任江苏省委书记兼省长。

1960 年淮安种 10 万亩棉花，想办个纱厂，又去找总理。总理说："你们种了棉花，就要办纱厂，那大城市怎么办？上海的纱厂就吃不饱了。要顾全大局，全国一盘棋，江苏还要考虑苏南和南通需要棉花哩，要服从省里的统一安排。"邓大姐怕县委同志思想不通，在一旁开导："咱们每个共产党员都要听党中央的，恩来同志是党中央副主席啊，你们要按他的意见办，听他的。"

周恩来身为党中央副主席、国务院总理却不徇私情，对家乡从不照顾。一位到淮安故居参观的日本人听到这些故事，深为震惊。他说作为一个政治家、官员，做到这点太难了。由此他敬仰周恩来，到淮安去了十几次，几乎每年都要去参观故居和纪念馆。

淮安县委的同志去看总理时，带了家乡的特产小吃茶馓。周恩来马上付钱，请总理办公室写信批评。全文如下：

淮安县委：

你县送给周总理和邓大姐的藕粉、莲子、馓子、工艺品以及针织品都已收到了。你们对周总理和邓大姐的热爱和关怀他们是知道的，但是周总理和邓大姐认为：在中央三令五申不准送礼的情况下，你们还这样做是不好的，现在周总理和邓大姐从他们的薪金中拿出一百元寄给你们，作为偿付藕粉、莲子、馓子、工艺品的价款，其他的一些针织品等以后有便人再带给你们。总理并指示，将中央关于不准请客送礼的通知寄给你们一份，请仔细研究，并望严格执行。

此致

敬礼！

国务院总理办公室（盖章）

一月十六日

附去："中共中央关于不准请客送礼和停止新建招待所的通知"一件

周恩来廉洁奉公、克己守法的精神永存，所以大家都认为周恩来是全党的楷模。

8.周恩来的故居

驸马巷的由来

在淮安镇淮楼西北隅约 300 多米的地方，有一条古老幽深的小巷——驸马巷。饮誉海内外的周恩来同志故居就坐落在这条巷内的 7 号。

1965 年 7 月 5 日，周总理、陈毅副总理在新疆石河子农场看望内地支边青年，偶然碰上一位从淮安去的姑娘李正兰。周总理在边疆碰上了淮安老乡，非常高兴，拉着小李问长问短："你家是淮安什么地方的？""北乡钦工的。"小李答。"噢，乡下的农民出身，那比我强，我是城里的官僚家庭出来的。"周总理幽默的话语把在场的人都逗笑了。这时，在一旁的陈毅副总理马上接过话茬："他是你们淮安城里驸马巷的。那条巷子里过去出过驸马，如今又出总理，你们淮安尽出能人啊！"在场的人听了又都笑了起来。

淮安驸马巷内真的出过驸马吗？

据方志记载，早在宋、元年代，驸马巷这块地方就是淮安的名胜之地。清同治十二年（1873 年）重修的《山阳县志》上也存有"驸马巷，大圣桥西南，旧有黄驸马祠"的记述。如果再翻开明代文学大师、神话小说《西游记》的作者吴承恩的诗文集，我们可看到他写的一首套曲《南吕·一枝花·寿丁忍庵七十》："唐时万柳池，晋代烧丹灶。刘朝招隐地，宋室等仙桥。城压金鳌，最好是淮阴道，引黄河一水遥。爱你个天生地来上神仙，住居在画不就人间蓬岛。"这首词中的"万柳池"在城西南；"烧丹灶"在钵池山；"招隐地"在河下；"等仙桥"就在今天的驸马巷内，又叫望仙桥。

相传宋徽宗宣和年间，有一位名叫孙卖鱼的处士，他别号尘隐，住在这条巷内的一座小桥旁。孙卖鱼满腹经纶，才华出众，而且乐善好施。后来有人向宋朝皇帝奏明了他的才德，宋徽宗就招他为官。孙卖鱼坚持不肯，而地方民众遇有难事，他却能挺身而出，为民众排忧解难，因此人们都很崇敬他、爱戴他。孙处士一直活到一百多岁，结果无疾而终。出殡那天，人们出于对他的敬爱，前呼后拥，传说当灵柩抬至巷内小桥上时，孙卖鱼突然冉冉升起，人们只见他脚踩瑞云，乐呵呵地升天而去。送殡的人都非常惊异，认为这是尘隐善事做多了，得道成仙了。从此，那座无名的小桥被叫作望仙桥，巷名就叫望仙巷。后来，地方民众出于对孙卖鱼的思念，常到小桥上望天祷告，等他显灵保佑，所以望仙桥也叫等仙桥。

望仙巷改名为驸马巷是明代初年的事。据《明史》《淮安府志》和《山阳县志》记载，还在朱元璋（重八）当农民起义军领袖的时候，他的堂兄蒙城王重四公在军营中病重，临终前对朱元璋说："我身后别无牵挂，唯有独女无娇无人照应，请你把她视为亲生，抚养成人。"说完就闭目长逝。朱元璋不负兄长所托，不仅把无娇抚养大，还把她许嫁给自己的亲随属下兵马副指挥黄宝。无娇也很贤良，同她皇叔父生的一大群兄弟姐妹相处和睦，视如同胞，相亲相爱，朱元璋也就格外欢喜她。

1363年，朱元璋在南京登基做了明代开国皇帝，便破格将他这个侄女无娇封为庆阳公主，封黄宝为驸马都尉，赐名黄琛。当时有一部分大臣不同意朱元璋的这一做法。他们联名上书，奏明太祖，说皇上的侄女按惯例只能封郡主，侄女婿也只能封郡马。朱元璋看了奏章后，不仅不予采纳，又下诏升任黄琛为淮安兵马指挥使（大体上相当于今天的军分区一级的司令员），子孙世代沿袭。

黄琛在淮安三年，一直住在望仙巷北首（今淮安勺湖幼儿园处）。由于他维护明王朝统治有功，因此深得朱元璋的宠爱和赏识。1371年朱元璋又将黄琛调到安徽凤阳，为他看管祖坟。他在凤阳整整30年，最后老死任所，葬于凤阳虎山。

黄琛死后，刚接位不久的明惠帝朱允炆专门在淮安望仙巷内钦赐一块地方，为他建了一座黄驸马祠，世代享祭。地方官吏趋炎附势，随之把望仙巷改名为驸马巷，一直沿用到今天。

周恩来故居简介

周恩来故居坐落在江苏省淮安市淮安区西北隅的驸马巷7号门内，有东西相连的两个老式宅院，共32间半，占地190多平方米。东宅院东临驸马巷，西宅院南临局巷，是曲折的三进院结构。整个建筑是咸丰至光绪年间的青砖灰瓦木结构，古朴典雅，是典型的苏北民居的建筑风格。大门两丈见外有一座照壁，照壁后面有两棵高大的老榆树，再向前走是文渠。这座老式宅院是周恩来的祖父周起魁与其弟弟周光焘一家合买的。东宅是周起魁一家居住，西宅是周光焘一家居住。因兄弟间并没有分家，周家人回到淮安均在此住过。

现在周恩来故居东大门上方悬挂着一块由邓小平亲笔题写的"周恩来同志故

居"红底金字匾额，在阳光映照下熠熠生辉。一进大门向北拐，第二进两间北屋和相连的三间东屋是周恩来幼年读书的地方。大鸾刚满 5 岁就入家塾念书，取学名恩来，字翔宇。与他同窗学习过的同辈兄妹有恩溥、恩硕、恩灿、龚志如、龚志蕙等。周恩来敏而好学、博闻强记，每次背诵、认字与默写均属最优，习字也在同辈兄妹之上，深得长辈和家塾老师的褒扬。

由"读书房"向西跨过一道腰门，便是周恩来父母的三间住房，东屋是周恩来诞生的房间，西屋是父亲周劭纲的书房和休息的地方。从"诞生地"向西通过一条狭长走廊，两间"亭子间"便出现在眼前。这是周恩来的嗣母陈三姑和乳母蒋江氏的住房。周恩来不满周岁时，小叔父周贻淦得了肺痨病而去世。周贻淦无后，周劭纲夫妇便把幼年的恩来过继给小叔父为子。恩来就一直跟着嗣母陈氏生活。①

在亭子间的南边是厨房。在亭子间的北面，是三间主堂屋，这是院内最高的房子，当年周恩来祖父周起魁和祖母鲁氏居住的房屋。祖父母去世后，周恩来的五祖父周子庞也在主堂屋住过，到 1918 年已倒塌。在嗣母陈氏住房后檐有一眼水井，井水清澈见底，石井栏上被绳索磨出了一道道深深的痕迹。周恩来童年时曾跟随乳母蒋妈妈从这眼井里打水浇瓜种菜，因此对这眼水井印象很深。

故居西宅院原是周恩来二伯祖父的住房，大门南向。一进门是开阔的院子，现已辟为"周恩来纪念展览陈列室"，分"周恩来童年""家世""故乡""怀念""名人字画（周恩来书画苑）""周恩来的外交风采""周恩来外祖父万家字画展"等 7 个展厅。

建国初期，除周恩来诞生地三间房子外，其余的房子已是东倒西歪，瓦楞长草。淮安县委就对周恩来故居中行将坍塌的房舍进行了初步维修，以表达故乡人民的愿望。可是，当周恩来得知这件事后立即写信给淮安县委，制止今后再作维修，并询问了修缮经费的数目，很快用自己的工资偿还了这笔维修费，并一再告诫在淮亲属，不准说出他住过的房屋，在故居不要挂他的照片。当他听说不断有人瞻仰旧居时，就对亲属说："把房子拆掉，就没人去了。"1958 年和 1960 年，周恩来两次接见赴京的淮安县委负责同志，一再叮咛："要把房子拆掉。"县委考

---

① 见中共中央党史资料征集委员会、中共中央党史研究室编：《周恩来同志说个人与革命历史——和美国记者李勃曼谈话》，《中共党史资料》1982 年第 1 辑，第 4 页，中共中央党校出版社 1982 年版。另有一说，认为周贻淦病重，为"冲喜消灾"而过继。

虑到广大人民群众对周恩来的爱戴，一直未动。1973 年 11 月 17 日，国务院办公室给淮安县委打来电话，正式传达周总理关于处理旧居的三条指示：一、不要让人去参观；二、不准动员住在里面的居民搬家；三、房子坏了不准维修。周恩来总理在处理故居这件事上所表现出的高风亮节，本身就是一座不朽的丰碑。

周恩来逝世后，1976 年底，淮安县委根据广大人民群众的愿望，经省、地委有关部门批准，对周恩来故居进行了初步整修。1978 年底将故居重新修建，恢复到 1910 年周恩来离开淮安时的旧貌，并于 1979 年 3 月 5 日正式开放。迄今为止共接待了国内外瞻仰观众 1600 多万人次，其中包括党和国家领导人习近平、江泽民、胡锦涛、胡耀邦、李鹏、乔石、张震等，以及 40 多个国家和地区的领导人及外国朋友 16000 多位。

八、周恩来的父亲及其兄妹们

1. 父亲周劭纲

周恩来的父亲周贻能，字懋臣。大约在1895—1896 年间，更名劭纲。他是周起魁的第二个儿子，大排行七。清同治十三年甲戌五月二十八日（1874 年 7 月 11 日）[①]生于浙江绍兴[②]。幼年时随家人移居江苏淮安。

1890 年，17 岁的周劭纲和哥哥们一起在淮安参加县试[③]，但这次他未考中秀才。以后，父亲周起魁又送他回绍兴向舅舅鲁小和学习幕业。[④] 时间应是在 1893 年周劭纲 20 岁（虚岁）左右的时候。1894 年，周劭纲的二堂兄周龢鼐中举资料上写有"嫡堂弟：贻能，国学生"[⑤]。这个"国学生"是周起魁花钱为儿子劭纲捐的一个身份（学历）。用现在的说法，差不多就

⊙ 周恩来保存父亲周劭纲的照片。（周秉德提供）

是买了一个初中毕业生的文凭。在那个时代，"国学生"就算很有文化了。周劭纲字写得好，大概珠算学得不太好，所以钱谷师爷没有学成。他的父亲这时正在

---

① 《周氏宗谱——老八房祭簿》和周同宇《周家世系表》手稿。
② 1982 年淮安周恩来故居同志采访周同宇记录。周思霍认为周劭纲生于淮安。
③ 另有绍兴一说为周劭纲回绍兴参加县试。
④ 1993 年绍兴市"周恩来与故乡绍兴"课题组：《周恩来与故乡绍兴》论文集，第 17 页。
⑤ 周龢鼐中举资料。

阜宁、安东一带任代理知县，便为他在高邮县衙门找了一份文书的工作。由于他身份是"国学生"，所以找工作还算有一些资本。

　　1897 年，在周劭纲的六堂兄周嵩尧的中举资料中，周起魁的官职又增加了"桃源县知县，海州直隶州知州"。周起魁任桃源县知县的时间是 1895 年。那么 1897 年，周起魁可能正在海州知州任上。而这时在周嵩尧的中举资料中，周劭纲一栏则写着"周劭纲，国学生，主事衔"。由此看来，约 1897 年以前，周起魁又给儿子劭纲捐了一个主事衔①。主事衔是正六品官衔。周劭纲在县衙门里工作、来往接触都是官员，自己无官衔，与人交往很不方便，所以一定得捐一个官衔。再者，有了这个官衔，以后还可以再进一步去捐一个候补官职，如果有钱，还可以继续捐下去，直捐到补上实缺，就能做官了。所以在清代，许多官宦人家的子弟如果科举不第，都会通过捐身份，捐官衔，捐候补官职，再捐一个尽先补用，直至捐到补上实缺，踏上仕途发达之路。当然，这样做要花去很多银两。周起魁算是一个清廉的官，在清代，做知县一级的官员以地区论，有的地区的知县不是很富裕，有的地方知县生活甚至是清贫的。但到了府一级，收入就比较多了。直隶州相当于府，周起魁做海州直隶州知州，收入这时应是丰厚的。周起魁有了钱，先不去置地，而是给儿子们捐身份捐官衔，为儿子们的前途一步一步地做着准备，这表明他希望儿子们将来能在仕途上发展，成为一个有所作为的人。在儒家官本位思想十分根深蒂固的封建社会，周起魁给儿子们捐官衔，正反映了那个时代中国人的普遍心理。

　　1897 年这一年，周劭纲由父母做主，娶清江浦万家小姐万十二姑为妻。岳父大人万青选为官几十年，家境十分富裕。万十二姑相貌端丽又聪明能干，是万青选的掌上明珠。第二年 3 月，万氏在驸马巷周家生下一名男孩儿，这是周起魁的长孙。万氏在临盆之前，曾经做过一个梦，梦见一只鸾凤般的神鸟飞入怀中，全家人都认为这是吉兆。②孩子生下来，果然长得清秀可人，一双黑亮的大眼睛显得格外有精神。周起魁和夫人鲁氏喜欢得不得了，认为这是老天爷赐给他们的福气。他们要借助这飞来的神鸟给小孙子起名，于是孩子乳名大鸾、谱名恩来、字翔宇，有美丽的神鸟在天空中飞翔着，给全家带来了恩泽的意思。以后，周恩

---

①　主事：清代规定进士分部，先补主事，而后才能升员外郎。主事正六品。
②　周秉宜根据 1982 年 6 月 8 日周尔圻对淮安故居工作人员的回忆认为大鸾、恩来、翔宇、飞飞等名字均应与鸾凤之鸟的梦有关。周恩霪也有这样的回忆。

来年轻时，曾给自己取笔名"飞飞"，看来他小时候一定听祖母和母亲讲过这个故事。

大约不到一年，周劭纲的十一弟周贻淦因病去世，不久父亲起魁也去世了。他们的丧事办得隆重体面，却也花了一大笔钱。从此后，家庭收入就很少了。周劭纲为人忠厚、善良，不善应酬。父亲去世后他也失去了县衙门的差事，后来他经妻兄万立镜介绍，又到武汉去教书。由于他收入微薄，不能养家，家中全靠妻子万氏一人苦苦支撑。1907年过度操劳的万氏不幸于清江浦病逝，而周劭纲在外地谋生，竟未能与妻子见上最后一面。偏又遇上周恩来的外婆对丧葬提出过高过严的要求，致使周劭纲无法安葬妻子。无奈之下他只能把万氏的棺柩暂厝于清江浦一座庵里，再度外出谋差做事。由于他的收入总是很少，养活不起留在家中的3个孩子。他的四哥周贻赓经常从东北寄钱给家里，五哥周贻鼎在淮安做师爷，也常常帮助几个侄子，[①] 恩来带着两个弟弟和八伯父周贻奎、八伯母杨氏一起生活。八伯父国贻奎有腿疾，行走不便，周恩来有时去当铺当家中的衣物，勉强维持着一家人的生活。

1909年，周劭纲的三哥周济渠到奉天省（今辽宁省）铁岭当税捐局主任。秋天，周济渠要到武汉出差，四哥周贻赓和三哥商量，托他把弟弟周劭纲和侄子周恩来接到东北来，请他先帮助在铁岭安排一下，周济渠一口答应了。周济渠在武汉找到周劭纲，待公事办完，周济渠、周劭纲兄弟二人从武汉来到南京，周恩来由姑父王言伯从淮安带到南京，[②] 与父亲和三伯父周济渠在浦口会合。[③] 爷仁儿便从浦口前往上海，[④] 然后乘海轮北上，"在牛庄（营口）上岸，第一站是铁岭。"[⑤]

在铁岭，周济渠为七弟周劭纲安排在县衙门做"红笔师爷"。[⑥] 红笔师爷又叫硃墨、朱墨，实际上就是在县衙门做些抄抄写写的工作，这个工作在师爷中算是小席，收入很少，而且以件计酬，收入不固定。周济渠又安排周劭纲父子住进彭家大院的西门房。[⑦]

---

① 1982年6月4日淮安周恩来故居工作人员采访周恩灿记录。

② 1997年12月11日周尔辉给金经天的信。

③ 1980年5月13日杨龙生采访周恩萱记录。

④ 1977年3月6日金经天采访周恩霍记录。

⑤ 1978年6月张铁军回忆1962年周恩来在沈期间的谈话。

⑥ 1987年10月14日铁岭市周恩来少年读书旧址纪念馆常正起的证实材料。

⑦ 1977年3月铁岭市黄淑梅等人采访翟玉林记录。

这样，周恩来有了一个安定的环境，并考上银冈书院小学部。每天晚上周劭纲负责教彭家的小孩念蒙学、练书法，彭家免收周劭纲的房租。平日，周劭纲还兼做彭家幕僚。① 当然这些收入都很低微，仅供糊口。恩来的学费则由四哥周贻赓寄过来。秋天，周贻赓将恩来接到奉天上学。周劭纲又是独身一人，他的工作一直不稳定，经常失业，生活也没有保障。

1918 年 1 月，周劭纲来到北京，在位于鼓楼大街西锣鼓巷的京兆尹公署② 做外收发。这个工作可能也是他的三哥周济渠帮助找的。而这时他在淮安老家的八弟周贻奎不幸病逝，家中只剩下他的小儿子恩寿（同宇）一个人在饥寒交迫中艰难度日，他的大儿子恩来从日本来信谈起时也非常悲痛。恩来又说惦着父亲一人"在北京，每月的薪水，仅仅的够用，皮衣是没有的，吃也吃不着好的"。③ 8 月，周恩来利用暑假时间回国一趟，到北京看望父亲周劭纲，向父亲"畅谈东事"。④ 8 月 27 日，周劭纲准备回一趟淮安去看望小儿子恩寿（同宇），恩来送别父亲，写下两句诗："昨日伤心方未已，今朝又复别严亲。"1922 年 2 月，周劭纲为感谢南开大学校董严修资助经费使儿子周恩来能赴法国留学，特地去天津严修家中当面向严老先生致谢。⑤ 秋天周劭纲经由四哥贻赓介绍，前往齐齐哈尔市，在烟酒事务局做办事员，从此有了一份固定的经济收入，生活才算有了着落。

周劭纲一直生活在社会的底层，平时话语不多，却是一个有主见的人。儿子周恩来投身革命，他从不阻拦，从内心来说他是支持的。儿子周恩来成为共产党的领导人后，他关心时事，经常看报，了解共产党的活动。1927 年周恩来在上海领导工人第三次武装起义，他当时也到上海去看望儿子。很快蒋介石发动了"四·一二"反革命政变，上海的形势骤然突变，共产党员每天都面临着被捕和枪杀的危险，周恩来更是被蒋介石以重金悬赏通缉。周劭纲留在上海一直陪着儿子恩来，帮助儿子做些秘密通讯联络工作。⑥ 直到 5 月下旬，周恩来离开上海前

① 1994 年 9 月周秉宜采访铁岭银冈书院李奉佐记录。
② 1914 年北洋政府将原顺天府改叫京兆地方，府尹则称京兆尹。国民党统治时期，这一行政单位及相应官名被废弃。
③ 刘焱编：《周恩来早期文集》，第 281—296 页"旅日日记"，南开大学出版社 1992 年版。这是周劭纲一家最为艰难困苦的时刻。
④ 刘焱编：《周恩来早期文集》，第 281—296 页"旅日日记"，南开大学出版社 1992 年版。
⑤ 严修自订，高凌雯补，严仁曾增编：《严修年谱》，第 447 页，齐鲁出版社 1990 年版。
⑥ 1981 年 5 月周恩霍写的《与七哥恩来在上海的几次秘密会晤》。

往武汉，周劭纲才回到东北吉林。他的胞兄周赍赓此时正在吉林省财政厅任科长。以后他便在吉林、沈阳一带工作。这时的他始终显得沉默寡言，心事重重。[1] 他的心里一直在惦记着大儿子恩来。想到恩来正在上海冒着生命危险坚持地下斗争，实在放心不下，终于在 1931 年 2 月，他又前往上海，住在四川北路永安里 44 号他的二嫂程仪贞家中。周恩来有时利用这里作为联络地点，周劭纲继续帮儿子做点通讯联络的工作。虽然他对革命懂得不多、不深，也干不了什么大事，但是为儿子做点什么，他的心里才踏实。4 月顾顺章叛变；6 月向忠发叛变；9 月国民党又一次出重金悬赏通缉周恩来。形势异常严峻危险，周恩来被迫隐蔽起来，停止活动。老父亲周劭纲则继续守在上海。周恩来有时到永安里 44 号来隐蔽几天，周劭纲尽自己的力量为儿子做掩护。直到这年冬天，周恩来顺利离开上海，前往江西中央苏区，周劭纲才回到东北。很快又在小儿子周同宇的陪同下移居天津[2]，住在法租界清河里 17 号哥哥周赍赓家中。

1932 年夏天，周劭纲在四哥周赍赓的帮助下去河北深县县政府做了小职员。1933 年夏天，周赍赓在天津病故。周劭纲深知儿子恩来对四伯一向十分敬重孝顺，他一定得替儿子向赍赓表达这份哀悼之情。然而恩来是个被通缉的著名人物，怎么办呢，经过他和四哥的朋友商量，决定在报上登讣告时，署上恩来的小名大鸾。[3] 他相信恩来一看就会明白这是"爹爹"为他做的。不久，周劭纲在周赍赓的朋友帮助下，又去了安徽，谋一个小差事做。

两年以后，周劭纲多少积存了一点钱，于是他返回故乡淮安。有一件积压在心中 20 多年的事情他这次要完成。他来到清江浦，将妻子万氏 20 多年以前停放在庵中的灵柩接回淮安，归葬在淮安东门外周家茔地。他的心愿终于实现了，他总算对得起死去多年的妻子和三个儿子了。

葬妻之后，周劭纲的钱也用光了。他又去了扬州、上海等地。在万叙生、周恩霔等亲戚家住过[4]，可能也是为了向他们打听儿子恩来的情况。那时，他已从报纸上看到红军从江西中央苏区到达了陕北。他对这些消息非常留意，对红军长征

---

① 1997 年 3 月周秉宜采访王兰芳的妹妹王兰芝记录。

②③ 1982 年 9 月 17 日方铭、力平、廖心文采访周同宇记录。

④ 据周尔鎏回忆：1934 年夏周赍赓到扬州十三湾二嫂家，帮助为纪念伯父周龢鼐的佛事活动。此时周尔鎏已四五岁，印象深刻。见《我的七爸周恩来》，第 75 页，三联书店（香港）有限公司 2014 年版。

等报道，他全都熟记在心。① 后来报上说红军主力在陕北已被消灭，他听不到儿子的消息，心急如焚。1936 年 12 月，张学良、杨虎城两将军发动西安事变，扣押了蒋介石。周恩来从陕北来到西安协助张杨的消息不胫而走，周恩来成了令全国上下瞩目的人物。周劭纲内心十分高兴，感到儿子终于从困境中走出来了。他的心始终是向着儿子，向着共产党的。

1937 年 7 月，全国抗日战争爆发，周恩来代表共产党与国民党谈判。1937 年 11 月南京沦陷，武汉成为政治中心。12 月周恩来作为中共代表团和中共长江局负责人从延安到武汉同蒋介石谈判。随后，中共代表团和长江局驻地汉口大石洋行公开挂出八路军办事处的牌子，成为合法的机关。周恩来同时还担任国民政府军事委员会政治部副部长，生活相对稳定下来了。1938 年 1 月周恩来给正在天津的父亲写信让他到武汉来和自己一起生活。② 5 月，周劭纲来到武汉。他到达武汉的那天，周恩来正出席中华全国文艺界抗敌协会第二次理事会。时任理事会的总务部主任、作家老舍先生曾对此有过生动的描写：

> 轮到周恩来先生说话了。他非常的高兴能与这么些文人坐在一处吃饭。不，不只是为吃饭而高兴，而是为大家能够这么亲密，这么协力同心的在一块工作。……最后（他眼中含着泪）他说他要失陪了，因为老父亲今晚十时到汉口！（大家鼓掌）暴敌使我们受了损失，遭了不幸，暴敌也使我的老父亲被迫南来。生死离合，全出于暴敌的侵略。生死离合，更增强了我们的团结！告辞了！（掌声送他下了楼）③

与会人为他真挚的父子之情而鼓掌，也为他们父子团聚而鼓掌。

8 月，日军逼近武汉，根据周恩来的指示，周劭纲和邓颖超的母亲杨振德在八路军办事处副官长袁超俊④ 的带领下，随着一部分工作人员和家属，从武汉撤退到湖南湘乡。这正是兵荒马乱的年月，但在八路军办事处这支革命的队伍中，周劭纲感受到了大家庭一般的温暖，尤其是和那些朝气蓬勃的年轻战士们在一起，他

---

① 1997 年 6 月周秉宜采访颜太龙记录。
② 1994 年周秉宜采访王士琴记录。
③ 老舍：《会务报告》，《抗战文艺》1938 年第 6 期。
④ 袁超俊，在武汉任八路军驻武汉办事处副官长，撤退到湘乡、衡阳、贵州青岩后任八路军驻湘乡、衡阳、贵州青岩办事处负责人。1940 年到重庆任中共南方局总交通特别会计室主任。

变得爱说爱笑，开朗了许多。当年办事处的工作人员朱慧后来回忆说："总理的父亲，我们叫他周老太爷。他是个好人，知书达礼，平易近人。他能体贴别人，又讲义气，老是笑嘻嘻的，和大家的关系都很好。有时还和我们开玩笑。他人很朴素，不讲吃不讲喝，给什么吃什么。在随军家属中，我对他的印象最深。"[1]袁超俊对他的印象则是："他的个头儿与周副主席差不多。花白胡须，红光满面，头发虽有些拔顶，但天庭饱满。他有文化，非常文明，又为人随和，没有架子，喜欢与群众交谈，大家都很敬重这位老人。他经常穿长袍马褂，颇有仙风道骨的气质。"[2]

1938年11月长沙大火以后，袁超俊又奉命安排撤退。他将周劭纲、杨振德等家属经衡阳、桂林一直护送到贵阳。一路辗转迁移，有时风餐露宿，有时昼夜兼程，两位老人饱受战争之苦。但周劭纲和杨振德始终能严于律己，处处以普通家属身份出现，从不提什么要求、意见。周劭纲在旅途劳顿或候船等车的时间，给大家讲故事，谈笑话，以解除人们的疲劳，受到大家的称赞。

在贵阳，周劭纲和其他家属被安排住在青岩。他和当地群众相处得非常好。他喜欢和那些目不识丁的农民兄弟聊天，给他们读报纸讲时事。但是他从不提及自己的儿子。有一次他听说农民刘月轩的水肿病久治不愈，特地拿出自己珍藏多年的藏青果、藏香治好了刘月轩的病。有时，他把自己仅有的一点舍不得花的钱拿出来救济贫苦的人家。1940年秋天，周劭纲随一批家属转移到重庆。以后，他就再也没有离开重庆红岩村。[3]

在红岩村，周劭纲住在一座小楼的楼下一间很小的房子里。这里公开是八路军重庆办事处，实际上是中共南方局的办事处。办事处负责直接和国民党军事当局打交道，联系军需供给，为我党我军筹集经费，转运人员和物资，任务相当繁重。每一个工作人员都忙得恨不能多长两只手。由于红岩村受到国民党特务的监视，里面没有闲杂人员，和外界也有些隔绝，为了防止发生意外，周劭纲也很少外出，大多数的时间只能自己在红岩村中活动了。他常常一个人看报纸，或拿出他喜欢的唐诗来念念。有时他出去散步，到果园去转一转，有时就和做饭的妇女聊聊天。有时看仓库，帮助办事处做些杂事。做后勤的同志偶尔也陪他下下棋，但大家都很忙，这

---

① 1997年4月7日周秉宜采访朱慧记录。
② 1996年5月周秉宜采访袁超俊记录。
③ 红岩，饶国模女士（丈夫刘国华，大家称她为刘老太太）在此有占地20亩地的大有农场，盖了三层楼房，名义租给八路军办事处，实际从未收过租金。

种机会非常少。他在贵阳时和袁超俊的父亲来往较多。有一天，袁老爷子从重庆城里赶到红岩村来看望他。他激动万分，拉着袁老爷子一聊就是半天。

周恩来知道父亲寂寞，他曾经对临时在红岩村养病的工作人员张颖说："小张啊，我工作忙，你有空帮我多陪陪老爷子。"张颖就去陪老爷子说话。张颖后来回忆说："老爷子跟我谈他自己的事。说他们原来的家还很不错，后来就穷了。现在抗战了，自己到处奔波连家也没有了。还说他对儿子也没有尽到自己的责任。还说现在儿子这么忙，不能常来看他。我觉得他很苦恼。"①

尽管周劭纲有这么多苦恼，但他终究是个识大体的老人。他从来不去干扰周恩来的工作，也从不议论儿子的工作。他也不去曾家岩周公馆。周恩来到红岩村来办事，进城时总会问大家："你们谁要进城，可以跟我的车走。"周劭纲从来没有提出过要搭儿子的车。那时日军的飞机常来轰炸重庆一带。办事处自己挖了防空洞。一有空袭警报，大家全都很快躲进防空洞。周恩来总让副官提着马灯，一进防空洞，他要接着看文件，看电报。②马灯照着周恩来那聚精会神的面孔，周劭纲坐在一个角落里，默默地看着儿子。待警报一结束，周恩来头一个就冲出去，忙工作去了。

周恩来平时在重庆城内曾家岩工作，那里便于开展对外活动，周末晚，周恩来回到红岩村过组织生活，也顺便休息一下。当他经过父亲周劭纲住的小楼时，从不忘去看望一下老人并告诉他："我休息了，你有空过我这儿来玩。"然而周恩来何尝真的休息，往往是周劭纲第二天早上去看儿子时，儿子又熬了一个通宵，才睡下不久。③

凡在红岩村工作过的人都知道周劭纲老人有一个小嗜好，爱喝酒。生活艰苦，伙食差点他都不在乎，可就是每天吃饭时少不了一小盅酒。若能再有几粒花生米，那简直就是享受了。为此周恩来没少劝过父亲，担心他血压高，喝多了会摔倒，毕竟平时没有人陪他，又担心他喝多了出门走岔了路，下山会被国民党特务抓走。而如果有人打算用公款给老人买一点酒，更要受到周恩来严厉的制止。周劭纲觉得儿子什么都好，就是不让他喝酒这一点他不能接受，他对儿子说："我没别的喜好，我就是喝点酒。你不让我喝酒行吗？生活艰苦点，伙食差点没关系，不喝

---

①　1993 年 12 月周秉宜采访张颖记录。

②　1996 年 12 月 9 日周秉宜采访刘三元记录。

③　1997 年 6 月 18 日周秉宜采访颜太龙记录。

酒可不行。"①儿子仍不厌其烦地劝他。一直到周劭纲老人去世，爷儿俩为这事儿也没辩出个结果来。

1942 年 6 月下旬，周恩来因小肠疝气发作，住重庆歌乐山医院手术。大家怕老爷子着急，没有敢告诉周劭纲他儿子住院的消息。7 月 5 日周劭纲生病发烧不止。邓颖超去看望老人，老人想见儿子，对邓颖超翻来覆去只问一句话："我儿子为什么不来看我？"邓颖超对他说，恩来忙，出差了。老人不相信。后来老人的病突转严重，发高烧，不能起床。张颖为他端开水时，他拉着张颖的手，一边喘着气一边仍在问："恩来为什么不来看我？"②

起初，邓颖超没有把父亲生病的消息告诉周恩来。周恩来在医院仍惦念着父亲的生日。7 月 6 日他致信邓颖超说："本星期六出院的计划是打破了，因为开刀起 19 天，应该是 7 号或 11 号，再过两三天出院，也须是下星期三了。所以我请你和爹爹商量一下，如果他愿意 28 号（指阴历，阳历应为七月十一日）本天请人吃面，那就不必等我回来，免得他老人家不高兴。如果他希望我在家补做，那就等我回来，不过据我所知，他的思想是很迷信的，过生日总愿当天过，儿子在不在跟前倒是次要问题呢。因此，希望你还是将就他一点罢！"②

周劭纲的病越来越重，9 日邓颖超致信周恩来："告诉你一事，就是爹爹在生病。病起于星期日"，"先大发冷，继之以发热（38 度多），胸胃发胀，不思进食"，体温四日来未退，请医生试诊，"诊断为疟疾"。并告"这几日我均在山上招呼，你可勿念"。②

接到邓颖超的信后，周恩来两夜来未睡好，心神不宁，10 日他致信邓颖超："我对他的病，不很放心，望你转禀他好望精养。我在这里默祷他的康宁。"并嘱邓颖超："爹爹的病状，除疟疾外，还宜注意他的年事已高，体力虽好，但他过分喜欢饮酒，难免没有内亏。所以主治他的办法，必须先清内火，消积食，安睡眠。东西愈少吃愈好，吃的东西亦须注意消化与营养，如牛乳、豆浆、米汤、饼干之类，挂面万不可吃。假使热再不退，大便又不通，则宜进行清胃灌肠，勿专当疟疾医。"③7 月 10 日，就在周恩来给邓颖超写信的当天周劭纲老人去世了。享年 69 岁。

---

① 1997 年 6 月周秉宜采访颜太龙记录。
② 1993 年 12 月周秉宜采访张颖记录。
③ 中共中央文献研究室编：《周恩来邓颖超通信选集》，第 16—29 页，中央文献出版社 1998 年版。

对周劭纲老人的去世，大家都十分悲痛，但是要不要告诉周恩来呢？董必武召集邓颖超、吴克坚、童小鹏开会商议。大家都知道周恩来是极重感情的人，对父亲一向很孝敬，如让他现在知道了父亲病故的消息，精神受刺激，对养病不利。于是大家一致同意，暂时不告诉他父亲去世的消息，待他出院后再报告。周老先生的灵柩暂停红岩沟内，待周恩来回来再出殡。会议还决定派吴克坚和童小鹏到医院去看望他，如问到他父亲时，不要多谈，就说"病有好转，请放心"。吴克坚和童小鹏到医院去，心情十分矛盾，在车上互相叮嘱不要露了马脚。算是完成了一项艰巨的任务，出医院时已是汗流浃背了。①

细心的周恩来很快就发现为什么一连几日邓颖超不来看他。13 日他问童小鹏，童小鹏总是支支吾吾，很不自然。他似乎有了一种不祥的预感，就连连追问。童小鹏后来回忆说：由于我从未在总理面前说过假话，说得很不自然，被他察觉出来了，他连连追问；我不敢再隐瞒，只好照实说，老爷子已经过世，大姐已组织办事处的人给老人家办了丧事，就暂时停放在办事处旁边不远的地方。②

周恩来一听他父亲去世已三日，立即惊得脸色苍白，加之他手术后身体虚弱，站不住立即蹲到地上，悲痛欲绝，恸哭不已，在人们搀扶下才回到办事处。随后大声责问办事处处长钱之光，为什么不通知他。钱之光不敢回答。他又向邓颖超大发雷霆："老爷子过世这么大的事你为什么要瞒着我？""你跟我这么多年还不知道我？"责问得邓颖超直掉眼泪，童小鹏更是吓得一声不敢吭，躲到三楼不敢下来。一些同志闻讯赶到二楼走廊，听到这些话，无不为之动容。③

这天晚上，周恩来为父亲守灵至拂晓。

周劭纲的丧事公布后，蒋介石等国民政府的要人致函或到红岩村吊唁。

17 日，周恩来致电毛泽东："归后始知我父已病故，悲痛之极，抱恨终天，当于次日安葬。"毛泽东立即复电："尊翁逝世，政治局同人均深切哀悼，尚望节哀，重病新愈，望多休息，并注意以后在工作中节劳为盼。"④电报既表达了战友之情，也表达了对周老先生的敬重。

周老先生故去后，葬在红岩的墓地。这是大有农场主人刘老太太捐给八路军

---

① 见童小鹏：《风雨四十年》，第 252 页，中央文献出版社，1994 年版。

② 秦九凤采访童小鹏记录。

③ 另有一说，周恩来于 12 日下午从送报纸的小孩口中得知。

④ 中共中央文献研究室编：《周恩来年谱（1898—1949）》，第 537 页，人民出版社、中央文献出版社 1989 年版。

办事处的，位于清寺小龙坎，陆续葬了 14 个大人，3 个孩子。

1958 年，周恩来专门派总理办公室主任童小鹏前往重庆，经与重庆市委商量，将 14 座坟挖开，然后连棺带骨分别火化，然后将骨灰分别装坛中，再把 14 只坛子就地埋在一处，并在掩埋处立碑，分刻 14 人名称简况，原坟地交地方使用。"文革"前，当周恩来的养女孙维世向周恩来提出把他父亲孙炳文的骨骸从上海迁到北京西北郊万安公墓与其母任锐合墓时，尽管孙维世已为父亲买好了墓地，周恩来仍劝她说："青山处处埋忠骨，何必马革裹尸还？"并以自己父母分别葬于重庆和淮安为例，终于说服了孙维世。①

周恩来生前对自己的侄子侄女极少谈到自己的父亲。只有在 1964 年 8 月他对亲属讲话时说过一句："我对父亲是同情的。"1974 年春夏之交，周恩来即将住院之前，他的侄子周秉钧从广州出差来北京，去西花厅看望他时，他竟主动对侄子说了这样一段话："我对你爷爷是很同情的。他人很老实，一生的月工资没有超过 30 块钱。但是他一辈子没做过一件坏事。而且他还掩护过我。"②1976 年 1 月 8 日周恩来去世 4 个月后，邓颖超交给侄女周秉德一个陈旧的小黑皮夹。邓颖超告诉周秉德："解放前你伯伯做地下工作时，因为拿着公文包上街目标太大，就把重要的文件和信件放在这个小皮夹子里，送给你留个纪念。"当时周秉德打开夹子，发现一张照片。照片大约 3 英寸左右，由于年代久远，颜色已经有些泛黄。但却保存得很好，没有一点折损。照片上，周

---

① 1996 年 10 月秦九凤采访孙维世的妹妹孙新世记录。
② 1995 年 3 月周秉宜采访周秉钧的记录。

⊙ 为父亲去世周恩来和邓颖超联名在《新华日报》上登的《讣告》。（秦九凤提供）

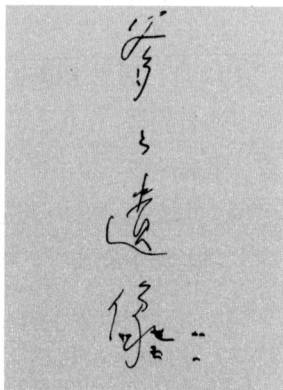

⊙ 周恩来手书"爹爹遗像"。（周秉德提供）

劭纲老人正襟危坐，一双目光充满了真诚与善良。照片的背后有周恩来亲笔写的4个字："爹爹遗像"。①

周劭纲年仅 34 岁时，妻子万氏去世。由于他一生颠沛流离，生活不安定，又一直过着清贫、困苦的生活，加之他对妻子重情重义，所以没有续弦再娶，他和万氏只生了周恩来、周恩溥和周恩寿三个儿子。

2. 母亲万氏（十二姑）

周恩来的生母万氏生于清光绪三年（1877 年），是清河县知县万青选的女儿，为妾张氏夫人所生，据说是冬至那天生的，所以取乳名冬儿。万老太爷的前后两房夫人共生育了 32 名子女，男女分别排行，万冬儿按女性排行十二，所以就被万公馆的人称为十二姑。

万氏生得聪明、美丽，性格开朗而且刚烈，深得万老太爷的喜爱。在那以"三寸金莲"为美的年代，万氏竟然不肯缠足，直到十一二岁才缠足。由于父亲的宠爱，别人也无办法。她还破例进家塾馆读书。

万青选宠爱冬儿也是有原因的。在他的30 多个子女中，成家的有 17 个，但不少都

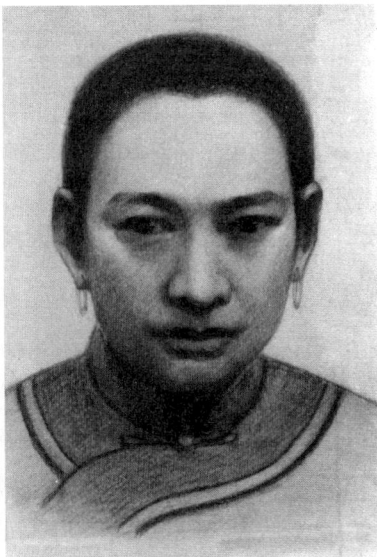

⊙ 周恩来的生母万冬儿。（周秉德提供）

死在他的前面。万氏是万老太爷年近花甲才出生的女儿，加之她聪明伶俐，他哪有不喜欢的？当地老人们传说，那时万知县坐轿子出去访客会友时，总见到他的绿衣官轿后边还有一乘小花轿，花轿内坐的就是女儿冬儿。② 万氏在父亲会客交谈时一般不闹不玩，多是忽闪着眼睛静静地听，一副成人表情。这使她从小耳濡目染，学到了父亲许多社交处事的本事，显得日益练达。母亲张氏夫人是清河县乡间女子，在万老太爷的原配夫人李氏（南昌人）去世后，张氏主持万府家务，

---

① 1997 年 10 月周秉宜采访周秉德记录。2015 年 9 月 5 日李海文采访周秉德。

② 秦九凤 1999 年 9 月采访陈平记录。

因她不善管理大家，常会顾此失彼，待万氏长大后，她便干脆委托万氏处理。当然，开始只是代理，后来就直接处理了。凡经万氏处理的，众皆口服心服。因此，在万氏出嫁前，她成了万府大院的"当家姑娘"。

清光绪二十三年（1897年），20岁的万氏由父母做主，嫁给山阳县周起魁的次子周劭纲为妻。这个年龄在当时是比较晚的，也可能父亲过于疼爱她，一直舍不得让她出嫁。据说，万氏的嫁妆是用两条木船由运河装运到山阳的。

在此前后，万家与周家还举行了两场婚礼。周恩来五伯父、三爷爷的独子周贻鼎娶了万冬儿的妹妹万十三姑。周恩来没有随母亲叫万十三姑为姨姨，而是称她为五伯母。周恩来的大姑妈、爷爷周昂骏之女嫁给万冬儿的兄弟、周恩来的十八舅万立鉁。周家与万家是"连环亲"，这说明两家关系之密切，也说明当时周家与万家是淮安、淮阴一带比肩的名门望族。五伯父出生于1873年，比周恩来的父亲大一岁，他的长子排行五，比周恩来大，所以五伯父迎娶在前。大姑妈比万氏大几岁。按一般常规，先给大的办婚事。但从十八舅的女儿万贞生于1899年小于周恩来这点推测，万家先嫁十二姑。这只是推测，万青选将最疼爱的女儿嫁给周起魁的儿子，这说明他在周家更看重周起魁这一支。

万氏嫁过来时，周起魁老爷正在海州（今连云港）直隶州知州的任上，周家正处于鼎盛时期。过了半年多，周家迎进了宝应陈秀才的女儿，为生病的小儿子贻淦成了亲；过了一两年又为残疾的三儿子贻奎娶了农村姑娘杨氏；这期间万十二姑一连生了两个儿子恩来、恩溥。驸马巷的小院里一时人丁兴旺，生机勃勃。

万氏在周万两家都有着很高的威信。首先，她嫁到周家一年后就生了一个大胖小子——周恩来。在封建社会里，新媳妇不能生育被视为大逆不道，连生个女孩也要遭到白眼歧视。周起魁的大儿子周贻赓的夫人王氏就没有生育。而万氏是十分"争气"的，她头胎就生了男孩，是周起魁的长孙，因此，她的身价地位也就自然而然地高于别人。其次，是识大体。小叔子贻淦病危，结婚不到一年，就去世了。他没有后代，为了给贻淦承嗣，尽管万氏自己只有一个儿子，还是遵照公婆的决定，将儿子过继给贻淦和陈氏。其三由于她从小受万老太爷的影响，学会了处理复杂纠纷的能力，处事干练，考虑问题细密周到。据说当时无论是周万两府或者是他们家的亲友，常常会发生一些疑难的家务事，而这些"清官难断"的事只要请来万十二姑，马上就可迎刃而解。因为她先耐心地听别人把情况说清楚，然后再发表意见，所以想得周到，"断"得入情，说得在理，纠纷双方都能心服口服。处理完了，少不得酬谢，至少招待一顿饭。在席间大家议论家事、国事。处理这些事情，她常常带着听话、懂事的周恩来。周恩来自然增加不少见识。周恩来说："我的生母是个爽朗的人，因此我的性格也有她的这一部分。"①

万氏生性争强好胜，在娘家万府"理家管事"尽人皆知，丈夫劭纲却性格随和，忠厚老诚。万氏嫁到山阳驸马巷后，婆婆年迈体弱，渐渐就由她主持了周府家务，成了"当家媳妇"。这里的所谓"当家"是指处理一应家务事，诸如周家院内的柴米油盐、衣服家具，周家院外亲友的生日满月、婚丧嫁娶的一一应酬，皆由她做主开支或确定送礼标准等。

每到年节前后，家里热闹非凡，最隆重的还是腊月二十三日在堂屋挂容像（祖宗像）。十几幅容像都是请高手精心绘制，男的身穿官服，威严肃穆；女的身穿官眷服装，眉慈目秀，体态端庄；个个容像，光彩照人，满堂生辉。母亲指着容像向周恩来兄弟们一一讲述老祖们的官阶、业绩，教育儿子们不辱家门，将来立功、立业、立德，光宗耀祖。她知道丈夫老实忠厚，能力弱，她将希望寄托在下一代身上。一直过完年，到三月十八日落容像。这个仪式给幼年的周恩来留下深刻的印象，事隔50年，淮安县委的同志将十几幅容像带到北京，个个容像色彩鲜艳，完好如初。周恩来还能一一认出，向县委的同志介绍。

开始，这些家务事对万氏这位"大家闺秀"来说，处理起来还算得心应手。但是由于公婆相继去世，中国人受孔夫子厚葬的影响，两千年的习俗，再富的人家几个红白喜事一办，在经济上也就捉襟见肘，入不敷出。公公将钱多用于为儿子捐官，并没有产业，公公的那点积攒很快就花光了。父亲万青选早于1898年3月4日去世②，她失去了依靠。

然而官家的体面还得要，迎来送往的排场、送礼的规格还不能降低。为了支撑官家的门面，万氏不得不举债应酬，后来又靠典当衣物应付。万冬儿典当衣物常常带着年幼的周恩来。破落的官宦人家靠典当与借债来支撑门面的虚荣心态与陈规陋习，是留给童年周恩来第一个深刻的印象。

1904年丈夫周劭纲和内兄万立钤（周恩来的十八舅）合买一张彩票中了头

① 见中共中央党史资料征集委员会、中共中央党史研究室编：《周恩来同志谈个人与革命的历史——和美国记者李勃曼谈话记录》，《中共党史资料》1982年第1辑，第4页，中共中央党校出版社1982年版。

② 据万青选的三位曾孙万棣农、万寿征和万竞成回忆，万青选是在周恩来出生头一天去世。

彩，头彩是 1 万元。彩票放在万氏手上。开彩号码登出来后，被一个亲戚知道了，想骗过去。万氏精明，不肯给他，怕他给调了包，一定要自己兑，一兑正得头彩，真是高兴得头都昏了。这时周恩来已有 6 岁。1964 年 8 月他对亲属们谈话回忆当时的情况时，仍记忆犹新：

> 彩票在武汉，要坐船去兑，一路上到处玩。我母亲就要给这个送东西，给那个送礼物，又要买皮衣，又要买留声机。她是从小看惯了讲排场，爱面子的，这 5000 块钱，光是玩、送东西就不在一半以下。债主们听说，都来讨债，亲友们又纷纷来祝贺，住下来要吃要喝，还要拿，母亲感到压力沉重，想躲一躲，决定暂时搬到她的娘家淮阴（当时叫清河县）。

万氏搬到娘家是和丈夫带着三个儿子及周恩来的嗣母陈氏。刚开始手中有钱处境还不错，家中有了纠纷，请她调停。好景不长。这时万青选已去世 6 年，万家也已开始走向败落，家里人多，事多。嫁出去的姑娘，泼出门的水，和当年请万十二姑调停、解决纠纷完全不同。娘家不能长住，她一家人就搬到有 14 间屋子的陈氏花园去住。1906 年秋，她将胞弟周胎奎、杨氏夫妇及儿子恩硕接来同住。[1] 很快钱花完了，丈夫又到湖北做事，中彩的事，真是昙花一现。这是留给童年周恩来心中第二个深刻的印象。他后来对亲属说：我当总理后第一件事就是取消彩票。[2]

周家的经济陷入了窘态，万氏在娘家人的眼中也掉了身价，嫂嫂们开始冷淡她。据说，有一次，万氏当了衣物去参加父亲万青选的冥寿，上坟祭祀时，周恩来的一位舅母硬说少了一样供品，在周恩来外婆面前搬弄口舌，惹得万老太太大怒，当众斥骂冬儿"不孝顺""不知好歹"，万氏的嫂嫂们则趁机幸灾乐祸，给万氏以心灵打击。[3]

万氏又劳累又愁闷，不幸得了肺结核。这种病在当时是不治之症，更何况她性格倔强，对外隐瞒病情，延宕医治，半年就去世了，时为 1907 年的春天。[4]

---

① 刘焱编：《周恩来早期文集》，第 333 页，南开大学出版社，1998 年出版。

② 周秉宜回忆。

③ 秦九凤查自靳全生等著：《周恩来童年在淮安》，贵州人民出版社 1987 年版。这本书的五位作者均为今淮安区人。

④ 《周恩来年谱》，第 7 页，中央文献出版社，1998 年版。

万氏去世时，丈夫周劭纲在湖北谋差①，夫妻最后一面也未能见。而周恩来外婆门第观念严重，又严厉要求按"规格"办事。如棺材不仅要楠木的，还要"十二朵正花"②；棺材还要披五层麻，添七层漆，请和尚做道场等等。周劭纲虽然诺诺唯唯，楠木棺材都是借钱买的③，哪有钱再办这些事。但万老太太毫不退让，不达目的即不许安葬，最后只好将万氏的棺木暂厝于庵中。这是留给童年周恩来第三个深刻的印象。④这件事导致他数月之后为嗣母陈氏办丧事时，力排众议，坚决从简入殓，并亲自送母棺回淮安归葬。而万氏的灵柩却一直到28年之后，万张氏已病逝，周劭纲攒了一笔钱才将妻子灵柩迁回淮安，归葬于淮安东门外周家祖茔地。

万氏去世时只有30岁，周劭纲33岁，再也未续弦再娶。万氏去世后，按照习俗要给她画张像。但万氏生前没有照片。怎么办？因儿子恩来长得像母亲，于是便照着周恩来给母亲万氏画了一张像。⑤以后周劭纲随身一直携带着这张爱妻万氏的画像，后来他随在上海从事地下革命工作的周恩来也做一些有益于革命事业的事，一次因突然遇到意外情况才将那张画像丢失。⑥

周恩来对生母万氏一直怀着深深的眷念之情。1920年周恩来因领导学生运动在天津被捕，被关在检察厅，他在狱中曾写了《念娘文》回忆母亲万氏。⑦

1945年抗日战争胜利后，周恩来在重庆对记者说："35年了，我没有回家，母亲墓前想来已白杨萧萧，而我却痛悔着亲恩未报！"⑧

1946年周恩来偕中共代表团由重庆迁到南京，在梅园新村，他多次梦见自己又回到了淮安，又回到了母亲的身边。四年后，他在北京中南海怀仁堂动员干部要过好土地改革关时还动情地说："那时我就想从南京回到淮安去看看，因为

---

① 1995年3月周秉宜采访周秉钧记录。

② 指棺材的盖、帮、底皆各三根整木头制作，这样的棺材做成后，两头都清楚地看出那十二个如花朵一样的木年轮，所以叫"十二朵正花"棺材。

③ 一说典出驸马巷两间屋子买的。

④ 周恩来童年时留下的这3个印象系由他生前所提，周秉宜至今印象很深。

⑤ 1994年6月30日周秉宜采访王士琴记录。

⑥ 刘秉衡对秦九凤回忆：1960年，他代表淮安县委赴京向周恩来汇报工作时曾带去周家祖宗影像11张，到北京后交周总理。他很高兴，左翻右看，就是不见生母万氏画像。他静静地回忆之后才深情地说："我父亲生前一直带着我母亲的像，可能是那次在上海紧急转移时弄丢了。"

⑦ 1995年秦九凤采访王士琴。

⑧ 曾敏之：《谈判生涯老了周恩来》，见《文萃》第31期，1946年5月23日出版。

淮安还有我两个母亲的坟。"①

1964年8月周恩来在与亲属谈话时还说："封建家庭一无是处，只有母亲养育我，还是有感情的。"

20世纪90年代初，周同宇夫人王士琴请中央美术学院教授仿周恩来面容画出万氏遗像，赠予淮安周恩来故居纪念馆，至今悬挂在周恩来出生的房间内。

1965年春节前夕，周恩来为带头移风易俗，交代侄儿周尔萃一项"特殊任务"：回淮安平掉周家祖坟，棺木就地下沉。万氏的坟也同时被平掉。但当地群众不忍心将周总理生母万氏的坟平掉，就背着周尔萃和周尔辉的妻子孙桂云把万氏的棺柩悄悄抬到周家祖坟地东南方向约300米的知青小农场那里重新安葬并堆土立墓②，因无墓碑，每年又无人圆坟，三四年后，墓也就不见了，现在若要寻找已很困难。

3. 嗣父周贻淦

周恩来的小叔父周贻淦，后改名宗翰，字簪臣，生于清光绪四年三月初四日（1878年4月6日）。他是周劭纲的胞弟，大排行十一。到1897年在周嵩尧的中举资料上，他已成为"国学生"，说明他已考取秀才，捐了国学生。但是他体弱多病，结婚不到一年就因患肺结核而去世。周贻淦没有孩子，为了给他承嗣，七哥周劭纲遵父母命将长子周恩来过继给他。孩子交给周贻淦的夫人陈氏抚养。③1946年9月周恩来对美国记者李勃曼谈话时说："我出生后，因叔父周贻淦已去世，照传统习惯，把我过继给叔父，由守寡的叔母抚养。"

周贻淦去世时只有20岁，因此，有关他的材料很少。目前只有1950年周嵩尧写的一首词《点绛唇——和约之表侄④月当头⑤词》中提到过周贻淦。原词为：

---

① 1991年10月25日秦九凤采访周恩来卫士韩福裕记录。

② 1982年秦九凤采访原周家祖茔所在地淮安县城郊公社闸口大队第五生产队(今淮安市淮安区淮城镇闸口村第5居民组)农民记录。

③ 1982年9月周同宇回忆，周恩来是在小叔弥留之际过继的，淮安由此认为过继给他是为"冲喜消灾"。

④ 约之即郑约之，为周嵩尧内侄。郑约之的《点绛唇·月当头》原词为："多谢天公，云开放出当头月。团圆时节。倍觉清光彻。一种悠扬，何处萧声发。清商协。如鸣金铁，定是来时杰。"

⑤ 月当头，指阴历十一月十五日。阴历1949年十一月十五日是阳历1950年1月3日。

花甲重轮，衰年又见童年月。凤城佳节。玉宇琼楼彻。

雪窖冰天，万里行人发。邦交协。好辞黄绢，二陆皆英杰。

　　周嵩尧在词后说明自己"在庚寅年（1890 年）以案首入泮。是年月当头曾携十一弟同游淮安泮宫至 1950 年整六十周年"。这首词是周嵩尧在 1950 年周恩来出访苏联时写的，"二陆"指毛泽东和周恩来，"邦交协"指毛泽东、周恩来 2 月 14 日在莫斯科签订的中苏友好同盟互助条约。凤城即京城，在这里指北京。1950 年 2 月 14 日正是春节前夕。① 也就是说，周嵩尧在北京庆贺新春佳节并庆祝中苏结盟时，不由地想起 60 年前他回原籍绍兴考中第一名秀才，回到淮安后即 1890 年的农历十一月十五日，他曾高兴地带着 11 岁的十一弟周贻淦一起到淮安孔庙即泮宫游览、参观。② 看来周嵩尧十分偏爱这个聪明用功的小弟弟。

　　俗话说"过继不为子"。周恩来从小称贻淦为爹，称陈氏为娘，称自己的亲生父母为干爹干娘，称家中的其他长辈均是以贻淦之子为准。如对贻奎，贻奎是贻能之弟，是贻淦之兄。如果周恩来以亲生父母为准，应称贻奎为八叔，而他在旅日的日记中，称他为八伯。这就表明他是以嗣父为准。解放后，他与胞弟周恩寿来往较多，而他的嗣父母已过世多年，他向晚辈讲起家里的老事，对长辈的称呼又是以亲生父母为准，改称嗣父为十一叔，嗣母为十一婶。在研究周恩来与他长辈的关系时，这种变化是应注意的。

4. 嗣母陈氏（三姑）与她的父亲陈沅

　　周恩来的嗣母陈氏生于 1878 年 ③，在娘家排行第三，所以人称陈三姑。陈三姑的父亲陈沅是位秀才，他的生卒年月不详，祖籍浙江，后迁至清河县（今淮安市区），在县城清江浦居住。陈家的房子比万家九

⊙ 周恩来的嗣母陈氏。（周秉德提供）

---

　　① 此词应作于 1950 年 2 月，2 月 17 日是阴历正月初一。此为周嵩尧遗作之五，见 1984 年 6 月 26 日郑约之给沙青的信。

　　② 参见郑约之 1997 年 11 月 13 日致周秉宜的信。

　　③ 刘焱编：《周恩来早期文集》，第 307 页 "旅日日记"，南开大学出版社 1997 年版。

十九间还多。清咸丰三年（1853 年），洪秀全的太平天国在南京定都，命林凤祥、李开芳率军从浦口渡江北伐，不久打到安徽蚌埠一带，北方苏、鲁、皖、豫、鄂等省捻军得太平军的威势也随之活跃起来，咸丰十年（1860 年）捻军李大喜、张宗禹率步骑兵各万余由邳县、宿迁一带东进，正月二十七日攻陷桃源县城（今泗阳），捻军据县城众兴镇三日，然后东下破清江浦。① 火烧清河县城。陈家的房子大都被毁，为避兵乱，从清河县城迁出，去了宝应②，从此家庭败落。陈沅虽很有学问，但未能考中举人。他后来娶了山东袁状元的四小姐。袁四小姐的三姐则嫁给了原籍江苏常州、后在山阳县当钱谷师爷的龚怀朴。袁状元的另一个女儿则嫁给清河的万立钰，就是万青选第八个儿子，即周恩来的八舅。周恩来的八舅母，从陈氏这边说是周恩来外婆的妹妹。周恩来生长于一个关系错综复杂的大家族，从小就熟悉众多的称谓和辈分，懂得人伦常理。

因陈、周两家不仅祖籍同为浙江，山阳和宝应两地相距只 40 公里左右，又都在运河边上，往来非常便利，再加之陈三姑的三姨父龚怀朴出面保媒，所以陈沅将三女儿陈三姑许给周恩来的小叔父（十一叔）周贻淦为妻。陈三姑出嫁时，周贻淦已经生病。陈家没有毁约，一来是两家关系密切，不能毁约。二来他们相信周起魁为人善良，不会亏待自己的女儿。果然他们结婚还不到一年，贻淦就因患肺结核病，不治而故。在旧式的大家庭，妻以夫贵，妇以子贵。有的家庭，丈夫死后，年轻的妻子无依无靠，只能同佣人一起劳作。周贻淦病危时，周起魁夫妇对陈三姑依然如故，马上让周劭纲将出生半年的长子大鸾（周恩来）过继给她，由陈三姑抚养，使陈三姑有了依靠和希望。

陈三姑是个有教养的女子，她居家最小，父亲陈沅没有儿子，将她作为男孩培养，因此她上家塾读书，能背诵许多首唐诗宋词，书法也不错，识文断字，14岁就能赋诗填词了。她知道公婆这样对待她实属难能可贵，她恪守家规，从不惹是生非，给公婆添乱，夫婿少丧后，从不轻易出门，遇到矛盾、纠纷从不相争，处处隐忍，只一心一意教养继子大鸾，和万氏在家中的地位、作风完全不同。陈三姑这种隐忍的作风，周恩来从小耳闻目睹，影响了他的一生。③

陈氏没有生育，为了抚养大鸾，雇乳母蒋江氏。蒋江氏大约比陈氏小一岁，

① 《泗阳县志》，存全国地方志领导小组办公室资料室。
② 见《大江南北》1991 年第 6 期。
③ 2014 年夏电话采访陈舜瑶。

娘家在淮安东门外农村，嫁到淮安城内的小鱼市口蒋家。[1] 丈夫蒋福是个裁缝，间或给人家抬抬轿子，且自种有一部分菜园。蒋江氏勤劳、朴素，和周家相处很好。陈氏去世后，周恩来回到淮安，周家已无钱开工资，蒋江氏仍时常到周家来帮忙。建国后，周恩来还曾向淮安县委负责同志打听过蒋江氏及其后代的情况，表现了他对这位劳动妇女的深切怀念。

陈沅、龚怀朴这对连襟兄弟均去世较早。而龚家住在山阳县城内的东岳庙附近，龚师爷去世后，儿子龚荫荪又常外出，所以"袁三小姐"在家也很寂寞，陈三姑有时就带上幼子大鸾到龚家串串门，会会亲。按亲家辈分算起来，袁三小姐是陈三姑的三姨母，也就是大鸾的姨外婆。

从驸马巷周家前往东岳庙龚家的一段路上，由镇淮楼南边往东必走关忠节公祠[2]门前，由镇淮楼后边往东又必走汉韩侯祠门前经过。每次经过这两座祠门前时，陈三姑都要向大鸾讲述关天培的无畏忠勇、韩信的忍辱奋进的故事，年幼的恩来常常听得入迷。山阳县城还是历史上的名城重镇，为历代郡、州、路、府的治所所在，人文景观比比皆是，陈三姑有较高的文化素养，她每次向爱子大鸾讲起这些名胜古迹、人文景观都是头头是道、生动活泼，这些都给童年周恩来留下终生难忘的印象，给以潜移默化的影响。

在大鸾五六岁上下，比他小一岁的弟弟周恩溥因母亲万氏宠爱、放任，很顽皮，常常欺负大鸾，一次在院内玩刀，险些伤着大鸾的眼睛。陈三姑怕爱子发生意外，就将大鸾整天关在房中，教他认字看书、背诗。[3] 儿童坐久了，便生厌倦，她就给他讲故事，像"岳少保朱仙镇大捷""忠节公虎门殉国""梁红玉击鼓抗金""孙悟空大闹天宫""沈状元招勇抗倭"等等。陈三姑的本意只是为了把大鸾牢牢"禁闭"于房中，不让他到外边与其他孩子们戏耍而发生意外，但这些爱憎分明、嫉恶如仇、保家卫国的动人故事在大鸾童年的心灵里留下永远难忘的记忆。同时，由于周恩来户外运动少，娇生惯养，身体不太好。

1905年秋，陈三姑随大鸾生母万氏一起去清江浦万氏娘家居住，后又迁居

---

① 蒋江氏嫡曾孙董肇福对秦九凤说：董肇福原本姓蒋，因他幼时常生病，而蒋家到他这一辈已四代单传，为怕他发生意外，家人便按当时当地习惯将其"过继"给姑母家，以"避灾消祸"，所以他便随姑父姓董。

② 公元1871年，广东水师提督关天培虎门殉国后，清道光皇帝封他"忠节公"，发放了优厚的抚恤金，关家用这笔钱为他建了一所祠堂，曰"关忠节公祠"。

③ 1964年8月周恩来和周同宇、周秉德等亲属谈话。

陈家花园的 14 间房屋。

陈家花园，就在万公馆对面，而且只隔一条不足一丈宽的石板街道。这是陈三姑家祖上的府邸，就地盘而言，比万公馆还要大，但人丁不及万家兴旺。它东起郭家巷，西至裤子巷，南靠大运河，北临石板大街。东、南、西三面是坚实的青砖围墙，北边临街是一长排二层楼的房舍。里边原先许多精美的建筑，在捻军经过清河时被大火烧了。幸存的一些未被毁坏的园林、房屋，经过修复，由一道南北走向的花墙一分为二。东院的南半部为荷花池，池中有一个小岛，岛上有一座假山，并有曲径小桥通向北边那个别致的"草厅"。西院为住宅，高门楼内第一进院子里是一片梅园，那里有三间楠木结构的"梅花厅"；第二进院子的院墙上有一腰门，门楣上方镶着砖刻的"憩园"二字。第三进院门上方镌刻着"竹圃"二字，院内便是一片竹林。北边临街的二层楼的居室中，居住着陈三姑的本家亲属。底层的门面房大多关闭，只开了一个小小的中药铺。在西北角、背靠裤子巷有一个小院落，十三四间房子，由于进身狭窄而又偏僻，长久废置，无人居住。恩来的两位母亲经过一番打扫整理之后，便住进去了。

在周恩来上学期间，陈氏十分注重爱子的学业课程，在家里开辟第二课堂，指导孩子做益智游戏等，时时刻刻关心着儿子的成长。

大约在 1906 年农历元宵节后，陈三姑委托表兄龚荫荪从淮安城里请了一位姓赵的塾师，在陈家花园那个偏僻的小院里自立了家塾馆。恩来、恩溥兄弟俩就在自己的家塾里念书了。

据周恩来十三舅万立铉的女儿万怀芝回忆，这年农历二月十三日，是恩来的 8 岁生日。恩来的十三舅妈带着女儿万怀芝，十八舅妈（又是周恩来的大姑妈）带着女儿万芳贞前来祝贺。家塾馆这天破例放了假，恩来带着两个表妹和弟弟一起在书房里玩。恩来说，小妹妹你们俩和恩溥同年，都 6 岁了，为何不上学呢？她俩告诉恩来，老祖宗（指周恩来外婆张氏）说，丫头中不了状元，当不了官，学个绣花就行了，不准她们上学。恩来知道后，和母亲、万氏一起说服了外婆，请她们到陈家花园来读书。就这样，万怀芝、万芳贞与恩来、恩溥成了同窗学友了。[1]

今天，"万公馆""陈家花园"已荡然无存了。1979 年原中共清江市委、清江市政府将"万公馆"遗址西边、"陈家花园"遗址西北角上现存的与"万公

---

① 1978 年 3 月 29 日卢再彬采访万怀芝。

馆""陈家花园"同时代建造的十几间老式旧屋,作为"周恩来童年读书处",供中外宾客前往参观、瞻仰。

在这"读书处"的陈列室内,陈列着1916年4月周恩来在天津南开中学《敬业》杂志上发表的《飞飞漫笔》一文。他在这篇文章中,记录了童年看到的题咏岳飞的诗:

一自金牌颁十二,常教热泪洒英雄。
奇冤不恨埋三字,和虏终惭失两宫。
南渡江山悲逝水,北征鞍马付秋风。
低徊往事成千古,祠宇空余夕照红。

这不但说明他有很好的文化素养、理解能力和记忆能力,也证明他从小便具有爱国情怀。

1907年,周恩来生母不幸去世,陈氏不仅生活上陷入绝境,精神上受到沉痛打击,也染上了肺结核病,对周恩来说:"我也活不长了。"她携幼子大鸾前往宝应娘家,一边治病,一边让大鸾在侄儿的书房中读书。1907年,陈氏病势不见回转,遂携幼子返回清江浦,不久即病逝于清江浦,时间为1908年7月28日(阴历六月十九日)[1],终年30岁。

10岁的周恩来以嗣子身份主持丧事,他因十分反感外婆对生母丧事的过分要求,力排众议,主张简葬,将嗣母棺木运回淮安与嗣父周贻淦合墓。一年之内两位母亲的丧事处理方法迥然不同,引起亲友们的议论。但是周恩来完全不理会这些议论,这对10岁的孩子来说是十分不简单的。[2]

一年之内,连失两位母亲,给周恩来打击很大,三个孩子在清江浦无法生活,周恩来只好带着两个弟弟又回到淮安驸马巷。[3]

陈三姑是对童年周恩来影响最大的一位女性,后来的周恩来曾多次提起过她。1918年1月2日,留学日本的周恩来曾在日记中记下怀念母亲的心情:

我把带来的母亲亲笔写的诗本打开来念了几遍,焚好了香,静坐了一会

---

① 秦九凤查自《周恩来旅日日记》(上卷)手迹影印件,第30页。
②③ 1982年9月17日方铭、力平、廖心文采访周同宇记录。

儿，觉得心里非常的难受。那眼泪忍不住地要流下来。计算母亲写诗的年月离现在整整的二十六年，那时候母亲才十五岁，还在外婆家呢，想起来时光容易，墨迹还有，母亲已去世十年，不知道还想着有我这个儿子没有。

1945年抗日战争胜利后的第二年，周恩来在重庆深情地对新闻记者说：

"35年了，我没有回家，母亲墓前想来已白杨萧萧，而我却痛悔着亲恩未报！""直到今天，我还得感谢母亲的启发。没有她的爱护，我不会走上好学的道路。"①

1946年9月，周恩来在南京对美国记者李勃曼谈个人与革命的历史时，也说："我出生后，因叔父周贻淦已去世，照传习惯，把我过继给叔父，由守寡的叔母抚养。叔母即嗣母陈氏，是受过教育的女子，在我5岁时就常给我讲故事，如《天雨花》《再生缘》等七词唱。嗣母终日守在房中不出门，我的好静的性格是从她身上承继过来的……"

两位母亲的爱护、仁慈和礼让，也影响了周恩来的性格，使他少了男人的野性、粗旷，多了女性的柔韧、细密。

1950年，周恩来在怀仁堂动员中直干部过好土地改革关的报告上含着泪深情地说：

"1946年，我在南京。南京离淮安只有三百余华里，我很想回淮安老家看看，因为淮安还有我两个母亲的坟……"②

上边的星星点点事例还不足以完全表达周恩来同志对这位嗣母的一片崇敬怀念之情，但它深刻反映了嗣母陈三姑对周恩来的成长、早期教育所起的巨大影响和作用。

5. 四伯父周贻赓和夫人杨氏

周恩来的四伯父周贻赓，字翰臣，后改字曼青。清同治十一年壬申八月十六日（1872年9月18日）生于浙江绍兴。③他是周起魁的长子，大排行四，故周

---

① 《文萃》1946年出版。
② 1991年10月29日秦九凤采访韩福裕记录。
③ 周同宇：《周家世系表》《老八房祭簿》。

⊙ 周贻赓。（周秉德提供）　　　　　　　⊙ 四伯母杨氏。（周秉德提供）

恩来叫他四伯父。他与周恩来的父亲周劭纲为同胞兄弟。

　　周贻赓从小学习刻苦，为人老成持重。光绪十六年庚寅（1890 年），18 岁的周贻赓和几个兄弟在寄籍地淮安参加了县试，并考上了秀才，被列入县学的"候选训导"。①

　　1890 年闰二月周贻赓回到绍兴，正值他的外祖父鲁登四在为其儿子办理分家一事。外祖父让周贻赓代表父亲周云门（起魁）作为中人参加了这次分家的仪式，并代表父亲在分家书上签字画押。②后来周贻赓留在绍兴跟随他的舅父、绍兴著名的师爷鲁小和学习钱谷。③三年以后，周贻赓出师，开始了他的师爷生涯。他"历佐江浙各府县幕办理钱谷事件充漕运总督衙门暨江北提督衙门文案"④。由

---

　　①　1921 年黑龙江省财政厅周贻赓履历表。

　　②　鲁登四《利字分书》手稿。

　　③　绍兴人说周劭纲向舅舅鲁小和学幕，周秉宜认为周贻赓更有可能向舅舅鲁小和学幕，且学成了，而劭纲没学成。

　　④　1921 年黑龙江省财政厅周贻赓履历表。

于他学业扎实，办事严谨，责任心强，而且"文笔好，所以一直有事做"①。家里还为他捐了"主事衔"和"翰林院孔目衔"官衔。②

周起魁去世以后，周家家境开始中落。周贻赓的二弟周劭纲人很老实，只能做点小事，每月的收入仅够自己糊口；三弟周贻奎则是一个腿有残疾的病人。作为长兄，周贻赓深知自己的责任，从此挑起了养家的重担。

周贻赓先后娶王氏、赵氏为妻，她们二人均去世较早。光绪三十四年（1908年）9月，周贻赓经朋友赵燕逊（他很可能是赵氏妻子的兄弟）引荐，前往东北奉天，在奉天度支司③俸饷科做了一名正司书。④他单身一人，为了吃住方便，就住在了离度支司不远的绍兴会馆。由于他是一个肯于热心为大家办事的人，很快他又被推举为会馆的理事。

周贻赓身在东北，心却始终惦记着家乡的亲人们，就在他到奉天的那年秋天，10岁的侄子周恩来带着两个小弟弟从清江浦回到了淮安。他们在淮安的生活没有着落，周贻赓实在放心不下。他不断地给恩来侄写信，又是询问又是嘱咐，每次俸饷发下来，他头一件事就是寄些银票回去，以补家用。周恩来也经常给周贻赓写信，向四伯父请教各种问题，汇报家中的情况。周贻赓十分喜爱这个侄子，总想着待有条件时一定好好培养他。

宣统元年（1909年）7月，周贻赓升俸饷科科员，薪水略有提高。这时，他的三堂兄周济渠正在铁岭做税捐局主任并且准备去湖北出差，周贻赓委托周济渠把七弟周劭纲和侄子周恩来带到东北来。周济渠同意了。宣统二年（1910年）初，周恩来和父亲周劭纲跟着周济渠从江苏来到了铁岭。周恩来在铁岭住了约半年多的时间。1910年秋天，周贻赓把周恩来接到了奉天，从此周恩来就和周贻赓一起生活。

1910年的秋天，周恩来入沈阳第六两等小学堂丁班学习。不久，这个学校和第七两等小学堂合并，改名为奉天省官立东关模范两等小学校。学校的设备、

---

① 1982年9月17日方铭、力平、廖心文等人采访周同宇记录。

② 1897年周嵩尧中举资料。

③ 度支司，清代原由户部理财，1906年（光绪三十二年），改组部院各衙门，由户部更名为度支部，原掌管民政事务划归新设的民政部，主管官为度支部大臣，另有左、右侍郎和左右丞、左右参议；下设承政、参议二厅及天赋、曹仓、税课、莞榷、通阜、廉奉、军饷、制用、会计等十司与金银库。在各地称为度支司。

④ 1977年1月杨余练采访沈延毅记录。

师资在当地都是比较好的。

周恩来回忆说："到东北有两个好处：上学，冬天、夏天每天都要有室外的体育锻炼，把身体锻炼好了，吃高粱米，生活习惯改变了。另外学会了交朋友，我由南方到了东北，说话口音重，同学们骂我是'南蛮子'，每天打我、欺负我，大同学还扒下我的裤子打我，我被打了两个月。被逼得想出办法，我就交朋友，他们再打我，我们就对打，他们就不敢再打我了。东北的几年对我很有好处呢！"①

1904 年日本、俄国两个帝国主义在东北大地上进行了一年零八个月的战争，这就是日俄战争。他们为争夺中国而进行的非正义的侵略战争，使中国老百姓备受践踏。暑假，恩来随同学到了沈阳南郊沙河南岸的魏家楼子，目睹了沙俄在村后立下的碑、日本帝国主义在村东头建的塔。这些建筑都是为了纪念日本、沙皇的战功而修建的，成为中国耻辱的标志。何殿甲老人讲述战争时沙俄血洗村庄的惨状，讲到悲愤之处老人引吭高歌：

> 辽东半岛风云紧，强俄未撤兵。
> 呜呼东三省，第二波兰错铸成，
> 哥萨克肆践踏，户无鸡犬宁。
> 日东三岛顿起雄心，新仇旧恨并。
> 舰队联樯进，黄金山外炮声声。
> 俄败何喜，日胜何欣？
> 吾党何日醒？吾党何日醒？

老人悲凉的歌声、凝重的表情久久地留在周恩来的脑海中，深深刺痛了他少年的心灵。他想起了在家乡流传的梁红玉抗金的故事，他想起淮安城内东街虎门抗英英雄关天培的祠堂，爱国之心油然而生。吾党何日醒？这个问题常常萦绕在心。

到东北后的所见所闻，使他对民族存亡深感匹夫之责，他关心时事，在沈阳养成读报的习惯，常常看《盛京时报》，从高老师那儿借到邹容的《革命军》看。

---

① 1964 年 8 月周恩来对周同宇、周秉德等亲属谈话。

邹容在《革命军》中疾呼："呜呼！我中国今日不可不革命；我中国欲独立，不可不革命；我中国欲与世界列强并雄，不可不革命；我中国欲长存于二十世纪新世界上，不可不革命；我中国欲为地球上名国、地球上主人翁，不可不革命。"

"革命者，天演之公例也；革命者，世界之公理也；革命者，争存争亡过渡时代之要义也；革命者，顺乎天而应乎人者也；革命者，去腐败而存善良也；革命者，由野蛮而进文明者也；革命者，除奴隶而为主人者也。"

邹容号召革命者：

> 一曰养成上天下地，惟我独尊，独立不羁的精神。
> 一曰养成冒险进取，赴汤蹈火，乐死不辞之气概。
> 一曰养成相亲相爱，爱群敬己，尽瘁义务之公德。
> 一曰养成个人自治，团体自治，以进人格之人群。

这些思想深深地打动了少年周恩来的心，印在他的脑海中。

有一天老师在课堂上提问："读书是为了什么？"有的同学回答："帮助父母记账。"有的说："为了个人的前途。"而周恩来与众不同，他站起来大声地回答："为中华之崛起！"

为中华之崛起，这就是他的志向。此后，他为之奋斗了一生。

周恩来离开了闭塞、停滞、落伍的淮安到了工业发展迅速、民族矛盾激化的东北，成为他一生中第一个转折点。在东北他进新式学堂，开始受到近代科学的教育，在东北他目睹了日本、俄国等帝国主义的强盗行径，开始树立起爱国、救国的思想，立下了"为中华之崛起"而读书的志向。1911年辛亥革命推翻了清王朝的统治，周恩来十分振奋，在学校率先剪去了清朝臣民的象征——辫子。①

他后来说："12岁的那年，我离家去东北。这是我生活和思想转变的关键。没有这一次离家，我的一生一定也是无所成就，和留在家里的弟兄辈一样，走向

---

① 1997年11月28日周秉宜采访周秉钧，周秉钧说："在我上高中时，有一次伯伯对我说：'绍兴人说我小时候在绍兴带头剪辫子。我既不是在绍兴生，也不是在绍兴长，我怎么可能在绍兴剪辫子呢。'"

悲剧的下场。"①

周贻赓是一个处事严谨、心地善良的人。王兰芝小时候曾经和周贻赓夫妇是邻居，她回忆说：我小时听四大妈（杨氏）说过，有一年过年，她对四大爷（周贻赓）说："要过年了，你们南方人喜欢吃大米，你去买一斤大米来吧。"四大爷就去买了一斤大米。回来的路上，他碰上一个要饭的乞丐还带了个小孩，他看着可怜，就把大米送给了那个要饭的。回到家里，四大妈问他："你大米买了吗？"他说："买了。""那米呢？""让我给了一个要饭的。""你把米给了人家，那咱们吃什么？"四大爷回答："咱们再说吧。"②

周贻赓先生师承儒教，不仅律己甚严，而且治家有方，对晚辈要求很严。周恩来每天放学回家，都要先"向伯父大人行礼，鞠大躬"③。还要站着接受伯父的教训。周贻赓告诉侄子"不要和有钱人家的孩子比，要自己努力刻苦学习，要本分，勤俭节约，不要浪费粮食。吃饭时米粒掉在桌上要捡起来吃了。看见大姑娘小媳妇不可抬头看等等"④。

据周恩来当时一个同学 1977 年回忆："他大爷（指周贻赓）非常严。我们到他家都得站着，不许坐着。"⑤

在周贻赓家主堂屋的当中经常挂着一副"事能知足心常泰，人到无求品自高"的对联；他教育侄儿等晚辈们的治家格言是："孔子儿孙不知骂，曾子儿孙不知怒，周家儿孙不知求（求名、求利）。"⑥要求晚辈们勤俭、奋进，严于律己，宽以待人，刻苦学习，助人为乐。这些中华民族的传统美德给了少年周恩来以极深刻的影响，周恩来在东关模范小学堂念书期间，从不乱花一文钱，每天中午只在校门口买两个烧饼，喝大碗白开水充饥。但周恩来牢记四伯父的教诲，把自己一个铜板一个铜板攒下来的钱都给了一位老校工。⑦1977 年 2 月 8 日，原东关模范小学堂魏校长的儿子魏启汉说："当时学校有一个老堂役姓吴的，总理来到学校的那年秋末冬初病倒了。总理不知积了多少时间的钱，因为当时总理的大爷给他的

① 见中共中央党史资料征集委员会、中共中央党史研究室编：《周恩来同志谈个人与革命的历史——和美国记者李勃曼谈话记录》，《中共党史资料》1982 年第 1 辑，第 4 页，中共中央党校出版社 1982年版。

② 1997 年 3 月周秉宜采访王兰芝记录。

③ 1994 年 9 月周秉宜采访宋延钰记录。

④ 1994 年 6 月周秉宜采访王士琴记录。

⑤⑥⑦ 1997 年 2 月秦九凤采访宋延钰记录。

钱很有限，总理的生活很清苦，有点钱也不乱花，都是买书。当时他看书买书已成习惯。看到老堂役病倒了，他就帮老堂役烧水，并给老堂役送去八个铜板，让老堂役买点药吃。老堂役病好后对我父亲说：'我闹了一场病倒没什么，你看他家很清苦（指周恩来），还给我八个铜钱，使我内心非常感动。'"由此可以看出周贻赓对周恩来的重要影响。

1913 年 2 月，周贻赓调往天津，在天津长芦盐运司榷运科当科员 ①，周恩来随伯父一起迁到天津。伯侄二人住河北区元纬路元吉里。盐运司掌督察场民之生计、商人之行息，适时平其盐价，管理水陆运输，计其道里远近，稽查往来时间，定其盐价之贵贱。周恩来到天津后，先进大泽英文算学补习学校补习功课。

秋天，周恩来考入南开学校，他在南开学校读书 4 年，受到完整的、近代的中等教育。在我党开国时的各级领导人中，有他这样学历的为数不多。

因长芦盐运司设立的长芦中学堂于 1911 年 2 月并入南开学校，长芦中学堂的经费银八千两归南开所用，"本校特为商灶子弟设优待额 50 名免纳学费。周恩来由于家庭生活困难，品学兼优，伯父在盐运司任职，而成为南开少数免费生之一。"②

1914 年周贻赓任吉林永衡官银号派驻天津吉林官银分号总检员。1916 年 3 月，他前往奉天西丰县，任"奉天全省清丈总局西安清丈支局第一科科员"③。这一次去西丰，他是只身前往，把家留在了天津。周恩来则住宿南开学校。3 月 21 日，周恩来收到伯父的来信，在学校写了一篇充满感情的作文《禀家长书》。④

伯父大人尊前：

敬禀者，前日归家，得读手谕，恭悉大人途中顺适，安抵沈阳，私心为慰。西丰之行，有清丈护勇相卫，当不虞寂寞。屈指计时，侄禀至丰日，谅大人已早卸征尘矣。

奉省清丈，不知较畿辅何若？以侄揣之，恐亦有名无实，虚耗国家（若干）岁费，冀应励行新政之名耳。至丰郡僻处奉北，政塞俗陋，居上者以

---

① 参见 1921 年黑龙江财政厅周贻赓履历表。周秉宜认为这一次调动很可能是周济渠帮忙而成。

② 李爱华：《关于"周恩来是南开学校唯一免费生"问题的史实考证》，《党的文献》1997 年第 2 期。

③ 1921 年黑龙江财政厅周贻赓履历表。周秉宜认为其中"西安清丈支局""西安"二字属笔误，应为"西丰"。

④ 刘焱编：《周恩来早期文集》第 83 页，南开大学出版社，1997 年版。

其无关全局，恐（似）亦恝然置之。大人虽欲力求真实，曲高寡和，恐不易为力。处兹浊世，惟有直道求己，枉道恕人，方可与众共立（克见容于世）。侄为此言，非欲以不入耳之谈，弊（蔽）大人之聪也，实为家计，不得不恩大人屈志相安。然侄自问痴长十八年，大人抚之育之，至今仍一无成就。家中赡养，不能稍分大人劳肩，反使大人只身走千里外，为子侄谋衣食，侄罪重矣。濒行时，侄殊不欲至站恭送，以伤大人之心。但忆七载依依，承欢膝下，骤别慈颜，忽觉亲我者又少一人，是以萦怀莫去，绕绕不能离异，想大人知侄于车中又不知作若何系念也。至伯母大人康健如常，家中事务均遵大人所嘱办理。侄在校中，各事颇行忙殊（碌），近日班内又组织同学会，会内学报，亦将付印，终朝执笔，殊无暇晷。惟于课程身体，仍不敢自弃自毁，以劳大人之忧。寄上《校风》一份，请抽眼阅览，便知详情。每逢星期归省伯母，必将七日中所集之事，尽行料理，请释慈念为祷。肃此

敬请

福安

侄　恩来谨禀　3 月 21 日

　　从这篇作文中，我们可以看到周贻赓和周恩来深厚的伯侄之情。周贻赓刚正不阿，不肯与浊世同流合污。而侄子在思想和处世方面都已趋于成熟，提出处于浊世，要"直道求己，枉道恕人"（即严于律己，宽以待人），安慰开导伯父。对伯父 7 年来的抚育之恩念念不忘。侄子这么懂事，周贻赓只身他乡，生活再艰辛也觉值得。

　　1917 年 9 月，周恩来赴日本留学之前，先到奉天看望四伯父周贻赓，此时周贻赓也即将赴黑龙江工作。留日时期，周恩来多次致书周贻赓。1919 年 5 月，周恩来从日本回国，也是先到哈尔滨看望四伯父，并倾谈自己追求救国之路的心愿。周贻赓十分理解侄子的抱负。周贻赓始终非常信任周恩来，相信侄子做的是救国救民的大事。

　　1924 年，周贻赓从黑龙江调往吉林，任吉林省财政厅支用科科长。这时他年已五十有二，生活条件也比过去好多了。在吉林，他和妻子杨氏单独租了一个小院，平时深居简出，除少数几个朋友以外，他较少与外人接触，和亲戚们也

极少来往。① 因为周恩来这时已在南方闹革命，属于"赤匪"，周贻赓不想牵连别人。

1928 年 4 月底 5 月初，周恩来、邓颖超夫妇在赴莫斯科出席中共六大途中遭到日本特务跟踪盘查，周恩来谎说是去吉林看望舅父周贻赓骗过了敌人。周恩来担心四伯父受惊吓，特地转道去了吉林。在吉林，周恩来夫妇先住在一家旅馆，他用化名写了一张条子交旅馆的小伙计送到周贻赓家。周恩来的三弟周同宇正在家中，他看出了大哥的笔迹立刻同四伯父商量。周贻赓意识到了侄子处境危险，便打发周同宇去旅馆把周恩来夫妇接回家来住。那一天，周恩来和四伯父周贻赓谈至深夜。② 第二天，周恩来先离开吉林，周贻赓又派周同宇护送邓颖超前往哈尔滨。周贻赓这样做，在当时是冒着被杀头的危险的。

1931 年"九一八"事变后，日本人占领吉林，接管了许多机构。吉林省财政厅也被日本人把持了。周贻赓不愿给日本人干事，遂安排家眷于 1931 年末迁回天津。他自己也于 1932 年夏天回到天津。由于他"联系广，熟人多"，很快就在天津民政厅找到了事做，并推荐弟弟周劭纲到深县县政府做一名小职员。在天津，他依然深居简出，谨言慎行。亲友中有热心人去看望他，他也好心劝告他们："以后不要再来了。"只有和弟弟周劭纲、侄子周同宇在一起时，他才会不厌其烦地议论他的恩来侄，为他担忧，为他牵肠挂肚，也为他自豪。

1933 年夏天，周贻赓因病在天津去世，享年 61 岁。

周贻赓去世 10 年之后，1943 年初夏的一个晚上，周恩来在重庆曾家岩和张颖等同志值班时，谈到了他的伯父周贻赓。他说："伯父对我恩重如山。"③ 周恩来从心里深深感激与敬重四伯父周贻赓。

周贻赓先后娶王氏、赵氏、杨氏为妻，均没有子女。他去世后，弟弟周劭纲将幼子周同宇过继给他以承嗣后。④

周贻赓夫人杨氏 ⑤ 是周贻赓的第三任妻子，原是周贻赓的妾。所以，周恩来年轻时称呼杨氏为"四姨"，后改称为"四伯母"。

---

① 1997 年 10 月 8 日周秉宜采访王兰芝记录。
② 1982 年 9 月，方铭、力平、廖心文等人采访周同宇记录。
③ 1993 年 12 月 20 日周秉宜采访张颖记录。
④ 1995 年 5 月周秉宜采访王士琴记录。
⑤ 杨氏一节根据王士琴回忆整理。

杨氏是山东人，十几岁时，随母亲逃荒讨饭来到天津，后被周贻赓收留为妾。时间是 1914 年，当时周贻赓 42 岁，杨氏 24 岁，嫁给周贻赓之前，杨氏没有去过东北。

周贻赓为人严肃、谨慎，杨氏则直爽泼辣，但二人都具有侠义热心的个性，夫妻取长补短，相互关照，感情非常好。

周贻赓伯侄二人生活很清贫，淮安老家还有五六口人需要周贻赓抚养照顾。杨氏毫无怨言地帮助周贻赓分担家中的困难，除料理周贻赓伯侄的生活外，她经常编织一些棉线的杯子套、钢笔套和鞋面等，换些小钱回来补贴家用。杨氏年轻好热闹，有时到邻居家去玩，周贻赓下班回来绕道去邻居家接她。见她正和女眷们说得高兴，也不打扰，就在门口耐心地等着。周贻赓对妻子的关心体贴赢得了杨氏的爱，也影响着侄子周恩来的品格修养，周恩来终其一生都十分尊敬妇女。

1916 年秋天，周贻赓的另外两个侄子恩溥和恩硕也先后来到天津，周贻赓的负担加重，为养家糊口，周贻赓远赴奉天省谋生，家中的事全由杨氏操持。无论家中生活多困难，杨氏每周都保证给周恩来一块大洋，而其他的侄子，每人每天只发几个铜板，让他们中午买烧饼吃。年底，要米钱的，要煤钱的，要油钱的，都找上门来讨债，杨氏如实相告："我现在的确没有钱，要不你们都别走了，留下来和我们一块儿吃黑面饺子吧。"又说："等四大爷寄回钱来立刻就还，咱们都是老邻居了，你们还信不过我。"就这样，杨氏和侄子们一同度过了最艰苦的岁月。

以后，杨氏又把周家侄子一个一个地送出去工作，直到 1924 年，她才去吉林和丈夫周贻赓团聚。

1928 年春，周恩来和邓颖超去苏联参加中共六大，曾顺道去吉林看望周贻赓夫妇，邓颖超第一次见杨氏，十分尊重，自始至终站在杨氏身边陪她说话没有坐下来，给杨氏留下了非常好的印象。事后，她夸奖邓颖超"这个媳妇真懂规矩"。

1931 年"九一八"事变以后，杨氏跟着周贻赓回到天津居住，直到 1933 年周贻赓去世。周贻赓去世时，因无子，无人打幡、戴孝，周劭纲便决定将小儿子周同宇过继给周贻赓，对杨氏改称"妈"。周贻赓生前一直寄钱给淮安老家，接济他的八弟周贻奎一家的生活。周贻赓去世以后，杨氏继续给八弟妹寄钱；以后，杨氏也没有钱了，不能再给八弟妹寄钱，八弟妹提出要驸马巷周家的房契，说："有了房契还可以抵挡一阵（指可将房子抵押等）。"杨氏就把房契寄给了八弟妹。

1939年，周同宇的妻子王士琴带着两岁的女儿秉德和1岁的儿子秉哲（早夭）从哈尔滨去天津看望杨氏，杨氏看到孙女、孙子很高兴，并且说："老周家三代没有女孩儿，这一回可有了一个女孩儿了。"

1942年5月，周同宇第二个儿子秉钧出生，杨氏又特地从天津赶到哈尔滨去看望孙子。以后，周同宇一家搬到天津同杨氏一起生活。

1944年10月18日，杨氏正在病中，听说嗣子周同宇第二个女儿秉宜出生时，笑着说了一句："又是个丫头。"3天后，杨氏去世，终年54岁。

6. 八伯父周贻奎和夫人杨氏

周恩来的八伯（叔）周贻奎与周恩来的父亲周劭纲是同胞兄弟，他是周起魁（云门）三子，大排行八。他生于清光绪二年三月初二日（1876年3月27日）。

周恩来因过继给十一叔，他随嗣父母称贻奎为八伯。解放后总理办公室给淮安县委去信，提到贻奎的夫人周八太，仍称八伯（婶）。

周贻奎患有"羊角风"病，小时又得过小儿麻痹症，留下腿疾。虽读了一些书，有一定的文化，但在当时经济落后的社会里，却难以有所作为，有时当帐房先生，给失学的孩子们补补功课。1908年周恩来的两个母亲去世后，周恩来带着两个弟弟回到淮安驸马巷同他一起生活，贻奎也曾教过恩来、恩溥兄弟俩珠算。他因有残疾一直没有离开过淮安驸马巷老宅。由于漕运的衰败，淮安已沦为三等小县城，难以就业，贻奎的兄弟们都纷纷外出谋生。周贻奎与夫人杨氏带儿子恩硕，侄子恩来、恩溥、恩寿一家六口，只有半亩祖茔地，生活十分艰难。他自己没有经济来源，又一直受疾病和饥饿的困扰，久卧床上，既无饭吃，又无钱请医问药，虽然有时四兄长周贻赓从外地寄点钱回来，但也只是杯水车薪，难以养家糊口，所以他去世较早。去世的时间，据周恩来在日本留学的日记记载，当为1917年的年底或1918年年初。

1918年1月8日，正在日本留学的周恩来忽然接到八弟周恩溥的来信，告知他久病在家的八伯周贻奎去世了。周恩来对这一不幸的消息甚为震惊，因为他的这位叔父年仅41岁，而且又一直是贫病交加。故他在自己的日记中写道："我身在海外，猛然接到这个恶消息，那时候心中不知是痛是悲，好像是已没了知觉的一样。"第二天，他又接着在日记上写道："想起家中一个要紧的男子也没有，后事如何了法？这几年来八伯同八妈的苦处已算受尽了，债务天天逼着，钱是没有，一家几口子饭是要吃的，当也当尽了，卖也卖绝了，借是没处借，赊是没处赊，不要说脸面是没了，就是不要脸向人家去要饭吃，恐怕也没有别的地方去要。八伯这个病，虽说老病，然而病到现在何曾用一个钱去医治的呢？简直说是穷死了。"真是一字一泪。这反映出周恩来在淮安的那个大家庭生活困难到何等程度，同时也反映了周恩来与八叔一房的叔侄亲情。

周贻奎与妻子杨氏只生一子周恩硕，一女早夭。

周贻奎的妻子杨氏娘家在宝应乡间天平大镇，与陈氏是同乡，但是她没有什么文化。晚辈和淮安人尊称她叫"周八太"或"八太"。她大约生于公元 1877 年，去世于 1956 年。

杨氏恪守封建伦理道德，尤其笃信佛教"积善积德""不修今生修来世"等虚无思想，终日吃斋念佛。她把周家的败落看成是"命不好"，但坚信"只要善事做多了，来世还会有报应，有福享的"。① 所以在周家十分败落艰难的困境下，她仍不忘烧香拜佛，以求来生。

她与侄儿周恩来的感情也很深。那是因为 1908 年周恩来的两位母亲在不到一年中相继去世，父亲又在外谋生，无依无靠的周恩来只好带着两个弟弟从清江浦回到淮安老家。这时的老家只有长年卧床的八伯和照料一应家事的八伯母杨氏，杨氏也成了周恩来事实上的监护人。为了一家人生存，杨氏和周恩来一起跑当铺典当衣物，将房子押给人家，以维持那半饥半饱的生活。

家庭生活那么困难，还要讲礼。墙上贴一张纸，上面写着亲戚们的生日、祭日，到日子都要去，而且要带着礼品，就是借钱也要去送礼。八伯残废不能出门，八伯母杨氏是个女流，不能在这些场面抛头露面，因此这些事便落在周恩来的身上。因为周恩来的辈分小，送礼时还要磕头。到外婆家要走 30 里路，还要坐船过河。夏日顶着太阳，冬日冒着严寒，没有车可坐，没有牲口可骑，只能用两条腿走。连吃饭都困难，还要讲这些排场。他痛恨虚荣，痛恨讲排场。这段艰难的

---

① 周八太邻居回忆。

生活给周恩来留下深刻的印象，过了 50 多年，周恩来向侄女、侄子等回忆起往事时还感慨地说："这个家真难当啊！"

短短几年之内，家庭发生如此巨大的变故，曾在两个母亲的呵护下成长，突然间家破人亡的周恩来，不得不承担生活重负；从娇生惯养的小少爷，突然变成看别人的脸色行事、受尽刁难的破落子弟，真乃天壤之别。这对于年少体弱的周恩来是多么大的刺激！生活的艰难迫使少年周恩来常常会想到这是为什么。为什么妈妈会突然离他而去？年幼的周恩来不可能想得太深刻，他痛恨彩票。他看到中彩完全是昙花一现。彩票太坏了，助长人们侥幸的心理，助长人们不劳而获的恶习。从那时起，他就痛恨不劳而获的思想。

周恩来失去母亲带着两个弟弟回到淮安后，和八伯、八伯母一起生活。他这一支在大家庭里无权无势，受人歧视。既是弱支，他年龄又比别人小，办事更要处处小心，因而周恩来从小养成多思多虑的习惯，办事缜密、周到的作风。这两年艰难的生活使周恩来一下子长大了。

那时，10 岁的周恩来已懂事，但仅比周恩来小一岁的周恩溥因母亲万氏的娇惯，调皮、倔强、胆大，玩刀子、打弹子、爬树捕蝉等，许多冒险的游戏都敢做。一次，他们家的一位亲戚带着他们兄弟仨和恩灿等坐小船出北水关到勺湖及河下去玩，玩得十分开心，以后就恋恋不舍，希望能再乘船出去。八伯母怕他们有闪失，一再不允，后来干脆让人将小木船锁定文渠岸边，以防万一。谁知聪明的恩溥很有办法，他用一根铁丝拨弄开铜锁，和恩来兄弟们偷偷划出小船。时值午前，文渠涨水，小船顺流直下，很快出了北水关，穿夹城，直到河下状元楼的桥下，他们上岸听人说书、讲故事，又逛了竹巷街，玩得很开心，结果时间耽搁较久，上游关闸，河床水位陡减，回程时，水浅逆流，小船行进十分艰难。杨氏到中午不见其兄弟回家，就迈着小脚到处寻找，几家亲戚和几个可能去的地方都找遍了，仍不见人影。杨氏又急又慌，便请了亲戚、邻居，借了大锣，满街敲锣，到处寻找。直到太阳快落山，周恩来兄弟才姗姗地将小船划到驸马巷自家门前。1958 年 7 月，周恩来和当时淮安县副县长王汝祥交谈时还回忆起这段往事：

"小时候，我和小伙伴常常在文渠划船打水仗，大人们怕出事，把小船锁起来，我们就悄悄把锁敲掉，划船远游，吓得家长们敲起大锣，满街巷吆喝寻找。"①

"一天中午，我和几个小伙伴偷偷把船从文渠划到河下去，婶娘守在码头，左盼右望，直到太阳落山，才见我们船影。她急忙跑步相迎，身子晃动了一下，差点跌倒。我很怕，心想，这回免不了要挨惩罚！可婶娘半句也没责怪，相反，一把紧紧地搂住我，眼泪刷刷往下淌，这比挨了一顿打还使我难受，我忍不住也哭了……"②

这是周恩来回忆八婶母杨氏最生动的一段往事，也体现着他们之间那一段的母子亲情。

1938年初，日本军国主义的铁蹄踏进淮安城，为避兵乱，杨氏与儿子周恩硕、儿媳陶华和两个幼小的孙子避居淮安城西南方淮北区淮宝县林集区乡间，住在当地一家无遮无挡的弃用牛棚内，夏不遮荫，冬不蔽凉。特别是夏天，不仅天热难当，而且蚊虫轰闹，多如雾云，又一点吃的东西也没有，有时房东讨饭归来多少将吃剩的东西给杨氏的两个孙子充充饥。后来感到实在没法活下去，杨氏就带着两个幼小的孙子及儿媳陶华一行回城居住，城里、乡下"两头跑"。儿子周恩硕参加革命，在淮宝县被害后，生不见人，死不见尸，杨氏寻子不着，几乎哭干眼泪，只好横下一条心：返城居住。也许是他们与周围邻舍的关系较好，侵略军驻淮城8年，一直不知道他们的身份。

在淮安，孤儿寡母，生活更加艰难。为养活孙子，杨氏带着儿媳妇陶华去给人洗衣服，缝棉袄，或者帮助别人卖衣物，收些手续费。周家的老亲、郑仁寿的曾孙沙青回忆说："八老太十分要强。你若白送她钱物她决不收，你让她做点小活，然后请她吃顿饭，给她报酬，她才收下。日本人来了以后，大家的生活都不好过，我家也开始典卖衣物。我母亲不好意思出去卖，八老太就过来把衣服拿走，帮我母亲上街去卖。要不是她这么泼辣敢闯，周家两个小孙子也活不到解放了。"③直到1945年日本帝国主义投降，周恩来才通过组织关系让华中分局五分区委的万金培同志，给杨氏一家拨了一点救济粮。④

1946年9月，国民党反动军队重新占领淮安，杨氏一家再次被推入水深火

---

① 敲锣寻人是淮安旧俗之一。寻人的人先敲几下锣，以锣声引起周围人注意，然后呼喊被找寻人的名字。

② 王汝祥：《总理和我促膝谈心》，《淮安文史》第10辑，1992年10月出版。

③ 1997年7月5日周秉宜采访沙青记录。

④ 秦九凤采访周贻奎长孙周尔辉。

热之中，全家合盖的唯一一床被子竟被反动的保长抢走，杨氏为了一家老小的生存，不顾生命安危前往国民党反动政权的勺湖镇镇长处讨要，哭闹得该镇长不得一点安宁，才将那床被子归还。她还因全家断炊而直上国民党县政府大堂，向国民党县长牛作善要饭吃。牛作善曾在抗日战争结束后被我军俘获，由其弟、时任国民党江苏省保安司令部政治部主任的牛践初求请周恩来而得以释放。[①] 但这位文盲县长好像并未记住旧情，竟讥笑杨氏说："你没饭吃找我干什么？你侄儿周恩来不是还有一辆别尔卡轿车在南京吗？你去卖了他那辆汽车够你吃一辈子！"

度过了将近一生的灾难生活，过了古稀之年的杨氏终于盼来了中华人民共和国的诞生。当毛泽东、周恩来等中华人民共和国领导人的像悬挂于淮安县文化馆墙上时，杨氏一边念着"阿弥陀佛"，一边扶着孙子尔辉、尔萃，指着周恩来的画像对他们说："这就是你们的七伯。"并兴奋地对孙子们说："我早就知道你七伯要做大官，一是他心善人好，二是我一年到头为他念经诵佛，烧香祷告，求菩萨保佑他平安，保佑他升官发财。"

1950年秋天，中华人民共和国刚刚从废墟中诞生，周恩来与老家通上了信，八太和孙子尔辉到北京去看望周恩来。因西花厅不仅是周恩来的住所，也是他的办公室，周恩来安排他们住在国务院机关事务管理局的惠中饭店。其间，周恩来和邓颖超看望伯母，并接到她西花厅玩，陪她游览了风景秀丽的颐和园。周恩来问他的八伯（婶）母："家乡人生活好吗？""北乡人也能吃到米饭吗？"在听了回答后，周恩来又高兴地告诉她："家乡还要挖一条大河呢！从洪泽湖一直挖到海，到那时淮安就更好了，北乡也能种水稻了。"[②]

周八太在北京住了一段时间后，留下孙子尔辉在北京念书，自己返回淮安，当时干部实行供给制，所以八太临走时，周恩来只给了她5万元人民币[③]，并告诉她："这是公家发给我们的零花钱，别的钱我们也没有。"因周八太年老体弱，没有劳动能力，生活无着落，又是烈属，靠国家抚恤生活，所以周嵩尧说她"月领公粮"[④]。

1953年，周八太到北京来看病，在惠中饭店又住了一个多月的时间。这一

①《淮安文史》第12集。
②《周恩来与故乡》编写组：《周恩来与故乡》，第99页，江苏人民出版社1985年版。
③ 旧币，只相当于币制改革后的5元钱。
④ 见本书附录四。1952年之后，由每月领粮，改为领钱。

次，周八太向侄儿周恩来谈起社会上的反映，说别人都劝她应该把故居重新修理一下，祖坟也该修一修了。周八太的话引起了周恩来的重视。周八太要返回淮安时，周恩来特地派了中央警卫局的干部王雨波把老太太送回去。走之前，周恩来将王雨波叫到办公室，向他交待了两个任务：第一，关于驸马巷的房子，一是不准修理，不准组织人参观，尤其不准告诉人们他住过的房子是哪一间。二是住在这所房子里的人，不准叫他们搬家。如果政府要征用是可以的。第二，周家的祖坟要平掉。办法是：挖开，把骨头拣出来，买个大瓷坛子，装在里面深埋。能用的东西和土地全都交给生产大队使用。①

周八太回淮安后，因年事已高，又长期吃苦受累，故常有病痛。淮安方面，特别是县里领导，不仅登门探望，或送点食品什么的，还把她的病情及时向周恩来做了报告。周恩来在日理万机中看了家乡的有关信件，并做了具体的指示。他的这些指示是通过三封信来表达的，这也是他留给家乡淮安的一段佳话。

周恩来的三封信都是使用的"中华人民共和国国务院总理办公室"的信笺。其第一封信的内容是：

淮安县人民委员会：

　　前几日接到县人民医院一信，知我婶母的病最近又重复发。

　　陶华来信说你们也常派人去看望和给予治疗，谢谢你们亲切的关心和照顾。

　　我婶母的病我们知道是无法治疗，今后一切治疗还要麻烦你们。（请县人民医院治疗好了）不要向外地转治。如果治疗无效，一切后事也请你们代为办理。但要本着节约和简朴的精神办理。现寄去人民币贰佰元作为治疗和办理后事的费用，如不够时，请你们先垫付，事后来信说明支付情况，我再补钱去。

　　此致

敬礼

周恩来

一九五六年十月廿九日

---

① 1995年9月18日周秉宜采访成元功记录。生产大队即当时的农业生产合作社，现在的行政村。

在这封信的信笺底线外又补写了一行小字："此信请转人民医院负责同志一阅，不另附信。"

1956年底，周八太终因病体不支而离开人世，当淮安县人民委员会将这一不幸消息报告周恩来后，周恩来又让秘书给回了第二封信：

淮安县人民委员会：

　　负责同志：

　　总理伯（婶）母去年逝世的善后费用，请你们将费用单据邮寄我室呈总理，总理说由他工薪扣除汇寄你们。

　　　　致

敬礼！

一九五七年三月十三日

当总理办公室收到有关收据后，周恩来又回了第三封信：

淮安县人民委员会负责同志：

　　来信收到，几年来你们对我伯（婶）母的照顾与关怀，尤其在她患病、住院治疗期间，为了她的健康，住院治疗，的确给你们增添了不少麻烦，今特向你们表示谢意。

　　我伯母家现还有陶华等人，今后她的生活费用均由我这儿接济，请当地政府对她勿再予照顾。

　　现寄去为安葬我伯母善后费用所尾欠垫款二十五元，请查收。

　　　　致

敬礼！

周恩来
一九五七年四月十七日

周恩来的第一封信是用钢笔书写的，由保健护士郑淑芸代笔 ①，文末加盖有周恩来的一方阴刻白文印。第三封信是打印件，文末盖有周恩来的一方阳刻朱文印。

最近，我们又在周恩来的老家淮安市淮安区档案馆发现一封由邓颖超亲笔书写的有关周八太去世的信：

淮安县人民委员会：

　　先后收到给恩来同志的两次来电。我们的婶母亡故的后事，承你们照料办理，深为感谢。前寄费用，如有不足，请告知，当由我们寄还。

　　专此，并致

敬礼！

邓颖超

1956.12.24

透过邓颖超同志的这封信，我们更加清楚地看到了周恩来夫妇对这位八婶的关心，也看到了他们的清廉之风。

周恩来对伯母的感情，还表现在对她两个孙子成长的关心。

需要多交待一句的是，周八太虽历尽沧桑辛苦，但对淮安驸马巷周家老宅和淮安东门外的周家祖茔地都尽心尽力地保护、修葺，不使其毁坏。每年清明节她都要到东门外祖坟地"圆坟"、烧纸，若没有她的保护，在几十年风风雨雨中，这些文物或遗迹都将荡然无存。

7. 大伯父周炳豫

周恩来的大伯父原名贻豫，又名炳煜，后更名炳豫，字笠之，是周恩来二祖父周昂骏（霞轩）的长子，清同治三年七月初十日（1864 年 8 月 11 日）出生。娶孔氏，子恩涛（祖荫）、恩煦。

---

① 秦九凤在写作《周恩来和他的亲属》一书时，曾将该三封信复印件分别寄请成元功、赵炜和郑淑芸等周恩来生前身边工作人员看。2007 年 9 月 25 日晚，郑淑芸给秦九凤打了电话，证实第一封信是她按总理嘱咐代写的。

周炳豫 17 岁时父亲去世，他的二弟周龢鼐过继给大伯晋侯（逸帆），后来他自己也向大伯学习幕业。周炳豫幕业学成之后，到江宁（南京）布政司等衙门做师爷，后来还买官衔"布政司理问"。他作幕的时间比较长，收入也十分丰厚。民国以后，周炳豫和当时许多做师爷的人一样直接转入了当地地方政府部门工作。1918 年 3 月周恩来在日本留学期间还与大伯父通过信。① 周炳豫在外工作时很少回淮安。抗战时期江苏沦陷，他的家境开始没落，最后孤身一人死在扬州一座破庙里，时间大约是 1942 年左右。

周炳豫的儿子恩涛去世较早，孙子周尔圻曾在杜聿明身边当过文书，后来在解放战争中向人民解放军投诚。新中国成立后定居南京，因此娶了周恩来保健护士郑淑芸丈夫崔北庚的姐姐崔青云为妻。"文革"期间，周尔圻受到造反派的批斗，并和儿子周强一起下放到老家淮安县的仇桥乡。现在，周强成了周家从绍兴迁居淮安后仅存的周家后代支系。

8. 二伯父周龢鼐

周恩来的二伯父原名周贻康，字调之，号阳初，后改名周龢鼐。是周恩来二祖父周昂骏（霞轩）的次子。清同治六年十二月十一日（公元 1868 年 1 月 5 日）②生于江苏淮安③。聘高氏，早卒。娶王氏。④ 后又娶程氏。

据他的后辈说，他的改名和取字都有一定的说法。他之所以要改名，是因为他少年时过继给大伯父周晋侯为子，这样他在同辈兄弟中据"长房"⑤位置。他认为，既是长房长子，就得有包容一切的胸怀，因此将自己的名字改为"龢鼐"，并另起一个旨在充当调解周家这个大家庭中方方面面关系主宰人的字"调之"。⑥

周龢鼐为人忠厚，读书也很用功，曾获国学生和候选训导的学位和头衔。但他认为自己居长，要照顾家庭，因此一再谦让，要叔伯兄弟们先考，自己可以晚

---

① 刘焱编：《周恩来早期文集》，第 288 页，南开大学出版社 1997 年版。

② 《老八房祭簿》。

③ 周龢鼐之子周恩霔 1982 年 6 月 16 日回忆。

④ 1894 年周龢鼐中举资料。

⑤ 封建社会里，以多子为多福，但只有其长子才是所谓正宗传人，所以长子成家后便称之为"长房"。"长房"在大家庭中也就自然处于极其重要的位置。

⑥ 周尔鎏：《我的七爸周恩来》，第 36—37 页，三联书店（香港）2014 年 8 月版。

⊙ 周龢鼐。（周尔鎏提供）

⊙ 周龢鼐。（周尔鎏提供）

点应考。后在家人劝说下，于光绪二十年（1894年）考中甲午科第107名举人。

周龢鼐中举后，做过河南巡抚的幕僚，于"戊戌科会试"时曾"堂备分省补用知县"。但他安分守己，治家守业，如现存他生前写作的一本诗集里就留有"名不求高但近情"的诗句①，说明他很注重家庭和人情，求真意识较强。

据他的儿子周恩霍回忆，周龢鼐为人忠厚，不善逢迎，也不喜欢做官，改就幕僚。1907年在江苏巡抚陈夔龙②处做总文案，1908年在武汉。辛亥革命后，家由南京搬到北京，赋闲在家，依靠在淮安买的100亩田产和一些股份生活。1917

---

① 这本诗集是周龢鼐生前手写本，现在周尔鎏处，秦九凤1996年9月曾目睹。

② 陈夔龙（1855—1948年），贵阳人，1901年任河南布政使，旋升漕运总督（总督衙门设淮安城中心）。1903年任河南巡抚，1907年任江苏巡抚，再升四川总督。1909年任直隶兼北洋大臣。1912年隐居上海。1917年张勋复辟时被任为弼德院顾问大臣。

年到南京督军李纯 ① 处当主任秘书。1921 年在上海去世。

他十分喜爱勤学、刻苦的周恩来，周恩来在南开读书时，他住在北京、天津，假期周恩来时常住在他家。周恩来赴欧学习，从天津南下到南京看望二伯父，周龢鼐送给周恩来路费。1984 年 8 月，邓颖超在与周龢鼐的孙子周尔均谈话中说道："你爷爷（指周龢鼐）对你七伯（指周恩来）很好。在你七伯青年时给他以经济资助，这在当时是难能可贵的。"

据周龢鼐的长孙周尔鎏回忆："七爸（指周恩来）1917 年东渡日本前，我祖父当时寓居天津，他曾到我家中，祖父和他进行长谈，临走还给了他一笔路费。七伯后来赴欧留学时，我们家已搬到南京，他又专程来南京看望我祖父，临走时，我祖父又给了他不少钱。""我们周家是个受儒教影响比较深的家庭，我祖父作为清末举人，在思想上、文化上乃至经济上给七爸一定的影响和支持，这都是肯定的。"

1921 年 1 月周恩来到达英国，交涉入学事，将一切手续办好，致信伯父周龢鼐。信中说："伦敦为世界最大都城，地大北京四五倍，人口多七倍，交通复杂，人种萃集，举凡世界之大观，殆无不具备。而世界之政治商业中心，亦唯此地是赖。居伦敦者，并不能周知伦敦，欲知伦敦，非专心致意于研究实验不为功。故伦敦为世界之缩影。"最后要求二伯父帮助申请官费留学生。二伯父十分喜爱这个侄子，但因他于当年病故，此事未办成。②

周恩来一直记挂着二伯母，抗战期间他在重庆专门写信向老人问安。解放初他到上海，因工作忙，派卫士成元功到周恩霔家看望二伯母。③ 邓颖超到上海时，也代表周恩来去看望过二伯母。

周龢鼐娶王氏，王氏有点精神病又没有生育，又娶程仪贞，生子周恩霔。王氏郁郁寡欢而生病，回到淮安驸马巷周家老宅生活，被晚辈称为痴二奶，死于淮安。④

---

① 李纯（1874—1920 年），直隶天津人，字秀山。北洋武备学堂毕业。曾任淮军营官、北洋常备军军政司教练处提调，武昌起义爆发后，任 21 混成协协统第六镇统制，中华民国成立以后，任第六师师长。1913 年在江西镇压二次革命，历任九江镇守使、江西护军使、江西都督。1914 年封昌武将军，督理江西军务，袁世凯称帝时，封一等侯。1917 年调任江苏督军。1920 年升任苏、皖、赣三省巡阅使。10 月死于江苏。

② 这封信共有 4 页，在周恩来同志青年时代在津革命活动纪念馆中展出的只是中间的两页。

③ 1997 年 9 月李海文采访成元功记录。

④ 20 世纪 80 年代周同宇向周秉宜的回忆。

9. 三伯父周济渠与他的大舅哥钱能训

钱能训

周恩来 1946 年回顾自己成长过程时说："12 岁的那年，我离家去东北。这是我生活和思想转变的关键。没有这一次离家，我的一生一定也是无所成就，和留在家里的弟兄辈一样，走向悲剧的下场。"①

他为什么能从淮安去东北？这与周恩来的三伯父周济渠、四伯父周贻赓、父亲周劭纲到东北谋生有关。这要先介绍周济渠的大舅哥钱能训。

钱能训（1869—1924 年）字斡丞、斡臣。

⊙ 钱能训。（钱家骥提供）

浙江嘉善人②。嘉善与绍兴隔杭州湾相望。他是吴越武肃王钱镠的第 36 代孙。钱镠 893 年为唐朝的节度使，907 年封为吴越王。钱镠创建的吴越国是五代十国之一，辖今浙江及江苏一部。施行保境安民，治水患，发展生产，心向统一，与日本、朝鲜交流的政策。978 年钱镠的后人领导的吴越国投降宋朝，使人民免受战乱涂炭，为后世所称颂。从而钱氏为显姓，枝流叶布。贵胄之家一般是三世而泽，五世而斩，而钱家传近 40 代，代代出人才，如近现代，人们耳熟能详的有：钱复、钱三强、钱伟长、钱学森、钱钟书、钱正英、钱其琛。这得益于钱家家训甚严，仅关于个人修养："心术不可得罪天地，言行皆当无愧于圣贤，曾子这三省勿忘，程子之四箴宜佩，持躬不可不决断，存心不可不宽厚。"③2003 年 7 月，李海文访问钱能训的孙子钱家骥。他生于 1944 年，中华人民共和国成立时只有 5 岁，又经历了这么多的运动，谈起家训，脱口而出，倒背如流。由此可见其家风极严格，传统之深厚。

---

① 见中共中央党史资料征集委员会、中共中央党史研究室编：《周恩来同志谈个人与革命的历史——和美国记者李勃曼谈话记录》，《中共党史资料》1982 年第 1 辑，第 4 页，中共中央党校出版社 1982 年版。

② 徐世昌：《国务总理钱君墓志铭》；曹秉章：《前国务总理嘉善钱公行状》。

③ 钱家家训为钱镠所制定，有关于个人、家庭、社会、国家几部分，全文可见《剡西长乐钱氏宗谱》。

钱能训曾祖父钱焜，德州州判。祖父钱堉，郡庠生。[①] 父亲钱宝廉，字湘吟，进士，历任吏部侍郎，母亲张氏封为一品夫人。

钱能训大哥元训早卒，父母过继叔叔滁香先生之次子文训为嗣。钱文训比钱能训大8岁，18岁病殁。钱文训病殁时钱能训10岁。

钱能训4岁从生母张氏学习认字。张氏教子极严，"植以礼义，导以仁恕，虽幼弱，不少宽假嬉之，具悉屏绝。塾无旷日，日无废晷"，钱能训"十一岁毕十三经，周旋动作克中规矩，凛奉慈训，无稍逾迫"。[②]

钱能训十二岁时（1881年）父亡。母子投靠滁香先生来到淮北。而此时周恩来的大爷爷周晋侯、二爷爷周昂骏随大舅樊文炜、二舅樊燮到安徽、江苏一带从幕已经30年了。周恩来的爷爷周起魁19岁（1863年）时随二哥周昂骏北上淮安，随馆学幕，也已近20年了。樊文炜门生多，樊燮先后在皖北和苏北的砀山、萧县、宿迁、沭阳、沛县和铜山等县担任过知县。[③] 周氏兄弟五人均是师爷，其中有四人，大、二、三、四从师爷而到知县[④]，周家在淮安也是望族。想必长期生活在淮北的滁香先生应与周家众兄弟相识，相谊。

1887年，钱能训应童子试，补博士弟子员。"周览涉博，综贯经艺，通识国典。"[⑤]1890年，"以荫生报试于吏部，授主事，分刑部，云南司行走"[⑥]。他每临事"惕然懼隕"[⑦]，处理公允，名声噪甚，母亲时常敦促、勉励，钱能训更加自励。1894年参加顺天府（即北京）乡试，1895年进士（二甲第18名）。经历了戊戌百日变法，"方始群议，纠纷朝野，隔阂愈甚"[⑧]，最后变法失败。钱能训心向改革，不求官位，请就原官，而将精力用于遍求日本、欧洲政治、典籍，比较两者的异同、得失，究其意而融会贯通。

1896年，补山东司主事。1900年夏，西太后支持义和团反对列强。兵部尚

---

① 科举制度是府、州、县学和生员的别称。

② 曹秉章：《前国务总理嘉善钱公行状》。

③ 樊燮光绪五年（1879年）任沛县知县，光绪十二年（1886年）任铜山县知县。见1920年版《民国沛县志》，1926年《民国铜山县志》，存全国地方志领导小组办公室资料室。

④ 1964年8月2日周恩来对周同宇、周秉德等亲属谈话。

⑤ 徐世昌：《国务总理钱君墓志铭》。

⑥ 曹秉章：《前国务总理嘉善钱公行状》。

⑦ 曹秉章：《前国务总理嘉善钱公行状》。"惕然懼隕"与周恩来常说的"戒慎恐惧，如履薄冰"的意思一样。

⑧ 曹秉章：《前国务总理嘉善钱公行状》。

前國務總理幹臣錢公行狀

甲子仲夏四日幹臣錢公薨於京邸秉章與公誼屬舊姻少年角逐文場契彌篤嗣公以公誼部十餘年不相見以迄秉章從事練兵處公時官巡警部在參議目是蹤跡相尋二十載於茲中間惟公赴秦贅年餘而憂患之中猶通聲問涕墨交縈藏在篋笥遺孫承祐等以狀請何散齡按公姓錢氏諱能訓字慎夫臣浙之嘉善人世冑閥閱邑望族曾祖諱塤祖諱宇芝亭郡庠生考諱寶深字涵相吟道光庚戌進士吏部在侍郎曾祖妣氏吳祖妣姚

公於十二月奉匶歸葬於嘉善四南區北宇圩卞家橋之原今春來都語秉章曰吾事畢矣斯時公固念慈也宣知公畢生將母之志至是而完而公亦遂逝則自辛亥以後之歲月皆為葬地庶業奧太可哀矣遺命葬張太夫人塋次毋求葬地庶業奧太夫人千百歲於同治八年己巳春秋五十有六始娶於魏繼娶於許夫人出徐十三長適陳次適毛魏夫人出嗣承祐承愷承懌十人家駟家驌家均出嗣承祐承懌夫人出縣家駟家驌家駟孫女五人得備書

六

之謹狀

姻世愚弟曹秉章頓首拜譔

⊙ 钱能训行状第一页。　　⊙ 钱能训行状最后一页。（钱家骢提供）

书徐用仪、户部尚书立山两位上谏而被诛。行刑后，徐公弃尸于市，亲属不敢收敛。钱能训与好友朱彭寿（同年进士）备衣冠为徐公收尸，暂时停放在郊外寺庙。立山之子惧怕被捕，深夜逃到钱府。钱能训将其藏匿，第二天寻机安排出走。①

八国联军打入北京后，画界分驻。驻在宣武门以西的德海军统领吗代来函索要三千元银子。钱能训即告联军统帅瓦德西。瓦德西立即将吗代撤职，于是各军将不敢放肆。同时，战乱后的北京，疮痍满目，尸横遍野，百姓饥寒交迫，钱能训联合众人编立救护团，赈济饥馑、掩埋尸体不可穷计。

当年冬，钱能训升江苏司员外郎。1903年典试，历任广东、湖北学政（乡试主考官），河南道监察御史，江南道监察御史等职。大约在1904年期间，钱能训曾回过一次淮安，钱家住淮安城里砖桥。②可能他是利用到南方出差的机会顺便回家送妹妹钱馥兰出嫁，夫家即是周恩来的三伯周济渠。周济渠的原配夫人姓曹，去世较早，又续娶钱家的钱馥兰为妻。有人说钱馥兰是钱能训的胞妹，也有人说是堂妹，因女儿不能上家谱，已经不可考，但是从后来两者的经历来看，两

---

① 钱家骢：《我爷爷当过北洋总理》，2003年8月28日《北京青年报》B15版；曹秉章：《前国务总理嘉善钱公行状》。李海文通过《北京青年报》的陈国华先生找到钱家骢先生。钱先生热情接待了她，并送徐世昌著《国务总理钱君墓志铭》，曹秉章著《前国务总理嘉善钱公行状》两本书及钱能训的照片。

② 1980年周同宇对周秉德的回忆，周同宇说钱家住淮安砖桥。经淮安的秦九凤查找，砖桥在淮安城里，市区的西北部、文峰塔前边。

家关系密切。此时周济渠已是33岁。现在钱馥兰的年龄不可考。这样一位高官将自己的妹妹嫁给二婚的中年男子，可见他是多么看重周济渠，与周济渠秉性相投。就在这段时间，钱能训常去驸马巷周家串门做客，他曾经见过6岁的周恩来，并且还给他辅导过书法。[①]

钱能训秉公办事。旗民赵文荣[②]与俄国主教勾结贿通宗室，盗卖祖茔地。钱能训认为："律有明条，岂天皇贵胄，而可容此丧心蔑义之行。"[③]上疏弹劾，没收其所得。在江南，他要求清查浙江漕运之积弊，建议裁并卫所，严禁丁役把持；要求户部银行，请按约查办英国商人诬告华商案，维护华商的利益。

钱能训因得到左都御史裕德的保举，参加经济特科考试，成绩优良，深得比他大15岁的徐世昌的赏识，成为徐世昌的左膀右臂。徐世昌评价他为："究擘宪法，揖陈政要、利害、先后、锱铢剖决，是以伪戾，优顺蒙惑，开析忠谠著烈，廷论嘉焉。"[④]

徐世昌（1855—1939年），河南汲县人，与袁世凯结为金兰兄弟，1886年中进士，入翰林。1895年以文人身份和袁世凯一起在小站练兵。以城府深、沉稳、圆滑著称，有人称他为"活曹操"[⑤]、玻璃球。1900年八国联军进攻北京，西太后携光绪逃到西安时，徐世昌先由京师到济南，而后赴西安行在。这时西太后令各省举荐贤才。袁世凯推荐了徐世昌。徐世昌从此官运亨通，1903年商部甫开即任左丞缺，1904年春任兵部左待郎，次年任军机大臣、巡警部尚书。1906年巡警部改为民政部，仍任尚书。

钱能训的仕途与徐世昌息息相关。1905年徐世昌任巡警部尚书，钱能训任巡警部左参议、左丞。巡警部改为民政部，钱能训任右丞。钱能训改刑律，清户口，恤流民，正风俗，修路，修河渠，建立警官学堂。巡警部章制文告皆出于钱能训一人之手，他是中国警察的创始人之一。他主张"改订刑律谓宜精求，中外古今，律义重视民生，以清讼源，而辅政之。行政之才，必备予于改律之先，不

① 1980年周同宇对周秉德的回忆。

② 清代满族实行军事、生产、行政合一的八旗制度，分满族八旗、蒙古族八旗、汉族八旗。赵文荣从名字看应属于汉八旗，管理八旗事务称为宗室。

③ 曹秉章：《前国务总理嘉善钱公行状》。

④ 徐世昌：《国务总理钱君墓志铭》。

⑤ 陶菊隐：《武夫当国——北洋军阀统治时期史话》第2册，第109页，海南出版社2006年版。

可贸然径行"①。

1906 年徐世昌偕贝子载振赴东北考察，钱能训随行。东北是"满清"的发祥地。清王朝建都北京之后，对东北地区的地方行政管理及设官，均有别于关内各省。除盛京（今沈阳）为陪都，建奉天府（今辽宁）为京府外，整个东北地区仍以清朝固有的八旗组织为基本统治形式，成为清王朝统治下的特别地区。徐世昌力言东北外交、内政、吏治、财政均岌岌可危，建议东北建行省。这些均是钱能训代为起草，有数十万言。

1907 年 4 月 20 日，朝廷任命徐世昌为钦差大臣、东三省总督兼管东北三省将军事务。总督、将军府设在奉天，权势居各省督抚之上。1907 年徐世昌到东北任总督，钱能训即为奉天右参赞，改革官制总督为长官，巡抚为副官。下设承宣厅，总汇机要及考核用人。谘议厅，议定法令章制，由左、右参赞分管。下设七司：交涉、旗务、民政、提学、度支、劝业、蒙务。各设司员一人，总领司事。承宣厅及各司下均分设科，每科设佥事及一二三等科员。揽天下人才，有军人及法律、财政、外交、工商、教育等专门人才，分职授事，量设郡县，拨驻军队，整理荒芜，穷治盗匪，其事艰巨，殚精竭虑，百废俱举，走在各省的前面。

在这种情况下，周家几兄弟才有机会到东北做事。

1909 年袁世凯被罢回籍，徐世昌离开东北。钱能训亦被裁缺，1910 年被命为顺天府府尹。1911 年徐世昌任军机大臣密荐钱能训任陕西布政使②，并护理巡抚③。从此钱能训跻身于督抚封疆大吏之列。徐世昌评价他："所至厘正制度，勤恤民隐，每为文诰，扬今榷古，精思赡训，读者叹服。"④

辛亥革命时，钱在西安搜捕革命党人。后陕西宣布独立。钱能训被迫任藩司⑤，举枪自杀未成，逃回北京。

1913 年熊希龄组阁，钱能训任内务部次长。1914 年徐世昌任国务卿，钱能训任政事堂右丞协助徐世昌处理政务，深得袁世凯的赏识。1916 年钱能训升任军政院院长。

---

① 曹秉章：《前国务总理嘉善钱公行状》。
② 王绪周：《钱能训》，见杨大辛等主编：《北洋政府总统与总理》，第 309 页，南开大学出版社 1989 年版。
③ 官职。
④ 徐世昌：《国务总理钱君墓志铭》。
⑤ 藩司：布政使、布政司的通称。

1917 年 11 月冯国璋代理大总统时，钱能训任王士珍内阁的内务总长。1918 年 2 月王士珍下台，钱能训为内务总长兼代国务总理。3 月，段琪瑞任总理，钱仍任内务总长。9 月 4 日徐世昌被选为大总统，10 月 10 日就职，马上宣布钱能训暂代总理。钱能训力主南北议和，派代表参加上海和平会议。上海会议得到南北各将军的同意，徐世昌乘机请求各将军疏通国会通过钱内阁。12 月 20 日，徐世昌发布任命钱能训为国务总理。1919 年 6 月 10 日，钱能训因政府内部纷争，以处理五四运动不力下台。1921 年和熊希龄、汪大燮等人发起组织"华盛顿会议中国后援会"，主张山东应无条件归还中国。

他下台后，关心民生。浙江西部各县自明朝起赋税过重，尤其嘉善居全国之首，钱能训观察甚久，1919 年 8 月，与从兄铭伯联合绅民公呈政府请减。从此，嘉善每年减米 30600 石多。致力于慈善事业，见京城贫民日多，联合悯困苦、济穷乏者，一起收集衣服、药品、钱、粮，广施行善。又设贫民工厂，解决生计。1921 年成立南北各省赈灾联合会，集款 300 万元之多。

钱能训是孝子。1923 年农历三月生母张夫人病逝，年底，钱能训将母送归嘉善安葬，对朋友曹秉章说："吾事毕矣。"[①] 此时钱能训并没有病症，但是很快，第二年即 1924 年 6 月 5 日于北京病故，享年 55 岁。曹秉章才知钱能训自辛亥以后之岁月皆为母亲而活。

钱能训编有《浙江公会事实记》。他一生"温厚治事，生平无狗马声色之好，惟豪于饮"。后因咯血不再饮酒。"读书观大意，不为章句饾饤之学（饾饤即堆砌辞藻）。晚年研寻内典，亦能观其奥，旨爱人利物之志。"[②]

1972 年尼克松访华之后，中美恢复往来。同年 7 月 14 日，周恩来会见来中国参观、探亲美籍中国学者参观团和美籍中国学者访问团，团内有钱能训的叔伯孙、放射物理学教授钱家其。[③] 周恩来与他谈到钱能训当过民国总理一事。可见周恩来对钱能训家庭了解之深。1983 年 9 月，钱家其与夫人顾维钧的女儿、联

---

①② 曹秉章：《前国务总理嘉善钱公行状》。

③ 宋路霞、徐景灿：《顾维钧家族与联合国》（下），发表于 2015 年《档案春秋》第 9 期，介绍：钱家其的祖父钱明训（钱能训的堂兄）是当年的津海关道，地方实力派。钱家其的父亲是北洋交通部的技术官员，去世得早，他的母亲带着三个孩子（大妹妹叫钱家成）来到上海，生活上靠伯父钱泰照应。钱泰曾任民国时期中国驻比利时公使和驻法国大使，著有《中国不平等条约的缔结及废除》一书。钱泰的儿子钱家骥也是外交官，在联合国服务了一辈子。

188 | 周恩来家世

合国前高级官员顾菊珍再次到北京，受到外交部长黄华夫妇的宴请。[1] 报纸报道时，顾菊珍在前，钱家其以顾菊珍先生身份出现。据周秉宜推测，这次钱家其到医院看望了周恩来的弟弟周同宇，谈论起 1972 年周恩来接见一事。[2]

1986 年，嘉善政府出资修复了钱能训墓，成为县里重点文物保护单位。

周济渠

周济渠，原名贻德，又名贻谦，更名济渠，字劫之。清同治十年九月十五日（1871 年 10 月 28 日）生于浙江绍兴。[3] 他是周恩来的五祖父周子庞的长子。大排行三，故周恩来称他为三伯父。周济渠尚有两个年龄与他相差较多的弟弟周贻震（字诚之，大排行十四）、周贻升（字元之，大排行十六），他们均早夭。故周济渠也算是周子庞的独生子。

周济渠幼时学习刻苦，故精通诗书，很有学问，并写得一手漂亮的行书。他年轻时在淮安教过书，当过师爷，以后总被人称"老夫子"。他后来捐纳官衔为"国子监典簿衔"。[4]

周济渠的原配夫人姓曹，去世较早，又续娶家住淮安城里砖桥的钱馥兰为妻。钱馥兰的哥哥即钱能训。大约在 1904 年期间，钱能训曾回过一次淮安，可能他是利用到南方出差的机会顺便回家送妹妹钱馥兰出嫁的。就在这段时间，钱能训常去驸马巷周家串门做客，他曾经见过 6 岁的周恩来，并且还给他辅导过书法。此时周济渠已是 33 岁。现在钱馥兰的年龄不可考。这样一位高官将自己的妹妹嫁给二婚的中年男子，可见他是多么看重周济渠，与周济渠秉性相投。

⊙ 1928 年，周恩彦、葛少文于天津结婚时所摄。前排自右至左：周济渠、钱馥兰、万十三姑，后排自右至左为周恩彦、葛少文。（周保章提供）

1905 年，钱馥兰在驸马巷周家生下一子，起名恩彦。他是周济渠的独生子，

---

① 2015 年 7 月电话采访黄华夫人何理良，她完全不知道钱家其的家庭背景。

② 2015 年 7 月电话采访周秉宜。

③ 《老八房祭簿》，周同宇《周家世系表》手稿。

④ 1897 年《周嵩尧中举资料》。

大排行十三。

宣统元年（1909年），淮安因发生水灾，大批的人出外逃荒。周济渠所在的衙门也裁减人员，周济渠是师爷，本不在编制内，自然就丢了饭碗。他在淮安无法生活，便带着妻子钱馥兰和4岁的儿子周恩彦前往东北奉天投奔大舅哥钱能训。

周济渠到奉天以后，钱能训安排他去了铁岭，任铁岭税捐局主任，兼办铁岭矿务，时间是1909年5月。秋天，周济渠奉命去湖北赈灾，"10月在湖北赈捐案内捐加四品衔并指归分省试用"①。

周济渠来湖北之前，在奉天度支司工作的四弟周贻赓曾委托他，这次去南方，顺便把七弟周劭纲和侄子周恩来也带到东北来。热心的周济渠一口应承了下来。他也刚从淮安过来，淮安家中的困难他心里最清楚。待湖北的公事一结束，周济渠带着在武汉教书的七弟周劭纲和侄子恩来一起离开江苏，乘船北上。1910年初，周恩来和父亲周劭纲在三伯周济渠的带领下，来到了天寒地冻的东北大平原。

在铁岭，周济渠为周劭纲父子做了安排。他先把周劭纲介绍到县衙门去做红笔师爷。

周恩来就读的银冈书院离周济渠所在的县税捐局不远。周济渠是个天性豪爽、乐于助人的人。有时，周济渠让侄子到他家来吃午饭。②只可惜，他在铁岭的时间并不长。1910年5月，周济渠任期满，"奉札回省，六月初六日交卸税差"。周济渠将工作交待完毕，就带着妻儿回到了奉天。以后他全家又随着钱能训迁往天津居住。

民国元年（1912年），周济渠"奉直隶勤业道委充水产股科员"。

民国三年（1914年）10月，周济渠到奉天"蒙厅长委办铁岭税捐征收局局长，12月到差"。周济渠这次赴任，把家眷留在了天津。

民国五年（1916年），周济渠回到天津任津浦铁路局局长秘书。20世纪初各地兴办铁路，这是新兴高科技产业，收入自然要比其他部门高出许多，周济渠的生活有了较大的改善。他时常接济一些钱给四弟和侄子周恩来。1917年周恩来去日本留学时，他也给过侄子一些资助。③

---

① 民国四年（1915年）周济渠履历表。
② 周秉宜认为周恩来中午是去三伯父周济渠家吃饭。待考。
③ 1997年3月周济渠之孙周保章给周秉宜的信。

1919 年五四运动期间，刚从日本留学回来的周恩来积极热情地投入了爱国学生运动，而正在担任北洋政府总理的钱能训却因处理学运不力引咎辞职。夹在大舅子和侄子中间的周济渠出于对侄子的关心和爱护，只有一再告诫周恩来"不要参加乱党"，否则将登报声明与他脱离叔侄关系。① 可事实上，他后来也并没有真的那么做。

在周家部分亲属中，还有这么一个生动的传说。1928 年 12 月，周恩来从上海化装成商人乘船去天津。他是代表党中央为解决顺直省委②问题秘密赴天津的。不料一次集会时走漏风声，现场被敌人包围，好在敌人不知道里边人员的具体身份，反动军警们只是严令被围人员都必须有亲属前来认领才予放行。周恩来就机智地托已被亲属认出去的同志带信给在天津的三伯父。周济渠得知，大惊失色，忙穿上长袍马褂，叫了一辆车前往出事地点。一路上，他就盘算着，多年未见到恩来，不知他现在长成什么模样，因为在这一节骨眼上，见面时稍一迟疑或其他任何一点疏忽都会造成反动军警们的怀疑，带来不堪设想的后果；直接写上"接周恩来"的字幅吧，虽能让他早早发现，但无疑是把他送入虎口。老人忖度再三，就写了一个"接周大鸾"的大字条幅置于车前。周恩来老远就看到了，心领神会，忙亲热地高喊："三伯，三伯！爸爸叫我给您拜寿来了。"由于叔侄之间亲密无间，使周恩来从容摆脱了敌人的包围。敌人没有抓到中共要人十分不甘心，派人跟踪"周大鸾"。

回到家中，周济渠力劝侄儿不要再参加"乱党"："清王朝都推翻了，还革什么命？"周恩来则一边感谢伯父的救护，一边坚定地表示，只要他一息尚存，他认准的事业就一定要干下去。周济渠论理不过，只好既爱抚又无可奈何地说："那就只好'人各有志'，我不强勉了。不过山高水险，千万得小心为之呀！"③

周恩来住进周济渠公馆，仍日夜受到敌人的监视。如何才能脱身？周恩来发现敌人对女眷出入监视不严，他就化装成女人，骗过敌人才彻底脱险。④

1929 年，周济渠调往南京任津浦铁路总务处文管课课员。1934 年，周济渠的妻子钱氏因病故去，他便退休去武汉他的儿子周恩彦家，和儿孙们同住。两年之后

① 1996 年 12 月周济渠之孙周保章给周秉德的信。

② 顺直即指北平（今北京，曾叫过顺天府）和河北（曾叫直隶省）。但当时中共顺直省委领导的地区比较大，包括北平、天津、河北、山西、察哈尔、绥远、热河，加上河南北部和陕北的广大地区。

③ 1996 年秦九凤采访周济渠之孙周保常、孙女周保庄记录。

④ 1997 年 11 月 22 日周保章致周秉宜信。

即 1936 年，周济渠病故于汉口，享年 63 岁。1937 年与妻子合葬于南京永安公墓。①

10.五伯父周贻鼎

周贻鼎，周恩来三祖父周联骏之独生子，原名贻定，后更名贻鼎，字静之。清同治十二年四月十八日（1873 年 5 月 14 日）生于绍兴。娶万青选的第十三个女儿万十三姑为妻。周恩来称万十三姑为五伯母，不称她为十三姨。

1908 年周恩来和弟弟们回到淮安时，五伯父周贻鼎正在淮安一带做师爷，并住在驸马巷周宅。这段时间，周贻鼎也曾资助过这几个失去母亲的小侄子。②1910 年周恩来去东北之前，五伯母万十三姑怕他去东北受冻，还为他赶做了一件棉背心。③

在周恩来去东北天津之后，周贻鼎一家人也去了天津，他一家和三伯父周贻谦交往比较多，周贻鼎在天津做什么工作尚不知道，但他家生活还是比较富裕的，周嘉琛的女儿周毓济在 1932 年左右曾去过周贻鼎家，见过五妈——万十三姑，当时五伯父周贻鼎已经去世，但是家境仍较富裕。④

11.六伯父周嵩尧

周恩来的六伯父原名周贻良，后更名嵩尧，字峋芝，号薰士，晚号芝叟。清同治十二年闰六月十八日（公元 1873 年 7 月 17 日）生于江苏，是周恩来二祖父周昂骏的第三子，大排行六，所以周恩来一直称他为六伯父。在周恩来上一辈中，"以峋老为著名"⑤。

周嵩尧幼年时，父亲周昂骏在江都、仪征一带做官，他和哥哥跟随父母居住仪征、扬州等地。光绪四年六月（1878 年 7 月）周嵩尧 5 岁丧母。过了 3 年，继之丧父。由其二舅郑仁寿（字见山，晚号镜华，福建闽侯人）抚养长大。郑仁寿于设在淮安的漕运总督府任总文案（首席幕僚），对周嵩尧管教极严，还为他

---

① 1996 年 12 月周济渠之孙周保章给周秉德的信。
② 1982 年 6 月淮安周恩来故居同志采访周恩灿记录。
③ 周秉宜采访王士琴记录。
④ 1997 年 9 月周秉宜采访周毓沧记录。
⑤ 丁志安：《绍兴地方史料选刊》。

聘请了淮安著名学者刘立三（号星阶）先生为家塾馆执教。大约 1892 年，周嵩尧娶周樵水夫人樊氏胞侄孙女樊氏为妻。樊氏是师爷世家，她的两个弟弟前有介绍。那时中国是自给自足的小农经济，以血缘关系维系，多是亲上加亲。

光绪十六年（1890 年）周嵩尧 17 岁入泮，中绍兴府（辖六县）第一名秀才。[①]第二年他返回原籍参加乡试未中。对这次回乡，周嵩尧记忆犹新。1951 年 3 月 3 日他给表侄鲁觉侯写信说："回忆前六十年辛卯应试乡闱，曾回绍住多日，时尚未完姻也。从前由西兴雇乌篷船返绍，一路常有戏台，灯火夹岸，船中可买食物，风景妙绝。今恐不可得。去年有越剧团来京，曾招至中南海怀仁堂表演，列坐而观，反不如在吾绍城乡之观拥挤之有趣，戏则皆无甚意思，土气不能脱。"他接到家乡特产，十分高兴，回信说："嗣接糟鸡干酢，乡味满前，挚意隆情，殊深铭感。尤难得者，在家乡一二千里之外，于屠苏春风送暖之初，竟得大嚼越鸡，饱餐鱼脍，糟香四溢，如六十年前在百岁堂祭毕散福情形，当日皋埠尊府登四外公健在，（舍侄恩来之祖母，即登四公长女也）。"

周嵩尧乡试未中，二舅郑仁寿勉励他不要灰心、继续努力。同时安排他在郑家塾馆一边教表弟们读书[②]，一边复习功课，准备参加下一届的乡试。在此期间他是否做过别的工作，目前尚无资料。

光绪二十三年（1897 年），周嵩尧 25 岁时考中丁酉科第 35 名举人。[③]建国后有一次周恩来在与亲属谈话时特意提到了这件事："我们上一代，还都去拜绍兴师爷，给人家做徒弟，但没学好。只有二伯父、六伯父学得较好，六伯父中了举人，做了师爷，后来曾给袁世凯做过秘书，在中南海办过公。"[④]

周嵩尧中举之后，在漕运总督衙门担任文案，成为总文案郑仁寿的得力助手。1908 年初，升总文案。当时漕运总督裁撤，改设江淮巡抚暨江北提督府，由袁世凯最信任的王士珍担任江淮巡抚暨江北提督。

周嵩尧在政治上较有远见，才干高人一筹，所以他在江北提督王士珍保荐下进京，经光绪皇帝和慈禧太后在颐和园仁寿殿集体召见面试，委为邮传部郎中掌路政司。[⑤]在当时的一本叫作《新语林》的书上，有这样一段关于他的记载："周

---

① 周嵩尧的孙子周华凯认为是会稽县头名秀才。
② 1997 年 7 月周秉宜采访沙青记录。
③ 见浙江图书馆古籍部所藏《浙江乡试同年齿录·光绪丁酉科》。
④ 1964 年 8 月 2 日周恩来对周同宇、周秉德等亲属谈话。
⑤ 见宣统三年（1911 年）《缙绅全书》第 1 册。

崄芝以部郎入浙，查办沪杭甬路桥工，秉公无私。汤蛰仙（名寿潜，浙江萧山人，曾任浙江铁路公司经理，民初任南京临时政府交通总长等）以文报部曰：'周郎中识穷两戒、清绝一尘。'并注释说：'周名嵩尧，浙江绍兴人，举人，以内阁中书久居江苏幕府。历任漕运总督、江淮巡抚咸倚之。刘永庆、王士珍先后为江北提督，尤器其才。王专疏保其才堪大用，擢侍读，授邮传部郎中掌路政司。入民国为江西督军公署秘书长，以道尹存记，内调统率办事处秘书。李纯移督江苏仍任秘书长。李屡荐其才堪胜省长任，未获简放，授浦口商埠帮办。'"周嵩尧在任职期间还曾获得二等文虎勋章和二等嘉禾勋章。

1914 年，周嵩尧在袁世凯的大帅府办事处秘书任上时，曾经力主南北议和并一再为南北和平统一而奔走呼吁。

1920 年，周嵩尧卸职回到淮安，带着儿孙住在离驸马巷不太远的一幢条件比较好的房子里。此房子为《老残游记》作者刘鹗的故居。

周嵩尧先生是个多才多艺的人。他不仅为政清正廉洁，而且书法、诗词、文物收藏、鉴赏等水平也很高。早年他曾著作过诗集《磨绮集》。他的文章读来朗朗上口，结构严谨，文笔流畅，足见他有着很强的文字功底。另外，他在石印本《国学丛编》《跬围谜刊三种》和《宾楚丛谈》卷三等也著有诗作；20 世纪 40 年代，他在扬州还为舅父郑仁寿编辑《镜华老人文集》10 卷，并在卷首作序和写了《镜华老人传》。他自己也写作过《客耻》① 等 30 多篇诗歌、散文。而他和两位胞兄周炳豫、周龢蕭共同将父亲周昂骏手录曾祖父周元棠的诗集《海巢书屋诗稿》和郑仁寿的诗集《方壶遗客诗存》合并刊印成册。该书现存于淮安周恩来故居。

1929 年，周嵩尧携全家移居扬州。

"七七"事变后不久，扬州陷落，他的一些故友至交中有一部分人当了汉奸，由于他的才干和声望，日伪方面多次请其出山，要他为中日"亲善"效力。他愤而不应，坚持隐居。而 1946 年当他得悉七侄周恩来率中共和谈代表团抵南京时，顿时喜出望外，到梅园与周恩来晤谈。后因时局维艰，和谈破裂，才又辗转北返扬州。

周嵩尧在赋闲生活中收藏古玩器、古玉器、古字画、古钱币等。他收藏的古玉器中有周代玉圭，古钱币中有汉代的五铢钱，古字画中也有不少清代的一些名

---

① 现为郑仁寿孙郑约之收藏。

家作品。但终因历史的局限和专业技能的不足，他一生精心收藏的自谓"传世珍宝"，竟有近半数为赝品。如他花了很大代价才弄到手的一块铜质秦诏版、一幅宋代燕文贵的山水画等，经故宫博物院有关专家鉴定均系后人仿作。建国初，抗美援朝战争爆发，周嵩尧还曾将自己收藏几十年、传世二百余年的清初王云的一本山水画册捐献给国家，期望变卖后买飞机、大炮以打击侵略者，后因当时尚无文物商店，辗转数月又退还给他。此举虽未获成功，但却表现了周嵩尧的一腔爱国情怀。1953 年他临终前又将自己收藏观赏一生的 20 多件老古董遗赠给侄儿周恩来。周恩来临终前，又遗言将这批古文物全部赠送给故宫博物院，由故宫全权处理。1995 年，这批 19 类 23 件文物已全部由故宫博物院移交周恩来纪念馆收藏。

　　1949 年冬天，中华人民共和国刚刚成立，周恩来即致信六伯父周嵩尧，邀他进京。周嵩尧遂由扬州乘船经镇江换乘火车赴京，在中南海西花厅与七侄周恩来相见。周恩来一见面就高兴地对六伯父说："这次来就'既来之，则安之'了。"① 周恩来即让行政秘书何谦送周嵩尧到北京的远东饭店下榻，这是当时政务院交际处所属四家招待所当中最好的一家，包括庄希泉、高士其、梅兰芳等知名人士当时都住在这里。1950 年国庆一周年时，周嵩尧应邀登上了天安门观礼台参加观礼，这是当时一种比较高的荣誉。

　　解放初，成立了中央文史研究馆。馆长为符定一，他曾是毛泽东的老师。文史馆聘请了一些曾在清末和民国时期担任过要职的政界人士和社会名流。如曾任北洋政府交通总长的叶恭绰，曾任北洋政府内务总长的朱启钤，国民党元老、毛泽东的世交章士钊，大画家齐白石等。这些老人在历史上曾为国家为民族做过一些有益的事情。解放前夕，他们又坚持留在大陆，表示拥护新的共产党政权。现在人民共和国欢迎他们继续发挥余热，尽自己所能为人民大众做贡献。1951 年 6 月，周嵩尧由政务院常务副秘书长齐燕铭推荐，政务院总理周恩来批准，被正式聘为中央文史馆首批馆员。

　　周恩来在安排聘用周嵩尧这一工作前曾对他说："你一生做了两件好事，人民不应该忘记：第一，你在江苏督军李纯秘书长的任上平息了江、浙两省的一场军阀战争，使人民的生命财产免遭了战火的涂炭；第二，袁世凯称帝时，你没有跟他走，这是政治上很有远见的做法。现在人民当家做主了，应该考虑你为人民

---

① 周华章致秦九凤的信。

做点事。"

那么周恩来说的周嵩尧做的"两件好事"是怎么回事呢?

那还是20世纪的民国初年,中华大地军阀割据,各霸一方。天津的李纯仰慕周嵩尧的才干,在江西督军任上就聘请了周嵩尧做他的秘书长。李纯移督江苏后又继续聘用周嵩尧做他的秘书长这一要职。这时,曾任李纯的参谋长、后任陆军第六师师长的齐燮元①被浙江督军卢永祥逐出浙江,再次投到李纯麾下。李纯靠这一文一武的"左膀右臂"辅佐,加之江苏地处长江三角洲的经济发达地区,真所谓兵精粮足,春风得意。但是齐燮元却因被卢永祥所逐而不甘心,做梦都想夺回浙江那块失去的"天堂",于是他挖空心思,千方百计从中挑拨:他先使人向卢永祥送去假情报,说李纯依仗自己人多势众,以强凌弱,即将起兵入浙。这使卢永祥一时很紧张,急忙调兵遣将,在江浙两省交界处严密布防。于是齐燮元又有了新的借口,在李纯面前说卢永祥正在向江浙两省交界处调集重兵,图谋不轨,并极力怂恿李纯起兵伐卢。李纯未敢贸然自决,就找周嵩尧商量。周嵩尧主张先查明真相,再作结论,并从双方力量对比等各方面分析比较,作出了卢永祥不可能主动出兵的准确判断。接着,周嵩尧又利用自己的浙江原籍的同乡关系,很快与卢永祥的秘书长联系上,终于说服卢永祥从江、浙沿线撤回了军队,这才使一场一触即发的江苏、浙江两省的军阀混战烟消云散,从而使两省民众的生命财产免遭了一场劫难。

1920年李纯不明不白地暴死于江苏督军公署,齐燮元走马上任江苏督军这一肥缺。当他邀周嵩尧继续当他的秘书长一职时,周嵩尧愤而不允,并拂袖而归淮安。齐燮元1923年任苏皖赣巡阅使。1924年因直系在第二次直奉战争中失利,齐被段祺瑞免职。抗日战争中,齐出任伪职。抗战后被捕。1946年被枪决。

第二件是袁世凯要做"中华帝国"的"洪宪皇帝"时,身为袁世凯大师府办事处秘书的周嵩尧曾不顾个人安危,直言上书袁世凯不可逆历史潮流而动,结果遭到袁世凯及其爪牙们的冷落,周嵩尧也就只好愤而离去。

周恩来正是出于对其六伯父上述两件德政的考虑,才安排聘用周嵩尧为首批中央文史研究馆馆员的。

周嵩尧的孙子周华章②曾回忆:"周嵩尧以77岁高龄担任文史馆馆员。他刻

---

① 齐燮元(1879—1946年),天津人,秀才出身。1916年任陆军第六师师长。

② 周华章随祖父一起来北京工作,就近照顾祖父。

苦学习，努力适应新社会。在《毛泽东选集》尚未出版之前，他就用毛笔逐字逐句地全文抄录了毛泽东的《新民主主义论》和毛泽东的诗词。他在报纸上发表文章，热情赞颂党的领导，赞颂新中国。他在给其表弟鲁觉侯的一封信中说：'吾乡城河污浊，饮料艰难。人家多吃天水，居水乡而净水少，相沿数百千年官吏无人问及。今竟大加改良，真是可喜之佳音。'在建党30周年庆祝会上，他还被推选为中央文史馆的代表，和符定一老先生一同向毛主席敬酒，表示衷心的祝贺。"①

周恩来几次将周嵩尧请到西花厅来，向他请教一些历史问题，如清末民初政府各级机构之建制、各级官吏工资之安排等。周嵩尧皆一一给予耐心的讲解，他为自己能老有所为而感到无限欣慰。②

1951年，中华人民共和国诞生不久，旧中国留下的烂摊子，人民生活艰难，百业待兴。常常有一些人假冒周恩来的本家或亲属找到西花厅，有的要求安排工作，有的希望给予经济上的资助等等。周恩来工作非常忙，一般无暇与见，邓颖超对周家情况也不是都能知道，随意"得罪"不太合适；来者就给予礼遇又怕是"假冒伪劣"。于是，周恩来就让何谦给周嵩尧写信，请六老爷子介绍一下周家的各方亲属。周嵩尧很快回信，并附了周家亲属情况。周嵩尧的信写道：

何秘书同志：

电话有分机的，我常会听不清。昨日所说周振中，堂房绝没有这人。总理堂兄弟，现只有：恩夔，我之子，年五十；恩霔，二房的，在上海，年四十二；恩宏，五房的，在上海，年四十九，新近他的原配未见；前单所写恩煦，已死，才知道他在上海有工作；恩燕，三房的，在广东，年四十余，亦新近知他在广东铁路局工作，四个。又，从堂弟恩灿，九房的，在扬州，年四十余。如此而已。此人定是假冒，未必敢来见我，若来见，或是远房本家，当由电话奉告。

此布并致　敬礼：

周峋芝　启

十一月廿五日③

①　1997年5月3日周华章手稿。中共中央文献研究室第二编研部编：《亲情的记录》，第21页，人民出版社、青岛出版社2014年版。

②　参见周华章口述、周秉宜执笔：《我的七叔周恩来》，《追求》1995年第2期。

③　附件原文依旧时习惯，在竖行排字间不分类别一律以"。"断句。现文内标点是秦九凤所加。

周嵩尧在写完这封信后还不放心，又特意详详细细写下一份附件，附件的全文共 3000 多字，是周嵩尧用毛笔工整地书写而成。这是一份有关周恩来亲属最为全面和具体的"图谱"，也是研究周恩来家世的一份珍贵资料。①

周嵩尧还帮助周恩来做过亲属的工作。1951 年 2 月 14 日他给表侄鲁觉侯的信中解释："迭次来函并尊府世系表及令侄彦本《自传》均交中南海，唯舍侄夫妇一日万机，直无刻暇，各处函件，多未阅览。而于尊府失业人多，则深为注意，不独尊府，舍间本家亲戚年谊知交，大率情形相同。舍侄地位固不便——发交下属，致涉私心，实亦人数太多，难于在京安插。是以去年政务院两次明令，颁布救济知识分子及失业失学群众各项办法，实皆有为。而然今令郎得有工作，令侄未知若何。人事局积存太多，无可安置，最好亦嘱其在外就近向某某机关伺机登记，青年则投考学习或参军等等，工商军政各视所宜可耳。"

周嵩尧虽然身在北京，"馆职优闲"，生活上也有人照顾，却依然思念家乡，尤其是想回绍兴看看。可是周恩来考虑到，如果送老人回去，"当地政府一定会对他给予特殊的接待和照顾。这样无形中就会给当地政府增加负担，也影响人家正常工作"。"况且周恩来历来反对'衣锦还乡'的旧习俗，他要树立新社会的新风尚，给全党做出榜样"。②所以婉言规劝六伯父不要回去。周嵩尧在 1951 年 3 月 1 日给表弟鲁觉侯的信中提到了此事："本欲就浙省一席，舍侄以相距太远，年衰独行，不能独行。"③周嵩尧是个见过世面又十分识大体的老人，他马上理解了侄儿的意思，以后他再也不向周恩来提任何个人要求。

六伯父的通情达理令周恩来十分欣慰。他更加关心周嵩尧，经常接周嵩尧到西花厅玩，有时给他买戏票送他去看越剧，有时邀他去颐和园坐船游昆明湖，他还多次嘱咐在北京的弟妹们："六伯年纪大了，你们有空常去看看他，陪他说说话。"④1951 年 3 月，周嵩尧的独生子周恩夔在扬州去世，周恩来体贴周嵩尧老年丧子的心情，这时，他的曾孙周国镇从扬州到北京⑤，一边上学一边陪伴老人家，由周恩来负责周国镇的生活及学杂费用。1952 年 8 月周嵩尧 80 大寿初度，周恩

---

① 见本书附录七。
② 参见周华章口述、周秉宜执笔：《我的七叔周恩来》，《追求》1995 年第 2 期。
③ 1961 年 3 月 10 日周嵩尧给鲁觉侯的信。
④ 1994 年 6 月周秉宜采访周毓济记录。
⑤ 2015 年 11 月 16 日周华凯致李海文信。

来在西花厅设家宴为他做寿。据周恩来生前的卫士长成元功、卫士韩福裕回忆说："那一天周总理还特意系上围裙，亲自下厨房做了两道六老爷子喜欢吃的家乡菜。"①

1953年9月2日周嵩尧患老年性气管炎在北京去世，享年80岁。百忙之中的周恩来亲临北京嘉兴寺向他的六伯父遗体告别并主持入殓仪式。9月6日，周嵩尧出殡，周恩来因公务繁忙，无法分身，便嘱托邓颖超代表他前往送葬。邓颖超亲自送灵到北京东郊第一人民公墓，并为周嵩尧的墓培土。

周嵩尧生前娶樊氏，续娶赵氏、孙氏。樊氏生一子恩夔，即后来周恩来写信称为"铁仙"的"四哥"。

12. 姑母周桂珍和姑父王子余

周桂珍（1873—1913年），是周恩来大伯祖父周晋侯（逸帆）的女儿，按大排行，她应是周恩来的二姑母。清末，绍兴人王庸吾宦游苏北，与周晋侯在淮阴共事，结为好友。王庸吾之子王子余少年聪慧，周晋侯应允将女儿许配给他。1887年王庸吾去世，客居淮阴的王家迁回绍兴，住城内火珠巷板桥头（现光明路木桥弄12、14号）。1894年，王子余与周桂珍结婚。婚后生子4人，即长子觐甫、次子瑾甫、三子远甫、四子同甫，生女2人，即长女王深、次女王冲。

周恩来的姑父王子余（1874—1944年），名世裕，字子余，晚年自号聱庐老人，清末秀才。王子余青年时期深受康、梁维新变法影响，力主"唤起民众爱国，开通地方风气"。1902年，出任绍兴府会稽县学堂督办，并在仓桥开设"万卷书楼"和"进化书庄"，与徐锡麟在轩亭口所设的"特别书局"互为呼应，以"蒙学课本"为掩护，暗中推销进步书刊。1903年，王子余创办绍兴第一张白话报纸《绍兴白话报》，内容丰富，文字通俗，集时事、政论、广告于一体，颇受各界读者欢迎，同时在绍兴试办"绍兴印刷局"，使该报坚持长达5年之久。

1906年，经蔡元培堂弟蔡元康介绍，加入光复会。不久，又加入同盟会，通过《绍兴白话报》宣传孙中山的革命主张。1908年4月，复又与刘大白、甘

---

① 秦九凤采访成元功、韩富裕记录。

润生等创办《绍兴公报》，以"为民喉舌，秉笔直言"为宗旨，读者踊跃，街巷争相传阅，深受民众欢迎。

1909 年 8 月，王子余被选为浙江省咨议局第一届议员，提出《官有财产管理规则法案》，希图通过法制廓清财政弊端。

1912 年，与蔡元培发起筹建旨在纪念陶成章烈士的"成章女校"，任校董；同时，又筹办纪念徐锡麟烈士的"徐社"，为传扬先贤精神不辞劳苦。1928 年，王子余被聘为"绍兴县建设委员"，竭力主张为秋瑾烈士在轩亭口就义处建碑纪念。为冲破当时"不设专祠"的规定，他四处奔波，联络老同盟会会员，要求中央拨款建造，并邀请蔡元培、于右任、张静江等名人为"秋瑾烈士纪念碑"撰写碑文、碑名；自己则亲自择地、设计、监督施工，完工后，接着又在府山西南峰建造纪念亭，根据烈士临刑前的诗句，定名为"风雨亭"。

王子余是位革命志士，1912 年中华民国建立之初，被委任为嵊县第一任县知事。这时周桂珍正要生产，但王子余重任在肩，毅然赴任。嵊县在当时是穷山僻野，土地贫瘠，人民难以谋生，社会秩序混乱。王子余只带了一个工役赴任，要收拾清政府垮台后的这副烂摊子，并非轻而易举之事，但是上拨经费非常有限，他又不想因此去加重百姓负担，常常不得不以自己的名义，向亲友告贷，三个月过去，这位县知事已负债累累。再做下去，势必倾家荡产，为此，他只好提出辞呈，卖掉祖田 30 亩，加上周氏夫人的一些首饰，总算勉强还清了债务，才得以卸任归里。

他在任上，夫人周桂珍在产第五子时因病母子双亡。对此，他十分沉痛，作有《悼亡室周》诗，其中有一首是：

> 百种牢愁郁不平，归家每自到三更。
> 欲教戒酒还斟酒，慰我无聊一片情。

王子余深更半夜回来以酒消愁，妻子爱惜他的身体，劝他少喝或不喝，但又不忍丈夫因失去这个爱好而愁上加愁。这种"欲教戒酒又斟酒"的神情，真是令人感动不已！

另一首是：

一官我自轻于叶，盼得归来月已斜。

撒手不闻留一语，终宵开眼恨无涯。

看来，等到王子余从嵊县卸任归来时，夫人周桂珍已经溘然长逝了，什么话都没有听她说一句，所留下的唯有绵绵长恨，追忆往事，使他难以入睡。

20世纪20年代初，王子余从杭州中国银行调任为中国银行绍兴支行行长。这应该是一个"肥缺"。但他依然清廉自守，自奉俭朴，公私分明，或汇兑周转，或社交应酬，从不借公肥己，相反，亲朋中一时经济短缺，或孤儿寡母求学告借，他总是解他人急难于先，故薪俸虽高，也难免家中时有柴米之急。在银行办公室，他挂着两句自嘲诗：

嫁衣实为他人作，金穴谁知住者贫。

1934年退休时，多亏了朱仲华和金汤侯两位好友的帮助，才得以顺利卸任。

1939年3月，周恩来顺道访问故乡，3月28日到绍，当日傍晚即同秘书邱南章、警卫员刘久洲步行至火珠巷板桥弄4号拜望姑父王子余。因为王子余参加过辛亥革命，周恩来对他十分敬重。

在绍兴轩亭口附近，有一条东西向的用青石板铺成的小巷，旱称火珠巷。火珠巷东头与山阴大街成"丁"字形，西头为一拱形古石桥，即"宝珠桥"。巷内原有一小山，名"火珠山"，火珠巷即因此山而得名。火珠巷原为一河一街格局，河北岸为石板小街，河南岸为住宅区，巷的中段，有一木桥过河，进入南岸住宅区，其弄即为板桥弄。

此时周桂珍去世已27年，王子余领他瞻仰姑妈周桂珍遗像，周恩来在姑妈遗像前默哀并恭敬地鞠了三个躬。

周恩来在绍兴三日，四次到姑父王子余家，3月29日，周恩来下乡扫墓回来，王子余特备大宴，宴请这位远道而来的贵客。王子余敬重共产党，敬重身为共产党领导人的内侄。散席后，王子余长子王贶甫已备好纸笔，请周恩来为大家题词以作留念。

周恩来首先为姑父王子余写了岳飞的《满江红》词一大幅。据当时《绍兴民国日报》记者宋子亢（宋山）回忆，3月30日一早，周恩来从小教场县商会下榻处来到火珠巷王家，原来昨晚他想起给姑父王子余题词中错了一字，所以一大早跑来要改一下，宋子充说由此"足见（周恩来的）细心处"。

王贶甫在《周恩来来绍兴小住片断》一文中说：周恩来表兄题写的《满江红》词，"为我二弟瑾甫接去，不知下落，殊为可惜"。

为姻叔王缁尘的题词：

> 生聚教训廿年，犹未为晚，愿吾叔老当益壮！

王缁尘，名子澄，号缁尘，王子余三弟，曾阅读过不少进步书籍，当时失业在家。

为表弟王贶甫的题词：

> 埋头苦干，只要抗战胜利，定必苦尽甜来！

给表弟王同甫的题词：

> 从孤岛生涯中认识故国才是真认识！

王同甫，王子余第四子，曾为嘉兴中国银行职员，嘉兴沦陷后，逃往上海孤岛避难。

给表弟王云甫的题词：

> 人人尽力，人人享受，人人快乐，这是大同世界！

王云甫，银行职员，当时因患病在家休养。周恩来表妹王去病在《永久的思念》一文中说："我的一位堂兄问周表兄（恩来）什么是共产主义。周表兄就为他题了一幅'人人尽力，人人享受，人人快乐，这是大同世界'。使我这位堂兄懂得了没有不劳而获的世界，只有劳动才有享受和快乐，他以后在工作中不再像以前那样懒散了。"①

为表妹王逸鸥的题词：

精研中国文学，发扬民族意识，创造出中国民族的新文学！

王逸鸥，王子余的女儿，时为绍兴中学国文教师。

为表妹王去病的题词：

勿忘鉴湖女侠之遗风，望为我越东女儿争光！

周恩来为王去病写好这幅题词，笔墨都已收起。王去病却又取出一本缎面纪念册来，翻到第一页，要表哥再给她题一幅。周恩来为此从军装上衣口袋拔出钢笔，看了一下纪念册，对她说："这头一页我不能写，这应该留给姑父他老人家给你题的，我只能在第二页上给你写。"于是翻过一页，用钢笔横写道：

青年是学习时代，从课堂中学习，从服务中学习，从师友中学习，要认识学无止境！②

王去病，王子余幼女，时为绍兴中学住校生。周恩来写好这幅题词，然后问她："你三姐字逸鸥，你有没有字呀？"王去病说："有呀，我父亲叫我们姐妹，在成年之后，给自己取字，我学名去病，字逸莺，黄莺的莺，我就想请你给我题一张'逸莺'的！"于是周恩来在这幅钢笔题词之后，又写下了"逸莺表妹"四字，还在署名"周恩来"之后又写上了题词的日期："廿八、三、廿九"。周恩来用毛笔为王家表亲题词 11 幅，只这幅钢笔题词，写有日期。③

为表侄王戌的题词：

① 浙江省毛泽东思想研究中心、中共浙江省委党史研究室编：《周恩来与浙江》，第 185 页，中共党史出版社 1992 年版。

②② 参见陈德和：《关于 1939 年周恩来来绍史料之补正》，刊《绍兴党史通讯》1992 年第 3、4 期合刊。

冲过钱塘江，收复杭嘉湖！
乘长风，破万里浪！

　　王成，号慕向，王贶甫长子，当时正在绍兴中学读书。1939 年 3 月周恩来在绍兴的日子里，王成一直与周恩来随员邱南章、刘久洲在一起，跟着表伯周恩来去开会、去扫墓、去游览大禹陵，周很喜欢他，就认他为义子，不仅为他写了两幅题词，还拿出 10 元钱给他的母亲，请他的母亲为他代买点书，希望他好好学习。周恩来到金华后，又给王成寄来一张穿军装的相片，背后写有"慕向表侄义儿"六字。王成对周恩来的题词视若珍宝，遗憾的是逃难到福建时，第二幅题词连同箱子被日寇炸弹炸为灰烬。

　　为表侄王俭的题词：

　　青年是黄金时代，要学习、学习、再学习！

　　王俭，号德怀，王贶甫第二子，当时在辛弄（今春波弄）绍兴县立联合中学读初中。他回忆说："三月廿八日这天下午放学回家，母亲欣喜地对我们说：'共产党里的表伯来了，就在前厅。我们几个兄弟雀跃地涌进厅前，见到了表伯周恩来。"又说："三月廿九日晚上，表伯应邀来我家欢聚，饭后父亲陪表伯在客堂间和大明电气公司的顾康年等座谈。座谈结束，我们一家纷纷要求表伯题词留念。表伯欣然挥笔，给我题的是：'青年是黄金时代，要学习，学习，再学习！'写到这里，表伯停笔问我号是什么，我说'号德怀'。表伯亲切地问：'为什么叫德怀？'我说：'太甲经书上有一句：慎乃俭德，唯怀永图，取其中的意思。'表伯又说：我们部队有个很会打仗的副总司令也叫'德怀'。我忙不迭地回答：'彭德怀。'表伯微笑地点点头表示赞许，其实我是不久前才从斯诺的《西行漫记》中看到的。随后，表伯在题词的落款处，洒脱地写下了'周恩来'三个字。"

　　王子余也欣然赋诗，以五言绝句回赠周恩来：

　　廿载音书绝，连朝情话欣。
　　老去终伏枥，当待纪奇勋。

《喜内侄来越》

30 日清晨，周恩来又到王子余家与亲友们在槐荫堂合影留念。

30 日晚，周恩来第四次来到火珠巷，在姑父的帮助下，召集了大明电气公司的青年工人陆与可、周文元等 5 人，进行了座谈，亲切地询问他们工作、家庭等情况，勉励他们要搞好生产，积极投入到抗日救国斗争中去，并为他们题写了"光明在前""前途光明""为光明而奋斗"等共 5 幅字。

⊙ 1939 年周恩来在绍兴和亲友的合影。左起：王远甫、章问渠、周恩来、王戌（慕向）、王觊甫、陈建珍（王觊甫夫人）、王逸欧。（绍兴鲁迅纪念馆提供）

浙江杭嘉湖相继沦陷，1940 年 5 月，王子余做好了以身殉国的一切准备，并分录陆游《示儿》诗给子女，教育子女保持民族气节。他举家搬住到离城 10 余里的张墅。1941 年 4 月 17 日，日寇侵占绍兴，他镇静自若，默默地整理着各种文件。以后消息不断传来，日寇正在找他，他被列为"绍兴维持会长"首席名单。至此，王子余召集全家，对妻子和儿女们说："日本人如果来张墅，一定走水路。为了不祸及乡邻，我还是跟着他们去，但是，我决不会跟到城里，待船到半路，我跳进'大铜盘'（绍兴湖泊之一）一死，你们不必悲伤，做人总有一死，只要记住我们的仇敌是日本鬼子……"

1944 年 8 月 8 日，王子余抱着未见抗战胜利的深深遗憾病逝于绍兴笔飞弄的"难童教养所"，享年 71 岁。他不仅是金融家、爱国人士，而且还是著作甚丰的学者，他整理核订了《绍兴县志资料》第一、二两辑初稿（其中第一辑已于 1937 年出版），重新刊印了《嘉庆山阴县志》《康熙会稽县志》《绍兴府志》《道光会稽县志》《山阴县志》和《禹域丛书》的第一、二集，以及《越中文献文辑丛书》等书。

1947 年，绍兴县参议会为追念王子余生前功绩，立案通过，把"火珠巷"改为"子余路"。1963 年，由王子余长子王觊甫，建议改"子余路"为"光明路"，取义于 1939 年 3 月周恩来为大明电气公司职工题词均带有"光明"二字。

周恩来对姑父十分敬重。1946 年他到南京同国民党谈判，住在梅园新村，邀请六伯周嵩尧到南京相见。久别重逢，数次晤谈。一次周恩来忆叙了 1939 年故乡之行的情景，从周嵩尧这里得知姑父王子余已离世二年。在追念缅怀中，周恩来回忆背诵了王子余在 1939 年回赠的五言绝句，并手录给周嵩尧看。时隔七载，周恩来犹能一字不忘地录下来，足证周恩来对姑丈王子余始终怀着亲敬的心情。

周恩来对辛亥革命志士王子余的感情还表现在对王子余的后人的态度上。

解放初，王子余的小女儿王逸鸣从浙江大学法律系毕业，被分配到最高检察署研究室工作，星期天到周恩来家去玩。周恩来认为一个娃娃刚从学校毕业，没有实践经验，不应该在中央机关工作，应该到基层去锻炼。逸鸣很高兴地接受了组织调动，到基层法院工作了。1955 年，她得了肺结核，住在通县肺结核防治所。后来病情恶化，她才告诉周恩来。邓颖超马上派车将她接到中苏友谊医院，请苏联专家诊断，说是肺癌晚期，无法医治。在中苏友谊医院住了不长时间，便病逝了，时年仅 30 岁，留下一子二女，小女儿鲁希还不足周岁。1959 年周恩来见到王贶甫，歉意地说："你的小妹妹在我身边，我没有照顾好，感到十分抱歉。"

周恩来去世后，已长大成人的鲁希赶到北京医院，最后与表舅周恩来遗体告别。

周恩来也曾多次在西花厅会见王子余的女儿王去病（逸莺），了解王家后代的工作和生活的情况。

13. 表弟王贶甫

王贶甫（1901—1967 年），王子余、周桂珍长子，浙江绍兴人。因他生日在农历六月初六，是"天贶节"，故名贶，字贶生，后改为贶甫。

王贶甫高小毕业后，先去上海、无锡的上海商业储蓄银行工作。后又去北京的山东省银行任职，该行系军阀张宗昌所办，张失败后，该行也随之解散。王贶甫回到绍兴，到大明电气公司和华光电灯公司的共管处（后该处转为大明电气公司），任会计、科长。1937 年抗战爆发，日寇迫近杭州，经王贶甫设法周旋，将其中两台发电机拆往嵊县隐藏。1941 年 4 月绍兴沦陷，日寇占领电厂，王贶甫辞职闲居，变卖家什度日。后电厂又归民营，王贶甫于 1943 年又回厂任秘书工作。1945 年 8 月抗战胜利，次年王贶甫被聘为电厂副经理，以图重振。但那时做事很难，办地方公用事业更难。电厂因抗战期间亏蚀过大，加之大批物资被盗卖，物价飞涨，发电成本升高，而电厂的董事、经理又多不在绍兴，许多厂内外大小事务都由王贶甫奔走于杭、沪、宁（南京）之间，备极辛劳。

1949 年绍兴解放前夕，王贶甫为迎接解放，和家乡的一些人士，组织成立了临时救济委员会，并任副主任，主动与浙东人民游击队和解放军联系，同时组织电厂护厂队，使电厂没有受到重大损失。

解放给大明电厂带来了生机，王贶甫本人也获得了新生，为人民、为社会做出有益的贡献。

王贶甫 1949 年 8 月受军管会委派去接收旧商会，筹备成立工商联。10 月 2 日又被任命为绍兴市"劳资关系委员会"副主任。1951 年市工商联成立，被推为主任委员。1952 年 2 月被选任绍兴市副市长，分管文教卫生工作。他在任职期间拥护党的领导，努力团结群众，认真贯彻党和政府的方针政策，兢兢业业、勤勤恳恳地完成各项工作。

解放初，在旧中国受到很大破坏的工农业生产，百废待兴。工商联的首要任务是克服困难发展生产，繁荣经济。在这期间，王贶甫毅然挑起重担，主要做了以下几件事：

1950 年 2 月，王贶甫为大明电灯公司经理。在公司面临用电量减少、经济困难的情况下，他主动团结依靠职工，努力维持经营。随着形势的好转，王贶甫又亲赴上海，动员在沪资方增资，购买发电机一台，整修原来二台旧机，改善发电、供电设备，提高供电量，保证了用电需要。

1953 年 12 月积极申请要求公私合营，得到市府批准，大明公司成为绍兴第一家公私合营企业。

在工商联，稳定市场经济、减少失业是当时的头等大事。王贶甫工作繁忙，每天回家经常已是夜深，他本来身体瘦弱，又因劳累过度引起肺结核复发，大吐血而住院治疗。休息仅半年，又支撑着身体去上班。

1956 年全国掀起社会主义改造高潮，王贶甫组织工商界的骨干进行社会主义改造的学习，并因势利导，推动全市工商业实现公私合营，大明公司则由公私合营转变为国营。在工商联举行的庆祝大会上，他说："工商业进行公私合营，走社会主义道路，是值得庆贺的事情。"王贶甫和大家一起兴高采烈地歌唱《社会主义好》等歌曲，尽情欢呼社会主义的到来。

此后他又组建"中国民主建国会"绍兴市委会，连续担任主任委员，团结了一大批工商界中的先进分子，在中国共产党的领导下，与党同心同德，为建设社会主义的新绍兴不遗余力。

王贶甫在绍兴市副市长任内，主管文教和卫生工作，与此同时他仍任大明公司经理，兼任工商联主委，工作繁忙，按日去市府办公，履行自己的职责，尤其是对文物工作，可真是尽其所能，热诚备至。

1949年7月，王贶甫与寿积明先生等发起筹建民间的鲁迅文化馆，从而保护了三味书屋。1952年在鲁迅纪念馆内成立文物管理小组，他兼任组长。不久省文管会派人来绍普查文物，他和文管小组的几位老先生提供线索，帮助调查，由绍兴市主管部门确定了绍兴最早的一批文保单位，绍兴的文物保护工作由此起步。

1956年成立绍兴市文管会，王贶甫任副主任，每会必到，积极参加座谈，凡绍兴的历史、掌故、名胜古迹、文物线索、古器收购等，均是主要议题。有时又分组外出查实或考察文保单位的遗址、现状，提出保护和维修的意见，诸如祁彪佳殉节地、禹陵、秋瑾故居、青藤书屋等，均经亲自察看，当时文管会经费有限，他往往自掏腰包付船资，或备餐招待同去的委员。

由王子余精心保存下来的辛亥革命烈士徐锡麟的血衣、手枪，秋瑾石膏像，以及抗英名将葛云飞的遗盔遗甲等珍贵文物，解放初期，王贶甫就全部捐赠给文管会，以充实秋瑾故居等地的辛亥革命文物陈列。

1960年绍兴鲁迅纪念馆负责修复周恩来祖宅百岁堂。王贶甫积极配合，将工商联修房时拆换下来的两支粗大屋梁，派人送至百岁堂，顺利地完成了维修任务。又如对太平天国壁画的保护工作，他亲自找李家台门房东谈话，动员将壁画这一间屋腾出来，不作他用，并与税务局联系，给房东减免税收，由原房主负责保护，直到现在仍沿其法。

王贶甫由于受父亲王子余的影响，酷爱文献整理工作，热心收集地方文物资料，加上父亲留传下来的图书，收藏颇富。解放后，他带头捐赠藏书字画，从1951年开始，他不断地整理家中所藏，陆续捐赠的计有下列几类图书文物：

地方志及史料方面：《康熙会稽县志》《道光会稽县志》《嘉庆山阴县志》《绍兴县志资料》及县志资料未成稿部分，《祁忠敏公日记》，有关徐渭、陆游文集等图书，现代报刊史料剪贴本等，有关太平天国的文摘资料剪报《太平遗事》九册等，先后赠送给鲁迅纪念馆、文管会、鲁迅图书馆。

革命文物文献：1959年又将他冒着生命危险精心收藏的周恩来1939年来绍时的题词，动员王家亲属捐献，他装裱成精美古雅的册页，作为建国十周年献礼，送鲁迅纪念馆入库，后因中央指示征集国家领导人题词手迹，此项珍贵文物又由市、地委转送中央保管。

字画金石类：1962年初，他特地邀请几位文管会的老委员来到家中，将所藏字画一一鉴定，挑选出20余幅字画、石章五方、诗巢六贤照片六张等送给文管会，并连同画箱一起赠送。他还向杭州西泠印社等捐赠一批印谱。王贶甫在捐赠前，将这些图书资料精心整理，再行送交，足见他的诚心和负责态度。

王贶甫对绍兴其他文化设施，以及对绍剧、越剧也给予一定的支持和关心。

对于学校教育，他亦热心支持。解放初期，有3个中学、9个小学，皆是私立，因国家补助有限，他动员工商联各同业公会、商店包干这些学校的经费。他自己和陈景甫、吴惠之两位副主委，各担任三所中学的董事长，帮助安排学校经济，直到这些学校转为公办为止。

1963年，为了解决一部分失学和待业青年的教育问题，王贶甫将历年所购建设公债券3000元全数送交工商联，带头捐赠集资创办"青年中学"和"青年夜校补习班"，并亲赴上海等地筹款。"青年夜校补习班"有会计、中医培训班等，满足了青年求知要求，深受社会欢迎，周建人省长曾亲自视察，表扬这种民办方式的学校。

王贶甫对子女教育极为严格。他要求子女从小过集体生活，培养独立生活能力。6个子女从小学起便寄宿于学校，无寄宿条件的，便参加学校包膳。他除了付给必要的膳宿费外，从不给多余的零花钱，要求他们养成艰苦朴素的习惯。在政治上，他要求他们努力上进，他的6个子女均加入了共产党。

1947年至1948年间，长子王戌、次子王俭都参加共产党领导的上海学生反饥饿斗争，王贶甫知道后，非但不加斥责，而是予以首肯。王戌曾任回乡大专学生联谊会理事长，经常有学生来家中聚会，在一起抨击政局，举行各种活动，王贶甫知道后不加干涉，还提醒大家要小心些。

1953年他任绍兴市副市长后，更加严格要求子女。王足是他唯一的女儿，高中毕业后，身体不佳，在家休息待业。许多人认为只要王贶甫去打个招呼，女儿要找个工作是不成问题的，但王贶甫对她说："现在社会上有一批待业青年，如果我给你去打招呼进厂，那么亲朋好友都来求我打招呼，该如何解决呢？"后来，由女儿自己去鲁迅图书馆联系，在出借处帮助工作，义务劳动。王贶甫知道后，说这个工作蛮好，今后要遵守制度，认真工作，不要计较报酬。王足在那里工作长达一年半，分文未取。

1964 年全国掀起知识青年支边、支农运动。王贶甫从省政协开会回来，对女儿说的第一句话："我在省里已表态，把你送到农村去锻炼。"并动员她首先写报告给团市委，要求去农村。6 月，王足参加了团市委组织的青年学习班，8 月在全市举行"知青"到农村去的欢送大会上，王贶甫代表家长发言，他精神抖擞地读了对王足的"十要三必争"的要求。① 读完后，又大声问道："王足，你能争取做到吗？"这时，全场激动，气氛热烈。此情此景，使人难以忘怀。

王贶甫生前对共产党的深厚感情与周恩来的教诲和关怀是分不开的。

1939 年 3 月，抗日战争烽火中，周恩来以国民政府军事委员会政治部副部长的公开身份来到故乡绍兴，从事抗日活动，因王贶甫的父亲是周恩来的姑父，故每天来王家，以探亲为名，宣传党的抗日方针政策，并要王贶甫的父亲找来电厂的工人来家座谈，同时为各界人士题词鼓励，希望克服困难，坚持抗战。那时，王贶甫因患喉炎开刀，大病初愈，家里人口多，经济压力甚大，再加战乱，更是雪上加霜，处在贫病交迫之中。因此，周恩来特为王贶甫写下了这样一幅题词："埋头苦干，只要抗战胜利，定必苦尽甜来。"字少语重，给王贶甫精神上以莫大的鼓励。周恩来在绍仅仅三天，那一次的会见对王贶甫的影响是很深的，他后来回忆说："表兄天天来我家，给我们讲共产党的政策，使我对党有了明确的认识。"

1954 年 10 月，王贶甫去北京参加工商联代表会议，受到了周恩来亲切接见，周恩来问他："您怎么会在工商界？记得 1939 年我去绍兴时，你是电厂职员。"

---

① "十要"是：一、要牢牢记住毛主席指示的"戒骄戒躁"的谆谆教导。二、要忠实接受领导的支配，服从公社、大队、生产队的一切制度。三、要尊老爱幼，时常向老农求教，关心农村少年儿童的教育和活动。四、要虚心向社员学习农业生产的技能。五、要认真学习干部同志的忠心耿耿全心全意为人民服务精神。六、要对同去的兄弟姊妹们，亲密团结，互勉互学，共同提高。七、要在阶级斗争中，擦亮眼睛，坚定站在贫下中农一边，丝毫不能动摇。八、要注意身体健康，继续锻炼体育活动，保持环境卫生和个人卫生。九、要坚持不懈地学习毛主席著作，学习科学技术，加强文化知识的进修。十、要坚定信心，充满活力，克服任何困难，经受一切考验。"三必争"是：一、争取迅速地、愉快地度过"生活关"和"劳动关"。二、争取出色地成为建设社会主义新农村中的新型农民。三、争取做一个永不变质的无产阶级革命接班人。

他就将抗战后厂里主管乏人，董事会聘他为副经理的经过谈了一下。又讲了解放后大明电厂实现公私合营的情况和自己的工作情况。周恩来听后很高兴，又对他说："从绍兴回京的同志对我说，绍兴对你反映很好，说你在绍兴做了不少有益的工作。今后应该继续起带头作用，坚定走社会主义道路。"

1959 年 12 月，他再次赴京参加民建、工商联代表会议。中共中央统战部在北京饭店举行宴会。代表就座后，周恩来及中央其他首长也来了。在祝酒时，周恩来来到浙江省代表席上，高声问："老表在哪里？"王贶甫离席迎上前去向周恩来问候、祝酒，周恩来又把他介绍给陈云及其他几位领导说："这就是我的绍兴老表。"浙江代表这才知道王贶甫与周恩来原来是表兄弟关系。周恩来又问他："你的头发都白了，怎么称我为表兄呢？"王贶甫说："我是属牛的，你是属狗的，比我大三岁。"过了几天，周恩来又派车把他接到中南海家里，共进午餐。他介绍了自己的工作情况和子女的情况，周恩来说："王戍给我的信都收到，希望今后仍给我来信。"周恩来对王家的人从来不宣扬和他的关系感到很满意。

1959 年 10 月，邓颖超来到绍兴，住在交际处（即今绍兴饭店），接见了王贶甫，并共进午餐。午餐后邓颖超提出，要到他家看看，看望弟妹和照片上的人（指 1939 年在王家的合影）。王贶甫就陪同她来到家里，邓颖超十分关心地问了弟妹的工作情况和子女的情况。最后，王贶甫陪邓颖超同车前往杭州。

1973 年 4 月，王贶甫的妹妹在北京受到周恩来的亲切接见。谈到王贶甫时，总理又肯定了王贶甫与党同心同德和他的思想、工作表现。

王贶甫自幼羸弱多病，1938 年因咽喉炎发作，进医院开刀。直至 1939 年周恩来来绍时，他的身体尚未完全康复，因此，当年陪同周恩来在大禹陵石阶上合影时，只有他一人坐在地上。1962 年因血尿而发现膀胱癌，赴上海中山医院开刀，切除癌变部分，手术 7 小时。

1965 年秋季，他又患血尿，在杭确诊，准备第二次手术。1966 年发生"文革"风暴，他首先受到冲击，治疗拖延停顿。9 月被揪斗，扫地出门，借住三弟王远甫一个灶披间。他虽卧病床上，不喊病痛，但当他听到不少老领导也被揪斗，往往叹息不止。在去世前几天，王足上城来看父亲。他对妻女说："恐怕在世日子不长，想到杭州去治疗，万一死去，也可在那里火葬。"（当时绍兴尚无火葬场）他又对王足说："目前有些问题，说不清楚，但你要相信党，相信群众，今后对我会有正确结论。"1967 年 3 月 1 日晚上竟含冤病故。前几天他对女儿说的话，竟成了最后遗嘱。

1978 年，绍兴县委、县政府为王贶甫平反昭雪，并举行了追悼会。悼词说："王贶甫先生是我县知名的爱国民主人士。早在抗日战争时期，王贶甫先生就拥护我党抗日统一战线政策，赞同国共合作，一致抗战，在抗日战争中做了不少有益的工作。……全国解放后，王贶甫先生拥护中国共产党的领导，坚定走社会主义道路。……他积极响应我党领导的历次政治运动，贯彻执行我党的各项方针政策。……多年来，他在我县工商界及其他爱国人士中，做了大量的工作，在对民族资产阶级进行团结、教育、改造的工作中，起了带头作用，为巩固和发展党的统一战线工作贡献了力量，他对我县教育、卫生和文保等工作也做出了贡献。他是一位与我党长期合作共事的老朋友……"这就是党和人民对他的正确评价。王贶甫可以安息了！

九、周恩来的外祖父家

1. 外祖父万青选

周恩来的外祖父，谱名啟甸，官名青选，字泉甫，号少畇，又号随庵。①他祖籍江西南昌市南昌县，清嘉庆二十三年（1818年）出生。历经清朝嘉庆、道光、咸丰、同治和光绪五代皇帝，卒于清光绪二十四年二月十二日（1898年3月4日），也就是周恩来出生的头一天，活了80岁。②这在当时是很了不起的高寿。

万青选与淮安的关系可上溯到其祖父。祖父万承纪嘉庆十九年（1814年）就做过山阳县知县，道光四年、五年（1824、1825年）做外南同知，署理淮安知府。同时万承纪是一个艺术家，擅长金石、绘画。③

万青选在淮安、清河（今淮安市区一带）、安东（今涟水）和盐城等地先后做官达30余年，而且很有政绩。据《光绪淮安府志》《光绪丙子清河县志》和《民国续纂清河县志》等地方志书记载，他的主要任

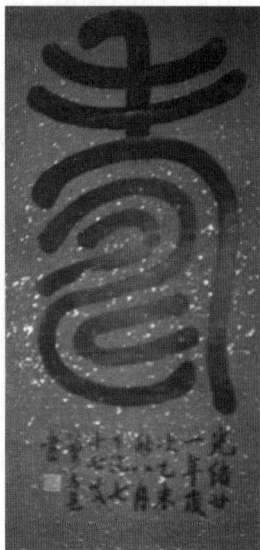

⊙ 万青选书写的"寿"字中堂。（秦九凤提供）

① 秦九凤查万青选曾孙万竞成保存的家谱《江西南昌合炝万氏余系堂世系支图》。
② 淮阴市档案馆所藏一幅万青选生前篆书的"寿"字中堂上落款为"光绪二十一年岁次乙未秋七十七叟万青选书"的字样判断，他到光绪二十四年去世，应为80岁。关于他的去世日是根据他的曾孙万寿徵1982年6月14日签名的《关于总理童年在淮阴几点情况的回忆》上说，他的曾祖父是1898年3月4日离世的。同时，万青选另两位曾孙万棣农和万竞成也都说是3月4日，故采信此说。
③ 1997年11月周秉宜查《光绪淮安府志》第179页、194页、198页；《中国艺术家人名大辞典》第1209页。

职是：

咸丰十一年（1861年）七月起任清河县知县，在任不到一年即于同治元年（1862年）卸任；同治二年（1863年）他改任盐城县（今盐城）知县，至同治四年（1865年）卸任；同治十年（1871年）他再次出任清河县知县，任期达4年多，至同治十三年（1874年）卸任；光绪二年（1876年）他改任安东县知县，任期只有半年多；同年八月，他第三次出任清河县知县，任期也达4年多。万青选三次任清河县知县时间加起来长达10年之久。

光绪十六年（1890年）二月，万青选升任淮安府同知，官阶升至正五品，是分管水利的"里河同知"，驻节清江浦（今淮安市清江浦区）。光绪十八年（1892年），他曾在淮安府里河同知任上代理一段时间的淮安知府。那年他在为宿迁的黄铭庆捐田一事作《向善堂捐田碑记》的文末就注有"光绪十八年署淮安知府南昌万青选撰文"①的字样。1894年到1897年任徐州府运河同知。

从1861年任清河县知县，到1897年任徐州府运河同知，前后有36年。他在清江浦（今淮安市区一带）的西北，运河北岸的十里长街置了家产，有房屋99间，占了整整一条街。1904年周恩来曾随父母在此住了一年，留下深刻印象。因此周恩来1964年8月与亲属们谈话时，说："外祖父姓万，在淮阴（应为清河）做知县30年。"②可能就是因为三次出任清河县知县和出任淮安知府之缘因。

同时，21世纪初，还有学者考证出，万青选除了在苏北、主要是在淮安府辖区内做官外，还曾在苏南的震泽③、吴江等地做官，具体任职情况为：清同治十一年（1872年）至同治十三年（1874年）署理吴江县知县，光绪元年（1875年）任震泽县知县，在震泽任职不久，他又被调到南京的江浦县任知县。他在江浦的任职比较长，而且政绩斐然。据江浦地方志记载："旧有科派马草弊政，甫下车即申请裁草，勒石永禁，民德之。城内河房沟久塞，雨甚民居半为沮洳，青选捐廉疏浚。时浦口兴复同文书院，经费苦绌，适有充公房基田亩洲产三项，先后拨给为膏火资，通评立案，上林歌颂焉。"

---

① 周龢鼐的妹妹周氏嫁给了万青选的第十八个儿子万立钤。周龢鼐在1894的中举资料写万青选的职务是："花翎盐运使衔，现任徐州运河同知前代理淮安府知府。"周嵩尧1897年的中举资料也是这样写的。
② 《周恩来研究通讯》1993年2期。
③ 今江苏吴江县震泽镇，清代是一个独立的县。

从上述记载中可以看出，万青选一上任即大胆革除弊政，在任内又比较注重治水，注意资助和兴办教育，是位很有政绩和注重民意的知县。这在腐败无能的清末，他可以算得上是出类拔萃的一位知县。

万青选长年负责治水，成为一个水利专家。据说从河中舀出一杯水，他闻一闻、看一看便知道水的质量。[①] 因而他过了古稀之年仍在任上。周恩来担任总理 27 年，他说："20 年我关心两件事，一个上天，一个水利。这是关系人民生命的大事，我虽是外行，也要抓。"他重视水利，其渊源可追溯到外祖父是治水专家，祖父为知县也以治水为主要工作。另外，也与他童年在淮安、淮阴长大有关。他从小目睹淮河河床淤塞，入海不畅，经常闹水灾，灾民流离失所、饥寒交迫。

万青选为官清正廉明，深得民望。他的爱民政绩也很多。在《民国续纂清河县志》中均有记载，其主要政绩是：

一、筑圩代城，保境安民。

咸丰十一年（1860 年），万青选署理清河知县时，正是清政府腐败无能，各地盗贼蜂起，兵匪不分的年代。而"清江为南北咽喉之地，四通八达，向无城廓"，被地方人戏称为"纸糊的清江"，百姓皆无安全之感。万青选即"首议筑运河两岸土圩，周回二十余里"，并"檄劝乡耆，遍筑圩寨"，使清河民众得以安居，而且上行下效，清河县治内乡间照样筑土圩的竟达数十处，使治安状况大大好转。

二、公正廉明，据实断案。

万青选多处为官，多年做官，但办案都十分仔细认真，"为治不尚覈（核）察"，"而钩（勾）疑狱必详审再四"。这是他一贯的办案作风，可见他审理案件时是重视调查研究、据实定案的。这在那个"官府衙门朝南开，有理无钱莫进来"的社会里也是难能可贵的。

三、劝课棉桑，富民衣食。

万青选二任和三任清河知县时，因治安状况大大好转，认为应该发展生

---

① 1995 年 10 月周秉宜采访淮安周恩来故居杨大生记录。

产，让黎民百姓摆脱贫穷而衣食有余，便引导百姓"既学技艺以资生，又获利以糊口"。这样，他和山阳县（今淮安）知县姚德彰一起劝导棉桑，教民纺织。万青选不仅"说服邑境产棉"，而且因为他曾在苏南任职，便利用旧有关系，"雇江南工师教民机织"，引进苏南的先进纺织技术，使地方养蚕、栽桑和纺织业等发展很快，一度形成规模，从淮安的河下到淮阴的石码头"户户皆闻织机声"。

四、疏浚文渠，便民饮用。

原清江浦有一条始修于明代的文渠，以供清河县城居民饮用。后因久用不治，河床淤填，水流不畅。同治十二年（1873 年），万青选具文呈请驻节淮安府城的漕运总督文彬（满族正白旗人，字质夫），提出疏浚文渠的建议，并得到批准。随后，万青选又以工代赈，疏浚了文渠。"东自云昙坝起，西入泮池，又屡折而西南出西水关，转而东，至文笔峰，出水洞，遂由涵洞故道径锡林桥、来凤桥入白马湖"。

疏浚文渠工程竣工后，原来浑浊的渠水变成一条清流玉带，沿渠两岸民众无不交口赞誉他的功德。

五、设厂赈粥，拯救饥民。

万青选三任清河知县时，正值"天大旱，秋禾焦枯"的光绪丙子年（1876 年）。是年，"道殣相望""值岁大祲"。万青选看在眼里，疼在心上。他再次上书漕督文彬，得以"设厂赈粥，全活十余万人"。这是他在任为官时又一深得民心的举措。

当然，由于历史的局限，万青选也镇压过捻军起义。但全面衡量起来，他仍是一位正直廉明的官，"先后任事十年，民以大和论者"。所以，在他去世十多年后，"邑人牒请大府酾赀建祠祀之"，祠建于清江东土圩门内湖南会馆之侧，人们称之为"万公祠"。直到民国二十五年（1936 年），淮阴人编纂的《淮阴风土记》一书里还有关于万公祠的详细记载，今已毁之不存。

万青选先娶李氏（江西人），李氏病故后又娶一妾张氏，共生育了 18 个儿子，14 个女儿，但未全成活，成家的有 17 个儿女。周恩来的生母万冬儿系万青选的妾所生，属"庶出"。万妾张氏出身寒微，是淮阴乡间的农家女，故周恩来曾说，

"我的血液里还有农民的成分。"①

在封建社会里，万青选不仅称得上是一位好官，而且师承家传，他的书法功底也很厚，留有许多篆书和行书字幅。现今发现的除淮安市博物馆所藏一幅篆书"寿"字中堂外，还有淮安区博物馆、周恩来纪念馆收藏的两副楹联和一幅横批。他的行书都显现着颜体加魏碑的笔锋，有人就此推断说，周恩来的颜体加魏碑的书法功底可能就是他于光绪三十年（1904年）随父母去清江浦外婆家生活三年时常进外公书房读书而受的影响。这话虽无确切根据，但也不是胡编乱造。不过万青选的为官清正、爱民如子的做法肯定会给后来的周恩来产生较为强烈的影响，这是今人毋庸怀疑的。

2. 舅舅万立钟、万立钰、万立锐、万立镗、万立铉、万立钤及后代万叙生、万方澍、万贞

万立钟

万立钟，周恩来六舅父，字禄之，号稚泉，为万青选原配夫人李氏所生。曾任两淮候补盐运司，历署角斜、板浦盐运仓大使。他一共生了三个儿子，长子万方澍、次子万方沛、三子万方泽。

万立钰

万立钰，谱名立镮，字远之，号筱庵，是周恩来的八舅父，为万青选原配夫人李氏所生。万立钰娶山东袁状元的女儿为妻，即和周恩来嗣母陈氏的母亲、表舅龚荫荪的母亲为同胞姐妹。万立钰曾任江苏通判，并署理过宿迁县知县，他生有两子：长子万方洵，次子万方洽。

万立锐

万立锐，周恩来九舅父，字静之，号荔孙，曾做官至江苏候补道员。他一共生三子，长子方淑，次子方济，三子方涵（早夭）。

---

① 见中共中央党史资料征集委员会、中共中央党史研究室编：《周恩来同志谈个人与革命的历史——和美国记者李勃曼谈话记录》，《中共党史资料》1982年第1辑，第4页，中共中央党校出版社1982年版。

万立锽

万立锽，周恩来十舅父，字印之，曾任江苏典史。生子三：长子方湜、次子方涟，三子方滋（早夭）。

万立铉

万立铉是周恩来的十三舅父，号富之，号石珊（十三的谐音）。万青选众多儿子，活到老年的只有十三舅父万立铉、十五舅父万立钢和十八舅父万立铢兄弟三人。他们生于官宦人家，生活优裕。万青选因子女相继夭折，没有强求他们考科举，走仕途。但是他们受到良好的教育，擅长诗词书画。八舅万立钰画的桃花、荷花、菊花、梅花，九舅万立锐的草书，十三舅万立铉的篆字"剑匣之中有龙气，酒杯以外如鸿毛"。这些作品均藏于淮安周恩来纪念馆。由这些字画，可以想见万氏兄弟风流倜傥，万家大院内的文化气氛是十分浓厚的。1904年6岁的周恩来随母亲回到了万家大院住了近一年，他也受到这种文化氛围的影响。

但是仅会诗词书画是无法挣钱养家的，这只是有钱人家的闲情逸致，当这种名士是要有物质基础的。1898年3月4日万青选去世后，万家坐吃山空，家里人又多，开支大，进项少。如果再有不肖子孙染上吸食鸦片等恶习，家产挥霍得更加快了。在旧社会，抽鸦片、赌博、嫖娼比比皆是，是困扰社会的三大问题，多少家庭由此而家破人亡。万立铉于清末时，曾任国史馆誊录，也任过议叙盐仓大使。入民国后，社会上污浊横流，但万立铉能洁身自好，到外谋生，1916年在山东临沂县知事公署内工作，帮助周恩来的二弟周博宇从扬州到天津上学。现仅保留下来周恩来致十三舅的感谢信，但他具体做什么工作，已无可考。他有生了四个儿子：万方泳（早夭）、万方池、万方永、万方泰（早夭）和女儿万怀芝。

万立铢

万立铢是周恩来的十八舅父，字发之，清末任过直隶府巡检。因他曾与周恩来父亲合买过一张彩票并中了头奖，这件事成为后人和周恩来研究者的话题。他的功名是"国学生"[①]。几年后家里又为他捐了"理问衔,江苏候补巡检"[②]。他的妻子则是周昂骏的长女，周龢鼐的胞妹，周嵩尧的胞姐，亦即周恩来的大姑母。

---

① 1894 周龢鼐中举资料。

② 1897 年周嵩尧中举资料。

他与周氏曾生了四个儿子：方准、方渥、方汉、方淳，均早夭，只成活了一个女儿万贞。

万青选还将第十三个女儿嫁给周恩来的三祖父周联骏的独生子周贻鼎。周万两家互相嫁娶，是"连环亲"。

万叙生

万立铉的三子万芳永，乳名小弥哥，童年入学后即改名叙生。他生于清光绪壬辰年（1892年），去世于1964年2月，长周恩来6岁。万叙生为人厚道，待人诚恳，少年时和他的表弟周恩来交往很深。周恩来在万家塾馆寄读时，无端受到委屈后，表哥万叙生仗义执言，为表弟解围。

万家在万青选去世后，败落得较快。万叙生青年时，就外出谋生。他曾在安徽蚌埠银行做事，后又调到江苏扬州银行当管理员，只能勉强养家活口。1939年日本侵略者占领扬州，银行被日本人接管，他受表弟的影响，不愿为日本人做事，带着女儿万文俊、万明

⊙ 万叙生。（秦九凤提供）

珠和儿子万竟成等下乡逃难，在饥寒交迫中熬到中华人民共和国成立。

扬州解放后，万叙生已经是年过半百的人了，虽两个大孩子有了工作，但一家七口人生活还是比较困难的。恰在这时，他的胞妹万怀芝家的一个亲戚触犯了法律。万怀芝是周恩来的嫡亲舅表妹妹，小时还和周恩来同过学。她知道表哥如今是中国共产党的头面人物，如果去北京找一下"老七"，让他打个招呼应该就没事了。只可惜自己是女流之辈，不适宜到外边"抛头露面"。于是，万怀芝从自己的上海居住地坐船来到扬州，求请哥哥万叙生帮她走一趟。万叙生自己也有赴京会会当年的"翔宇表弟"的念头。征得周恩来的同意后，他于1949年8月前往北京。8月25日，周恩来在中南海松寿斋会见了他的这位表兄，也是他的童友。周恩来与他一起谈起了童年的交往，还特别亲切地回忆了当年叙生表哥和他一起放鸽子、教他做鸽哨子的往事。待万叙生说到他这次赴京的使命时，周恩来听了只回应了一句话："这事我知道了。"他当然不会动用自己

手中的权力为自己的亲戚说情。所以，万怀芝的那位亲戚还是受到了应有的惩罚。等说到万叙生本人时，万叙生认为自己年岁已经大了，不打算再费心烦神了，能过安闲的晚年就可以了。周恩来称赞了他不给日本人干事的做法，说："过去，你不给日本人干，是爱国的，很好。现在，是人民的天下了，你怎么能不想工作呢？现在干工作，不是为了吃饭，是为人民服务。……按你的年纪，还可为人民干15年。"①

万叙生听懂了表弟的意思，回扬州后即参加了地方街道居委会组建工作，并遵照表弟的嘱咐，没有向他人透露他与周恩来的亲戚关系。后来，他当选为琼花居民委员会的主任。由于他工作勤恳，办事认真，先后兼任过人民法庭的陪审员、银行的协储员、税务部门的代征员，并当选为薛家巷居民区的副主任。1964年春节期间，扬州普降大雪，72岁高龄的万叙生在街上和群众一起扫雪时，因天冷和劳累，突然心肌梗塞，在街头雪地上昏倒，被立即送往医院抢救治疗。待他苏醒后，身体非常虚弱无力，但他挣扎着向护士要了纸笔，写了一封当时人们谁也不知就里的信：

> 翔宇表弟：
>
> ……叙生碌碌如常，毫无进展，所幸在为人民服务方面未敢懈怠延误，也未犯过错误，所做工作均得各方面满意。至为遗憾的是，你要我为人民服务十五年，我才工作了十三年……

当终于弄明白是怎么一回事时，人们这才知道这位老人积极工作的原动力是来源于中南海西花厅，不由地更增添了几分敬意。扬州市人民政府专门为这位基层的街道干部组织了一个简朴的追悼会。周恩来收到信后，特意给扬州市公安局写了一封信，说万叙生为人民做了一些有益的事是应该的，不必开较大范围人士参加的追悼会。现在已经开了，追悼会所花的钱应由他负担，并从自己的工资里汇了150元钱，还做了交待："追悼会如果花了钱，就用这150元，如果没有花

---

① 《周恩来与故乡》编写组编：《周恩来与故乡》，第65页，江苏人民出版社1985年版。

钱或没有用到 150 元，就将余款转给他的亲属使用。"①

万方澍

万立钟先生长子万方澍，官名才澍，字霖生，号泉生。家里曾为他捐过两淮候补盐知。据 1928 年民国《续纂清河县志》卷十一第 48 页记载，"（万方澍）性主孝。母病，割股以疗之。母殁，遂不复取。方澍将奉承顺，无几微忤旨。善汉隶工写，花卉得十三峰草堂遗意，青选风精。篆刻有存养尚印存行世。方澍幼承祖训，一意为之论者，谓为直闾浙诸大家之室云。"他的生卒年月均已不得而知。《续纂清河县志》的编纂者之所以把他编选入志，看来还是继承中华传统的"孝道"。

万 贞②

万贞，周恩来的表妹，十八舅万立轸的女儿。乳名黑妹，曾用名万芳贞。清光绪二十五年（1899 年 2 月 19 日）生于江苏淮阴（清江浦）。其母周氏乃周恩来的大姑母，周嵩尧的胞姐。

1904 年冬，周恩来和两个弟弟随生母万氏、嗣母陈氏回到清江浦外婆家住。他常和表妹万贞、万怀芝及表哥万叙生一起游戏。万贞因为长得稍黑一点，乳名黑妹，而周恩来的三弟周同宇乳名叫"小黑"，故周恩来称他们一个"黑妹"，一个"黑弟"。1905—1906 年间，周恩来七八岁时在陈家花园家塾馆读书，表妹万贞、万怀芝因是女孩子，家里不允许读书。后在周恩来的力争之下，她们才被允许进入塾馆，跟周恩来一起读书。万贞后来回忆说："七哥才七八岁就很聪明，就会写诗了。字也写得好。"她说她自己就差得多，念书念不进去。

1908 年秋天，周恩来的两个母亲先后去世，他带着两个弟弟回到淮安驸马巷以后，还经常去清江浦外婆家看望。万贞也常跟随母亲周氏回淮安驸马巷周家。兄妹之间仍常在一起玩耍。

1910 年初，周恩来要去东北上学。临行前，姑母周氏为送侄子上路，抓紧时间赶制了几双布鞋和布袜子。10 岁的万贞听说七哥要去很远的地方，也拿起针线，帮助母亲给七哥做袜子。

辛亥革命之后，约 1914—1915 年间，周嵩尧在北洋政府袁世凯身边做幕僚

---

① 《周恩来与故乡》写作组成员张人权采访万叙生的女儿万明珠。

② 全文根据 1996 年 6 月 13 日周秉宜采访钟则朱的记录整理。后，她随丈夫居住在扬州。因为一直没有生孩子，便将钟鼎的外甥过继为子，改名钟则朱。

时，曾经把姐姐周氏和外甥女万贞接到北京小住。周嵩尧带万贞到故宫里去玩，万贞参观了金銮殿，还爬上皇帝的宝座坐了一坐，增长了不少见识。

万贞20岁左右受父母媒妁之言，嫁给了江西兴国人钟鼎。婚后万贞为人随和又老实。平日说话不多，却喜欢帮助别人。在扬州，她经常帮助钟鼎的妹妹一家照顾孩子，有时还把外甥们接到自己家来住。外甥们都喜欢和她相处。直到晚年，外甥们对她依然像对自己的母亲一样孝顺。

解放以后，万贞随嗣子钟则朱居住庐山。她虽然知道"七哥"恩来已是国家总理，却从未去找过周恩来。她守着儿子媳妇默默无闻地做一个平民百姓。

1961年9月，周恩来在庐山开会。一个偶然的机会，得知"黑妹"万贞就住在庐山植物园的职工宿舍。几天之后，周恩来抽空去看望了万贞。周恩来在卫士长成元功的陪同下来到万贞家中，外甥钟则朱扶母亲起身迎接。周恩来对待亲属严格是出了名的，这一次，他见到外甥的第一句话也照样语出不凡："我是来看你母亲的，你不能有任何要求。"钟则朱立即回答说："请七舅放心，不会有什么要求。"

周恩来和万贞握过手之后坐下来，关切地问她身体怎么样，又和她叙旧、拉家常，了解淮安的亲友情况。万贞不善言辞，钟则朱在一旁帮助母亲应答。钟则朱告诉周恩来，民国二十七年（1938年）他13岁时曾回过一次淮安。周恩来马上转过头来问他："噢，你是怎么去的？"钟则朱说是跟着母亲去的，记得驸马巷有3—4进的房子，有前门、后门，门口有石墩子。

周恩来听到这里连连摆手说："你别说了，那房子弄了好多麻烦呢。后来地方上知道了，就把房子全都修理了。公家给私人修理房子，影响太不好。我就告诉他们留下一进房子给八奶奶（周恩来的八婶即周八太）住，剩下的全交公了。"

周恩来又告诉万贞，他曾经把八婶接到北京来住，想让她多住些日子。可老太太非要回去，就送她回去了。他说："回家以后，老太太比在北京思想有了进步，跟周围群众的关系也好多了。"

钟则朱就问周恩来："七舅为什么不回老家去看一看？"

周恩来摇了摇头"现在不能回去。一回去就找麻烦，亲戚们全找来了。我满足不了他们。我要等到大家的生活都提高了，我再回去看。"说到这里，周恩来回头嘱咐成元功道："我们回京以后，给他们寄点钱。"

钟则朱听了赶紧向周恩来表示："七舅不用操心。我们现在的日子比解放前好过多了。我和珍华（钟则朱之妻）都有固定的工作，不但吃得上饭，而且生活也有了改善。我们能照顾好母亲。"说完，他又从床下拖出一麻袋马铃薯，打开让周恩来看，并且告诉七舅，今年因为粮食受灾，大家的口粮定量都少了。他们在家门口的山坡上开了一片地，种上马铃薯和南瓜，现在已收获了七八百斤，足够过冬了。

周恩来很感兴趣地听着，他走到窗前，指着山坡上的那一片菜地，对钟则朱说："你们在山上开地，一定要搞成梯田。用石头把边上垒起来，要避免水土冲刷。"

万贞默默地坐在一边，脸上始终挂着微笑。看到七哥和儿子谈得这么兴致盎然，她的心里已经很满足了。

周恩来在万贞家里坐了一个半小时方才告辞。临走时他一再嘱咐钟则朱要好好照顾母亲，又告诉他同宇舅舅也在北京。以后到北京去玩，可不要忘了也去看看同宇舅。

周恩来走了，他乘坐的汽车沿着蜿蜒的山路急速行驶。万贞站在窗前一直注视着"七哥"离去，直到汽车已经消失在云雾缭绕的大山后面，她仍然望着前方一动也不肯动。

万贞1980年殁于扬州，享年80岁。

3. 清河万家世系简表 ①

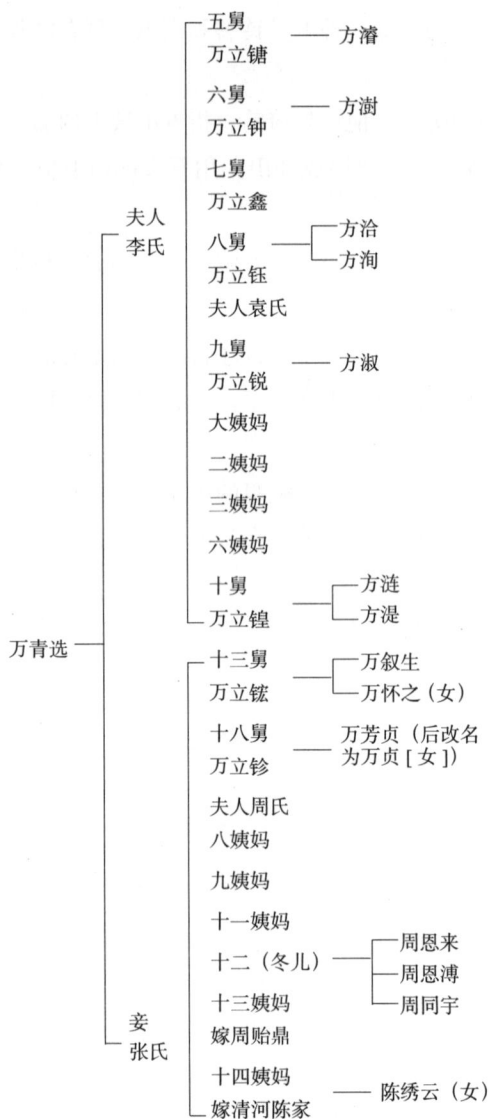

```
                                  ┌ 五舅 ─── 方濬
                                  │ 万立镨
                                  │ 六舅 ─── 方澍
                                  │ 万立钟
                                  │ 七舅
                                  │ 万立鑫
                           夫人 ──┤ 八舅 ──┬─ 方洽
                           李氏    │ 万立钰  └─ 方洵
                                  │ 夫人袁氏
                                  │ 九舅 ─── 方淑
                                  │ 万立锐
                                  │ 大姨妈
                                  │ 二姨妈
                                  │ 三姨妈
                                  │ 六姨妈
                                  │ 十舅 ──┬─ 方涟
                                  └ 万立锽 └─ 方湜

  万青选 ──┤                      ┌ 十三舅 ──┬─ 万叙生
                                  │ 万立铉   └─ 万怀之（女）
                                  │ 十八舅 ─── 万芳贞（后改名
                                  │ 万立钐        为万贞[女]）
                                  │ 夫人周氏
                                  │ 八姨妈
                                  │ 九姨妈
                           姜 ────┤ 十一姨妈
                           张氏    │ 十二（冬儿）──┬─ 周恩来
                                  │              ├─ 周恩溥
                                  │              └─ 周同宇
                                  │ 十三姨妈
                                  │ 嫁周贻鼎
                                  └ 十四姨妈 ─── 陈绣云（女）
                                    嫁清河陈家
```

_____

① 此表系秦九凤根据南昌市南昌县《万氏余乐堂世系支图》和所掌握的确切资料绘制。

4. 表舅龚荫荪和夫人蔡氏及后代

两个母亲去世后，周恩来带着两个弟弟回到淮安，生活十分困难，曾在表舅龚荫荪家就读。前面讲过周恩来嗣母陈氏的三姨嫁给淮安的龚怀朴，因而龚怀朴的儿子龚荫荪是周恩来的姨表舅。龚荫荪的妻子蔡氏生于清光绪三年（1877 年），南京人。

龚荫荪原籍江苏常州，字天枢。因他的父亲龚怀朴在淮安府任钱谷师爷多年，家境殷实，和周家一直往来密切。龚荫荪是清末一位具有革命思想的知识分子。他经常在外面为革命奔走，早就发现少年恩来聪慧、果敢和坚毅，具有不同于他人的气质。因此，他既是出于亲情，也是出于偏爱，对处于困境中的大鸾，经常给以生活上的资助和思想上的引导。少年恩来对这位表舅也很敬仰和爱戴。

蔡氏是个心地善良的妇女。她心灵手巧，做得一手好针线活。出于对表妹陈三姑的同情和对大鸾的宠爱，按照当地风俗，曾将大鸾认为义子。这是因为她属牛，而"牛"与"留"同音，也就是说，大鸾做了她的干儿子后就可以长留人间，怯病消灾，永远不会被病魔和灾难夺走。据周恩来的表妹龚志惠回忆，大鸾哥认干妈的那天，龚家还特意张灯结彩，明烛焚香，让大鸾行跪拜大礼，龚家设宴相庆。从那以后，大鸾基本就像龚家的家庭成员一样出入往来。

龚荫荪和蔡氏共有三个孩子：长女志如，比大鸾大三个多月；次子仁甫，小大鸾一岁；三女志惠，小大鸾四岁。蔡氏因大鸾聪明，长得又漂亮，打从心眼里喜欢他。因此，她不许家人以客人对待大鸾，让子女们叫他"鸾哥"或"鸾弟"，把他当家里人一样。大鸾从小善解人意、友善待人，和龚家姐弟情同手足，相处得十分亲密。

1908 年，大鸾相继失去两个母亲后，生活窘迫，龚荫荪和蔡氏不仅没有嫌弃他，反而给予了关心和爱护。

龚荫荪早年曾是康有为、梁启超的崇拜者，之后，他看到改良主义这条路在中国走不通，就改走革命派的道路，成了孙中山的一名忠实信徒。他多次去过日本，在那里结交了不少同盟会会员，参加他们的革命活动；在国内，他也终年奔波于上海、武汉、南京、苏州等地，不惜变卖家产，换来资金支持革命。他虽受封建教育，但他不尊封建礼教，不信鬼神，主张男女平等，让女儿和男孩一块读书识字，不让家人给女儿缠足，而是鼓励他们自立自强，学好本领，将来干一番自己的事业。

在龚家书房里，周恩来还读到了问世不久的《革命军》等当时的一些禁书。周恩来正是在家庭衰败、备尝人情冷暖的困境中，得到了龚荫荪新思潮的传播，而萌生了向往光明、追求进步的新思想，萌生了像龚表舅一样能走出淮安到外面闯荡的想法。周恩来特别敬佩表舅龚荫荪毁家爱国的侠胆义举，更敬佩他的博学多才。直到 1952 年，周恩来在上海会见表姐龚志如时，还满怀深情地说："表舅是我政治上的启蒙老师！"①

大鸾在龚家塾馆寄读时，塾师周先生善于因材施教，又不拘泥于旧的教育方式，常常给少年恩来"吃偏食"。在书法教育上，周家祖训是学习颜体，大鸾已练有一定基础，周先生为了引导他练得更好，又教他增练魏碑，以添加他笔锋中的刚阳之气。所以少年恩来在龚家寄读的时间虽不到一年，但收获颇丰，周恩来后来也曾说过："周先生是我文化上的启蒙老师。"

蔡氏则对少年恩来的生活多有关心。1909 年春节过后不久，即是大鸾的 11 岁生日，当时周家已是"门庭冷落车马稀"，靠典当艰难维生。蔡氏则专门为大鸾办了一桌家宴，给恩来做了一双新鞋，表姐弟们也向大鸾赠送了一些生日礼品，让大鸾过了一个幸福愉快的生日。

在那之后不久，龚荫荪又一次要离家远行，大鸾决心跟随他外出。龚荫荪对他说，你年纪还小，父亲又不在家，还有两个弟弟要你照顾，以后有机会再带你出去。谁知龚荫荪那次离家不久，他家突然发生意外，被抄家封门。由于当事人均去世较早，无法查明原因。龚荫荪 1938 年在湖北天门因肝病而去世。蔡氏 1942 年病故。龚仁甫去世于建国前。龚志惠② 因当时只有六七岁，也说不清，如今她也已作古。是不是因龚荫荪秘密投身革命事业一事被察觉？这只是揣测。龚家被抄家封门后，于 1909 年秋天起，全家人由祖母袁氏带领迁移清江浦，也寄居去依附了万家。③ 少年恩来在故乡的最后一个"乐园"也就不复存在了。从此，

---

① 《大江南北》1991 年第 6 期。

② 卢再彬 1978 年 4 月 2 日采访龚志惠。

③ 龚怀朴的妻子、龚荫荪的母亲，陈沅的妻子（陈氏的母亲）和周恩来八舅万立钰的妻子都是山东袁状元的女儿，是亲姐妹。周恩来分别叫姨外婆、外婆和八舅母。

他也下定决心，一定要像表舅那样，到外面去闯一番天地，干一番事业。

龚志如

　　周恩来在龚家寄读期间，和他关系最好的是仅比他大三个月的小表姐龚志如。他俩当时都是十岁，比他们的弟妹大好几岁。志如娴静聪慧，是奶奶、父母宠爱的掌上明珠。她对表弟周恩来的才气、好学、敬业等都十分敬佩。做游戏时，姐弟俩共同策划、互相配合；读书写字时，互相勉励，共同切磋。在志如的心目中，表弟恩来对事物发表的见解，总有高人一筹的感觉，令小表姐惊奇而又赶之不及，但龚志如从不忌妒他。在日常生活中，志如表姐又十分同情表弟的不幸遭遇，她关心他的生活，为他解决她力所能及的困难。

○ 龚志如。（丁龚敏提供）

　　那年周恩来过生日时，表姐龚志如特意送他一只"金鱼"风筝，作为生日礼品。1909 年龚荫荪遭清朝政府通缉，被抄家，全家被迫搬去清河（今淮安市清河区一带）投靠万家①，姐弟俩不能相见，但仍传书带信互通信息，互勉进步。

　　1910 年周恩来离家赴东北读书后，表姐弟俩曾多次书信往来。志如在信中告知他家中发生的一些大小事情及家乡的变化，恩来也曾多次给表姐写信，把他在沿途和东北的所见所闻，函告志如表姐，并鼓励她努力挣脱家庭樊笼和封建枷锁，到大城市去，嘱告她要到社会的大市面上去闯荡，为民族、为国家、为人民去干一番事业。龚志如在表弟的鼓励下，就向父母提出要出去念书，父亲倒没什么，但是遭到守旧的母亲蔡氏的激烈反对，认为一个女孩子家单独到外边去东跑西颠的成何体统。但龚志如牢记表弟周恩来的嘱告，整天哭呀闹的，最后连饭也不肯吃。心疼女儿的母亲最终屈服了，同意她到南京的姨妈蔡素娟那儿去。龚志如带着美好的憧憬，从清河县乘船到了南京找到了姨妈蔡素娟。姨妈是个留学美国归来的基督教徒，一生独身独居。她答应收志如为自己的养女，供给她生活和学习费用，条件是终身不得嫁人，如果违反，立即断绝一切关系。那时，志如年岁还小，又刚刚从家庭的束缚中挣脱出来，就全部答应了。随后，她被蔡素娟送入南京的一所教会学校，毕业

---

　　① 周恩来的八舅母和龚荫荪的母亲是亲姐妹，龚家被抄家后衣食无着，只好到万家寄居。

后又被送入金陵女子神学院，也就必然成了一名基督教徒。

龚志如渐渐长大后，她才发觉自己虽挣脱了家庭的樊笼，但却进入了另一座被囚禁的"牢狱"。因为姨妈蔡素娟性情孤僻执拗，龚志如名为姨侄女和养女，但在她眼里，只是一个必须听她使唤的女仆、丫头。志如作为旧社会里的一名年轻的女子，没有外力救援和帮助，只好忍气吞声地熬着那一天又一天当人使女的日子。

人总是要和自己的命运抗争的，何况志如有表弟对她的一些影响呢！1928年，她30岁那年，终于在南京和一位归国华侨魏国忠结婚了。婚礼是豪华的，场面也是气派的。然而命运又一次捉弄了龚志如：原来她的新婚丈夫魏国忠先天就有生理缺陷，根本就不应该结婚，所谓爱情的甜蜜和家庭的幸福也就全成了一句空话。更为凄惨的是不到一年魏国忠就撒手西归了。在当时社会里，"一女不嫁二夫"这一封建思想牢牢束缚着妇女的"手脚"，作为一名弱女子的龚志如是没有胆量去反抗的，只能做魏国忠的"未亡人"而孀居。而那位姨妈倒是忠实地履行了前约：和龚志如断绝了一切来往和一切联系。龚志如面对这一系列的人生折磨和打击，却仍坚守着旧的儒学家教，过着凄清孤独的守寡生活。这时的龚家困境是不用说了，连借以勉强蛰居的万家也早已破落不堪。抗日战争前夕，蔡素娟又去了美国定居。龚志如只能靠自己帮别人干杂务、当家庭教师等过着自食其力的艰苦生活。后来，她又收养了妹妹龚志惠的二女儿做养女，从此母女相依为命，勉强度日，一起熬到南京和上海的相继解放。到1951年，她已是一个50多岁的基督教徒，还能干什么呢？可她总得有个职业，有口饭吃呀！

龚志如想到过她的那位童年时代的表弟，如今他是新中国的政务院总理，但她考虑再三，似乎没有那份勇气。最后她在几位好心亲友的鼓励劝说下，也是在她走投无路的情况下才怀着忐忑不安的心情给她当年的童年挚友也是她表弟的周恩来写了一封诉说自己坎坷经历和目前窘境的信。信发出后，龚志如估计，表弟如今日理万机，又秉性耿直、坦荡无私，不可能处理她这样琐碎的"家事"。但是，出乎她的料想，不久他便收到了中华人民共和国政务院的公用信函，她打开一看就惊喜得大叫："是亲笔，是亲笔。还是小时候的笔锋……"[1] 同时，她还收到周恩来汇给她的50万元人民币[2]。信中，恩来表弟向她感谢了当年龚家对他的关心和照顾，至于她的工作问题应靠自己努力，先向地方政府登记报名，由地方

---

① 1978年1月秦九凤在中共淮安市委宣传部听《周恩来与故乡》写作组成员邢熙坤同志的口述。

② 第一套人民币，相当于今天约50元。

政府量才使用，以期晚年为人民服务。于是，龚志如少报了六岁年龄在基层作为一名普通失业者登了记，再经街道考核推荐，被安排到华东行政区①的机关幼儿园当上了保育员，开始了她为建设新中国的服务工作。

20世纪50年代初的一个秋天，艳阳悬空，风和日丽，龚志如正在幼儿园图书室专心致志地修补那些被孩子们弄坏了的书页、封面，一位陌生的客人悄悄来到她的面前，彬彬有礼地把她请上车，带她到上海霞飞路。龚志如有一种神秘感，她似乎想到了找她的人是谁，但她又不敢相信。就在这繁多的思绪中，她最终意外地见到了他经常想念的表弟周恩来和表弟媳邓颖超。开始，龚志如非常紧张，当周恩来、邓颖超一左一右来搀扶她时，她几乎不知所措。周恩来看到了她的不自然，当即还像童年在一起时那样用轻松幽默的语调说："志如姐，你怎么长得比从前矮啦！"

龚志如一听，紧张的心理很快消失了。原来，当年他们在一起时还都是天真活泼的孩子。龚志如比周恩来大三个多月，家庭生活条件也好，周恩来不仅小几个月，当时的家境又每况愈下，所以，当十岁的周恩来在龚家塾馆寄读时，姐弟俩曾比过高矮，那时他长得还没有志如表姐高；如今，都已是年过半百的成年人，龚志如作为一位普通的女性，自然没有男性长得高了。周恩来的这句幽默话一下就把龚志如带回了孩提时代，紧张情绪也就荡然无存了。

他们谈了很长时间，从童年趣事渐渐谈到志如的家庭人生。后来，志如表姐已是边谈边哭，边泣边诉，好像她要把一生所受的委屈一股脑儿地统统倒在自己的亲人面前，然后自己心里才舒畅。周恩来静静地听着，不忍打断表姐的哭诉，只是必要时才纠正一些她的那些欠妥的看法和说法。当志如说起她现在和孩子们在一起的欢乐时，突然停下话语，望着周恩来和邓颖超说："美中不足的是，你们俩没有个孩子。"周恩来一听，笑着摇摇头，又望着邓颖超对表姐说："不。我们一共有10个孩子。"他一边说还一边伸出右手五个手指，上下翻了一下，表示10个。龚志如正在疑惑不解，周恩来又很快地解释说："我们抚养的都是烈士子女。他们的父母为革命牺牲了，我们就担当起他们父母的责任。现在他们都健康地成长着。"邓颖超当时身体不太好，提前告辞，姐弟俩又一直谈到深夜。

邓颖超刚一离开，志如又忐忑不安地说："表弟，有一件事我一直放在心里，

---

① 建国初设置的介于国家和省级之间的行政机构。当时，全国共分为六大行政区。华东行政区下辖有：上海、江苏、山东、安徽、浙江、江西和福建等七省市。

从不敢对外人讲。"周恩来睁着他的浓眉大眼问："什么事？可以告诉我嘛。"志如这才不无尴尬地说："刚登记工作时，我怕我52岁了人家不要，就谎说自己是46岁，我欺骗了领导……""原来是这事。你原来瞒报了，现在改过来就行了。"周恩来不等表姐说完就接过话茬轻松地表了态，自己还朗声地笑了起来，从而消除表姐紧张的心理。

龚志如与表弟周恩来的那次会见消除了她的内心疑惧，使她的思想得到了解放。打那以后，龚志如完全像换了一个人。她热爱工作，疼爱幼儿园的每一个孩子，与同事们都能友好相处。而那本她一直珍藏在身边的《圣经》却被她渐渐冷落、遗忘，后来干脆不念了。她的晚年是在心情舒畅的情况下连续工作了十多年，并时而与周恩来、邓颖超之间有书信往返，间或互赠一点小礼品，直到"文革"风起才中断。令人惋惜的是，周恩来的那封亲笔信被龚志如丢失了，仅剩邓颖超的两封信还在，并由淮安《周恩来与故乡》写作组在1978年从她的养女处征集到。

龚志如于1968年11月11日在上海市南京路上被两个学龄前的儿童追逐嬉戏时撞倒，诱发脑溢血而去世。当时正值"文化大革命"的特殊岁月，幼儿园给她开了追悼会，正确评价了龚志如的晚年工作。

龚仁甫

周恩来的童年小友中，还有龚志如的弟弟、妹妹，龚仁甫和龚志惠。

龚仁甫是周恩来表舅龚荫荪唯一的儿子，出生于光绪二十五年（1899年），比周恩来小一岁。周恩来痛失两母后返回淮安龚家塾馆寄读时，与仁甫可以说是最亲密的伙伴，他们一同做游戏，一同外出郊游、放风筝等。

龚仁甫会画画，会拉大提琴，受过良好的教育。1909年龚家出事败落依附清河万家后，他到上海，曾先后在上海南洋中学和交易所等地做工。后经人介绍，进入上海申新九厂当一名普通职员。在申新九厂时，他认识一位渔民出身的纱厂女工吴七妹，与之结婚。据当年《周恩来与故乡》写作

⊙ 龚仁甫与吴七妹。（丁龚敏提供）

组成员邢熙坤同志 1978 年调查，龚仁甫很可能是我党的一位抗日的地下工作者。

1926 年，周恩来为领导组织上海第三次工人武装起义来到上海后，很快就与表弟龚仁甫联系上。因为周恩来要利用一切可以利用的关系，尽可能地争取更多的革命同情者，扩大革命的力量。龚仁甫也乐于参与，特别是把自己的家作为革命者或革命者家属的一个落脚点，使得周恩来父亲周劭纲等能经常避居其家，甚至留宿数天。蒋介石叛变革命后，龚仁甫这个"落脚点"被暴露，为此，他被视为共产党的嫌疑分子而开除出厂。

龚仁甫童年时就和周恩来搭档"演"过戏，后来对文艺就一直颇有兴趣，拉得一手好胡琴，是业余琴师中的佼佼者。他从申新九厂出来以后曾到苏州一家茶馆为唱戏的伴奏、拉大提琴，既糊口度日，又以此作掩护继续做一些于革命有益的工作。

1941 年 12 月 8 日，日本人发动珍珠港事件，占领了上海各租界之后，龚仁甫要搬家，先将妻子吴七妹送回娘家浦东，等新家安置好后，回浦东接妻子女儿，不幸生病，战时缺医少药，又常常戒严、封城。

1942 年，龚仁甫生病吐血，不治而亡，终年 44 岁。吴七妹安葬丈夫后，派人回家的原址已是空无一物，又赶到龚病危时说的联络地点，早已人去楼空，没有留下任何东西、资料。吴七妹对女儿张莉华说：你父亲和爷爷一样都是败家的。这里所的"败家"就是毁家纾难。

1953 年周恩来在上海见到表姐龚志如时，一落座就问："仁甫弟现在哪里？我多次打听，都没有查到他的下落……"当得悉仁甫已过世时，周恩来非常怀念地说："可惜，可惜，他没有等到解放，没有等到我……"[①] 这简短的几句话可以看出周恩来对这位表弟的一片深情，也是对龚仁甫短暂一生的评价，透过这种评价，我们可以判断出龚仁甫生前的政治表现和他的所作所为。

龚志惠

龚志惠是龚家三姐弟中最小的妹妹，生于清光绪二十八年（1902 年），比周恩来小 4 岁。当年周恩来在龚家寄馆时，她才六七岁，是位小妹妹，和她姐姐志如、哥哥仁甫比，与周恩来的关系就要稍逊一筹了。她自龚家出事被逼到清河后，祖母不久一病不起离开人世。姐姐志如、哥哥仁甫又先后离家外出，只有她留在

---

① 《大江南北》1991 年第 6 期。

清江浦，后与宋天民结婚并伺候老母蔡氏。建国前夕夫妇一起到南京定居。自她离开淮安与表哥分别那天起，便再也未能与"大鸾哥"见面。但她对与周恩来共同读书、生活的那一年一直记忆犹新。直到1978年，中共淮安县委组织有关人员调查周恩来的童年与家世时，龚志惠还对往事侃侃而谈，并把当年与周恩来等一起读书时共同使用过的一把铜柄裁纸刀捐献淮安周恩来故居。

5. 表哥陈式周

陈式周是周恩来嗣母陈氏的堂侄儿，他叫陈氏为三姑。陈式周出生于清光绪八年（1882年），比周恩来大16岁。

陈式周的曾祖辈从浙江到苏北清河做事，后来发了财，便在清江浦水门桥西边、大运河北岸、石板大街以南，营造了一座漂亮的花园住宅，堂号为"世德堂"，街坊称它为"陈家花园"。这是一个大家族。在1860年左右捻军火烧清河之后，大家族中排行老九和十四的兄弟俩陈鑫和陈沅，先后迁居到宝应城里。

⊙ 陈式周。（秦九凤提供）

陈沅是个了不起的秀才，擅长文学、书法，行医兼做慈善事业，曾经用他自己制作的中药救活了一个临危的病人，博得了众人的称颂。当时，住在他家对门的清河县令万青选，对他亦十分尊重。陈沅夫人袁氏，是状元门第的闺秀，袁氏有两个亲姐妹，一个姐妹嫁给了淮安府钱谷师爷龚怀朴，另一个姐妹则嫁给了万青选的儿子万立钰。从这来说陈家和万家还是亲戚。

陈沅夫妇没有儿子，有三个女儿，小女儿长得俊秀，街坊邻里都唤她"美三姑"。三姑因相貌出众，便成了父母的掌上明珠。少女时代，她除了跟母亲去淮安姨妈家串亲，很少出门，总是在家里专心致志地读书、写字和绘画，间或缝制衣衫和描图绣花。她很幸运，得到了父亲的精心指教和培养，并从父亲的许多藏书中阅读了不少名人传记、笔记小说和历史故事，还阅读了许多唐诗宋词和民间歌谣。同时，在表兄龚荫荪的影响下，她还读了一些"禁书"。因此，她不仅有文学修养和艺术才华，而且有爱国心和正义感。这在当时提倡"女子无才便是德"的封建社会里，确实是很少见的。后来，这位"美三姑"嫁给了海州直隶州知州周起魁（云门）的小儿子周贻淦，就成了周恩来的小婶母。后周恩来过继给她为子。周恩来喊陈氏为"娘"，喊自己的生母为"干娘"。

陈沅的长兄陈鑫生一独子叫恩培。陈恩培娶妻陶氏，生了三男二女。由于陈沅有女无子，陈鑫就把自己的小孙子陈式周过继给陈沅为孙。[①] 因此，陈式周便成为陈三姑的嫡亲侄儿了。陈式周只比三姑妈小5岁，恩来叫他大表哥。

1907年夏，恩来生母万十二姑去世后，陈三姑十分悲伤。因为他们孤儿寡母的生活，全靠十二姑一手扶持的，这个靠山倒了，三姑急得生了病。

周恩来认识陈式周是在生母万氏去世后的那年夏天。嗣母陈氏因肺结核病日重，便回了一趟宝应娘家，因她的堂侄儿，也就是过继出嗣给她父亲为孙子的陈式周的哥哥陈伯容，不仅懂医学，且还在家中悬壶问诊，可以为她免费治病。在陈伯容的热情邀请下，陈氏带着周恩来一道去了宝应水巷口。当年周恩来才9岁，而陈伯容则比陈三姑还大8岁，那年已经37岁了，只把周恩来当孩子。陈伯容有两个弟弟，两个妹妹，一个弟弟早夭，两个妹妹都出嫁了，周恩来就和陈伯容的弟弟陈式周交上了朋友。

陈式周小时就在周家塾馆寄读过，本来和周家人就很熟，他对表弟周恩来的到来很欢迎。由于他有很高的文化素养，正在家中开一所蒙馆，家里藏书也比较多，周恩来感到他的表哥谈吐不凡，很有学问，却没有迂腐味和假斯文。陈式周很喜欢这位聪慧过人的小表弟，兄弟俩大有相见恨晚的感觉，遂成忘年交。周恩来提出跟表哥读书，陈式周谦虚地回避了，同意让他进自己的书房，以"温故而知新"。暇余之时，陈式周滔滔不绝，讲诸子百家，讲焚书坑儒，讲太平天国。周恩来不时向他提出些问题，两人互相研讨，共同切磋，无拘无束，各自受到教益。他俩在一起虽只有两月之余，但周恩来把表哥陈式周视为老师和知心朋友，陈式周也把表弟周恩来视为知己和兄弟。两人分开后，互相间的联系一直未断。

---

① 另有一种说法是将陈式周的哥哥陈伯容过继给陈沅为孙子。

清末，陈式周考入张謇创办的通州（今南通）师范学堂。1913 年，陈式周经朋友介绍前往上海，在《申报》当了一名编辑。由于报馆收入不多，陈式周还应聘于李鸿章的家中做家庭教师，教李鸿章的孙子李国超学习国文，从此生活才有所改善。周恩来在南开学校上学时经常写文章寄给陈式周，由陈式周帮他推荐给报馆发表。①

1920 年 11 月初，周恩来从上海乘船去法国勤工俭学。临行的前一天晚上，就住在陈式周家中。表哥送他一笔费用，资助他出国留学。他和表哥彻夜畅谈自己救国的理想。第二天，陈式周又将周恩来一直送到码头，并送他上了船。②周恩来到法国以后，继续给国内写文章，还翻译一些东西，也都寄给陈式周，由陈式周帮他联系报馆发表。陈式周的长子陈莱官回忆说："那些稿子有的发表了，有的没发表退了回来。小时候我在家还见过那些退回的手稿。"

周恩来和陈式周来往信件颇多，兄弟二人经常在信中探讨人生，为寻求救国的真理而热烈地交换看法。在保留下来的 1921 年 1 月 30 日周恩来写给式周表哥的信中，周恩来写道："来书语重心长，读之数遍，思潮起伏，恨不能与兄作数日谈，一倾所怀。"思念之情，溢于言表。周恩来介绍了自己到欧洲的思想："弟之思想，在今日本未大定，且既来欧洲猎取学术，初入异邦，更不敢有所自恃，有所论列。"信中对比了英国稳健式革命和俄国暴动式革命之后，说："若在吾国，则积弊既深，似非效法俄式之革命，不易收改革之效；然强邻环处，动辄受制，则又以稳进之说为有力矣。执此二者，取俄取英，弟原无成见，但以为与其各走极端，莫若得其中和以导国人。至实行之时，奋进之力，则弟终以为勇宜先也。"这封信成为研究周恩来思想发展的重要史料。

1921 年 2 月 23 日，恩来在致陈式周的信中说："吾国今日最大之患，为产业不兴，教育不振。吾国立国以农，然今日之急，又非工农兼重不为功。……至于教育，则根本问题，端在平民身上。使今日之留学界能有彻底的觉悟，回国能不为势动，能不为利诱，多在社会上做一点平民运动，则工场技师，农庄庄师，何不可兼为启诱工农阶级智识之良师。产业与教育之振兴兼程并进，根本方面只要多着一分力，表面上的军阀资本家政客便动摇一块，此种面下宣传，吾以为较空言哲理改造者强得多多矣。"陈式周由此信而得启发，便积极投身于民众教育

①②　1997 年 11 月 2 日周秉宜采访陈式周之子陈莱官记录。

运动了。

1927 年大革命时期，周恩来在上海领导工人武装斗争。他常去陈式周家中看望表哥。蒋介石发动"四·一二"政变以后，上海的形势十分严峻，大批共产党员遭到逮捕和枪杀。陈莱官说："有一天，七叔（周恩来）忽然来了，他对我父亲说：'以后我们要少联系，有事我会找你的。'从那以后，七叔就不再来我家了。"①

1930 年至 1931 年，周恩来在上海从事革命活动期间，和陈式周又有了接触。陈式周始终理解和同情革命，还为周恩来做过掩护。1931 年底，周恩来离开上海前往江西革命根据地，陈式周也携家眷返回家乡宝应。②从此兄弟二人失去了联系。

全国解放后，周恩来一直设法寻找陈式周，还托表哥万叙生代为寻找。陈式周已离开宝应，后到北京住在儿子家中。俩人始终没有联系上。③

1954 年，陈式周在北京病故，享年 72 岁。④

---

①②③④　1997 年 11 月周秉宜采访陈莱官记录。

十、周恩来的祖母家

1. 鲁登四小传

鲁登四，周恩来祖母的父亲，字敏惠，会稽县（今绍兴县）皋埠镇西鲁村人。排行七，人称"七太公"。生前就幕福建，因此，他在《利字分书》中有这样一段话：

> 余前在闽藩幕中，患病甚剧，卜云不吉，长妾亲赴城隍狱帝神前磕头，泣祷请减己寿，以延余命，余病遂愈，此虽会逢其适，而其诚悃，殊属可嘉，今则长妾卸世多年，而我尚存。言之不免感悼！

说明鲁登四在福建的幕僚生活中曾大病一场。大约由于这场大病的关系，到了光绪十年（1884 年）也就辞去福建幕中职务，返回了故乡绍兴。他有水田 100 多亩，生活殷实。

鲁登四有 4 个儿子，到光绪十六年（1890 年），他已开始考虑后事，就是给子女们分配财产，也就是"分家"，并写就《利字分书》，有关人各执一份。这时，原配夫人周氏、长妾周氏均已去世，次妾车氏尚在世。长子志周也已病故，二子志青、三子志尹、四子志渭尚"年幼"，但鲁登四想到"余老矣，风烛草霜危在旦夕"，清光绪十六年（1890 年）闰二月的一天，他将亲侄小和及少卿和女婿起魁（外孙周翰臣即周恩来的四伯父周贻赓代为出席）、亲戚陈虞宾、章迪臣、再外甥李子澄，侄孙鲁列庭、鲁达甫，曾侄孙鲁嵩堂、鲁学礼等叫到跟前，说："尝闻张公艺，九世同居后人传为美谈，吾岂不愿子若孙久远同居合炊哉，惟先人所遗及余自置之产，则肥瘠之不同，屋亦大小之各别，若不先为分定，恐启后日之争。所以决定给子女分配家中财产，即"分家"。并由曾侄孙鲁宝斋代写《利字分书》。

按绍兴惯例，兄弟分居，姑爷是必须在场的。周家出席的是代表，周起魁（云门）的长子周贻赓，时18岁，可能是和周嵩尧一起回乡考试。[①]周贻赓代表父亲周云门在《利字分书》上签字，鲁登四在"周云门"名字下写了"一生清白"四字。[②]

据《利字分书》记载，鲁登四有先人分授之田五亩五分，自行置买田一百三十三亩五分，活典田七亩五分及一部分房产。他将"先人遗产及余自置田舍，除拨作祭田公产（余之公田已照条议拨给江官矣）及幼儿女婚嫁之费外，余田估价配搭三股，分给志周、志青、志尹等三房，各得一股"，又考虑到正妻、长妾皆先后去世，庶出子女俱幼稚尚未婚娶许字，刻下田产分定之后，如今各自分炊，"则无知幼孩何能料理"，"商诸戚族，咸议将分给各子女婚嫁之田，自己丑年（1889年）起，所收租谷另行提存，以作各人添置衣饰之用，余之存公田租，亦自行收作零用之费，其余公私田屋租花，概归长媳平氏收管"，志青、志尹等完娶后，将田交还管业，各自分炊。也就是分居之后由于鲁登四子女尚年幼，暂由长媳做鲁氏家族的总管理。

鲁登四共有6个女儿：大姑、二姑、三姑、定姑、五姑、媛姑。大姑即周恩来的奶奶。鲁登四不但给四个儿子分了田产，也给二位未嫁女儿分了嫁妆田。对已嫁宝祐桥周家的长女周大姑，也有分配，《利字分书》中记载道："适周氏大姑娘寄存之款，系交长媳平氏代为放息，又周云门姑爷托收田租，粜价一切亦由长媳交付，将来设（若）有纠缠未清之款，仍归长媳料理，不涉诸子之事。"从这则记载看：周恩来祖父周云门在鲁家分居时，也得到了一点田产，是托岳父家代为收租的。周恩来表弟鲁学海也说："上代相传，周云门在外做师爷，家中不动产是托岳父家代管的。看了《利字分书》记载，证明传说是对的。"这就说明周恩来祖父虽已适居淮安，但同绍兴还有千丝万缕的联系，同绍兴的关系是斩不断的。

鲁登四的家训是，今后家人"务当谊笃亲亲，顾全大局，勿以锱铢而起争竞，

---

① 周秉宜认为他是向鲁小和学师爷。
② 周秉宜认为"一生清白"是鲁登四手迹。

勿因小节而致摧残，倘能励志青云，光大门户，或即克承前绪，添置田园，此尔等之自奋，亦稍慰余老人之期望焉"。

大家族能和睦相处，顾全大局是首要的。周恩来深受此文化的影响，他在党内一直以顾全大局、忍辱负重、相忍为党著称。他善于团结同志，维护党、国家的统一和稳定，赢得全党、全国人民的爱戴，人民称他为"人民的好总理"。

2. 鲁氏世系表

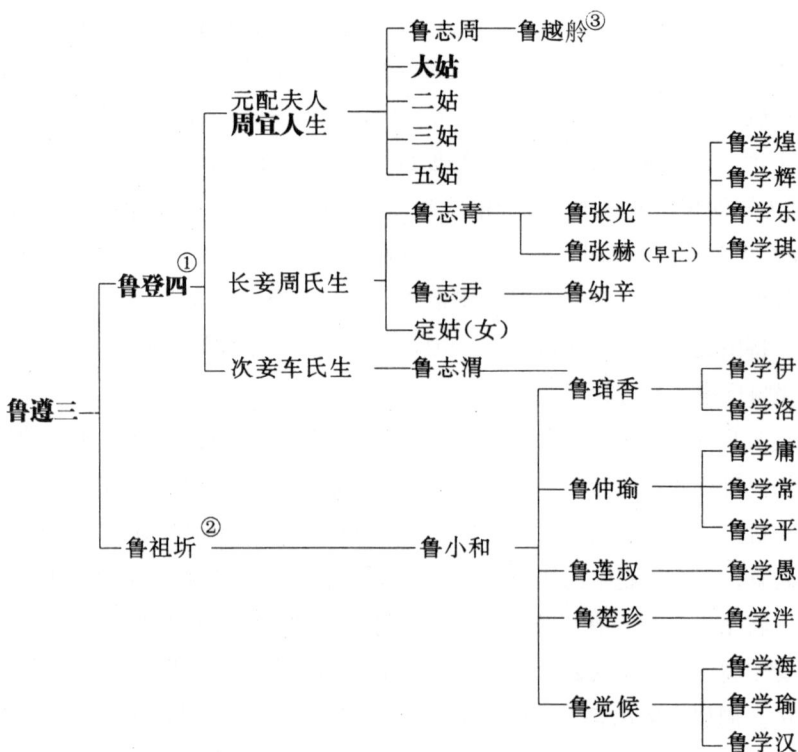

---

① 此表鲁登四一支，原写于鲁氏《利字分书》末尾空白处，用蓝墨水钢笔写成，当是鲁氏后裔所写，但不知作者为何人，现抄录如上。鲁张光后裔为鲁学琪所提供。

② 此表鲁祖坼一支，根据周恩来表弟鲁学海先生提供资料编订而成。

③ 鲁越舲有子4人。

3. 皋埠镇介绍

皋埠是周恩来祖母的娘家，位于绍兴城东，距城 7 公里，宋时写作皋步。步与埠通，清时改为皋部，后写作皋埠。皋埠素与绍兴城西柯桥并称"金柯桥、银皋埠"。

皋埠地名的由来，据有关史料记载，与纪念皋陶有关。皋陶亦称咎繇，原为舜大臣，掌管刑狱，后协助大禹治水有功，但早于禹而逝世。皋陶虽然死了，但 4000 多年来，绍兴人民一直怀念着他。据《康熙会稽县志》记载，他死后葬于"城东皋盛村"，有庙谓"皋隍庙"。经查，乃在今皋埠镇之皋平。现庙尚存，墓已毁。皋埠地名即由此衍化而来。

在皋埠，与皋陶有关的地名，还有皋平、皋北、大皋埠、小皋埠、下皋村、下皋山、上皋山等。而上皋山，在南宋被辟为皇陵，即宋六陵。[①]

周恩来祖母娘家西鲁村，就在皋埠镇上，隔市大湖（又称独树洋）与皋埠老街相望。湖宽约百丈，萧曹运河通过湖面，为绍兴水上交通要道之一。湖南岸之西鲁村，清时亦称西甫，乃典型的平原水乡，土地肥沃，河道纵横，阡陌交叉，物产丰富，民风淳朴。

目前，皋埠镇是绍兴国家技术产业开发区乡镇之一，东邻陶堰镇，南毗富盛镇、平水镇，北隔 104 国道与东湖镇相望，西接绍兴市主城区，是省级生态镇和省级文明镇。全镇地域面积 59.5 平方公里，下辖 36 个行政村，3 个社区居委会，全镇总人口 5.6 万人。境内水乡风光独特，历史文化深厚，自然资源丰富，有省级风景名胜区吼山、浙江省三大名湖之一的东湖风景区、省级文物保护单位宋六陵以及水乡特色浓郁的古运河汽车站等。

2007 年皋埠镇名列浙江省"十一五"中心镇培育工程，成为省级重点中心镇。近年来，皋埠镇经济和社会各项事业继续保持良好的发展势头。全镇现有各类企业 368 家，规模以上企业 64 家，国家级重点高新企业 8 家，省级专利示范企业 6 家，省级农业科技型企业 6 家，省级科技型中小企业 18 家，已初步形成了以电缆、机电、新型包装材料和轻纺化纤等为主的支柱产业。据 2014 年统计，

[①] 参见盛鸿郎：《皋陶·伯益·秦皇祭禹》，刊绍兴《越文化研究通信》第 1 期，绍兴越文化研究所编。

全镇完成社会固定资产投入 16.32 亿元，实现战略性新兴产业产值 19.7 亿元。随着经济的不断发展，皋埠的民生事业也得到长足发展，城乡统筹力度不断加大，高新产业和人口集聚的作用日益凸显。

4. 鲁登四的后代

周恩来祖母的娘家亦属幕僚世家，她的父亲鲁登四先后娶过三位夫人，生有四个儿子，他们是志周、志青、志尹、志渭。根据我们现在掌握的情况，这四位儿子后来的境况大都不是太好。1840 年以来，国势衰败，大家族纷纷破产分崩离析是必然的。

鲁志周、妻平氏及子越舲

鲁志周，原名承周，官名云，为鲁登四原配夫人周氏所生。志周初学师爷，后捐班进入仕途，捐官指分闽地，"在厘局办公病故"。娶平氏，光绪十六年（1890 年）鲁登四给儿女分家时，志周虽已去世，但他后代已经长大，即《利字分书》所称的"子已生孙，孙又生子"，志周后裔因属鲁家之长子长孙长曾孙，"分家"时鲁登四照例加给田柒亩伍分。

同时，由于光绪十六年"分家"时，志青、志尹、志渭或年轻，或年幼，因此，鲁登四决定：除给各子女婚嫁之田所收租谷另行提存，作各人添置衣饰之用，"余之存公田租亦自行收作零用之费"外，其余公私甲屋租花，概归长媳平氏收管。也就是此后归志周夫人平氏统一代为主持家政。

由于"分家"后归平氏统一主持家政，于是规定以后"家中各人及西席工匠茶饭肴菜统由长媳备办。应送人情并应完公私之钱粮南米，亦由长媳筹送完纳"。鲁登四嘱咐因"积产之无多，务宜量入为出，而当家之不易，尤须秉公无私，切勿借称亏空，将分授他人之田遽为变卖"。规定"志青、志尹等完娶后，平氏将田交还管业，各自分炊"。鲁登四计划得面面俱到，真是煞费苦心。志周生卒年不明，只知生一子，名越舲。

越舲也是师爷，在皋埠均呼作"越舲大师爷"。民国时做过参议员。抗日战争前去世，死时大约六七十岁。

鲁越舲，生卒年不明。生子 4 人。1951 年 2 月周嵩尧给鲁觉侯的信中，关于鲁越龄及其后裔，有这样一段话："如六十年前（即光绪十六年，1890 年）在百岁堂祭毕散福情形，当日皋埠尊府登四外公健在（舍侄恩来之祖母，即登四公长女也），越龄才及壮年，今其四子均故，唯有弱孙，思之怅惘。"

鲁志青和儿子鲁张光

鲁志青（？—1918 年），鲁登四长妾周氏所生，幼名松官，字松轩。据《利字分书》记载，清光绪十六年（1890 年）分居时，志青尚年轻未婚，因此，给留婚娶田六亩。不久，鲁志青娶妻完婚，关于六亩婚娶田的处理，族中便有了一份议单，从中透露了不少信息，全文如下：

> 此项娶亲田六亩，原给志青娶亲时售价动用，今志青已于光绪十六年十月间完娶。伊系闽藩幕中出世，弥月、得周、辞岁、拜年，承各同事来人及长辈等，各送有礼番，经伊嫡母为其收起冻成百元，甲申夏回绍，存店生息，每月得利番乙元。自甲申九月起，至庚寅十月止，连闽计得息番柒拾陆元，又分给田价短少应贴番陆拾元，庚寅年娶亲田租谷碾米巢价陆拾元，娶亲时亲友给贺礼番柒拾肆元，共有番三百念陆元零。原系志青之款，足数完姻之用，以故田未出售，所有此田，仍应照给志青收管。

根据这份议单，说明志青生于福建，光绪十年（1884 年）回绍兴，光绪十六年（1890 年）十月结婚。又据鲁张光《自传》，鲁志青以后曾为亡清小吏，但因连续丧偶，又长期失业，遂家道中落。生二子，名张光、张赫。

鲁张光（1911—1954 年），少年时代做过绸厂学徒。21 岁毕业于浙江地政讲习所，此后做过小学教员，又在盐务部门服务 13 年。1939 年 3 月周恩来顺道访问故乡时，鲁张光正随岳母住在诸暨县枫桥镇。1939 年 3 月 31 日，周恩来离绍兴去金华，道经枫桥，在枫桥停留的间隙，特地前往表叔鲁张光家拜访。

鲁张光在枫桥镇的住址是五仙桥下，今和平路 21 号。可惜，周恩来特地来到表叔鲁张光的家时，鲁张光因任职外地，不在家；鲁张光夫人陈文惠去市场买菜也不在家。周恩来给鲁张光表叔写了一封信交给一位在家的老太太，她是鲁张光的亲戚。周恩来刚离开鲁张光的家，就有几个便衣特务进来搜查。老太太为防再来搜查，就把这封信烧掉了。

这一天，周恩来曾在离鲁张光家仅百米左右的枫桥大庙发表抗日演说，并于当日下午4时离开枫桥，晚七时抵达诸暨，当晚即乘火车去金华。

建国前，鲁张光一直在盐务部门工作。1949年在淞浦鲍郎场任盐务查检处主任，淞浦解放时，被遣散回枫桥，失业在家。中华人民共和国成立后，鲁张光知道他与周恩来总理有亲戚关系，便在1952年通过堂兄鲁觉侯给周恩来去信。据鲁张光夫人陈文惠说：1954年4月份，接到周恩来回信，叫鲁张光去北京，并向鲁张光全家问好。但在此时，鲁张光因患肺病七八年，病情日重，行动不便，1954年农历十二月十二日（即1955年1月5日）就去世了，终年45岁。鲁张光儿子鲁学琪，解放后住枫桥镇大悟村，解放初即为村干部。

三子鲁志尹

鲁志尹，幼名龙官，鲁登四长妾周氏所生，生卒年不明，但据鲁家《利字分书》记载，光绪十六年（1890年）兄弟分居时，尚属年幼。现在鲁氏还保存有一张民国四年（1915年）的鲁志尹的典屋契纸，契云："此屋四围门壁俱全，自典之后凭钱主管业居住，限定民国拾壹年钱到回赎。""老堂前有喜庆红事照原主出入公用。"可见家境不佳，生子名幼辛。

鲁幼辛，幼名阿千，解放后因失业生活困难，曾给周恩来总理连去二信。第一封信没有回音，第二封信去后，过了二年，民政部门到皋埠西鲁来看望鲁幼辛，政府给了了救济，不久，鲁幼辛就去世了。鲁幼辛去世后，鲁登四老宅由其产权人卖给了西鲁村的鲁云海。鲁云海在整理房子时发现了《利字分书》，便送给鲁张光儿子鲁学琪保存。90年代初，张能耿为调查周恩来在绍史迹，去皋埠镇西鲁村访问鲁氏后代，鲁云海谈起此事，便由鲁云海带领去枫桥大悟村访问鲁学琪。鲁学琪思想进步，即将《利字分书》捐献给国家，搜集人张能耿交给了绍兴鲁迅纪念馆保存。

幼子鲁志渭

鲁志渭，光绪十六年（1890年）农历七月二十一日生于皋埠镇西鲁村，乳名江官，书名志渭，鲁登四次妾车氏所生。兄弟分居时，志渭出生不久，鲁登四在《利字分书》上批道："余之公田，已照条议拨给江官矣！"分家时，也给鲁登四自己留田拾陆亩贰分捌厘，作为他"在世之日零用之需"。鲁登四又在关于这十六亩多田的"分书"上批道："现已查照后条之议，拨给车氏所生之子江官矣。"志渭卒年不明，无后裔。

5. 周恩来父亲的表叔和老师鲁小和

鲁小和（1845—1904年），周恩来祖母的嫡堂兄弟，皋埠西鲁鲁祖圻的儿子，清末绍兴著名师爷，是周恩来四伯周贻赓、父亲周劭纲（懋臣）学做师爷的老师。

周恩来祖母鲁氏娘家的堂名叫"留耕堂"，耕读传家的意思。他们有一副联语，上联"达士遵祖志"，下联"家学绍先贤"。他们这个小家族，就是照这副联语取名和排辈分。鲁登四与鲁祖圻的父亲属"遵"字辈，名鲁遵三。

鲁遵三生七子，五个儿子早亡，仅活四子和七子，即鲁祖圻与鲁登四。周恩来祖母的父亲鲁登四，名祖口，"登四"是他的号，兄弟两人均学幕。祖圻游幕福建，在福建讨了姨太太后，即在那里成家，薪俸不再寄回皋埠，所以他的儿子鲁小和少年时代生活极苦。

鲁小和少年时代靠母亲出外念佛度日。这段生活对鲁小和印象实在太深，以后他就常以小时所经历的两件事来教育子女。第一件事，由于小时不得温饱，有一次母亲外出念佛带回一碗绿豆汤，他抢着去喝，结果头上跌出了一个疤。说明小时家中生活的艰难。第二件事是他小时的苦读精神，说他小时读书，夏天蚊子多，就把脚伸进瓮里，苦读不休，以后终于成才。

鲁小和长大后，仍继承父亲的职业，先后在绍兴、湖州、衢州、台州及江苏等地的知府衙门做师爷，并已具一定名声。如他在绍兴府衙门做师爷时，其地位已相当于现在的秘书长。家中财产也迅速积聚起，土地达二百多亩，在皋埠镇房产达七八处，绍兴城里也有房产。

师爷是受过专门训练，具有一技之长的读书人。刑名师爷要懂刑法，善于断案判案，钱粮师爷要懂得管理财政，从而才受各级长官的聘请，受雇为某一专门方面的私人顾问，帮助长官处理各项专门的公务。因为要具备一定的专门知识，所以做师爷也要学习，当时没有学校，只能拜师学徒，向名师请教。鲁小和是名声颇大的师爷，门下的学生也就较多。周恩来的四伯周贻赓、父亲周懋臣，也就是在这时拜鲁小和为师傅学做师爷的。当时拜师照例由师傅随带三年，满师后由师傅负责介绍至衙门作幕僚。以后三年内，学生（徒弟）的一半工资要归师傅。鲁小和的孙子鲁学海说，周恩来父亲跟着鲁小和干了三年后，鲁小和将其介绍至何处就业已不清楚，但有一点是清楚的，就是此后三年内，徒弟的一半工资要归师傅，因为这是通例，周恩来的父亲当然也不会例外。此外还得一年三节给师傅送礼，所以鲁、周"两家之间交情密切，不比寻常，既是甥舅关系，又有师生之谊"。

鲁祖圻终生游幕，去世于福建任所。在皋埠，鲁小和成了鲁祖圻系统的一家之主。鲁登四在光绪十六年（1890 年）所写的《利字分书》中，称鲁小和为"见分中人"，并称其为"亲侄"。光绪二十五年（1899 年）十一月，鲁志青、鲁志尹为互换房屋订立的《合同议单》中，鲁小和已是鲁家"族长"，鲁家的族谱也保存在鲁小和家中。

鲁小和所业为钱粮师爷，亦称金谷师爷，近 60 岁时，任绍兴府衙门折奏师爷。鲁小和孙子鲁学海小时，还在家里见过鲁小和所写奏折的底稿。张能耿访问鲁学海时，鲁先生说："鲁小和的字写得真好啊！"鲁小和在皋埠做 60 大寿时，左右河港停满了官船，还做戏两台，演员落地请寿。做寿不久，他就去世了。

鲁家的师爷生涯，随着清朝政府的结束而结束，因为在鲁小和的几位儿子中，鲁瑄香仍是师爷，不过其他人就没有再做师爷。如鲁仲瑜，为鲁小和第三子，他毕业于南洋公学，辛亥革命后，任杭州国立艺专国文教师，是潘天寿的同事。仲瑜娶陶氏，是周恩来姑父王子余的连襟，即继妻陶青君的姐夫。以后王子余女儿王逸鸣，又为鲁仲瑜媳妇，鲁仲瑜与王子余又成了亲家。王逸鸣与鲁学平夫妇在北京工作，解放初期与周恩来往颇多。

6. 周恩来的表叔鲁觉侯

鲁觉侯（1890—1961 年），是鲁小和的第五个儿子，毕业于浙江法政专门学校，以后曾在萧山、余姚、宁波等地政府部门任科长或科员。抗日战争爆发前二年，因与金汤侯有亲戚关系，进入湖（州）苏（州）嘉（兴）汽车公司工作。抗日战争爆发，杭嘉湖沦陷，湖苏嘉汽车公司撤到绍兴，在绍兴建立了一个点。当时，鲁觉侯在浙江省民食调配委员会工作，但仍兼任湖苏嘉汽车公司副经理。

1939 年 3 月，周恩来顺道访问故乡，他问姑父王子余："绍兴还有哪些亲戚？"王子余说："觉侯是你表叔，现在绍兴。"周恩来得知皋埠西鲁还有祖母的亲属，十分高兴，即于 3 月 30 日备小舟去离城 7 公里的皋埠镇西鲁村访问表叔鲁觉侯。不巧，鲁觉侯正外出永康办事，接待周恩来的是鲁觉侯的妹妹鲁凤林。[1] 据鲁学海说，周恩来首先自我介绍了姓名、与鲁家的亲戚关系，然后说明此次特来拜访表叔。顺便问起几位旧日伙伴的近况，并在老屋四处环视一周，说道："旧居依然老样子，我还有印象。"

因为鲁凤林说鲁觉侯已去永康，周恩来到金华后，又于 4 月 5 日，特地去永康拜访鲁觉侯，接待周恩来的是省民食调配委员会主任朱惠清，他说鲁觉侯因采办粮食已出差去上饶，又没有碰上。但他没有灰心，几天后到了当时第三战区司令长官公署所在地的江西上饶，周恩来再次打听鲁觉侯的行踪，不巧，鲁觉侯又下乡办粮食去了，仍未晤见。于是周恩来手书字条一纸：

> 我是懋臣公的儿子，曾两次拜访均未得见，今后希多联系。我的通讯地址是重庆。□□□

> 翔　宇
> 民国二十八年[2]四月□日

这张字条托当时在上饶第三战区长官公署接洽运粮车辆的绍兴粮商、周恩来姑父王子余的内弟陶康侯转交给鲁觉侯。

事后，儿子鲁学海好奇地问父亲，我们与周家是什么关系，鲁觉侯说："周家是上一代的老亲，恩来的祖母是鲁家的姑奶奶，就是我的姑母。恩来的父亲，又是我父亲的门生，曾经相随学幕，两家之间交情密切，不比寻常。恩来童年时，年年岁岁随其父亲都来我家拜年走亲。此次恩来于百忙中专程来访，不忘旧情也是人情之常。"[3]

鲁觉侯虽身兼民食调配与汽车运输两职，汽车公司的境况对他的命运仍然起到很大的作用。湖苏嘉汽车公司撤到绍兴后，曾替中茶公司运送茶叶，最后终因生意清淡而关门。湖苏嘉汽车公司关门后，鲁觉侯转入金汤侯的萧曹汽车运输公

---

[1]　鲁觉侯长子鲁学海回忆，他当时在场。
[2]　1939 年。
[3]　鲁学海回忆。

司工作。抗战胜利后，任萧曹汽车公司董事会秘书。

1949 年 5 月绍兴解放，有关部门派他去衢州工作，鲁觉侯因年龄已大，嫌远没有去。1961 年因病在绍兴去世。

周恩来表弟鲁学海，生于 1914 年，1930 年毕业于宁波三一书院，1932 年考进杭州邮政局，曾先后被调往绍兴、丽水、福州、永安、广州、梧州、南宁、昆明、百色、宁波等地工作，20 世纪 70 年代在绍兴邮电局退休。 1950 年 1 月，周恩来委托他的六伯父周嵩尧出面同鲁觉侯家取得联系，两家之间互赠土特产和交换合家照。当时鲁学海从宁波邮汇局精简回家，曾写信给周恩来，可否在北京安排工作。鲁学海说："后接周嵩尧先生来信，总理婉言谢绝了我们的要求，由此可见，周总理处理事务公私分明，令人肃然起敬。"

7. 周恩来与陶尚钊是祖表亲

1920 年 1 月，周恩来曾被捕入狱，一起被捕的一位难友叫陶尚钊，他与周恩来是表亲。

陶尚钊，字念强，1905 年生，原籍绍兴陶家堰。祖父陶寿熙，字久芳，原配夫人是绍兴皋埠东岸陈村鲁氏，周恩来祖母即为陶尚钊祖母之堂妹。所以陶尚钊与周恩来，属祖表亲。这在《利字分书》中就可以找到有关记载："西鲁之东岸亭子下田伍分，先经捐作祖先祭产，今已抽回拨作别用，另将续买翔字肆佰拾捌号坐落林家荡西溇底之棱子田壹亩捌分肆厘捌毫捐入纯如公名下，作为添凑祭扫。需归东岸陈祖大、祖二、祖三及西鲁祖四、祖七、祖八等六房值祭之人收租完粮。"可见六房之内的东岸陈鲁氏与西鲁村鲁氏确是本家。

陶尚钊父亲陶大均，曾任东三省奉天交涉使，1908 年以外务部左丞调任江西按察使。1910 年在任所去世，留下二子，长子尚铭，次子尚钊。陶大均调任江西携眷出京时，曾带两个儿子归里省亲，在陶堰渡里荣禄第家中团聚匝月后，偕全家赴任所；陶大均去世时，遗嘱运柩回籍，故使念强兄弟归居故乡。因陶尚铭早年毕业于日本早稻田大学，当时担任外交部特派员奉天交涉使公署第三科科长。为此尚钊随兄寓居天津。

陶尚钊（念强）因父母异常钟爱，从小娇生惯养，但个性颇强而聪慧过人，1917 年入天津南开学校求学，与在南开大学读书的周恩来因系同乡，时相往来，后来知道原是表亲，过往益密。自五四运动开始，尚钊受周恩来熏陶，积极参加运动，遇事必勇往直前。当时绍兴人参加运动者还有潘世纶，字述庵 ①；李锡智，字愚如 ②。其中李愚如系越缦堂主人李慈铭 ③ 之孙女，即潘述庵夫人，亦即当时周恩来文章中一再提及所称之述弟、愚如等人。陶尚铭夫人李锡碬，字纯如，系李慈铭侄孙女，这就又加上了一层关系。

当时河北省警务处处长杨以德用暴力镇压五四运动，1920 年 1 月逮捕大批学生，周、陶亦不例外地被拘禁，后经斡旋，始获自由。1920 年 7 月 17 日出狱时，陶尚钊与周恩来等被捕学生曾合影留念，此照至今尚存。此后尚钊与周恩来等人关系更加密切，时常谋面，一起探索救国之路。

由于执政者对进步青年所施压力日益加重，参加运动的学生处境日益紧张，陶尚铭为念强等人谋划，并与蔡元培先生再三商量，决定让他们暂离国土，并资助费用，留学法国，勤工俭学。一批学生即由李石曾院长伴送至法国里昂入学。到法国后，陶尚钊与周恩来及赵光宸、张家骏、张申府、李愚如、刘清扬等七人曾合拍一张照片，此照片由陶氏捐献给绍兴鲁迅纪念馆保存。尚钊在法国工读之余，仍与周恩来共策救国事宜，讵料一次用酒精炉烧开水时，因补注酒精，引燃衣服，延烧全身，医治无效，竟赉志而殁。一切善后经周恩来诸人料理安置，并将身后安葬及坟墓等现场摄成照片寄与陶尚铭。

陶馨远，绍兴陶堰人，与陶大均同住陶堰渡里，因祖父陶方琦与陶大均为莫逆。"文革"高潮，陶尚铭被迫回乡，住在其从弟尚钰家中，因路近常谋面，相互倾谈往事甚祥，故知一切。

陶尚钊出身官僚家庭，自幼席丰履厚，骄奢放纵。自生母包氏故世，能敬事嫡母，谨事兄长，从而一改旧习。特别是与周恩来为友后，弃享乐，甘辛苦，并与恋人陆宗舆之女断然决绝，为革命、为救国、为人民事业而远渡重洋，不幸赉志以殁，卒年仅 19 岁。中华人民共和国成立后，名列南昌烈士纪念馆，其在

---

① 即潘述庵（1898—1983 年），又名潘世纶，浙江绍兴人，是周恩来在南开中学的同学与挚友，觉悟社社友，曾协助周恩来编辑出版《天津学生会联合报》，后就读于南京金陵大学。

② 李锡智(1902—1980年)，字愚如，邓颖超在天津河北女子师范学校的同学和好友，觉悟社社友。1920 年周恩来坐牢，已在天津河北第四小学任教的李愚如曾去狱中探望。是年 6 月，李愚如冲破家庭与社会上种种偏见的阻挠，决定赴法勤工俭学，临行前特地去天津地方检察厅看守所向周恩来告别。周恩来于 6 月 8 日写长诗《别李愚如并示述弟》。

③ 李慈铭，晚清著名文史学家，《越缦堂日记》作者。

地下亦可瞑目矣。至于周、陶两氏革命情谊，为国为民之精神，尤为陶氏后代敬仰。

8. 陶堰镇介绍

陶堰镇西距绍兴 15 公里。东汉永和年间，会稽郡太守马臻筑鉴湖，湖堤从曹娥江边的蒿口斗门，经大湖沿，在白米堰转西，经东关、陶堰、皋埠，环绍兴城南而行，至偏门、行宫山、柯山、经宾舍折南，止于通夏履江的广陵斗门，堤长 56.5 公里，水面面积 172.7 平方公里，湖中有小岛 115 个，总库容 4.4 亿立方米以上。[①] 沿堤设堰，陶家堰为其中之一。陶家堰简称陶堰，现为绍兴县陶堰镇政府所在地。

据陶氏史料记载，元末明初陶氏始祖开始定居于此，以后渐成村落，至明成化年间，陶家堰陶氏作为一个望族开始在绍兴崛起。从明成化七年（1471 年）至清末的 400 多年间，该村孕育进士 42 人，举人 111 人，其中有解元、会元、榜眼、探花各 1 人，成为全国少有的人才村。乾隆四十六年（1781 年）辛丑科京中会试，全国取进士 170 名，陶家堰村竟独得 2 名。有几位还做过朝廷大臣，包括礼部尚书、吏部尚书和国子监祭酒等。其中陶尚钊的父亲陶大钧，官至从一品。在当代，陶堰也出了 1 位中国科学院院士、5 位博士生导师。同时，这里也是我国近代著名革命家、光复会副会长陶成章，和平老人邵力子的故里。

[①]　参见张能耿、盛鸿郎、单家琇：《越中揽胜》，第 280 页，国际文化出版公司 1995 版。朱顺佐、张能耿：《江南人才名镇——陶堰》，浙江大学出版社 1993 年版。

十一、周恩来的兄弟们

1. 胞弟周博宇（恩溥）和夫人王兰芳

周恩来的二弟周恩溥，字博宇，乳名"和尚"，清光绪二十五年（1899年）生于江苏淮安。[1] 他只比周恩来小一岁，大排行为八。大革命失败后，周恩来被通缉。为保护弟弟，周恩来要求他们以字为名，周恩溥遂以博宇为名。

周博宇乳名"和尚"，是根据绍兴人的习俗而来。在绍兴，人们总喜欢用十二生肖给刚出世的小孩起名，比如"阿猫""阿狗"或是用"和尚"。鲁迅说："名孩子为'和尚'，其中是含有迷信的。中国有许多妖魔鬼怪，专喜欢杀害有出息的人，尤其是孩子。要下贱，他们才放手、安心。"周博宇出

⊙ 二弟周恩溥。（由周秉德提供）

生时，大哥恩来已经过继给十一婶陈氏，而祖母鲁氏尚健在。老人在，孩子的名字自然应由老人给起。鲁氏给二孙子起名"和尚"，一来是理解儿子周劭纲夫妇疼爱孩子的心情，二来是她已年老，思乡之心越发迫切，起个绍兴小孩的名字，或许正是鲁氏怀恋故土之心的自然流露吧。[2]

周恩来在两个母亲谢世以后即携二弟"小和尚"，三弟"小黑子"回淮安驸

---

① 《周氏宗谱》。
② 此说为周秉宜的考证。另一说认为是沿用淮安习俗。当时医疗卫生条件差，婴幼儿成活率很低。于是，为避免婴幼儿早夭，就在新生儿出生百日后到庙宇里找僧人寄个名，谓之"寄名和尚"。这寄过名的孩子一般都取乳名"和尚"。

马巷老宅居住。院内有亚老太（周昂骏妾王氏）、痴二奶（周龢鼒夫人王氏）、周恩来的堂弟周恩灿与家人、周恩来五伯父周贻鼎一家、八伯父周贻奎一家。兄弟仨的三口之家，恩来就是家长，在八婶的帮助下艰难地过日子。这老宅的景况与他们三年前离开时相比，已是败落。有的房子典押了，有的已经拆掉了，至于那个周家塾馆早已名存实亡了。回老宅来暂住的也都是在外一时混不下去的叔伯或兄弟等人，孩子读书根本请不起教师。念在往日情分上，昔日应聘的老师，有时也会到周家塾馆来"客串"一下，做点奉献。教这个孩子"赵钱孙李"，教那个孩子"吊民伐罪"，又教另一个孩子"混沌初开，乾坤始奠"，磨蹭个把小时就离去了。后来恩来被住在东岳庙附近的姨表舅龚荫荪接到他家的塾馆寄读，可"小和尚"仍留在这个周家大院里，因为他生性顽皮，龚家不同意他去。

周博宇少年时十分聪明活跃，他留在家中跟八叔贻奎学习珠算。他很快学会了打算盘，后来又自告奋勇教给弟弟小黑子。周同宇后来回忆说，他那一手打算盘的手艺就是由"和尚哥"教的。[①] 晚上，哥哥恩来回到家，还要督促"和尚"练习书法，背诵诗词，并且把自己看过的书也送给他看。周博宇脑子快、悟性高。虽然他这时没有条件念家塾，但跟着八叔和哥哥，他学会了不少知识，无论文学、书法还是算术，都打下了一定的基础。待恩来"应伯父召，趋辽东"以后，这个兄弟三口之家就暂时被肢解了：6岁的三弟"小黑子"寄托到清江浦的十四姨妈家（姨夫姓陈）；11岁的二弟"小和尚"则留在八婶家糊口度日。

周恩来的八叔是个一条腿残疾的人，既不能外出做事，又不能劳动挣钱，一家生活全靠八婶周全，其境况之困难可想而知了。"小和尚"由于从小受父母宠爱，比较任性。哥哥恩来一走，就没有人督促他学习，没有人管得了他了，他经常出去玩耍，爬树、摘野果、飞弹弓、打麻雀、挖野菜、捉迷藏等，甚至乘船游到城外去玩，玩得很开心。但他这样做很可能也是因为哥哥不在家，他感到十分抑郁和寂寞。由于心情烦躁，他不服八婶的管教，有一次，他又跟八婶顶起牛来，顶得相当厉害，竟至于"犯逃"而出走，沿着大运河堤，徒步跑去扬州，摸到十三舅父万立铉家中。他的表姐万怀芝生前曾回忆说："他在路上把鞋子都跑坏了，后来干脆摔掉了，赤脚而行，脚指头已碰破了，是夜间摸到我们家的。那一身打扮，太寒酸了。妈妈跟我两个人没日没夜地帮人家织毛线，缝衣服挣钱，用来为

---

① 1995年3月周秉宜采访周秉钧记录。

他赶做新衣新鞋，同时让大哥万叙生写信告诉在山东临沂做事的父亲，父亲又写信去天津告诉恩来表哥。恩来表哥决定让'小和尚'去天津，却又没有钱买火车票，直到父亲寄钱来家，大哥才送他去浦口买票上车……"这个时间是在1916年的夏天，博宇17岁。周博宇到达天津以后的情形，周恩来在1916年秋天所写的一篇作文《避暑记》中，曾有所提及："期考毕，暑假放，校中寂，学子归。……南望乡关，欲归不得。阳关送友，益触愁思。……余弟适以是时自南至，同胞兄弟，七载形（睽）离，一朝把晤，不禁泪下。然斯聚也，虽悲实喜……"①

周恩来为让十三舅万立铉放心，立即写信报告平安。信上说：

> ……扬中寄款于八日接到，溥甥遂于当日动身，前日下午抵津，一路尚属平安，现寓四家伯处。拟令其暂束身心，俾一切习惯渐变故态，然后再量材施教，以冀有成。唯恨时机已晚，不克受完全教育。七载荒废，责在父兄。今而后知教育子弟事，非可疏忽视之，致贻后日无穷之悔也。至此次北上，一切照应均惟叙生表哥是赖，乃复蒙送之浦口，尤深感激。此后管束之方，尚望不弃，时锡教言，俾作指南，以匡甥之不逮，是为至盼。专以谨禀，敬请福安。
>
> 甥　谨禀8月15日②

周博宇到天津后，进南开中学读书。他的功课学得很好，几年下来，他能写得一手出色的文章，能迅速地翻译英文书信。在书法上他也是班中的佼佼者。③他在南开心情舒畅，春风得意。

1921年周恩来在欧洲留学寻求救国的道路，在与表兄陈式周的通信中他曾有两次提到他的这位胞弟。"八弟④事，归津作解决，亦良好。此等各人之道，总以自决为佳。彼盖勇于一时盛气，若无持久力，不入纱厂，未始非彼之有见而然也，近来消息如何，来函中亦望提及为盼。"⑤

---

① 周秉宜查自《周恩来早期文集》（上卷），第203页"避暑记"。
② 此信件原由万叙生的女儿万明珠收藏。1977年淮安"周恩来与故乡"写作组一位成员征集了此信，至今无下落。
③ 1997年10月8日周秉宜采访王兰芳之妹王兰芝。
④ 周恩来大排行七，周恩溥大排行八。
⑤ 刘焱编：《周恩来早期文集》（上卷），第490页，南开大学出版社，1997年版。

这一年周博宇 22 岁，可能正在上海陈式周处。过了一个月，周恩来接到陈式周表哥的信，又对周博宇选择职业发表了看法："博宇八弟事承关怀，甚感。家中至今尚未有信来，吾固未闻彼有吐血症也。今何犯此，颇系念人。纺织工业本为今世重要产业，我很希望彼能置身此道。使彼银行事终不成，而南通纱厂有机可图，我仍希之为一试如何？"① 从这封信里，不仅看到博宇患病吐血，而且周恩来希望他的这位胞弟能进南通纱厂就业，对他十分关心想念。

后来，周博宇北上黑龙江，到哈尔滨去找正在黑龙江财政厅做事的四伯父周贻赓，由周贻赓为他在税务部门安排了工作。

1927 年左右，周博宇由四伯父周贻赓出面做主，娶王子修的女儿王兰芳为妻。王子修是沈阳人，周贻赓多年的同事和好友。周博宇结婚时的"大媒"（主婚人）是周贻赓的从堂兄弟周嘉琛。② 第二年，王兰芳生下一男孩，取名荣庆。

1928 年 5 月，周恩来、邓颖超由上海赴莫斯科出席中共六大时，路经哈尔滨，住在周博宇家中。后又在周博宇、周同宇二位胞弟的掩护下平安出境。

1937 年 4 月，周博宇的三弟周同宇的长女周秉德在哈尔滨出生时，周博宇特意为侄女的出生写下"吾家添丁，周门大喜"八个字。周同宇的妻子王士琴回忆说："博宇的书法颇见功底。写得一手好字。"③

周博宇思想开朗，生就一副热心肠。别人有了困难，他总要出手相助。他的小姨子王兰芝曾笑他"好管闲事"，他却一本正经地说："该管的事我就得管。"可见他是一个很有主见的人。但周博宇生性桀骜不驯，与人交往则难免发生冲突，甚至有时竟为此丢了饭碗。

1938 年，周博宇因为失业到北平去找"衡峰大叔"周嘉琛。经周嘉琛介绍，他前往山东工作。④ 他虽经常失业，工作不稳定，但一直没有离开山东。周博宇一生主要是做文书工作。

1944 年底，周博宇在山东潍坊病逝，终年 45 岁。⑤ 周博宇和妻子王兰芳只生有一子周荣庆，已于 1992 年病逝。

---

① 刘焱编：《周恩来早期文集》（上卷），第 501 页，南开大学出版社，1997 年版。
② 1997 年 10 月周秉宜采访王兰芝记录。
③ 1994 年 4 月下旬秦九凤采访王士琴记录。
④ 1997 年 9 月周毓沧对周秉宜的回忆。
⑤ 1995 年 5 月王士琴对周秉宜的回忆。

周博宇的夫人王兰芳①生于沈阳。父亲王子修，清末秀才，精通诗词文章，是周恩来的四伯父周赍赓多年的同事和好友。1927 年，王兰芳由父亲做主，嫁给了周博宇。第二年生有一子，起名周荣庆。王兰芳带着儿子随丈夫住过哈尔滨、天津、北京、山东等地。1944 年底，周博宇在潍坊去世。王兰芳生活无着落，便去给人当保姆。

1947 年或 1948 年初，王兰芳不满 20 岁的儿子周荣庆被国民党军队抓去充壮丁，王兰芳孤身一人十分痛苦。1948 年 2、3 月间解放军来到潍坊一带，王兰芳就参了军，并参加了常（乐）潍（县）战役。开始做后勤工作，后来又被分配到幼儿园做保育员。1949 年，她随幼儿园进了北平，转入中央军委保育院（原延安洛杉矶保育院）工作。

1954 年，部队实行义务兵役制，大量裁减女兵，王兰芳也复员了。因身体不好，先在西花厅七哥七嫂家中休息了几个月。以后，王兰芳就去河南焦作同她的儿子周荣庆一起生活。当时，周荣庆在焦作卫生学校工作。

王兰芳性格内向，平日寡言少语，从来不对人说她和周恩来的关系。三年自然灾害时期，王兰芳家中生活非常困难，街道食堂没有她的份儿，她也从不给周恩来和邓颖超写信诉说。后来还是邓颖超托一个去河南出差的同志顺便看望她，才了解到实情。由此，市委的同志知道她的情况后给她送去了粮食，她却不接受。她说："我没有什么功劳，我不能要。"她对她的妹妹王兰芝说："咱们做对了没什么，要是做错了，人家就会把过错全栽在七哥的头上。"周恩来和邓颖超非常关心王兰芳，20 多年间，他们每个月都寄给她几十元生活费。她患有哮喘病，每次到北京看病，也是七哥七嫂替她承担住宿和医疗的全部费用。

王兰芳不善言辞，却心里有数。她自觉遵守周家的纪律，带着儿孙在河南焦作过着普通百姓的生活，毫无怨言。她知道这正是七哥周恩来对她的要求。

王兰芳于 1975 年病逝，享年 69 岁。

2. 胞弟周同宇（恩寿）和夫人王士琴

周同宇于清光绪三十年二月二十三日（1904 年 4 月 8 日）生于江苏省淮安

---

① 王兰芳的情况根据 1997 年 10 月 8 日周秉宜采访王兰芝的记录整理。

府山阳县驸马巷周家老宅，比周恩来小6岁。他出生后因皮肤稍黑一些，家里人便顺口喊他"小黑"，算作乳名，取学名恩寿，字同宇，也用过桐宇。在周家大排行是十二。大革命失败后，周恩来因长期遭敌人通缉，为保护弟弟，要他们改名，周恩寿遂以字为名。

他来到这个人世时，因祖父已病逝，淮安由于清朝撤销了漕运总督，经济萧条，周家开始败落，生活条件下降。他出生不到一岁，父亲因买彩票中头彩，家中经济状况改善，母亲便带着三兄弟一起去了清河县（今淮阴市市区及淮阴县一带）清江浦的外婆家那边，断断续续住了两三年，在同宇3岁时，年轻的母亲病故。次年秋天大哥恩来便带着二哥和他一起从清江浦返回淮安驸马巷老家。当时他只有4岁。

这时父亲在外地谋生，工资甚低，无法养家，而老家的周姓各房俱相继外出谋生，在驸马巷住的还有五伯周贻鼎一家和患有残疾的周贻奎夫妇，亦即当时淮安人常称的"八爷""八太"和他们的儿子恩硕。周恩寿的八叔（这是按周家大排行，嫡亲是三叔）周贻奎由于腿疾行走不便，又体弱多病，他和八婶母杨氏曾抚养他们兄弟仨一段时间，使幼时的恩寿从八叔和哥哥那里学了一点珠算，也读了一些古书。周恩来去东北时，八婶母实在无力抚养博宇（恩溥）、同宇（恩寿）兄弟，就将年幼的同宇托付给住在清江浦的十四姨妈抚养。两年后同宇8岁，回淮安和八叔八婶、哥哥博宇一起生活。从此开始学习上锅台烧水、做饭，在菜园里种蔬菜。就这样，同宇在多灾多难中度过了他那不幸的童年，也养成了沉默寡言的性格。

当时在东北谋生的四伯父（嫡亲是大伯）周贻赓工资也不多。自1910年起，哥哥恩来已在四伯父处念书，1913年考入南开学校后，他因成绩优异而得到校方奖励，同时以为学校刻钢板等勤工俭学。1918年底，15岁的周同宇向奶妈和舅舅借了点路费步上两位兄长后尘，前往天津四伯父的家。1919年5月周恩来从日本回国，同宇去天津火车站迎接，兄弟二人分别8年之后又重逢。周恩来看到当年他离家时只有6岁的黑弟已长成眉目清秀的少年。

周同宇自幼为人忠厚老实，到天津后，读书用功，头脑聪明，接受能力也比较强。因他的成绩好，几次"跳级"①升学，深得老师的喜爱。放学后他还经常帮

---

① 民国年间，学生因成绩优秀，可以越级升学。即上个学期是读的二年级上学期，到寒假结束开学后一下就能进三年级下学期。直到新中国成立初还有这种谓之"跳级"升学读书的情况。

助四伯母做些家务，生炉子、烧水、洗衣服，正所谓"穷人的孩子早当家"了。

1921年，周同宇考入南开学校读书。在这所新型学校进步思潮影响下，周同宇于1924年春即加入中国社会主义青年团，且是哥哥创建的"觉悟社"的小交通员。同年冬又转为中国共产党党员。1925年，周同宇受党组织派遣，以入北平宏达学院学习为掩护，到北平市做党的地下交通和宣传工作。

随着岁月的流逝，周同宇在一片白色恐怖中一天天长大，并与其兄长一直保持着密切的联系，并在周恩来赴欧勤工俭学后期认识了长兄的女友邓颖超。当时，他称邓颖超为"姐姐"，称邓颖超的母亲杨振德老太太叫"杨伯母"。后来周同宇曾回忆说："那时，姐姐用毛线给我编织了一双棉鞋，那是我一生中第一次在寒冷的冬天穿上那么暖和的鞋。"可见邓大姐对他的关心和爱护。

1925年10月，已与兄长结婚的邓颖超根据党组织决定从广州发来电报，让周同宇陪同杨伯母一道去当时大革命的中心广州。1926年1月经党组织决定，周同宇进入黄埔军校第四期政治科学习，同年6月毕业。

1926年，国民革命军挥师北伐，周同宇任国民革命军总政治部宣传员。北伐军攻打武昌城时，周同宇随攻城部队在火线上采访，不幸右脚被敌人炮火炸伤，由当时任总政治部秘书长的郭沫若和宣传大队长的胡公冕抬下火线抢救脱险。一个多月后伤愈，周同宇被任命为国民革命军总政治部劳资仲裁委员会代表，1927年春改任国民政府武汉邮电检查委员会主任，并继续参加北伐宣传的筹备工作。

就在这期间，周同宇因年纪轻，涉世不深，仅为一件生活小事离开队伍一个短暂时期。一向律己甚严的周恩来知道后非常生气，严厉地批评和处理了弟弟。据说当时周恩来在弟弟的处分报告上签了八个字："擅离职守，撤职查办。"致使年轻的周同宇又害怕又爱面子，内心很痛苦。几十年后，有人曾向周总理问起这件事，周恩来坦诚地说："我那时年轻，火气大，是我对他帮助不够。"表现了他对弟弟的负疚和惋惜。

1928年初，周同宇随党的组织去上海做地下工作，由于对上一次挫折仍成见在心，遂向兄长周恩来提出自己读书太少，想离开革命队伍去念点书。虽经兄嫂劝阻而无效，于是他离开了革命队伍，也自行脱离了共产党。然后，他只身前往吉林的四伯父处。在吉林时，周同宇担任吉（林）海（拉尔）铁路局检查课的课员，过起了平民生活。

是年5月上旬，周恩来、邓颖超从上海秘密乘船赴莫斯科出席中共六大。船经青岛时，受到日本侦探的注意，并跟踪到大连，对他们进行盘查。在这生死攸关的时候，周恩来想到了弟弟周同宇。到吉林下火车后，有着丰富地下斗争经验的周恩来先住进旅馆，没有直接去四伯父家，而是用乳名给四伯父写了一封信，请旅馆的人送到四伯父家。周同宇接信后，见上边只简单地写着"问舅父好"，下边签着"大鸾"两个字。周同宇一见到哥哥那熟悉的字体，知道他到了吉林，并根据信中对四伯父称"舅父"这一形式判断他一定处境很危险，就悄悄前往旅馆接回了哥嫂。

但是周恩来、邓颖超在大连遭日本特务盘查时，已将去苏联接关系的证件全部毁掉了。没有证件他们就去不成苏联。周恩来本人因认识他的人太多，当时东北又基本在日本人控制之下，他们仍随时都有生命危险。经商量，周恩来一个人先启程去哈尔滨的二弟博宇处住下，翌日再让周同宇陪邓颖超赶去哈尔滨会合，并由邓颖超、周同宇在哈尔滨火车站等候比他们晚起程的李立三。一连等了六七天，终于等到了李立三。这样，在周博宇和周同宇的掩护下，周恩来、邓颖超和李立三等便安全地去了苏联。

1931年"九一八"事变以后，周同宇和四伯父周贻赓、父亲周劭纲一起回到天津。

1933年夏天，四伯父周贻赓在天津法租界33号清河里17号病逝，周同宇协助父亲料理丧事。因四伯父没有孩子，父亲周劭纲做主，将周同宇过继给四伯父、四伯母。[①]以儿子身份为四伯父守灵尽孝，使四伯父后继有人。

此后周同宇先后在东北的吉林、哈尔滨和关内的太原、天津等地谋差做事，职及税务、禁烟、证券等多个行业。曾任哈尔滨税捐局课员、松江绥化税务局课长、哈尔滨税务监督署股长、哈尔滨滨江税捐局课长，以及天津"天益成"布庄老板等。在哈尔滨做事时，通过周恩来的好友、同学张鸿诰（王士琴的大姨夫）夫妇介绍，认识了在哈尔滨电业局工作的王士琴，他俩于1936年结婚。

王士琴生于1914年，是位满族姑娘，通晓俄、英、日等多种语言，所以建国后一直任中学外语教师。

1943年，周同宇夫妇携带两个孩子从哈尔滨迁到天津，与嗣母杨氏同住，同宇在天津一个证券行当司账员，依然过着艰辛的生活，有时入不敷出，同宇的

---

① 1994年6月王士琴对周秉宜回忆。

嗣母和王士琴不得不做些手工活，以贴补家用。

　　1945年冬，周同宇经过多方努力，又与我党组织取得了联系。1946年政治协商会议在重庆召开，周同宇从天津给在重庆的兄嫂写了信，告知了四伯父、四伯母先后去世的情况，从而使周恩来得知了三弟的下落。是年2月底，周恩来与军事调停处执行部的另两位成员——美国的马歇尔和国民党方面的张治中前往北平（今北京），他让工作人员给周同宇发份电报，让其到北平一见。这是兄弟俩分别18年后重新相聚。

　　兄弟俩各叙离别之情之后，周同宇向哥哥提出继续参加革命的要求。一贯遵守组织纪律的周恩来就叫他去找叶剑英。叶剑英同志代表组织，根据当时斗争情况，让北平军调处管理财务的赖祖烈给周同宇一笔资金，要求他继续隐瞒身份，仍回天津以做生意为掩护，为党组织提供活动经费和医疗器械及药品等紧缺物资，在隐蔽战线上继续为革命做贡献。遵照叶剑英的布置，周同宇回天津后即开办了一处"民生货栈"，并按规定与天津地下党员周世昌取得了联系，有关药品、经费等均通过周世昌转交给党的组织。

　　1947年3月，国民党关闭了国共和谈的大门，我人民解放战争也进入决战阶段。国民党政府采取强化地方统治，实行保甲连坐的残酷政策。周同宇被一坏邻居告发，理由是：他是周恩来的亲弟弟。1947年7月，周同宇被国民党特务机关、天津警备司令部稽查处逮捕。在狱中，周同宇除了承认是周恩来的弟弟外，没有暴露为党工作的任何蛛丝马迹。

　　周同宇被反动当局逮捕后，在天津的周恩来的老师、同学及旧友们纷纷设法营救，最后由南开学校周恩来的化学老师、时任南开大学教务主任的伉乃如和周恩来的南开同学常策欧、吴玉如三位先生出面担保，3个月后周同宇获释出狱。"文化大革命"后，中组部于1979年对此事做出结论："周同宇同志1947年被捕期间总的表现是好的，出狱后继续同我党地下党员周世昌同志保持秘密联系。"

　　1949年4月，北平解放不久，周同宇和王士琴夫妇便从天津前往北平（京）见兄嫂。周恩来派人到住处接他们到党中央所在地香山。周恩来因工作太忙，深夜才抽空和他们一起谈话。

　　那年周同宇45岁，希望能继续为革命做些工作，周恩来对亲弟弟却严肃地建议说："我看你应先去上革大（指华北人民革命大学），学习后才能为人民工作。"当时，周同宇夫妇已经有了秉德、秉钧、秉宜和秉华四个孩子了。所以周恩来让弟媳王士琴先回家照顾好孩子，没有让她去上"革大"。

周同宇在"革大"学习一年后，1950年毕业被分配到北京钢铁局当科长，后来又调到冶金部。他曾先后担任过华北钢铁局工务处副管理师，重工业部钢铁局供销处秘书、购运总站副站长、仓库管理科科长等职。

1953年周嵩尧去世后，周恩来的亲属初次来京要求到西花厅，都先由周同宇"甄别"真伪，报告邓颖超视情况而定。

1959年，周同宇因身患胃病，年岁也较大，由组织上调内务部任专员。周恩来得悉弟弟调内务部后，就再三向内务部交待："周同宇的工作，要安排得职务尽量低，工资级别尽量低，因为他是我弟弟。"

周同宇到内务部后，因患胃溃疡，身体不好，经常请假休养，不能正常上班。周恩来就又嘱内务部让他提前退休。时任内务部长的曾山认为总理只是表个态，说一说，他工作忙，不会老记着这事，所以也就没当回事。但周恩来不仅没忘掉，而是严肃地对曾山说："你再不办，我就要给你处分了，他不能拿着全工资不上班。"于是，周同宇于1963年6月提前一年办理了退休手续。打那以后，周恩来也把对同宇家的经济补贴由100元提高到了每月200元，这几乎花去周恩来自己工资的一半。

1964年8月周恩来抽空约一部分亲属来西花厅，以教育他的亲属、晚辈们要好好学习，努力工作，过好"五关"。这次他又对弟弟同宇说："同宇已退休一年了，退休时我说过，现在小学的二部制多，孩子一放学回来就野了，吵嚷打闹得很乱。你现在拿着国家的退休金，应该为人民做点事情。你可以把孩子组织起来活动、学习。"周同宇马上回答："已经做了。"周恩来继续说："你一天用两小时对孩子尽点义务，起点作用，不是什么大的负担！"接着，周恩来又严肃地说："你是我的亲兄弟，你身体不好，人家让你够年龄退休，而不退职，一定会说是因与我的关系，这样你就要表现出模范行动来。你尽点义务，虽然劳累，但是你的精神一定会好的。"

退休后的周同宇除了辅导孩子们的功课外，也参加些社会活动，有时与社会主义学院的学友王光琦（王光英的弟弟、王光美的哥哥）等人相约几个人一起聚一聚，吃顿饭，改善一下伙食，聊聊天，当时有人戏称这种聚会是"神仙会"。"文革"期间，江青为了整倒周恩来，想方设法找材料，当然也就"挖"到周同宇身上，硬是无中生有地把周同宇说成是"刘少奇黑线上的人物"，把"神仙会"

也诬蔑为"反革命聚餐会"等等,并发难到毛泽东、周恩来处。洞察一切的周恩来十分明白"四人帮"的险恶用心,于1968年2月在谢富治"拘留"周同宇的请示报告上写了"拘捕审查"几个字。而后由北京卫戍区执行。周恩来对自己的弟弟是了解的,他这样做是从斗争的大局出发,不得已而为之。而且当时社会上武斗不止,十分混乱,如果周同宇被"群众组织"抓走,后果不堪设想。1974年春夏之际,周同宇的大儿子秉钧从广州回京,到西花厅看望伯父。周恩来知道自己不久将住院做手术,一向不谈家事的周恩来对秉钧说:"虽然你们父亲那时(1928年)脱了党,但我相信他不会出卖我们,实际上他还掩护了我们。"① 他用这种方式表达对弟弟的看法,给弟弟一家巨大的安慰。

周同宇虽然失去了自由,但他心里很清楚,他是为哥哥坐牢。他在狱中从不乱讲,"四人帮"没有捞到任何材料。② 1975年4月末毛泽东决定要解决干部问题,释放被关押多年的干部。他经毛泽东过问批准,被释放回家。

"文革"结束后,1979年中央组织部对周同宇一案进行了复查,全部撤销了1975年7月2的中央专案审查小组办公室强加在周同宇身上的诬蔑不实之词,为周同宇同志彻底平反,恢复名誉。这使晚年的他激动不已,兴奋不已,曾不顾病体拄着拐杖乘着无轨电车、公共汽车四处向亲友们报告:"我彻底平反了!"接着,他当选为全国政协第五届和第六届委员,1985年初又落实政策,将退休改为离休,享受离休干部待遇。

1985年5月13日,周同宇同志因病医治无效,离开人世,享年82岁。

周同宇和王士琴共有子女6人,长女周秉德、长子周秉钧、二女周秉宜、二子周秉华、三子周秉和、三女周秉建。

1982年,也就是在周恩来辞世6年后,周同宇夫妇和他们的孩子去中南海西花厅,看望当时健在的邓大姐。谈及家事时,邓颖超同志对孩子们说:"你们伯伯(指周恩来)当时对同宇问题的处理,我都不清楚内情,直到最近我才弄明白,是'四人帮'发难。伯伯把同宇交北京卫戍区监护审查,是他采取的保护干部的一种措施。如果让同宇落在'红卫兵'或'四人帮'手里,那他就不会有今天,可能叫你死无对证了。"

据我们目前所掌握的零星资料看,周同宇同志生前有两件遗憾的事。

---

① 1995年3月周秉宜采访周秉钧记录。

② 周秉宜提供。

其一是未能为哥哥亲自送别。1975年虽然让周同宇回家养病，但在当时极左思潮统治下，他仍由群众监督，没有让他享有应该享受的公民权利：周恩来病重，不让他去探望；周恩来去世后，作为一母所生唯一在世的胞弟，却没"资格"参加追悼会；他只能在家中设个灵堂，以泪水洗面，默默地悼念哥哥。"长兄如父"，周同宇十分敬爱自己的哥哥，而当哥哥告别人世时，他却连见最后一面的"资格"都没有，他内心的痛苦是常人们难以想象的。

其二是未能回故乡看看。人到老年，难免思乡怀旧，周同宇也不例外。前半生他由于颠沛流离，无法回到淮安。建国后，他有机会回淮安看看，却又因当总理的哥哥律己甚严，一次又一次不准周同宇回故乡，怕惊动地方，给地方带来麻烦。特别是1965年春节前夕，退休不久的周同宇得悉哥哥在安排平掉淮安老家的祖坟，但又担心一直居住淮安的陶华（周恩来的叔伯兄弟周恩硕的妻子、周尔辉的母亲）年岁大，想不通，需要有人去说服他。周同宇认为这是一个回故乡的好机会，趁一次去西花厅时提出来："哥哥，听说你要平掉淮安老家的祖坟？让我回去吧，十嫂（指陶华）的思想工作我一定能做好。"

"好呀——"周恩来开始很高兴，可他转念一想，马上斩钉截铁地说："不行，你不能回去！"

"为什么？"一向敬重哥哥的周同宇归乡心切，竟不顾一切地反问起来。

"因为你是周恩来的弟弟！"周恩来目光炯炯地说，"你回去之后，江苏省委、淮阴地委、淮安县委要派人陪同你，接待你，既浪费了地方的钱财，还要耽误人家的工作。"

同宇不敢再说什么了。只听哥哥继续说："还是等尔萃放寒假回去探家，不会惊动地方领导。"

周恩来这么一说，周同宇还有啥办法呢？

"文革"开始以后的情况大家都已知道了，承受不白之冤坐了7年半的牢狱，到周同宇完全恢复自由后，又身患重病，失去了回乡探望的身体条件。他临终前曾动情地向老伴王士琴说："我死以后，你们无论如何也要把我的骨灰送回淮安去，在我老家后院小时种过菜的地方深埋，让我回到家乡去看看……"

周同宇早年投身于大革命洪流，并曾在革命洪流的风口浪尖上拼搏、战斗。他虽后来被革命浪潮涌到了一边，用他生前自己的话说，我是被"大浪淘沙""淘"下来的人，但他在哥哥的影响、教诲下，始终与中国的革命事业保持着千丝万缕的联系。应该说他是一个对祖国对人民有过一定贡献的人，也是一生坎坷的人。他生前的最后遗愿体现着我们中华民族几千年的传统，也表达了他对故土亲情的眷恋和对家乡的热爱。诚如周恩来 1965 年 7 月 5 日在新疆石河子对另一位淮安老乡所说的话："一个热爱祖国的人是没有不爱他的家乡的。"

王士琴，民国三年（1914 年）4 月 18 日生于吉林。6 岁左右随父亲迁居黑龙江省哈尔滨市。

王士琴的父亲王洪杰（字孚忱），黑龙江爱晖县人，是一名受过洗礼的东正教教徒。王洪杰幼年家贫，靠自学成才而后成为一个有名的俄语专家。20 世纪二三十年代时，王洪杰在中东铁路担任俄文翻译处处长，并兼任哈尔滨工业大学的客座教授，其间他还做过驻海参崴的副领事，经济收入十分丰厚。王洪杰通过自己的生活经历深感个人奋斗和自食其力的重要性，故十分重视对子女的教育。他为孩子们请了家庭教师，让他们学习俄语，同时又学习一点英语和日语。他说："我没有什么财产给你们，只能给你们留下一碗饭吃。"王士琴的大哥早年去世。二哥王语今后来成为 20 世纪 40 年代一个有名的小说翻译家，曾翻译过苏联著名作家尼·奥斯特洛夫斯基的小说《暴风雨所诞生的》。抗战期间，王语今在重庆中苏文化协会工作，还曾为中共代表周恩来和许多民主人士做过即席翻译。

王士琴高中毕业以后本想东渡日本学习医学。但时逢父亲退休，家庭收入锐减。王士琴为了照顾家庭，替父亲分忧，遂放弃了留日的计划，考入哈尔滨电业局做了文秘。

王士琴 5 岁丧母，继母陈玉文①出身于书香之家，毕业于民国早期的吉林女子师范学校。陈玉文有一个姐夫名叫张鸿诰，他正是周恩来在南开学校时的同窗密友，后来又和周恩来一同在日本留学，1919 年周恩来离开东京准备回国之前，曾写了一首诗《大江歌罢掉头东》赠给张鸿诰留念。1936 年夏天，王士琴就是经由姨夫张鸿诰介绍，嫁给了正在哈尔滨税捐局工作的周同宇。第二年，王士琴生长女周秉德，从此她像那个时代绝大多数的已婚妇女一样，当上了家庭主妇。每日的柴米油盐、丈夫孩子的衣食冷暖成为她主要的生活内容。

1943 年，周同宇为躲避日本人的盘查，带着全家移居天津，与嗣母杨氏（四伯母）一起生活。王士琴在哈尔滨时生有长女周秉德和长子周秉钧；移居天津之

---

① 建国后陈玉文改名王玟。

后，又生次女周秉宜和次子周秉华。

1947 年 8 月，胡宗南军队进攻延安，周恩来随毛泽东转战陕北，周同宇被国民党天津警备司令部拘捕。王士琴忧心如焚，带着 4 个孩子在担惊受怕中度过了 3 个多月。后来，经周恩来在南开学校时的老师伉乃如和同学常策欧、吴玉如三位先生出面做保，周同宇才得以获释出狱。

1949 年春，天津、北平先后解放。王士琴随丈夫一同赴北平拜见周恩来、邓颖超二位兄嫂。王士琴因是第一次见到兄长，很拘束。周恩来却很随意地问王士琴："你是哪里人呢？"王士琴不好意思地回答："我的家乡不太好，我是哈尔滨人，是东北的。"那时，因为东北很长一段时间在日本人统治之下，北平有部分人对东北人印象不太好。周恩来马上睁大眼睛表示不同意地说："东北有什么不好呢？我就喜欢东北，因为我就是吃你们东北的高粱米长大的。"一句话使王士琴轻松了。

周恩来要求周同宇立即去华北人民革命大学学习，等待组织分配工作。要强的王士琴向周恩来表示她也想出来参加工作。王士琴的志向立刻得到了周恩来和邓颖超的理解与支持。在他们的安排下，周同宇和王士琴的 4 个孩子很快被送进了寄宿制的中学、小学和幼儿园。周末，周秉德、周秉钧、周秉宜回西花厅来住，减少了王士琴的后顾之忧。1950 年，王士琴受聘于北京女四中，任高中俄语教师。多年来的愿望终于实现了，她成为新中国的一名人民教师。

周同宇和王士琴当时有 4 个孩子，周恩来却没有孩子。他们提出来过继一个孩子给大哥，周恩来没有同意。他说："假如我要了一个孩子，将来别的孩子就会认为我这个做伯伯的偏向不公平。现在这样不是挺好吗？你们的孩子我都会当作自己的孩子来看待的。"周恩来不仅这样说了，同时也这样做了。

解放初期，国家尚未实行计划生育。1951 年和 1952 年，王士琴又先后生了幼子周秉和、幼女周秉建。这时她正在北京女四中教书并担任班主任，学校教学任务重，她的学生不能没有她。困难之际，大嫂邓颖超出钱为她请两位老大娘来帮她照看孩子和料理家务。邓颖超把这两位老大娘请到西花厅来吃了一顿便饭，对她们说："家里又添了两个小孩。按说，照顾孩子本该是我这个做大妈的事儿。可是你们看我工作这么忙，身体又不好，所以只好把你们请来帮忙。以后就请你们多费心了。"后来国家实行了工资制，周恩来和邓颖超每月都拿出钱来资助多儿女的周同宇夫妇。平日，邓颖超常派工作人员去周同宇家看望，看看大人孩子是否平安，家里还有什么困难。周恩来有时也要亲自嘱咐工作人员千万别忘了给周同宇家送钱过去。[①]孩子年幼，容易患病，伯伯和七妈（孩子们对伯父伯母的称呼）没少跟着操心。1956年春天，两个最小的孩子同时出麻疹，必须住院治疗，正巧周同宇出差在外，王士琴交不起住院费，情急之下，她去找大哥帮忙。周恩来听说孩子有病立即嘱咐卫士长成元功拿出钱来救了这场急。[②]还有一次小五秉和因为夏天受暑，脸上身上长了许多疖子，邓颖超干脆把王士琴和孩子接到西花厅来住了一个暑假，直到孩子病愈才送他们回家。

在周恩来和邓颖超的尽心关照下，孩子们健康成长，王士琴也能安心地在学校教课。她早出晚归，兢兢业业，学生生了病，她亲自到学生家里去为学生补课。她爱学生，学生也爱她。为此她获得了"优秀班主任"的荣誉称号，也受到了周恩来和邓颖超的多次表扬。

周恩来和邓颖超一向视教育孩子为自己义不容辞的责任。他们经常召开家庭会议或找孩子们谈话，鼓励他们认真学习毛主席著作，关心国家大事，努力改造世界观，彻底背叛封建家庭。周恩来还一再要求孩子们将来要去基层工作，做一个普通的自食其力的劳动者。对秉德去做小学教师，秉钧和秉华参军，秉和和秉建去农村插队，周恩来一次又一次地给予最热情的支持与鼓励。

十年浩劫中的1968年2月，已经退休在家养病的周同宇受江青等人的诬陷而被拘审入狱。王士琴忍受着极大的痛苦和精神压力，照常坚持去学校上课，一天都没有耽误过，表现得十分坚强。当时周同宇的退休金已经停发，王士琴要从自己有限的工资中拿出一部分按时给狱中的丈夫送去。而她的6个孩子也分别在西安、广东、河北、四川、延安、内蒙工作与劳动。尤其是两个小的孩子秉和、秉建只有十五六岁就去了延安、内蒙插队，更让她牵肠挂肚。农村条件艰苦，王士琴担心在延安的小儿子挨饿，又担心在内蒙的小女儿受冻，她省吃俭用攒点钱，又把自己珍藏多年的首饰拿出来卖掉，买了食品和棉鞋棉衣给孩子们寄去。在这最艰难的时刻，又是大哥周恩来、大嫂邓颖超向她伸出了有力的手帮助她，与她共渡难关。邓颖超把两个大孩子秉德、秉钧找到西花厅来商量，她说："现在我们来分分工：秉德负责秉和的生活费，秉钧负责秉宜的生活费（当时秉宜还在大

---

① 1995年5月17日周秉宜采访张树迎记录。

② 1995年5月6日周秉宜采访张永池，张永池介绍说：周恩来和邓颖超的工资都由卫士长成元功去领并保管，周恩来自己从不经手钱的事。

学没有毕业），我来负责小六秉建。不是我和你伯伯出不起这些钱，我们是想让你们也为妈妈分点忧，养成对弟弟妹妹的责任心。"

周恩来和邓颖超通过书信往来密切注视着孩子们的成长，不断鼓励他们在基层、在劳动中锻炼自己的思想、体质和意志。如果哪个孩子没有信来，邓颖超就会坐立不安，跑去向老伴"汇报"，又忙着给其他的孩子写信询问，直到把情况了解清楚，她的心才算踏实下来。

"文革"期间，有的孩子没有公费医疗，有的孩子户口不在北京，当时的规定，户口不在北京的不能在北京的医院就诊，于是孩子们生了病，老两口就自己掏钱送孩子去305医院（当时还只是个门诊部）检查治疗。孩子们回到北京来看望伯伯和七妈，周恩来和邓颖超又一再叮嘱他们要立足基层，扎根民众，树立为人民服务的思想。漫长的8年终于过去了，当周同宇拖着虚弱的病体，拄着拐杖从狱中回到家里时，大哥大嫂还给他的是一群健康、自立、朴实无华的青年。俗话说"长兄如父、长嫂如母"，周恩来、邓颖超则赋予了它全新的内涵。

王士琴和周同宇风雨同舟、相濡以沫度过50年。王士琴老人教书几十年，桃李满天下，学生们常常来看望她，师生相聚，欢声笑语不断。每逢3月5日，王士琴都要在周恩来、邓颖超的合影前放上一束鲜花，再点上一炷香。花香四溢，青烟袅袅，她在心里默默地祈祷，感谢大哥大嫂对她一生一世的帮助与恩德。

1993年清明节，王士琴特写诗一首纪念故去的七嫂邓颖超：

妯 娌 情

革命大姐邓颖超，国内国外人知晓。

妇女儿童贴心人，有口皆碑人称好。

初见大姐第一天，端庄慈祥映眼前。

正逢妇联第一大，忙于革命不得闲。

会后匆匆来相见，安排子女进校园。

从此解放我手脚，后顾无忧去上班。

替兄分劳抓家务，教育侄辈如己出。

循循善诱多教诲，以身作则严要求。

我生何幸遇大姐，虽非同胞胜手足。

每遇困难伸助手，问寒问暖常关注。

大姐年高又多病，老骥伏枥志千里。

她为革命不歇肩，鞠躬尽瘁而后已。

噩耗传来惊天地，大姐久病不再起。

恨我未及来送终，一生遗憾悔不已。

不堪回首忆当年，大姐对我恩如山。

千言万语诉不尽，化作相思记心间。

清明时节雨纷纷，路上行人欲断魂。

亲人不见心欲碎，想念大姐泪沾襟。

西花厅前春意暖，怀念主人海棠开。

人去楼空两不见，魂兮魂兮何时来？

2002 年 10 月 6 日，王士琴老人以八十八高龄病逝于北京，她的子女们遵从父亲的遗愿，将父母的灵骨归葬淮安，让他们叶落归根。

3. 十堂弟周恩硕和夫人陶华

周恩硕是周恩来八伯（叔）周贻奎的独生子，字潘宇，乳名大黩，大排行十，生于清光绪二十八年（1902 年）。周恩硕幼时在家塾馆读书，后由父亲多年辅导，有一定的文化基础。1916 年周恩溥到天津投奔四伯父后，1917 年周恩硕也到天津由四伯父供养上学读书，也曾考入南开学校就读。1917 年底父亲周贻奎去世，1918 年底周恩寿也从淮安到了天津。从小一起长大的三兄弟恩溥、恩硕、恩寿同四伯父、四伯母一起生活。

20 世纪 20 年代初，我国各地军阀"称雄"一方，战乱频频。一次，周恩硕被天津军阀抓了壮丁。但他既不愿为反动的军阀卖命，也过不惯军阀部队的生活，就偷偷开了小差。一路上，他历尽千辛万苦，最后靠讨饭才回到淮安老家。归淮后，为生活计，周恩硕曾当过粮行管账，应聘到家塾馆教书，娶妻陶华。

1938 年，日本军国主义的铁蹄践踏到古城淮安，时周恩来已作为共产党的要人参与国共抗日统一战线的工作，名声很大。周恩硕因小时臂膀上刺有"周恩硕"三字，怕被日本人发觉，也怕有人向日本人告密，就悄悄跑到淮安城西南方的林集乡下，靠给有钱人家当塾师维持生计。当时，周恩来关心远在老家的叔伯弟弟，通过组织指示淮北解放区的中共淮宝县委①，带口信给周恩硕，要他下乡参加抗日游击队，投身抗日救亡工作。据他的儿子周尔辉 1996 年 12 月回忆，中共淮宝县委当时派出送信的联络员是化装成一个卖韭菜的穷苦农民，头上戴着一顶破斗笠，挑着一担韭菜一路叫卖着，潜入日伪军戒备森严的淮安城，悄悄找到驸马巷周家老宅。

周恩硕接到周恩来的指示后，在林集乡下就地参加了抗日游击队，还当选为淮宝县参议会的参议。当时的淮宝县地处水网地区，西有洪泽湖，东有白马湖，这些湖上都有湖霸水匪活动，无人管问。他们打家劫舍，吸毒嫖娼，为非作歹，欺压百姓。群众纷纷投诉，为保境安民，淮宝县组织了专门的禁烟惩匪机构，并让周恩硕参加了禁烟惩匪工作。据说，周恩硕因为禁烟严厉，遭到"烟鬼"们的忌恨，不幸被烟鬼偷偷害死，毁尸灭迹。后来，周恩硕的妈妈杨氏因思子心切，曾四处奔走寻找，在那以后近一年的时间内，凡是她听到淮宝县境内有无名的尸体出现，她都要前去认尸，生怕是自己的儿子周恩硕。结果，她一次次寻找，一次次失望，始终连尸体也没找到。综合地方史料及家人的回忆，周恩硕过世时间大约在 1943 年夏天，享年只有 40 岁。淮宝县人民政府给周恩硕家发过"抗属证"和"烈属证"，对周恩硕以失踪革命人员处理。

周恩硕遗有两子：周尔辉、周尔萃。他遇难时一个五六岁，一个七八岁。周恩来很关注他们的成长。1950 年周恩来接婶（伯）母周八太进京时，周八太带了周尔辉一起来。周恩来送尔辉上中学，一切费用由他负担。尔辉从北京钢铁学院毕业后留校工作。邓颖超十分关心他的婚姻，请淮安县委的同志在家乡为他找了一个未婚妻孙桂云，1961 年 7 月 1 日，同恩来为周尔辉孙桂云结婚设简单的便宴，得知孙桂云从淮安调到北京。当时正值困难时期，大量裁减城市人口，他们响应周恩来的号召，回到淮安工作，周尔辉做中学老师，孙桂云做小学教员。20 世纪 80 年代孙桂云生病，邓颖超将她接到北京治病，留她住西花厅。周尔萃于 1958 年参军，不久入西安部队航校学习。

周恩硕的妻子陶华出生于清光绪三十一年的四月初八（1905 年 5 月 11 日），因周恩硕大排行十，故周同宇等称她"十嫂"。

陶华的娘家在淮安县城西南三四十里的乡下林集，从小没念过书，是位地道

---

① 抗战期间的 1940 年 9 月在淮安岔河镇成立淮宝县（今岔河镇属洪泽县），1950 年 5 月撤销。

的农村家庭妇女。陶华的娘家比较贫寒，嫁到周家后，周家生活已十分艰难，这使她大半生都处在极端艰难困苦的境遇里。1941 年丈夫参加革命失踪后，她仍一直孀居在淮安驸马巷周家老宅，孝敬婆母，抚育两个年幼的儿子。因周家在淮安无地，陶华什么经济收入也没有，一家人备尝艰辛。有时家中断炊，只有靠她给人家洗衣浆裳、缝缝补补，挣回几个铜板，籴点米熬粥糊口。直到建国后才按月领一点由人民政府发给的抚恤粮度日。1952 年国家由发粮食改为发钱，每月45 元，以供应三口人（周尔辉已赴京读书）生活及尔萃的上学费用。全国开展扫除文盲活动后，陶华由当时上学读书的小儿子周尔萃"包教"，认识了 500 余字，算是摘掉了文盲帽子。为了弥补生活上的困难，她曾与婆母杨氏一起将周家老宅的部分房屋修缮出租，每月房租也只三五元而已。

1956 年婆母杨氏病故后，周恩来曾致信淮安县人委负责同志："我伯母家现还有陶华等人，今后她的生活费用均由我这儿接济，请当地政府对她勿再予照顾。"[1]

解放初期，陶华已年近 50 岁，不可能参加工作。她是家庭妇女，尽到了媳妇、妻子、母亲的职责，并为周家尽了"看家守院"责任，保护了故居，照看着周家祖茔地。同时，她牢记兄长周恩来的教诲：不给地方政府增加经济负担和其他麻烦。1958 年，淮安以周尔萃已经参军，作为照顾军人家属，要修理破败不堪的周家老宅。陶华立即写信向周恩来报告，周恩来回信即说："前接我家弟媳陶华来信，得知县人委准备修理我家房屋，我认为万万不可，已托办公室同志从电话中转告在案……现在正好乘着这个机会，由我寄钱给你们先将屋漏的部分修好，然后将除陶华住的房屋外的全部房院交给公家处理，陶华也不再收房租。此事我将同时函告陶华，并随此信附去人民币 50 元，如不够用，当再补寄。"[2]

周八太将孙子周尔辉带去北京念书并在北京钢铁学院工作后，陶华也曾被接去北京居住。邓颖超将她请到中南海西花厅做客。姆娌俩谈古说今，颇为亲切。邓颖超问及陶华的生活等情况时，知道陶华有一手"补穷"的绝活手艺。"补穷"就是补破衣、破鞋、破袜等等，淮安话叫补穷。邓颖超很高兴，就一边和她聊天，一边找了旧衣裳，请她缝补。陶华的针工手艺确实不错，经她缝补后，旧衣又可在家常穿用。可是不几天，邓大姐和周总理的破旧衣服等就补完了。邓颖超同志

---

① 1957 年 4 月 19 日周恩来致淮安县人委负责同志信。
② 1958 年 6 月 29 日周恩来给王汝祥同志并转淮安县委的信。

又让西花厅的其他工作人员找来各自的破旧衣服请她补。那时，大家都以艰苦朴素为荣，另外棉布实行定量供应，各人的衣服都比较少，加之他们受周恩来、邓颖超俭朴之风的熏陶，大都将破旧衣服补一补以便能继续穿。大家将自己及家中老人的、孩子的破旧衣服都找来了。可是不到一个星期，陶华又全给补完了。

在西花厅补完破衣服，陶华感到没事做，加之生活上也不习惯，就又返回了老家淮安。他的儿子周尔辉和媳妇孙桂云遵照周恩来的指示也从北京回到淮安，同她一起生活。

陶华因从三十几岁孀居，又没有文化，很少与外界接触，所以对国家大事、外部世界了解较少。这样，周恩来认为，陶华是个思想比较守旧的人，要她的亲属，特别是侄儿辈们多帮助她。

1964 年 8 月 10 日下午，周恩来在中南海西花厅邀约一部分亲属谈"过五关"时，曾四五次用陶华举例。如他在说过"思想关"时说："天外是什么？那是个未知数，人还不知道，但是要问陶华，她就可能说是菩萨、天老爷。"又说："看问题的方法不一样，我们这些人，都有距离，陶华与我们的距离较大了。"在说到要自己创造环境改造自己时，周恩来说："如陶华，不要总闷在驸马巷周家院子里，和那些老太太谈旧事。要打开这个圈子，要和工人、农民、劳动者多接触，谈谈新鲜事，认识些新人。儿子、媳妇①都是党员，要帮助她，带她到外面走走，了解些新鲜事儿。不然整天和邻居老太太在一起，都没有劳动，都只知道过去的事，在一起就是说旧事。"在说到要创造环境的第二种人时，周恩来又说："王士琴也是要自己去创造环境，不必像陶华那样需要别人帮助。"

由于周恩来对陶华有这样的看法，所以 1965 年春节前，他要平掉淮安周家祖茔地、退耕还田时，首先就想到陶华思想上会想不通，需要有人回去先做好她的思想工作。

周恩来一向主张平坟深葬。1958 年他给淮安县委写信就力主这点。每次见到淮安来的同志都要谈到这个问题。1964 年他对晚辈说：坟地问题一定要解决，中国有六七亿人口，只有 16 亿亩耕地，平均一人二亩三分地，将来人口越多，每人平均土地越少。并说：坚决反对重修祖坟，要有时间亲自回家乡说服大家。他深知厚葬是中国几千年的传统，一时难以改变，但作为一国总理要身体力行，

---

① 指周尔辉和孙桂云夫妇。

带头移风易俗。可是，他知道他要是回故乡会惊动地方，给省、县带来很多麻烦。最后，他把这件"特殊任务"交给了侄儿，也就是陶华的小儿子周尔萃。当时周尔萃在西安航校学习，正在南苑机场实习，寒假准备回老家看妈妈。周恩来让周尔萃回淮安老家时向陶华转达要平掉祖坟的想法，希望她能想得通和积极予以配合。经过周尔萃、周尔辉、孙桂云做工作，陶华转变了看法，完全同意周恩来的做法，把周家在淮安东门外的七座坟墓全部平掉，棺木就地下沉，土地交生产队耕种。

另外，位于淮安驸马巷的周家老宅院，也是在她婆媳两代人的精心保护下得以修缮，才有后来的对外开放。

陶华晚年还被选为淮安县政协委员，1985 年 8 月 15 日去世，享年 81 岁。

4. 大堂兄周恩涛

周恩涛，后更名祖荫，系周恩来大伯父周炳豫的长子，后居南京，大排行一，娶妻万氏，生有一子尔圻，两女长华、长荣。尔圻生三子、两女，子周强，现生活在淮安区，他现在成了周家迁淮安后唯一的"留守"者。

5. 四堂兄周恩夔

周恩来堂兄周恩夔，号铁仙，是周恩来六伯父周嵩尧的独生子。他生于清光绪十九年十二月初十日（1893 年 11 月 17 日），大排行四。

周恩夔从小时即有残疾，腿行走不便，父亲为他起名恩夔。"夔"即独角龙。意思是他虽然一条腿不太方便，但仍不失为一个好汉。他还未成年，父亲就为他捐了国学生、江苏州同分苏县知事。周恩夔从小身体病弱，又是周嵩尧唯一的儿子，难免娇宠，但他受过良好的教育。他擅长国画，喜好文学，尤其喜欢陆游的诗词，粗通英文。他为人本分正派，平日洁身自好，不求功名利禄。他有两大爱好，一个是画国画，一个是同孩子在一起。他有 10 个儿女。他教孩子们画画，给他们买芥子园画谱，带他们上天宁寺等风景胜地游览参观。

1937 年冬，日寇占领了扬州，老百姓成了亡国奴。周恩夔的儿子周华章回忆说："当亡国奴什么都得由日本人配给，中国人只许吃黑面，交通方便之处也被日本人占了。我家在淮安的田产也被日本人征收。"① 一家人生活日渐贫困。周恩霼的继母孙氏、儿媳、孙女先后病逝。当时有人劝周嵩尧出山,去日伪政权中担任职务。同时,凭着周嵩尧的地位和社会关系,周恩霼找个工作也并不困难。但周嵩尧和周恩霼都拒绝出来给日本人干,保持了民族气节。周恩霼在家中还教给孩子们唱《打倒列强》等爱国歌曲。为谋生存和养活他的孩子们,周恩霼曾去跑过单帮,往返于沪、扬,给人家带货,挣一点脚力钱。但终因腿脚不便而作罢,转由他的妻子出去做小生意。他则留在家中开办私塾,以教国文,教画、卖画勉强维持生活。

1946 年周恩来率中共代表团驻南京,周恩霼、陆淑珍从扬州家中赴南京看望并期望七弟能帮他找个工作,周恩来与之晤谈后,鉴于当时时局紧张,内战一触即发,自己事情又太忙,无暇再谈,便写了一封情深意长的信,托人送至旅馆交恩霼夫妇。鉴于此信不长,不妨录之于后:

铁仙四哥嫂:

相别几近三十年,一朝晤对,幸何如之。旧社会日趋没落,吾家亦同此命运,理有固然,宁庸回恋。惟人生赖奋斗而存,兄嫂此来,弟处他人檐下,实无可为助。倘在苏北,或可引兄嫂入生产之途②,今则只能以弟应得之公家补助金五万元,送兄嫂作归途费用,敢希收纳。目前局势,正在变化万端,兄嫂宜即返扬,俾免六伯父悬念。弟正值万忙之中,无法再谋一面。设大局能转危为安,或有机缘再见,届时亦当劝兄嫂作生产计也。

匆匆函告,恕不一一。顺颂旅安,并祈代向六伯父问候安好为恳。

七弟　拜启

六月十一日

弟妹附笔。

此信言辞恳切,亲情融融。"人生赖奋斗而存",道出人生真谛。

在周恩来的鼓励下,周恩霼大约于 1947 年左右在《苏北日报》找到了一份校对的工作。1949 年 3 月,扬州解放,周恩霼受解放军驻扬州军管会的委托,

---

① 1997 年 10 月周秉宜采访周华章记录。
② 当时淮安、淮阴均为解放区,属中共中央华中局苏皖边区政府。

保护报社，以防敌人破坏。后又被安排在扬州市人民教育图书馆工作，这才有了安定的生活。由于十多年的饥饿辛劳，周恩夔体弱多病，年近六旬已是"近更龙钟，病肺高枕，如少陵行将就木，死不为大"[1]。

周恩夔1952年3月因病在扬州去世，终年59岁。

周恩夔先娶妻王碧英，继娶陆淑珍。他共生育10个子女，八男二女，分别为：周华彩（女）、周华禹、周华宝、周华田、周华东、周华璋、周华琪、周华瑞、周华凯和周华绂（女）。

6.五堂兄周恩焕和九堂弟周恩宏

周恩焕生于清光绪二十年（1894年），系周恩来五伯父周贻鼎长子，大排行五，早夭。

周恩宏生于清光绪壬寅年（1902年），系周贻鼎次子，大排行九，生子延岭，女延燕。

7.十一堂弟周恩煦

周恩煦系周恩来大伯父周贻豫次子，大排行十一，娶妻王氏，早逝。

8.十三堂弟周恩彦[2]

周恩彦是周恩来三伯父周济渠的独生子，乳名大英，字蔚人，大排行十三，后以字行。清光绪三十一年十月二十八日（1905年11月24日）生于江苏省淮安府山阳县驸马巷周家老宅院。周恩彦4岁时随父母去东北，后又随父母迁居天津。因父亲周济渠薪金待遇等均不错，因此他的童年生活还比较优裕。周济渠对独生儿子既宠爱有加，又望子成龙，8岁时才把他送入家塾读书。1918年9月周恩彦入天津直指庵小学读书。不久，周恩来东渡日本归来，在天津投身并领导五

---

① 周嵩尧1951年3月1日致表侄鲁觉侯信。

② 本篇小传中有关周恩彦的经历、任职等系秦九凤根据周恩彦自己写的一份履历表撰写的，这份履历表是周恩彦的女儿周保庄保存下来的，也是目前仅有的周恩彦手迹。

四运动，哥俩便多了接触，周恩来的爱国赤忱、积极进取、无私无畏等敬业精神曾给少年周恩彦一定的影响。

1920 年周恩彦考取天津南开学校读书，是继周恩来、博宇（恩溥）、同宇（恩寿）、恩硕之后，周家第五位进南开学校读书的同辈兄弟。1923 年他于南开初中毕业，后考入天津扶轮中学，这是一所相当于今天职业高中的学校。两年后毕业，即到天津津浦铁路会计处担任司事。1928 年 10 月，津浦铁路会计处迁浦口，周恩彦也随之由天津到浦口任职，并由司事升任课员。1932 年他调到武汉粤（广东）汉（汉口）铁路会计处，先任课员，后升任课长。周恩彦以孝子著称。钱能训的孙子钱家骏还记得父亲常常讲周恩彦十分孝顺。[1]

周恩彦在汉口期间，适逢抗日战争全民抗战，国共两党第二次合作，周恩来作为中共首席和谈代表暨中共长江局负责人，在武汉三镇开展抗日统一战线工作，与周恩彦交往甚多。周恩来还利用周恩彦的有利身份，将中共驻武汉八路军办事处的一架秘密电台架设在周恩彦住处楼上。为掩护这架电台，周恩彦做了不少工作，冒了极大的风险。在武汉期间，由周恩来的南开同学赵光宸出面提议，把周恩彦的儿子周保章、女儿周保庄过继给周恩来为嗣子女。[2] 应该说，这期间的周恩彦是对革命工作有过一定的支持和帮助的。

1938 年为了躲避日本军的杀戮，周恩彦和夫人葛少文带着 5 个孩子从武汉撤到衡阳。1939 年形势紧张，周恩彦因公务在身，让葛少文带着 5 个孩子逃到桂林。刚安顿好，新家就被日本飞机炸毁，只好向八路军驻桂林办事处求助。叶剑英安排他们住进八路军在桂林乡下的大院子里。周恩来闻讯后赶来看望。因为工作太忙，站着和周恩彦夫人说话。形势缓和后，葛少文带着孩子又回到衡阳和周恩彦团聚。

1938 年 10 月武汉失陷，随着国土沦陷，1941 年 4 月周恩彦调到江西玉山任浙赣铁路会计处课长；10 月又调回粤汉铁路会计处复任课长。1941 年周恩彦夫人在战乱中因劳累、焦虑病逝，只有 34 岁。当时周恩彦 36 岁，顾及六个未成年的孩子，终身未娶。不久两岁小女儿夭折。1943 年调至粤汉铁路附业处任课长，住在贵州独山。

1944 年，中国共产党领导的解放区开始恢复和扩大。日本为了挽救在太平

---

① 李海文 2003 年来访钱家骏。

② 秦九凤采访周保章、周保庄和赵忠绮记录。

洋战场的失败，发动"一号作战"，要打通大陆交通线，发动豫湘桂战役。在40万日军进攻下，由于国民党避战，百万大军除少数进行激烈抵抗外，大都溃不成军，8个月丧失了河南、湖北、湖南、广西20万平方公里领土，洛阳、长沙、福州、桂林4个省会和146座城市，7个空军基地，36个飞机场，使6000万人口落入敌手。日军占领桂林后，沿黔桂公路向贵州进攻如入无人之境，12月2日占领独山，震动重庆，蒋介石准备迁都雅安。

日本打到独山时，国民党当局没有任何准备，群众听到枪声，才开始逃命，一切财产都丢弃了。周恩彦要押公文箱坐着火车离开独山。他站在最后一节车厢，望着在路上艰难行走的一家老少病残，心如绞痛。

夫人病故后，家中一个小脚保姆黄嫂带着五个孩子逃难，最大的儿子15岁，是个残废人，一条腿长，一条腿短，行走不便。最小的才6岁。13岁的保常背着妹妹走。一家人开始跟着人群走，很快就掉队了，一步一步向前挪。从独山到贵州二三百里路，走了两个多月。一路上没有水喝，没有饭吃，只能到地里找些收成过后地瓜头、野菜，甚至吃死驴肉充饥。困了就由路边弄点稻草胡乱睡一夜。幸亏有黄嫂照料，五个孩子才没有走散。黄嫂带着五个孩子走到贵阳，到湖南会馆才找到周恩彦，一家有才团圆。不久又逃到重庆。再苦，周恩彦也让两个健康的儿子周保常、周保章读书。生活漂泊不定，读书也是断断续续。苦难的生活，使孩子们痛恨日本鬼子，痛恨国民党的腐败无能。兄弟俩1948年在中学参加了党的外围组织新民社，1949年转入青年团，1950年参加人民解放军。

1945年周恩彦又回粤汉铁路会计处任课长、副处长等职。抗日战争胜利后，蒋介石三次电邀毛泽东赴重庆和谈，共产党方面为了不负全国人民的厚望，决定由毛泽东为首前往会谈。周恩来随毛泽东与蒋介石等在重庆谈判之余，特意抽出时间相约周恩彦到重庆红岩村竟夜长谈。周恩来要周恩彦认清形势，不要做对不起人民的事，并说服周恩彦将其两个儿子周保常和周保章送往延安鲁迅艺术学院就读。并定好了接送地点和时间，后因时局剧变，加之当时长江、嘉陵江涨大水，使住在江北县溉澜溪的周保常、周保章无法应约前往。周恩来的这一安排未能实现，也成了周保常、周保章兄弟俩的终生遗憾。

1948年，国民党反动政权已经土崩瓦解，国民党特务们为拽住周恩彦这个与共产党要人周恩来有关系的人，以便造谣诬蔑，便千方百计地拉他加入国民党。周恩彦婉拒之后，受到特务们的跟踪监视。如1948年春，周恩彦家买了一台老式收音机，当即受到国民党特务们的怀疑。一个夏天的清晨，几名彪形大汉突然闯进他家，先是厉声喝问收什么电台，然后又强行将机件拆开，检查能否发报。弄得他们一家终日胆战心惊，过着惶惶不安的日子。周恩彦在迫不得已的情况下，屈服于特务们的压力，被迫加入国民党。国民党还送给他区分部委员的头衔，从而使他在政治生活上铸成大错。

1949年，解放大军如滚滚铁流向南推进。南方各地为迎接解放，纷纷成立"应变会"，周恩彦也被公推为粤汉铁路局衡阳应变委员会的副主任。国民党特务马上向当地主政的桂系头面人物白崇禧报告。白崇禧一看到"周恩彦"这个名字就神经紧张地问："周恩彦与周恩来是什么关系？"当他一听是兄弟关系时，马上毫不犹豫地下达命令："这是个危险人物，要严加监控。"[1] 从此，周恩彦家的周围一直是鬼影不断。

那年10月，人民解放军解放了广州，随粤汉铁路会计处跑到广州的周恩彦一起被解放。他曾企盼周恩来这株大树能对他有个荫庇关照，所以广州邮政业务一恢复，他就以子女的名义向北京中南海发了一份电报，周恩来的回电很简单，只有7个字："请到原单位报到。"收到电报后，他非常震惊，同时也十分敬佩中国共产党人不徇私情、不谋己利的作风。1949年10月他回单位报到后，被委为广州铁路分局财务科副科长。1951年2月调（湖北）武昌铁路分局财务科继续任副科长。1951年4月被调至湖南衡阳集训队受训，年底调回武昌集训队受训。1951年12月因他曾担任国民党区分部委员被捕并判处7年徒刑，先后送沈阳新生砖瓦厂和内蒙古安北农场劳动改造；1957年1月提前释放，先去东北锦州大儿子周保昌处，后在女儿周保庄等处照料家务。

周恩彦虽出身于旧官僚家庭，不信仰马列主义，但决不反对共产党。而对国民党诬蔑共产党的谣言，即便在国民党的白色恐怖统治之下，他也敢在私下里讲真话，讲公道话，如他曾在同事间痛斥国民党打内战的做法；对国民党镇压学生运动，"国统区"的物价飞涨等也经常表示不满。这除了他自己正直诚实的一面外，也和他多次受到周恩来的教育和影响分不开。经查阅有关档案，周恩彦在充任国民党区分部委员一职时，除了例行公事外，并无害人、坑人等重大罪行。被捕后老老实实接受改造，所以被减刑提前释放，因此，1964年8月2日下午，周

---

① 周恩彦的儿子周保常致秦九凤的信。

恩来在与亲属谈话时曾提到周恩彦说："叫他去劳改，他还老实一点，没有怨恨情绪。"

周恩彦被捕后，由于他的子女多，年龄小，生活困难，周恩来曾给孩子们寄过数量不多的钱。父亲的问题影响了子女的进步，孩子们也搞不清楚父亲的问题真相，周保章给七伯、七妈写信，很快得到回信，书信不断。周保章在信中汇报思想工作、社会情况、人民要求，也谈家庭、婚姻恋爱、人生等问题，得到周恩来和邓颖超的谆谆教导，受益颇丰。1961 年周保章要求看望两位老人家，很快得到批准。1961 年 2 月初周保章在西花厅住了一周，过了一个愉快的春节。邓颖超特将自己保存的两张 1938 年夏在武汉八路军办事处楼顶阳台与周恩彦家子女的合影送给周保章，并一一说明照片中每个人的姓名。七哥七嫂对孩子们的关心教育使周恩彦甚感宽慰和感激。事过 3 年，周保章的妹妹周保庄夫妇回丈夫老家河北乐亭接女儿路过北京，周恩来、邓颖超又留他们一家三口住在西花厅。这反映了周恩来对他们和对他们上辈人的感情。

周恩彦 1962 年 1 月 27 日在芜湖女儿周保庄处去世，终年 57 岁。

周恩彦与妻子葛少文生有五男二女，妻子去世较早，只活了 36 岁，当时孩子还都未成年，周恩彦也一直独身没有续弦。其中有二子一女未成年早夭，现在健在的尚有长子保昌，四子保章和六女保庄，三子保常已于 2012 年病逝。

9. 十四堂弟周恩霔

周恩霔是周恩来二伯父周龢鼐的儿子。他于清光绪三十四年二月初九（1908年 3 月 11 日）生在武汉。[①] 乳名大欢，字润民，号翕园，大排行十四。[②]

周龢鼐中举后，曾先后在保定、武汉、北京、南京、上海等地做官或居住。周恩霔七八岁时，袁世凯称帝、张勋复辟，社会动荡不安。当时周恩来正在南开学校读书，暑期到北京看望父亲，演出话剧，常住东直门大街柳树井对面的周恩霔家，教小堂弟英文和体操。在游戏中、谈话中周恩来常讲中国政治非彻底改革不可，周恩霔虽然年幼，也受影响，感到中国的确是人事很糟，又感到比自己大10 岁的七哥不寻常，颇为敬畏，又怕又爱。

---

① 见周恩霔 1949 年 10 月 16 日写的《自述》。
② 不算周恩灿，大排行十四。

⊙ 周恩霔。（周尔均提供）

　　1920 年 10 月中旬周恩来准备去欧洲留学，从天津到上海，路经南京，到绣花巷一号向伯父周龢鼐辞行，和二伯父谈了许多。周龢鼐对周恩来的改革社会的远大志向十分理解和支持，并十分器重他的才干和胆识，常在人前人后夸奖他。临行时二伯父给周恩来一些经济上的支持。① 这时周恩霔正在南京五卅公学读书。

　　1921 年周恩霔随父亲搬到上海，住在华隆路（现雁荡路）。不久父亲病故，他只有 13 岁，母子两人相依为命。在旧社会"女子无才便是德"，妇女是不能受教育的，母亲程仪贞是目不识丁的文盲。父亲为官多年，但书生本色，两袖清风，家无片瓦，只靠在淮安的 100 亩田租和一些股票利息生活。母亲不识字，他又年少，无法管理远在千里之外的田产，全凭佃户交多少算多少。

　　周恩霔从小体弱多病，听力不大好。大学毕业后又生肺病 4 年，不能工作，只能在家中静养。因读书、婚、丧等事，田产陆续卖光。

　　1927 年蒋介石叛变革命，悬赏通缉周恩来。时周恩霔 19 岁，正在上海大同

----

　　①　1982 年 6 月 16 日秦九凤采访周恩霔记录。

大学读书。周恩来通过父亲辗
转得知周恩霍的下落（周恩霍
曾在扬州住过一段时间，因而
失去联系），约他到三马路（现
汉口路）昼锦里附近一家不大
的"上海旅馆"秘密见面。那
天周恩霍和周恩来的父亲同
去，看到多年未晤的七哥，显
得有些苍老，但双目炯炯有神，
态度从容镇定，在紧张严肃中
谈笑自如，与在国内读书时更
是不同。这次会见中，他除和
七叔①谈论革命工作外，还殷
切询问恩霍母亲的健康情况和
他读书的情况，叮嘱他努力学
习，注意锻炼身体，切勿沾染
游荡习气。周恩霍那时虽长大

⊙ 周恩霍之母程仪贞。（周尔均提供）

成人，但涉事不多，也不关心政治，可是对七哥周恩来不计个人得失、一心为大
众的革命精神和他所特有的那种临危不惧、坚毅沉着的高贵风度，却留下极其深
刻的印象。②

　　1930 年末 1931 年初，周恩来、邓颖超秘密住过周恩霍家。当时周恩霍的家
在虹口，周恩来身穿长袍，头戴礼帽，化装成商人的样子③，曾向他讲述从天津经
烟台到上海在船上遇险的经过。

　　1931 年 6 月周恩霍从上海法学院毕业，因肺病二期无法工作，只能在家中
静养。此时他的家已搬到四川北路永安里 44 号，独居一幢房子。这时七哥周恩
来、七嫂邓颖超为躲避反动派屠杀，潜亡各处，隐藏在他家，无一人知悉。④

① 指周恩来的父亲周劭纲。
② 见周恩霍 1981 年 5 月写《与七哥恩来在上海的几次秘密会晤》。
③ 1978 年 4 月 6 日黄孝心、郑毅涛访问周恩霍记录。
④ 周恩霍 1949 年 10 月 16 日写的《自述》。

周恩来、邓颖超为什么隐藏在他家？大革命失败后1927年9月，中共中央机关从武汉搬到上海，利用租界、华界管理的空隙而生存。周恩来在上海担任临时中共中央政治局常委，领导全国武装斗争和地下斗争。1931年4月，中共中央政治局候补委员、特科负责人顾顺章在武汉被捕后叛变，他要带敌人到上海将中共中央领导人一网打尽。幸亏打入国民党中央组织部调查科的钱壮飞及时得到这个消息，抢先报告了周恩来。周恩来果断采取紧急措施，连夜将中共中央、江苏省委和共产国际远东局的机关全部安全转移，使敌人的阴谋未能得逞。

周恩来白天不能外出活动。中共中央领导机关在上海的处境困难，一度陷于停顿状态，中央政治局和常委会难以开会。中央决定改变工作方式，尽可能地减少会议，采取分头负责方法。周恩来负责军事工作和中央苏区、赣东北苏区。[①]中央决定工人出身的总书记向忠发到中央苏区去，暂时隐蔽在周恩来寓所。当时周恩来住在小沙渡。

6月21日，向忠发不听劝告，外出违反纪律在外面留宿，第二天他在叫出租汽车时，因缺一个手指被人认出[②]，很快被捕。

周恩来见他一夜未归，心知有变，和邓颖超一起撤离，他到特科二科负责人但忠余、周惠年夫妇家中住了3天，每天夜间仍化装成日本人外出活动。[③]

后来，他夜间活动也十分困难。中央决定周恩来迅速隐蔽，同中共中央领导人王明等停止联系。9月，国民党悬赏重金缉拿周恩来。大约就是这个期间，周恩来和邓颖超曾隐藏在周恩霍的家中。

周恩来夫妇为什么选择周恩霍的家呢？虽然恩霍家时有叔叔、伯伯、外婆、娘舅来串亲，但基本是母子相依为命，母亲是家庭妇女，恩霍是大学生，受学校教务长沈钧儒的影响，有民主思想，但偏重于书本研究，从不参与党派活动。他从小家教甚严，没有不良嗜好和习惯，家庭简单，与社会上联系较少。在周恩霍家中，周恩来夫妇常常和他谈话，使他对革命有所认识。但因他身体过弱，不能积极参加革命工作，只能洁身自好，虽然学习法律，却从不参加国民党政府的任何工作。

---

① 中共中央文献研究室编：《周恩来年谱（1898—1949）》，第210页，中央文献出版社1989年版。
② 缺手指为做工时受伤所致。
③ 李海文采访周惠年。

周恩来夫妇在恩霈家住了多长时间及详细情况，因当事人相继作古，已不可能有更详细的了解。

12月上旬，周恩来离开上海，秘密到达江西中央苏区。

周恩霈病了4年，身体逐渐好转，终于可以工作，在上海律师大会担任了律师。这时家已坐吃山空，靠工资生活。

1937年淞沪会战后，日本人占领上海。全面抗战爆发后，周恩来代表中共先在武汉，后到重庆与国民党谈判，并领导中共南方局工作。1939年4月，周恩霈从上海到重庆周恩来身边做文秘工作。1939年3月，周恩来视察东南回渝后，从绍兴带回一份不太完整的《周氏家谱》，让周恩霈进行系统整理。周恩霈整理好后，将正本交给周恩来，自己留下副本。建国后，《周氏家谱》的副本捐给了中国历史博物馆，正本不知去向。

在曾家岩，周恩霈与周恩来、董必武、陈云、叶剑英等领导人相处，得益匪浅，进步很大。可是因他身体不好，9月离开重庆，回到上海，生活很困难，后曾到北京周嘉琛家住过一段时间。①

抗战胜利不久，国民政府还都南京，周恩来等中共代表也从重庆到南京继续同国民党谈判。周恩霈到南京梅园新村找七哥。此时淮安、淮阴已被新四军三师七旅、八旅和十旅解放，并在淮阴建立了苏皖边区政府。周恩来介绍他到淮阴解放区工作。他和夫人程绣云于1946年6月到了淮阴苏皖边区人民政府，在剧团任编导，参加《三打祝家庄》等剧的演出。②不久内战爆发，他随剧团退到鲁南。因肺病复发，经组织上批准，周恩来、邓颖超同意，12月从鲁南又回到上海③，从事律师职业，正式挂牌。因没有什么生意，又在祥云交通公司担任文书兼法律顾问。

上海解放后，周恩霈在上海法院担任审判员。1956年9月到上海参事室担任参事。

周恩霈对文艺特别是京剧情有独钟，是票友。与梅兰芳先生是至交，过从甚密。抗战期间周恩来曾通过他给梅兰芳捎过话。晚年他主要研究京剧。

周恩霈是独子，结婚较早，娶蔡庞荣。1929年蔡氏病故。1931年春娶马舜

---

① 1997年9月17日周嘉琛之子周毓沧对周秉宜回忆。

② 经查苏皖边区人事安排档案，周恩霈分配在苏皖边区政府文教组，负责文艺工作。

③ 1953年邓颖超为周尔均入党事曾致函周尔均所在党组织证明此事。

宜，后离异。20 世纪 40 年代娶程绣云。周恩霆有二子一女，长子周尔銮、次子周尔均、女儿周尔美。女儿随马氏生活。

周恩霆于 1983 年 1 月 30 日病故于上海，享年 75 岁。

十二、周恩来的岳母杨振德

周恩来的岳母杨振德是一位刚烈的奇女子。

她生于光绪二年（1876年）8月，祖籍长沙，祖父是富商，但是几个儿子都不会经商，只会大手大脚花钱，祖父去世后，坐吃山空。她的父亲喜爱读书，杨振德是他唯一的孩子，十分疼爱，从小教她识字、读书，指导她学习中医，说既可防身也可助人。他敢于破除当时风俗，不愿意女儿过早出嫁。家业败光后，背井离乡，父亲带着妻女到广西南宁谋生。杨振德14岁时，父母相继去世。她遵守父训，钻研中医三年，渐渐能为人治病。[①] 她为人端庄文雅，态度和善，医术好，在当地小有名气，不少达官贵夫人慕名前来看病。无论是富贵人家还是普通百姓她都平等对待，对贫苦人家分文不取。在那个年代，"女子无才便是德"，"大门不出二门不迈"，她却有自立的本领和自立的勇气，可谓特立独行。

但是那个时代是不能容许女子独立创业、独自生活的，25岁时杨振德经媒妁之言，续弦嫁给镇台大人邓忠庭，邓忠庭死去的妻子留下三个儿子。邓忠庭，河南光山人，自幼习武，是武举人，到广西任镇台。杨振德过门后生了一个男孩，不幸夭折。杨振德不愿在家享清福，继续钻研医术。对她行医一事，邓忠庭很不以为然，在她第二次怀孕后，就禁止她给别人看病。她为了保全孩子，隐痛答应。

清光绪三十年腊月十九日（1904年2月4日），杨振德生下一个女孩，取名玉爱，就是邓颖超。邓忠庭一看是女孩，非常不满意，从不进房间看妻女一眼。玉爱刚满月，邓忠庭决定将女儿送人。这时一向文静的杨振德一手抱着孩子，一手拿着菜刀，厉声说："你要是把女儿送人，先把我杀了。"邓忠庭吓得倒退了几

---

① 采访周秉德，1977年4月10日邓颖超对周秉德回忆，见周秉德：《我们心中的伯父伯母——亲情西花厅》，第238页，红旗出版社2008年版。

步，他没有想到一向温顺的夫人会和他拼命，他退缩了。① 后来，邓忠庭提出给女儿缠足，杨振德坚决反对，因此邓颖超从来没有缠过足。

邓忠庭性情暴烈，工作不顺利，想调动工作。那时调动工作是很困难的，他就谎对上司说要回河南修墓。上司同意了，但是他并没有去河南，而是到云南找妹夫。妹夫是一个小官，为他谋到一个官职。不久消息败露，说他犯了欺君之罪，发配新疆流放 3 年，3 年后仍可官复原职。杨振德因女儿小不能随行，变卖家产，为丈夫凑齐路费。后朝廷又说他贪污，杨振德便每天早晚整理邓忠庭的账目，一笔一笔都整理得很清楚，向朝廷说明邓忠庭没有贪污。②

邓忠庭走后，杨振德因是"犯官家属"不能在广西挂牌行医，有亲戚要让她去昆明，她不愿意寄人篱下，带着邓颖超远走广州，人生地不熟，行医赚不到几个钱。后又到了上海，在上海不结识青红帮根本就做不成生意，母女俩依然无着。这时邓颖超的三哥来信，要他们到天津。③ 邓颖超小小年纪随母亲从边远的广西到了开放的沿海城市，走了大半个中国，漂泊、困苦的生活使邓颖超长了见识，比一般孩子更懂事。

1910 年底④，母女俩到了天津才知道三哥生活穷困潦倒，只住一间小房间，没有事做，更不可能为杨振德找到事做。两个人都很失望，原来三哥以为继母手里有一笔钱。⑤ 这时邓忠庭的老乡帮助杨振德在育婴堂找到校医的工作，一个月有 10 元钱，管食住。本来够母女俩用，杨振德为接济前妻的儿子，便让 7 岁的邓颖超同孤儿一起，在育婴堂开办的编织厂里干织毛巾的活，一天可以挣到 7 个铜板，同时邓颖超跟母亲学文化。后来有人介绍杨振德到戒毒所工作，每月可以挣 30 元。这样邓颖超不用再织毛巾，专心跟母亲学习文化。⑥ 这时邓忠庭流放 3 年期满，正准备回来，突然病故。⑦ 从此，只剩下母女俩相依为命。

1913 年初，同盟会员张星华介绍杨振德在中国社会党北京支部办的平民学

---

① 金凤：《邓颖超传》，第 6 页，人民出版社 1993 年版。
②③ 1977 年 4 月 10 日邓颖超对周秉德回忆，见周秉德：《我们心中的伯父伯母——亲情西花厅》，第 238 页，红旗出版社 2008 年版。
④ 金凤：《邓颖超传》，第 12 页，人民出版社 1993 年版。
⑤ 1977 年 4 月 10 日邓颖超对周秉德回忆，见周秉德：《我们心中的伯父伯母——亲情西花厅》，第 238—239 页，红旗出版社 2008 年出版。
⑥ 金凤：《邓颖超传》，第 12 页，人民出版社 1993 年版。
⑦ 1977 年 4 月 10 日邓颖超对周秉德回忆，见周秉德：《我们心中的伯父伯母——亲情西花厅》，第 238 页，红旗出版社 2008 年版。

校工作。学校只提供食宿，教师尽义务，没有工资。这年邓颖超9岁，在此学校读书。中国社会党是受国际社会主义思潮而成立的，创办这个学校的宗旨是"从教育入手改造社会"。当时都是男女分校，而平民学校却一反传统实行男女生同校。后来，五四运动时，邓颖超投身运动，并参加男女统一的团体——觉悟社，这段经历是肇始。在中国社会党北京支部办的平民学校里，杨振德如饥似渴地阅读进步书籍，在饭桌上和同事们针砭时政，议论自由、平等，讨论改革黑暗的旧社会、建立新社会的计划。从此，杨振德走出个人、家庭的困苦，开始关心时局，寻求国家、民族的出路。这也是她一辈子历经艰难，无怨无悔支持、追随女儿革命的思想基础。

好景不长，仅过半年，中国社会党北京支部的负责人陈翼龙被袁世凯抓捕。杨振德勇敢地和同事们一起营救陈翼龙，不果。陈翼龙被杀害后，杨振德不顾个人安危，参加了革命党同事们为陈校长收尸安葬的壮举。从此她知道，改革、革命是要流血牺牲的，内心更加坚强。妈妈的一言一行就这样影响着幼年的邓颖超。

平民学校被取缔后，杨振德不得不带着邓颖超又回到天津。[①]杨振德一心一意培养女儿读书，要她做一个自强、自立、自重、追求进步的新女性。为了维持生计，她有时兼职四份工作，生活十分艰难，有时失业就在家里织毛巾勉强糊口。1913年秋，邓颖超虚报了两岁，考上直隶第一女子师范附属小学，食宿、学费全免，她终于可以继续上学了。[②]因生活颠簸不定，邓颖超上学晚，一直跳班。晚上也认真学习，因劳累而吐血，在母亲的医治下痊愈[③]，后在中央苏区时复发。1915年邓颖超考上直隶第一女子师范预科，次年进入本科学习。这样，杨振德住在别人家里教书，女儿住在学校里读书，母女俩每星期天才能相会，时间虽短，有说不完的话，互相慰藉，互相鼓励。杨振德看着女儿一天天长大，再苦再难，心里也是甜的。

在此期间，邓颖超的三个异母哥哥相继得了肺结核去世，所以邓颖超的亲友很少。邓颖超是独女，她看见母亲处理三个哥哥的生活、丧事，都记在心里。后

---

① 金凤：《邓颖超传》，第14—16页，人民出版社1993年版。
② 金凤：《邓颖超传》，第18页，人民出版社1993年出版。
③ 1977年4月10日邓颖超对周秉德回忆，见周秉德：《我们心中的伯父伯母——亲情西花厅》，第238—239页，红旗出版社2008年版。

来她帮助周恩来处理众多亲戚的事情都非常周到，入情入理。

1919年，邓颖超投身五四运动，提议成立天津女界爱国同志会，5月25日在女界爱国同志会成立大会上，邓颖超被推举为讲演队队长，这年邓颖超15岁。在斗争中她与周恩来相识，一起创办觉悟社。1920年夏，邓颖超以优异的成绩毕业，京师国立高等师范（即现在的北京师范大学）附属小学破例聘请她为教师。当时女教师只能到女校任教，邓颖超却能到男校任教。

1922年，邓颖超回到天津在达仁女校任教。邓颖超无论在北京还是天津一直和母亲一起生活。1923年远赴欧洲勤工俭学的周恩来来信向邓颖超表白心迹。杨振德早就见过周恩来，欣赏他的才能、品德。只是考虑到自己婚姻的不幸，要女儿谨慎，劝她等周恩来回国再说。可是年轻人等不及，周恩来与邓颖超确定朋友关系后，开明的杨振德默许了，并接待周恩来的弟弟周同宇。当时，周同宇叫邓颖超"姐姐"，称杨振德为"杨伯母"。①

1924年1月，邓颖超加入共青团，1925年3月转为共产党员。②7月，天津当局通缉邓颖超，邓颖超在北方局干部李国瑄的陪同南下到革命的中心广州。1924年10月，周恩来回国到广州，先任中共两广区委委员长，后任黄埔军校政治部主任。杨振德第一次与女儿分别，心中不舍，但她知道女儿从事的是正义事业，支持她南下。她相信周恩来是女儿可以托付一生的人，支持她与周恩来的婚事。

1925年10月，已与周恩来结婚的邓颖超从广州发来电报，让周同宇陪同杨振德一道去广州，此时周恩来正在领导东征，不在广州。杨振德见女儿面色蜡黄，十分心疼，一问才知是私自打胎所至，责备她太不懂事。在母亲的悉心照顾下，邓颖超的身体很快恢复了，她于11月20日赶到汕头和周恩来合会，以国民党广东省党部妇女部长的身份公开活动，成立了国民党汕头市党部妇女运动委员会。杨振德不愿意依靠女儿、女婿，于是到执信中学当校监。③这年，杨振德50岁。

1926年底，周恩来从广州调到上海中共中央军委、组织部工作。邓颖超此时怀孕面临分娩，来年4月，在母亲杨振德的陪同下，住进德国办的教会妇产

---

① 周同宇回忆。

② 金凤：《邓颖超传》，第84页，人民出版社1993年版。

③ 1977年4月10日邓颖超对周秉德回忆，见周秉德：《我们心中的伯父伯母——亲情西花厅》，第239页，红旗出版社2008年版。

医院。可是孩子不幸因难产而死，杨振德一直陪伴女儿身边，安慰并悉心照料女儿。

1927 年 3 月，周恩来领导了第三次工人起义，占领上海。但是蒋介石率北伐军进入上海后，4 月 12 日开始屠杀、镇压共产党，通缉周恩来。4 月 15 日，广州军阀也开始屠杀共产党。因邓颖超住院，敌人一时没有找到她。在医生、护士的掩护下，张治中送来 500 大洋，杨振德扮成女工，邓颖超扮成护士，乘船离开广州到了香港。5 月 1 日，乘船到了上海，住在一个小旅店里，杨振德在报纸上登出寻人启事，大意是：伍豪，你久已不要你的妻子，现在我带她到上海找你，见报后希速到旅馆来。周恩来天天注意报纸上有无消息，见到启事后便立即派人来接邓颖超母女，将邓颖超送进福民医院治病。医生说：由于生孩子后过于紧张、疲劳，子宫没有收缩好，今后恐怕不能再怀孕。杨振德陪伴她度过了这段危险而痛苦的时光。

杨振德陪女儿到武汉，住在李富春、蔡畅家里继续养病。7 月 15 日汪精卫在武汉开始屠杀、镇压共产党，杨振德又陪女儿回到上海。这时共产党转入地下，杨振德以行医为名，掩护党的工作。她驻机关的同时为来往的同志诊病治疗。有时同夏之栩的母亲夏娘娘① 在一起。由于党的地下工作机关几度遭到破坏，一开始敌人搜查时，不注意这两个老太婆，她就说自己是来帮工的姨娘。后来，敌人发现抓捕共产党时，常常碰上这两位"姨娘"，开始注意她们。

1927 年 11 月，周恩来从广东汕头回到上海担任临时中共中央政治局常委，领导全国武装斗争和地下斗争。1931 年 4 月，中共中央政治局委员、特科负责人顾顺章在武汉被捕后叛变，要带敌人到上海将中共中央领导人一网打尽。幸亏打入国民党中央组织部调查科的钱壮飞及时得到这个消息，抢先报告了周恩来。周恩来果断采取紧急措施，连夜将中共中央、江苏省委和共产国际远东局的机关全部安全转移，使敌人的阴谋未能得逞。从此，周恩来白天不能外出活动。周恩来负责军事工作和中央苏区、赣东北苏区。② 中央决定工人出身的总书记向忠发到中央苏区去，暂时隐蔽在周恩来寓所，当时周恩来住在小沙渡。

6 月 21 日，向忠发不听劝告，擅自外出，并且违反纪律在外面留宿，第二

---

① 夏娘娘（1870—1954 年），江苏常州人，原名黄友梅。1922 年在中共武汉市的党支部、湖北地委及区委等机关担任掩护工作。曾三次被捕，坚贞不屈，被誉为"革命母亲"。

② 中共中央文献研究室编：《周恩来年谱（1898—1949）》，第 210 页，中央文献出版社 1989 年版。

天他在叫出租汽车时，因缺一个手指，被人认出，被捕。周恩来见他一夜未归，心知有变，和邓颖超一起撤离。杨振德和夏娘娘两位老太太为了掩护，执意不走。23日，得知敌人要来搜查，两个老太太很机警，设置了暗号。敌人审问，她俩严守党的秘密，什么也不说，遭到敌人残忍的打骂。敌人留下人守候，妄想抓住周恩来。

周恩来为了证实向忠发是否叛变，23日晚上，他到小沙渡后头的高堤上，看到他住宅后窗户的窗帘拉开了，透出灯光。这是预定的暗号，周恩来痛心地知道，向忠发确实叛变了。

1931年12月，周恩来告别邓颖超和岳母，奔赴中央苏区。1932年4月，邓颖超离开母亲也远赴中央苏区。不久杨振德和夏娘娘一起住在杭州司马渡巷莲如庵，杨振德继续行医。1934年5月间，由组织安排，杨振德终于到中央苏区瑞金和女儿、女婿团聚。当时战争形势紧张，她不给女儿、女婿添麻烦，到红军医院工作。吃的是粗米淡饭，无油缺盐，每天都吃不饱，穿的是粗布破衣、麻草鞋，她从不叫苦。人人都知道邓颖超的母亲是个好医生。这年杨振德57岁。周恩来很尊敬她，在别人面前称她为邓老太太。①

这年8月，邓颖超患肺病吐血，高烧不退，杨振德回到女儿的身边，服侍治疗。一个月以后，中央决定长征，组织上决定用担架抬着邓颖超参加长征。杨振德因年迈留下向白区转移。战火连天，母女俩不知此次分别何日能相见，依依惜别，但是谁也没掉一滴眼泪。②

杨振德转移时，在南昌附近不幸被俘，被送到了九江反省院关押。杨振德镇定自若。法官要她劝周恩来和邓颖超不要当共产党，杨振德义正辞严，说："子女的事情我们父母管不了，即使蒋委员长也管不了自己的儿子。"蒋经国当时正在苏联。③

不久，反省院流行伤寒病，连院长的侄子也染上了，经西医治疗无效。院长

---

① 见中共中央党史资料征集委员会、中共中央党史研究室编：《周恩来同志谈个人与革命的历史——和美国记者李勃曼谈话记录》，《中共党史资料》1982年第1辑，第14页，中共中央党校出版社1982年版。

② 金凤：《邓颖超传》，第193页，人民出版社1993年版。

③ 见中共中央党史资料征集委员会、中共中央党史研究室编：《周恩来同志谈个人与革命的历史——和美国记者李勃曼谈话记录》，《中共党史资料》1982年第1辑，第14页，中共中央党校出版社1982年版。

让杨振德先给犯人治病，果然病情减轻，院长这才要她给侄儿下药。于是她成了反省院的义务中医，给犯人、看守及其家属们治病。她利用行医的机会宣传革命，鼓励难友。

西安事变后，为建立全国抗日统一战线，1937年，周恩来参加国共谈判，提出释放政治犯。国民党提出要有人出保，才能释放。杨振德不愿连累别人，说："我无亲无故，没人出保，你们要放就放，不放就算！"直到反省院关门，她才最后一个被放出来。以后，侵华日军进逼九江，占领了芜湖，人们纷纷逃难，党组织想方设法把杨振德接到武汉，与在武汉八路军办事处工作女儿相见。杨振德见大石洋行人多房子挤，主动提出住在外面的机关。邓颖超天天忙于工作，20多天才能挤时间来看妈妈，每次见面都不能超过15分钟、半个小时。女儿常问："生活上有什么困难？"她总是回答："很好，很好。"其实她心里多么想念女儿。一次她对张元说："当一个慈母太难太苦了。"①

1938年8月，日军逼近武汉，根据周恩来的指示，杨振德和周恩来的父亲周劭纲在八路军办事处副官长袁超俊的带领下，随着一部分工作人员和家属，从武汉撤退到湖南湘乡。11月长沙大火以后，袁超俊又奉命安排撤退，他将杨振德、周劭纲等家属经衡阳、桂林一直护送到贵阳。朱端绶、朱慧姐妹保护两位老人。一路没有火车，只能乘汽车、乘船辗转迁移，有时风餐露宿，有时昼夜兼程，杨振德的脚被压伤了也不说，在旅途劳顿或候船等车的时间，还为大家治病，受到大家的称赞。在贵阳，杨振德和其他家属被安排住在青岩，和当地群众相处得非常好。

1939年5月，杨振德和周劭纲到了重庆，先住在曾家岩，后刘老太太在红岩腾出两间房子，他们才搬到红岩。虽然同在重庆，邓颖超和周恩来住在曾家岩，每周到红岩开会，才能看望她。杨振德心里想念女儿，但是知道女儿工作繁忙，从不提出见面的要求。她63岁高龄，仍然为大家治病，她曾治好周恩来的疟疾。只有在给女儿、女婿治病时，才能和他们团聚。

这年冬，国民党发动第一次反共高潮。杨振德天天看报关心时局变化，主动提出住在红岩不方便，最好找个尼姑庵住。周恩来坚决不同意，将她与父亲又送回贵州。1940年春天，周恩来、邓颖超到苏联治病后回到重庆，又把她和周劭

---

① 金凤：《邓颖超传》，第310页，人民出版社1993年版。

纲接回来。几十年的劳累，兵荒马乱中的颠沛流离，饥一顿，饱一顿，64岁的杨振德病倒了，11月，她高烧不退，又拉肚子。周恩来和邓颖超来看她，见她身体极度虚弱，邓颖超泪如雨流，她却十分平静地说："小超、恩来，我要回'老家'去了，你们不要难过。"

18日，她要拉肚子，邓颖超下楼去找痰盂，她对在场的同志说的最后一句话是："我是不重要的人，不要为我奔忙了！"女儿回来，她已安然瞑目。邓颖超抚尸痛哭。周恩来赶来，默默地站在邓颖超的身边，他知道什么言语也不能安慰妻子。两个人肩并肩，默立了很久，他们没有一句话，但是在场的同志无不为之动容。杨振德一生清苦，死时仍穿着那件旧棉袄，享年64岁。

19日、20日《新华日报》上发了讣告。19日在《新华日报》第二版登了杨振德生平："经年襄助革命工作，历尽艰辛，抗战爆发后，对于中国人民之自由解放事业，尤异热忱，终日读报，不忍释手。"这些简短的评价表达了周恩来对她的尊敬。

20日，在十八集团军驻重庆办事处的楼下，举行悼念祭礼。两壁挂着挽联，地上放着花圈，早上9时开始公祭，仪式简单庄重，行礼后，由邓颖超、周恩来、叶剑英、钱之光、吴克坚献花圈。熊瑾玎宣读祭文：

> 邓母志洁行芳，思想前进，性情刚强。早入社会，艰苦备尝；自食其力，毋怠毋荒，或执教鞭，或施歧黄，稍有所得，不敢或蔽。抚女入学，教女有方，引女自立，训女周详。救援志士，尽力相将。追随革命，曾坐监房，不惧威胁，不畏风霜，法庭传讯，慷慨激昂。意志坚决，孤处浔阳，江西迎迓，欢跃无疆。日寇来袭，虽老不慌，关心国事，无日或忘。方期寇败，得睹安康，岂料一疾，遽尔云亡。回溯往昔，悲痛异常。爰备花果，敬献灵旁。呜呼哀哉尚享！

随后邓颖超讲话，她首先感谢同志们对母亲的照顾。然后说："当昨天与慈母永别的一天，是不能禁止我的哀泣，但是今天已不是继续哀泣的时候。在三年多抗战中，在敌人的炮火，敌机的轰炸下，不知有多少千千万万的父亲母亲惨死，抛开了他们亲爱的儿女。同时不知有多少千千万万的青年和儿童丧失了他们亲爱的父母。父母子女的死别终不能免的，一个革命者还有艰巨的革命任务与事业，关于母亲的生平已略载于今日新华日报,在内心悲痛之中,不忍赘述。"她那颤抖的声音在寂静的灵堂里显得特别清晰,每个人都同她一样悲伤。她强抑悲痛,振奋有力地说:"今天我在亲爱的母亲前,在同志们和朋友们面前宣誓:我一定坚守母教,坚定忠实于中国革命事业,为民族、为阶级斗争到底!在我们中国共产党内,在全中国面前,在女同胞中,我要更加自律谨严,绝不做一件对不起母亲、发生坏影响的事。我要积极地努力着起模范的作用,应不致有辱刚强贤良的母教、母德、母仪。我这样永远地纪念着向封建势力、旧社会、旧制度斗争的贤良慈母。亲爱的妈妈,请你安息吧!"① 邓颖超的一生实现了她在母亲面前的誓言。

追悼会之后,一百多人的长队,在周恩来、叶剑英等同志的带领下,随灵柩向重庆小龙坎伏园寺葬地哀进。

邓颖超每当回忆起母亲时常说:"我妈妈是一位平凡的妇女,慈祥的母亲,她的一生是很曲折、坎坷流离的一生。她具有独特的性格,反对一切封建习俗,追求进步,向往大同世界,有助人为乐的精神。自强自立,勤奋阅读,深研医术。她对我的教育和影响是起了很好的作用的。"②

1958 年 11 月,周恩来和邓颖超派总理办公室主任童小鹏将周恩来父亲的遗骨和邓颖超母亲的遗骨火化并就近深葬。1984 年 6 月 11 日,重庆市人民政府又将骨灰迁葬于"红岩公墓",以志纪念。

杨振德的一生是革命的一生,是中国母亲的典范。

---

① 《一个奋斗的母亲的葬仪》,《新华日报》1940 年 11 月 20 日。
② 赵炜、金瑞英:《一位平凡而伟大的女性》,《人民日报》1987 年 5 月 14 日。

十三、周恩来与邓颖超

20世纪50年代中期，周恩来在教育晚辈正确对待恋爱和婚姻问题时说："你们的终身大事应该由你们自己选择，自己决定。人们为了反对包办婚姻，要求婚姻自由、恋爱自由，奋斗了几十年。在解放后的新中国，你们得到了这种权利，你们是幸福的。但也可以听听旁人的意见。"接着，他就讲了自己同邓颖超定情的经过："当我决定献身革命的时候，我就考虑，作为一个革命者的终身伴侣，必须也能一辈子从事革命，应该选择一个能够经受得住革命的艰难险阻和惊涛骇浪的人作为伴侣，共同战斗。我是这样选择了你们的七妈（即邓颖超）的。接着，就和她通起信来了。我和你们七妈在共同的斗争和长期的通信中，相互了解的基础是坚实的，是共同的革命理想和不畏艰险的奋斗精神把我们紧紧地连结在一起的。"在一旁凝神谛听的邓颖超，这时两手一张，笑着插嘴说："怪不得那会儿突然连连接到你的信呢！"

严肃的教诲，幽默的插话，相映成趣，充分表达了他们之间的融洽与和谐。

邓颖超接着又补充说："婚姻、恋爱应该由自己决定，但是不要一见倾心，就决定终身。一致的思想，共同的信仰，性情的融洽，个性的契合，都要经过一定时间的、全面的了解，然后再确定关系，这样才能结成美满姻缘。"

他们的谈话，表达了他们的恋爱观。假如爱情真像诗人赞誉的，是"一种相似的灵魂联盟"，那么，周恩来与邓颖超就是这样。他们一样有坚定不移的信仰，坚韧不拔的毅力，惊人的胆识与才干，高尚的品德与情操，豁达大度的襟怀和革命乐观主义的精神。正是这样一种高尚心灵的联盟，使他们的爱情在共同的革命斗争中放出异彩，被人们誉为模范夫妻。

1. 相识

周恩来和邓颖超是在 1919 年反帝反封建的五四运动中相识的。那时，在北洋直隶第一女子师范读书的邓颖超，是"女界爱国同志会"的讲演队长。这支女学生讲演队是天津爱国斗争中十分活跃、影响突出的一支宣传队伍。刚从日本留学归国的周恩来是《天津学生联合会报》的主编。报纸在周恩来主持下，立场鲜明，抨击时弊，揭露反动政府的卖国阴谋，宣传反帝爱国思想，在京、津、保等地声誉鹊起，日销量最多时达两万余份。这在当时是一个不小的数字。

随着爱国运动的不断深入，为了加强斗争的力量，马骏、谌志笃、周恩来、郭隆真、刘清扬、邓颖超等 20 名男女青年，成立了天津学生爱国运动的核心组织——"觉悟社"，并出版了不定期刊物——《觉悟》。由周恩来执笔的《〈觉悟〉宣言》，举起了"革心"（对主观世界的改造）和"革新"（对客观世界的改造）两面旗帜，表达了中国先进青年在十月革命启发下，彻底反帝、反封建的革命要求，也体现了"五四"时期革命青年"努力向'觉悟'道上走"的进取精神。

在天津爱国学生运动中，周恩来与邓颖超都是冲锋在前的勇士。在觉悟社内，他们又是志趣相投的战友。照常情，青年男女，特别是志趣相投的青年男女，在相互交往中相互爱慕是自然之理。但那时，周恩来与邓颖超这两颗充满激情的心，却丝毫没有心思去顾及个人感情。他们一心一意忙着救国，忙着斗争。那时，社会上封建思想还很严重，对于男女之间的社交，"道学家"们攻击尤烈。觉悟社的社员们懂得，他们的行动，是对流言与诬蔑最有力的回答。因此，他们为了斗争，都更加严格地克制着自己感情的闸门。

2. 定情

1920 年 11 月 7 日，法国邮船"波尔多斯"号由沪启航。在四等舱里，坐着197 名赴法勤工俭学的学生，其中就有来自天津的周恩来、郭隆真、李福景等。他们是到巴黎公社的故乡去进一步探求救国救民的真理。

留在国内的邓颖超和觉悟社的其他社友，则开始走向社会。邓颖超到北京师大附小当了教员。

　　他们虽然相隔云山万重，但从未间断彼此的联系。凭着鸿雁传书，他们交换着情况，交流着思想。邓颖超把她们在国内组织"女权运动同盟"直隶支部，成立"女星社"、出版《女星》旬刊，创办《妇女日报》等消息，不断写信告诉国外的社友；周恩来从法国寄来的"旅欧中国少年共产党"的油印刊物《少年》《赤光》也使邓颖超等国内社友耳目一新。特别是周恩来撰写的那些学习马克思主义著作的心得，对工人运动中各种错误思想的批判，以及对国内政治经济等问题的分析文章，常使国内社友读后有顿开茅塞之感。

　　与此同时，国内社友还收到了由周恩来、郭隆真等编辑出版的油印刊物《觉邮》（即"觉悟社的邮箱"之意）。《觉邮》专登觉悟社社友彼此来往讨论问题的信件。受国外《觉邮》的启发，邓颖超等也在天津《新民意报》的副刊上，出版了不定期的《觉邮》专刊。在国内《觉邮》专刊第一期上，便刊登着 1923 年 1 月周恩来给逸豪（即邓颖超）的信，谈的是德法问题与革命。

　　觉悟社社友之间的通信，讨论的都是革命与斗争。但在信件之外，国内社友们还常会收到寄自法国的画片或贺年片。其中许多是周恩来寄来的。他曾在卢森堡、李卜克内西被害四周年之际，给社友寄来了他们两人的相片，并在信里联想到被军阀惨杀的社友黄正品（即黄爱）的"血祭"日子；他也曾在 1922 年底趁友人回国之便，给已转到天津教书的邓颖超带去了一张附有题诗的贺年片。虽然许多社友都曾收到过周恩来寄来的信与画片，但唯独邓颖超收到的最多、最频繁。据廖似光大姐说："那是些漂亮的画片。邓大姐有一个相本哩！" 1983 年，邓颖超参观周恩来同志青年时代在津革命活动纪念馆，见到周恩来由法国寄给南开同学的明信片时也说，这样的明信片，她有一百多张。

　　觉悟社的社友在一次通信中曾高兴地写道：我们大部分社友都站到马克思主义的旗帜下面了。确实，他们在共同追求、探索真理的过程中逐渐成长了。而在周恩来与邓颖超之间，更由于为共产主义理想奋斗的共同信仰与决心，使他们那种亲密的感情也逐渐发展了。他们就是在这种纯真的、志同道合的通信中定情的。

3. 结合

1924 年 7 月，周恩来从巴黎动身回国。他 9 月到达广州后，先后担任中共广东区委员会委员长和广东区委会常委兼军事部长，同时还担任着黄埔军校的政治部主任。东征后，他又担任东征军总政治部主任兼国民革命军第一军政治部主任、副党代表。他的工作十分繁忙。

周恩来回国时，邓颖超仍在天津工作。她是天津最早的共青团员之一，1925年初转为中国共产党党员，任中共天津地委妇女部长。

周恩来与邓颖超虽在书信往还中已经定情，但周恩来归国后几近一年，却不曾有机会同邓颖超见上一面。据邓颖超自述，在他们这一时期的恋爱史上，还曾有过这样一段插曲："1925 年 1 月，高君宇同志在上海参加我们党的第四届全国代表大会之后，返回北京的途中，他特地在天津下车，到我任教的学校里来看望我，因为，他受周恩来同志的委托来看我并带一封信给我，这样我们有缘相见，一见如故，交谈甚洽。高君宇同志和周恩来同志是在党的第四次全国代表大会期间相识的，两人欢谈甚深，彼此互通了各人的恋爱情报，于是高君宇同志做了我和恩来之间热诚的'红娘'，而恩来同志又做了我得见高君宇同志的介绍人。"

这一段小小的插曲，对于他们的结合，或许起着重要的作用。这年 7 月，邓颖超奉命调广州工作，由于南下途中在上海耽搁了一些日子，8 月上旬才到广州。

当时，广东区委正全力领导省港大罢工，周恩来工作更为紧张。邓颖超乘船到达广州的这一天，周恩来竟无论如何抽不出时间去接她，只得委托秘书陈赓作代表，拿了一张邓颖超的相片，去码头接人。在熙熙攘攘的码头上，凭着照片认人，谈何容易，即便像陈赓这样的机灵人，看花了眼也没有找见邓颖超，只得回去向周恩来致歉。

邓颖超当然不知道周恩来的这个临时计划。当她踏上码头，在人群中左顾右盼没有看到想念已久的周恩来时，只得照着通讯地址径直找到住处去了。就这样，找上门去的邓颖超成了周恩来的新娘。在广州一间极其简朴的小房子里，他们结成了一对同心同德、患难与共、并肩战斗的革命伴侣。

4. 别离

周恩来与邓颖超这对革命伴侣，在白色恐怖的地下斗争年代和战争年代，可说是合少离多，屡经颠危。

在他们结合一年之后，即1926年冬，周恩来便去了上海。次年3月21日，他同罗亦农、赵世炎、汪寿华一起，领导了震惊中外的上海工人第三次武装起义。

"四·一二"反革命政变后，广东的国民党右派也在4月15日对革命者进行了血腥的屠杀。在这血雨腥风的日子里，周恩来和邓颖超分别在上海、广州两地经受了白色恐怖的考验。周恩来和战友们一起组织了20万工人参加的上海第三次总罢工，并和群众一起参加了抗议大屠杀的示威游行。邓颖超在"四·一五"大屠杀时却因难产正住在医院里，当她得知外边局势的变化，正不知如何应付的时候，幸亏共产党员陈铁军在自己刚逃出虎口的危急情况下，毫不考虑个人安危，同沈卓清一起赶到医院，告诉了邓颖超这个紧急情况以及党组织要她立即离开广州的决定，又幸亏得到好心的医生王德馨和护士韩日修的仗义帮助，她和她妈妈二人才辗转到了上海。

但是，她同周恩来会面不久，周恩来便根据党的决定在5月下旬去了武汉。虽然6月间邓颖超也奉命调武汉工作，他们又得以短暂聚首，但7月下旬周恩来又根据党中央的决定去领导、指挥南昌起义了。周恩来仅在要离开武汉之时，才简单地告诉邓颖超他将去九江，其他什么都没有讲。邓颖超也什么都没有问。他们自觉地严格遵守党的保密纪律，即便在生离死别之际也是如此。

在革命战争的岁月里，别离，对周恩来与邓颖超像是家常事。在上海、在苏区都是如此。在长征途中，他们也分别编在各自的队伍里。部队到达黎平时，由于邓颖超肺病发作，大量呕血，他们才得以短暂地相聚。之后，直到过草地前周恩来患阿米巴痢疾，发高烧，昏迷不醒时，邓颖超才有机会守护在他身旁。

即便在建国之后，他们也常常不能团聚。特别是在周恩来为着共产主义事业，为着世界和平事业而履难历险的时刻。1955年，在美蒋特务制造了"克什米尔公主号"飞机爆炸事件之后，周恩来毅然决然地出席了万隆会议；1957年匈牙利事件后，周恩来访问了匈牙利；1964年正当加纳发生政变时，周恩来访问了加纳。这些行程都有着极大的危险，但是，周恩来为了革命事业从不顾及个人的安危，而邓颖超则总是他革命工作的积极的支持者。

对这样频繁的分离，究竟要承担怎样的精神痛苦？邓颖超曾这样坦率地说过："每次分别后，不知何日相会。无论是作为同志，还是夫妇，每次的生离实意味着死别啊！"但共产党人是特种材料铸成的人，他们能正确对待这种动荡无常的家庭生活。正是为了广大人民大众能安居乐业，过和平幸福的家庭生活，他们才自觉地舍生忘死。

5. 遥念

战争环境、工作需要，经常使周恩来与邓颖超分离，但他们无论何时都心心相印。他们的相互关怀、相互思念，在经常分处两地的情况下，显得格外动人。

"八一"南昌起义失败后，在撤退途中周恩来患病发高烧到40℃。他因抱病安排善后，劳累过度，已经神志昏迷，由聂荣臻、杨石魂（时任汕头市委书记）护送到香港治疗。当他第一次从昏迷中醒来时，便向在身边做护理工作的一位女同志问道："邓颖超有没有消息？"这位同志答道："到上海了。"他又问："你怎么知道的？"这位同志告诉他消息确实。他听后十分高兴。后来，他得知这位女同志的男朋友是个地下党员，远在湖南，便对她说："只要你们相爱，总会找到的。"这话既是对那位同志的慰藉，也表示着他自己执着的信念。

1947年3月，国民党把对解放区的全面进攻改变为向陕北、山东两翼的重点进攻，中共中央主动撤出延安。毛泽东、周恩来、任弼时留在陕北指挥西北和全国的解放战争。转战陕北战场的周恩来，在戎马倥偬之中，于中秋之夜抽暇给邓颖超写了一封信，表达思念之情。这封信托人辗转送到邓颖超手中时，她正在晋察冀边区搞土地改革，和秘书陈楚平一起住在一个老乡家里。楚平开玩笑说："大姐的情书来啦！"邓颖超愉快地阅信后，诙谐地说："什么情书，是形势报告。不信你看！"她大大方方地把信交给楚平。楚平指着"今日中秋，对月怀人"等处说："这不是情书吗？落款处还特地写明了是旧历中秋写的哩！"

他们夫妻之间表达思念的方式，有时十分独特。1954年，为和平解决朝鲜问题和恢复印度支那和平问题，周恩来率领中国代表团出席了在瑞士举行的日内瓦会议。这时，国内家中的庭院里，娇艳的海棠花正在盛开。海棠，是周恩来最喜欢的花。邓颖超赶紧压了一枝，连同一片原来压好的红叶，一并装在信封里寄给了周恩来。信中写道："红叶一片，寄上想念。"表示了真挚的思念之情。周恩来为回报亲人的问候，托人带回了压制好的日内瓦出名的芍药花。这两地相思的花和叶，后来被装在一个镜框里保存着，成为一件特殊的工艺品，也成为他们似海深情的永久见证。

6. 恩爱

在延安，领导和群众亲密无间，同志间相处真诚坦率。负责同志也往往散步在尘土飞扬的道路上，很随便地到各单位去串门。

有一次，周恩来、陈毅、李富春三人结伴踱到杨家岭的后沟去，那里是中央统战部和中央妇委所在地。他们一到那里，便被一群女孩子包围了。一个女孩子开门见山地向周恩来问道："周副主席，延安的同志们都说您和小超大姐是模范夫妻，你们是怎样恋爱的？"周恩来饶有风趣地答道："我在法国勤工俭学的时候，好多同志都配上对了。我啊，就扳了指头算，算啊算，算到了你们的小超大姐。"周恩来毫不掩饰的开头，使女孩子们更大胆了。她们又追问道："您爱她什么？"周恩来就实实在在地讲了他的小超在爱国运动中冲锋在前的故事，也讲了他自己和其他战友被捕后，小超和其他同学一起营救他们的故事。

周恩来遇到的事，邓颖超也遇到过。在延安一次"三八"妇女节的座谈会上，中央妇委的女孩子起哄要邓大姐讲她的恋爱故事。邓大姐毫不忸怩地站起来背诵了一封周恩来给她的信。她背得那样纯熟，真令人惊讶。在这封信里，还有一首含蓄的诗呢！周恩来倾诉衷肠的信，在邓颖超心目中有着怎样的分量，便由此可知了。

周恩来与邓颖超相知极深，因而相爱也极深。他们夫妻之间的恩爱，表现在相互之间无微不至的关怀上。

20世纪50年代，邓颖超身体不好，而他俩的作息时间又不一致。每逢邓颖超在休息而周恩来要到卧室去的时候，总是蹑手蹑脚，怕弄出声音惊醒了邓颖超。有时工作忙，不能见到邓颖超时，也必让警卫员去告诉一声。

1960年夏季，邓颖超在协和医院做手术。当时，周恩来的外事活动已安排得满满的，无法抽身。他就让身边的工作人员在手术那天不断同医院取得联系，以便随时了解手术的情况。有一天，他还利用去机场接外宾之便，顺道到医院看望邓颖超。邓颖超见他日程排得那样紧，还抽身来看望自己，于心不忍，反劝他适当注意休息，不要以她为念。

邓颖超对周恩来的关心，也同样细致而周到。周恩来工作的特点是今日事今日毕，而需要他处理的事情又那么多，因此每每工作到深夜，经常通宵达旦。在三年困难时期，为了保证全国城市人民有最低限度的粮食供应，为了保证北京人民春节有一顿饺子吃，周恩来同有关同志不知熬了多少个夜晚。一位老同志说：现在回想起来都不寒而栗。只有总理这样详细、周密地掌握情况的当家人，才有办法对付当时的困境。在那段时间，中央机关也取消了工作夜餐的规定。但每当同志们在周恩来那里工作到午夜还酣战不休时，邓颖超总是派人送上几块点心、一些糖果，或是一小盆素汤面，给大家增加些热量。当然，这些点心都是他们自己开销。一向同群众同甘共苦的周恩来带头节衣缩食。

周恩来工作的特点是不分时间、不分地点，随时批阅文件。有时没有桌子，他就顺手拿本书垫一垫，但书写起来不太方便。后来他发现用一块小三合板来衬垫就方便多了，从此他的卧室和没有桌子的地方便都放上一块小三合板，以备随时取用。周恩来盘膝坐在床上，垫着三合板批改文件实在辛苦，特别在他高龄、重病之后，更是不免感到劳累。为了改善他的工作条件，邓颖超亲自设计了一个一边高、一边低，适合周恩来靠坐在床上伏案工作的小床桌。为了不使文件散落到床上，减少他用左手去扶持文件的力量，在桌面四周还加了边框。这张作为他们恩爱见证的小床桌，人们可以在周恩来生平事迹展览会上见到。

邓颖超对周恩来的爱，首先表现在对他的理想、信念和工作的全身心的支持与关怀上。这样的支持与关怀倾注在生活中每一件细小的事情上：吃饭时的交谈、休息时的散步、作为工作调剂的看戏……在两人工作都十分繁忙的情况下，他们能这样见缝插针似地相互照应，相互安慰，是因为他们各自心里都有着彼此。

1972年，周恩来得了癌症，一直拖到1974年夏才住进医院。在最后这一年半的时间里，邓颖超不论阴晴风雨，每天都要去看望周恩来，有时还参加医疗组的会议，讨论治疗方案。在需要做手术时，邓颖超总是守候在手术室外边，直到深夜、凌晨……就是在这种情况下，凡是应该由邓颖超做的工作，或是她可能做的工作，她一项也没有放过。每周两次的老同志学习会，她也从未缺席。对待疾病和生命，她同周恩来一样，充满着革命乐观主义精神。因此，即便在最亲爱的人面临死亡威胁的情况下，她也能保持着沉着与镇定。

周恩来与邓颖超共同生活了50年。他们结婚时没有举行婚礼，后来也没有举行过什么纪念仪式。唯独的一次例外是在1950年。

那天，周恩来的养女孙维世兴冲冲地来到周恩来的住处，脸上带着几分诡秘的神色。中午时分，在她的鼓动下，卫士们把周恩来与邓颖超都请了来。孙维世宣布说，今天给爸爸妈妈举行结婚纪念仪式。接着她就活泼地把带来的两朵大红花分别佩戴在周恩来与邓颖超的外衣上，又让卫士们簇拥着他们到庭院中摄影留念。周恩来乐呵呵地说，维世给我们做银婚纪念了。邓颖超也高兴地说："我们结婚的时候没有举行什么婚礼，今天倒戴了大红花，像个结婚的样子。"看来，他们两人都清楚地记得那值得纪念的日子，只是他们从不注重于纪念的形式罢了。事后，卫士们才知道，结婚25周年叫银婚，50周年叫金婚，还有什么钻石婚等等。这张戴着大红花的照片，象征着他们夫妻的恩爱犹如那永远鲜艳的红花。

7. 家庭

周恩来和邓颖超都很喜欢孩子，和孩子们在一起的时候，他们也天真得像孩子。有时得知某个孩子和他们夭折的孩子是同年出生时，周恩来也会颇有感慨地和邓颖超说，我到上海参加领导三次武装起义，失败了，你在广州难产，我们的孩子夭折了。我如果不离开广州，我们的孩子可能活下来了。在这种时候，邓颖超总是内疚地说：我不该背着你打掉第一胎。那时我才21岁，年纪轻，看着广州革命形势好，你忙我也忙，就开了点中药打了胎。但这种父母思儿之情，一瞬就过去了。他们以父母慈爱之心，去关心、爱护革命的后代。所以，当周恩来的表姐龚志如遗憾地说"唉，美中不足的是你们没有一个孩子"时，周恩来反驳说："谁说没有？我们有10个！他们的父母是为革命而牺牲的，我们就担当起父母的责任。他们都生长得顶不错嘛！"

这10个孩子是谁？或许这数字只是一种泛指，可以不必考证，但他们抚养革命后代的故事，却早在革命队伍中流传。

1937 年，16 岁的孙维世和大哥孙泱一起找到武汉八路军办事处，要求到延安去。办事处的工作人员不认识她，又觉得她年龄太小，没有同意她的要求。她站在门口不肯离去，刚好为周恩来遇见。周恩来看到她哭得伤心，立即查问原因，才知道她是老战友孙炳文的女儿，于是马上把她带进办事处，端详着这个早在广州就熟识的机灵孩子，连连叫着她的名字。不久，周恩来和邓颖超就派人把她送到了延安，并写信给她的妈妈任锐说，他们愿把这个孩子当作自己的女儿。此后，他们所给予孙维世的关怀，远比父母所能给予的多。

参加南昌起义的二十五师党代表李硕勋是在 1931 年被捕遇难的，烈士的夫人赵君陶（赵世炎的胞妹）那时也带着孩子李鹏东躲西藏。直到 1939 年，周恩来、邓颖超得知李鹏住在成都的亲戚家中后，把他接到重庆，后又送到延安学习。从那以后，周恩来、邓颖超每回到延安时，都关心他的学习、思想与生活。1945 年 11 月，李鹏被分配到前方工作，那时他已入党。当他去向"周伯伯、邓妈妈"告别时，周恩来对他说：光组织上入党还不行，要思想上入党，才能像先烈那样为共产主义事业奋斗终生。邓颖超也勉励他要和群众打成一片，不要有干部子弟的优越感，还将宋庆龄送给他们的丝棉被转送给李鹏，而他们自己床上摆的仍是两条洗得发白的普通战士用的旧棉被。1983 年 6 月，李鹏被任命为国务院副总理后，已八十高龄的邓颖超还专门到他办公室谆谆嘱咐："不要骄傲，不要脱离群众。"

其他如蔡和森的孩子蔡博，钱壮飞的孩子钱江、钱一平等，都是周恩来、邓颖超将他们找到并在他们成长的过程中始终给予关怀的。

不仅革命烈士的子女，凡是在周恩来、邓颖超身边工作过的小鬼，都曾感受过他们慈父慈母般的亲切关怀。

1963 年 1 月 31 日，周恩来曾去拜访老作家、盆景艺术家周瘦鹃，并说这次拜访"实现了八年前的愿望"。周恩来一边亲切地同周瘦老交谈，询问他的盆景园艺技术，了解他的创作情况，鼓励他"写出好作品来"！一边抱起了周瘦老最小的女儿全全，逗着她玩，给她糖果吃。周瘦鹃见到此情此景，忽然老泪盈眶地对周恩来说："总理，您为中国革命奋斗了几十年，听说还没有一个自己的孩子。我这个全全就送给您吧。"周恩来听后朗声笑道："周瘦老啊！全中国万万千千个儿童都是我的孩子，都是革命事业的接班人。这样，不是就不分你的我的了吗？"这就是周恩来的胸襟，这也是邓颖超的胸襟，这也是他们共同的家庭观。

作为家庭，总有一些亲朋故旧，总有一些应酬，周恩来和邓颖超也不例外。他们对亲友在政治上的要求是严格的，但对他们生活上的困难，总是慷慨援助。周恩来一生公私分明，从不假公济私。据他身边工作人员讲，他们自己的生活非常俭朴，家庭的经济支出，比较多地用在以下四个方面：抚育培养烈士后代；补助有困难的同志；资助亲属；支付来开会同志（包括外地来的）的就餐费。邓颖超有一次说："对恩来的家属，生活上有困难的，我们从经济上接济他们，最初占我们两人工资的三分之一。我们认为，这是一个社会问题。如果我们不去解决，实际上增加了组织上的负担。我们自己解决了，就是替社会承担了一部分责任，恩来逝世后，我还负担着。"

这就是他们的家庭。这个社会组织的细胞，已完全同党的事业、同国家、同社会融为一体。这是一个伟大的、忘私无我的革命家庭。

8. 心碑

1976年1月8日，一代伟人周恩来逝世了。举国哀恸，全球悼念。与半个多世纪同生共死的亲人诀别，邓颖超的心快碎了。她用最纯洁的白色鲜花，祭献于她心上人的灵前。她用周恩来生前对她的爱称，献上了用鲜花扎成的花圈。这哪里是一个花圈啊，"战友——小超哀献"，这是献出了她的一颗心啊！

当噩耗传到邓颖超耳朵里的时候，长期积压在心底的哀伤使她痛哭失声。但是她很快便振作起来，为着继续周恩来和她共同奋斗了几十年的未竟事业，当事后同志们问她，为什么她捧着周恩来的骨灰盒，迈出劳动人民文化宫的吊唁灵堂，走过一段不短的距离送上汽车时，竟那样庄严、肃穆、坚强、有力。她说："哭，哭不活恩来；哭，哭不垮'四人帮'。妖魔还在作怪，祖国和人民还在受难，我要继续战斗啊！"

邓颖超是最了解周恩来的。周恩来为共产主义事业鞠躬尽瘁的革命精神永远鼓舞、激励着邓颖超。对已故战友的最好怀念，莫过于继承他的事业，遵循他的遗愿。邓颖超正是这样做的。

20世纪50年代初，周恩来考虑到中国人多地少，曾倡导过殡葬改革，改土葬为火葬。后来，他便与邓颖超相约，身后连骨灰也不保留。他说：这一点我做得到，不知你能不能做到。邓颖超回答说，你能做到的事，我也能做到。周恩来诀别人世之后，邓颖超申述了他生前的遗愿："把骨灰撒在祖国的江河大地上。"

周恩来在建国初期，就不让家乡的亲属说出他住过的房子。后来又向他们建议，把房子拆掉盖工厂或学校。由于故乡人民对他的爱戴，当地政府和群众都不愿意这样做。后来参观的人络绎不绝，周恩来十分不安。1973 年 11 月 17 日，他又对旧居处置作了三点指示：不要让人去参观；不准动员住在里面的居民搬家；房子坏了不准修。由于参观的人群依然千方百计地找来，1974 年 8 月 1 日，周恩来又同亲属商量，用拆迁的办法来解决这个问题。邓颖超还说，费用可由他们自己承担。只因拆迁房屋要经当地政府批准，这件事一直没有定下来，周恩来故居才得以保存下来。1976 年 11 月，邓颖超从侄儿、侄媳处得知当地县委准备整修周恩来故居的消息，马上亲笔写信给侄儿、侄媳并转淮安县委，希望他们尊重死者生前多次表达过的愿望。

周恩来生前最喜爱海棠花。庭院中的海棠树下，曾是周恩来邀请友好国家使节赏花之处，也曾是他同邓颖超散步的地方。邓颖超仍然保留了这个习惯，每当海棠花盛开的季节，她总是邀请国内外的朋友前来赏花。临行时还要赠送一束娇艳的海棠花。她就像周恩来在世时一样，总是善于把温暖的情意送到朋友们的心中。

法国总统德斯坦在巴黎市政府为周恩来居住过的房子设立纪念碑的仪式上，曾说过这样的话："要对这位从不希望为自己树立纪念碑的人表示敬意。"确实，周恩来的一生，只是尽量地奉献。为祖国、为人民、为共产主义事业，他奉献出了自己的一切。他没有企图为自己树立任何一座纪念碑，但是，他却以他杰出的才能、崇高的品德，赢得了全中国人民衷心的爱戴，在国际上也享有崇高的声誉。他的纪念碑，已树立在人民心中。人民心中的碑才是最崇高的、永不磨灭的。邓颖超以她的才干、美德，以她对共产主义事业的忠诚，对祖国和人民深挚的爱，使这座心碑更为崇高，更为光辉。

周恩来和邓颖超的爱情，为什么能数十年如一日，那样忠贞不渝，那样历久弥坚？哲学家黑格尔的话或许可以用来作为回答。他说："爱情是男女青年共同培育的一朵鲜花，倘若把它圈于'个人私生活'的狭小天地就要枯萎凋零，只有使它植根于'为人类幸福而努力奋斗'的无垠沃壤中才会盛开不衰。"周恩来和邓颖超几十年革命生涯的沃壤，加上他们用自己精心总结的夫妇生活中的"八互"（互敬、互爱、互信、互勉、互助、互让、互谅、互慰）精神栽培，才使他们的爱情之花盛开不败，而且愈开愈鲜艳。"模范夫妻"的称号，他们是当之无愧的。

十四、周恩来的十条家规

1.家庭遵循的道德规范

周恩来长期担任中共中央副主席、中央政治局常委、中央军委负责人、国务院总理。他是革命家、政治家、军事家、外交家，文功武略、治理国家均属世界一流。在治家方面，他也是全党、全民族的楷模。

他和邓颖超是有名的模范夫妻。自从"五四运动"相识，大革命期间结合，经过 20 多年的共同生活，共同战斗，他们总结出夫妻之间应做到"八互"，即：互敬、互爱、互信、互勉、互助、互让、互谅、互慰。他们不仅自己做到，而且还在青年同志中提倡，在党内传为佳话。

周恩来进城后，担任了总理，来找他的亲属有 100 多人，这些亲属情况各异，找他的目的也是各式各样的。周恩来说：我们共产党人是历史唯物主义者，我们要承认亲属关系。他认亲，他是要建立社会主义的新型的关系，他要带领他们走上自食其力的劳动之路。对革命做过贡献，帮助过他上学、从事革命活动的人都没被忘记，他一一给予回报。回报的方法因人而异，有的安排工作，有的在经济上给予资助，有的保持往来，在思想上帮助。

他认为家庭问题是社会问题的一部分，他从不把应归家庭承担的责任推向社会，加重社会的负担。很多具体的工作，琐碎的事情，由于周恩来日理万机，忙于国家大事，由邓颖超出面处理。邓颖超是他的贤内助，帮助他做了许多工作。

10 多年来，周恩来有一些不成文的家规，归纳起来有 10 个方面：

一、晚辈不能丢下工作专程进京看望他，只能在出差路过时才可以来看。

二、外地亲属进京看望他，一律住国务院招待所，住宿费由他支付。

三、一律到国务院机关食堂排队就餐，有工作的自付伙食费，没工作的由他代付。

四、看戏以家属身份购票入场，不得享用招待券。

五、不许请客送礼。

六、不许动用公车。

七、凡个人生活中自己能做的事，不要别人代劳，自我服务。

八、生活要艰苦朴素。

九、在任何场合都不能说出与他的关系，不要炫耀自己。

十、不谋私利，不搞特殊化。

这10条家规，就是周恩来用以律己治家的道德行为规范。他以纯洁的无产阶级意识，彻底的革命精神，优良的共产党人作风，高尚的共产主义品格，身体力行，率先垂范，对亲属言传身教，贯彻始终，并在对亲属的教育中，丰富和发展了"家规"的内容。

周恩来要求家属自觉地克己奉公。他十分鄙视那些假公济私、损公肥私、化公为私的腐败行为，认为这是剥削阶级的利己主义。自觉履行私事自费用车制度。因此，他一再向亲属打招呼："我的任何亲属来京都不派车。"就连淮安老家唯一的长者、他的八婶母，在建国初期两次进京去探望他，他也没有派车子接送过一次。无论情况多么特殊，他也决不允许亲属中的任何成员动用公车去办私事。有一天，他与邓颖超外出，来京探望他们的两位晚辈晚上要去工人俱乐部看戏，当时已经7点多钟，他们十分焦急，说："7点半开演，来不及了。"一位秘书就叫司机开车把他们送了过去。周恩来发觉后，批评晚辈和身边的工作人员说："这是搞特殊化！破坏了家规。晚到几分钟，少看一段有什么了不起呀！"接着交待秘书："记上账，今晚用车交双倍车费，扣我工资。"

周恩来这种自觉履行家庭道德规范的行为，一直坚持到生命的最后一刻。他在生命之火行将熄灭之际，嘱咐邓颖超说："……希望亲属留在各自的工作岗位，不到北京来，这才是真正的悼念。如果一定要来北京，应该自己花路费，一分钱也不要政府开支……"周恩来要求亲属凡事从大处着眼，从小处入手，自觉做好别人容易忽视而又难于做到的每一件小事。对不符合"家规"、不符合共产主义道德的任何一点苗头，都要坚决克服或加以制止，把它消灭在萌芽状态，防微杜渐，积善成德。他经常教导亲属晚辈说，单独从事隐蔽之事的行为，最能看出一个人的品质；对待细微之事的态度，最能看出一个人的灵魂。所谓"于细微处见精神"就是这个道理。1963年春节期间，周保庄跟丈夫张中平回河北探亲路过北京时，受到伯父母周恩来、邓颖超的热情接待。周恩来对侄女说："你的祖父周贻谦，是我的三伯父嘛，我小时候就是跟他到东北去的……"就这样，他们在欢乐的气氛中共进午餐。当周恩来一小碗饭吃完时，保庄连忙站起来帮助添饭，却被谢绝了。周恩来笑着说："让别人添饭，我们周家没这个规矩！"他起身用不大灵活的右手盛了饭，并把偶然撒在桌上的几颗饭粒捏起来送到嘴里。侄女侄女婿耳濡目染伯父周总理这种自我服务、爱惜粮食的表率行为，深受教益。

不仅如此，周恩来在处理亲属工作调动，同样以自觉律己的言行给亲属以感悟。周尔萃原来是人民空军飞行员，在准备转业时他写信征求伯父周恩来的意见，问："以后干什么好？"在常人看来，这是家庭成员中、亲属中完全可以商讨的寻常小事，也是出于晚辈对长辈的信赖和尊重。周恩来却站在共产党人党性原则的高度，写信回答侄儿说："这要服从组织安排，我不能说。我说了，透露出来，组织上就不好办。一切要按规定办事。这是我向来的规矩。"这样，他拒绝给侄儿提供转业去向的意见，足见其严于律己，从严治家，真是人民的公仆。

周恩来要求自己和亲属"革心革新"，做一个道德高尚、适合时代需要的新人。他指出，这种新人的基本特征，就是具有鲜明的崇尚科学、热爱劳动、艰苦奋斗、为人民服务等共产主义道德观念，并能将这种观念变成一种自然而然的道德习惯。在家庭会议上，他曾经说过，没有共产主义道德观念，就不能明是非、辨善恶、识美丑、知荣辱，也就不可能以坚强的道德意志去履行道德规范，自然也就不可能形成相应的道德行为和习惯。

1953年秋，他在上海同旧中国毕业的大学生、表姐龚志如的谈话中，就是由引导她"革心"入手，使之实现"革新"的。当时，龚志如对表弟周恩来诉说了自己从上教会学校、追求一种精神寄托和高尚的做人准则而信教，一直谈到贫困、失业、挨饿的苦难身世……周恩来没有给她讲大道理，也没有同她谈宗教问题，只是将共产主义道德观念的内容，融入叙家常之类的交谈之中，帮助她澄清模糊思想，引导她去追求真正高尚的做人准则。他满腔热情地说："那是旧社会造成的。现在不是成了新中国的主人了嘛，走上了为人民服务的道路，在华东机关幼儿园工作，很好嘛。"并赞扬了她们幼教工作者的光荣劳动。然后又说："孩子是祖国的花朵，是国家和民族的未来。"希望她教育孩子"从小树立起对科学真理的信仰和追求"。鼓励她"把自己的余生奉献给这一真正慈善、真正仁爱的事业"。他们还一起回忆了小时候同窗共读，一起做"捉拿洋鬼子"的游戏。周恩来还深情地回忆说："你的父亲，我的表舅（龚荫荪），他是我政治上的启蒙老师。他曾经说过，科学是精神解放和道德进步的动力。这确实是至理名言……"

周恩来这一席话，点燃了表姐龚志如心灵与思想解放的火炬，使她思想上产生了新的飞跃，增强了崇尚科学和为人民服务的共产主义道德观念，提高了自觉克服内心困惑和外部压抑的决心和毅力。这位基督教徒对新中国的总理说："听君一席话，胜读十年书。"她感叹地说：在旧中国没有见到上帝的"慈"，也没有见到洋大人的"善"。有的是黑暗和不平、屈辱和欺骗。上帝没有帮她解脱出精神困境，而今共产党帮她解脱出来了，使她成了国家的主人。她觉得表弟周恩来总理的话，才是真正的"圣经"。她从周恩来下榻的宾馆回到家之后，就将一本珍藏了许多年、一直放在床头的《圣经》袖珍本，漫不经心地一扯两半，扔进字纸篓里去了。自此后，她把全部精力和爱心都倾注到幼儿教育工作之中，自觉地将"崇尚科学，热爱劳动，为人民服务"的共产主义道德观念，化为"教育孩子从小树立对科学真理的信仰和追求"的行为，直到与世长辞。她的行为赢得了人民的钦敬。

2. 恋爱婚姻家庭生活

在恋爱、婚姻、家庭的感情世界，周恩来谆谆教导亲属特别是晚辈：在自由恋爱时要有科学的恋爱观，以共同的革命理想为基础，实行婚姻自主；在伴侣生活中要平等相处，相互信任，建立新型的夫妻关系，并自觉履行尊老爱幼的职责和义务；在兴家立业时要摆正爱情与专业的位置，一切以事业为重。这样才能建立健康、文明、幸福的家庭生活。

周恩来常说，青年人缺乏科学的恋爱观，就会轻率地满足于所谓"一见钟情"，或一味地追求"美貌、金钱、地位和权势"。当这种低级、庸俗的情趣无法随心所欲时，爱情就会破裂。只有恋爱双方经过相当时间的坦诚相处，相互得到了比较全面的了解，并取得思想观点上的协调一致，使爱情真正建立在共同理想与道德的基础之上，才是最可珍贵的。由此而结成的伴侣，才能经得起困难和挫折的考验，共享成功和胜利的欢乐。

1956 年，他教育侄儿侄女们正确对待恋爱、婚姻的终身大事时，曾现身说法谈了他与邓颖超恋爱的情况。他说："当我决定献身革命的时候，我就考虑，作为一个革命者的终身伴侣，必须也能一辈子从事革命。应该选择一个能经得住革命的艰难险阻和惊涛骇浪的人作为伴侣，共同战斗。这样，我就选择了你们的七妈（邓颖超）。接着就和她通起信来，我们是在通信中确定关系的。我和你们的七妈在共同的战斗和长期的通信中，相互了解的基础是坚实的，共同的革命理想和不畏艰险的奋斗精神把我们紧紧地连结在一起了。"①

　　同时，邓颖超也给晚辈们讲过她与周恩来恋爱的故事。她说，1923 年春天，她收到周恩来从巴黎寄来的一张精致的明信片，上面写着："奔向自由自在的春天！打破一向的束缚！勇敢地奔啊奔！"她对这三句含蓄的小诗似有所悟，立即回信说："我们思想相通，心心相印，愿相依相伴，共同为共产主义理想奋斗终生。"这样，"我就同你们的伯伯结成了生死不渝的革命伴侣"。

　　在恋爱、婚姻问题上，周恩来对亲属晚辈的教育是循序渐进，逐步深入。1974 年周恩来在同落户内蒙古草原的侄女周秉建谈话时，先以征询的口气问："和牧民谈恋爱好不好？"接着就开门见山地说："在当地找一个情投意合的蒙古族青年，在内蒙古安家。""王昭君就是匈奴民族的儿媳妇嘛，你可以向她学习，做一个蒙古族的儿媳妇。这也是加强民族团结的一种表现，你在这方面要为增进蒙汉民族的友谊和团结做个好样子，起个模范作用。"周秉建经伯父这一点拨，茅塞顿开。后来她毅然将爱情献给了与自己理想一致、志同道合的蒙古族青年歌手拉苏荣，实现了伯父周恩来的心愿，赢得了伯母邓颖超的高度赞扬。

　　在人生旅途中，在感情世界里，周恩来不仅教育亲属晚辈要"慎重选择志同道合的终身伴侣，将爱情的基础建立在共同的理想之中"，而且还教育晚辈要"正确处理爱情与事业的关系，使美好的爱情永远隶属于壮丽的事业"。他指出：爱情是关系到一个人的终身大事，但爱情生活，并不是人类生活的唯一内容。一个人活在世上，还有许多比爱情生活更重要的问题要去解决。这就是匈牙利诗人裴多菲所说的"生命诚可贵，爱情价更高，若为自由故，二者皆可抛"的真谛。因此，他殷切地希望亲属晚辈摆正爱情与事业的位置，凡事以事业为重。

　　1958 年侄儿周荣庆响应党中央关于干部下放劳动的号召，从北京到河南省

---

　　①　2015 年 5 月李海文采访周保章。

农村当了一名拖拉机手，并和一位农村姑娘结了婚。周恩来获悉后，十分高兴，并写信鼓励侄儿侄媳相亲相爱，同心同德，以爱情为动力，努力学习农业生产知识，刻苦钻研农业科学技术，为建设社会主义新农村贡献力量。"在甜蜜的事业中，享受甜蜜的爱情果实。"

尔后，周恩来又在同侄儿周尔萃谈话时，谆谆教导说："你们年轻人需要爱情，但更需要事业，要为社会的进步和人民的幸福多做贡献。"因此，他建议侄儿"最好是晚婚，并且节制生育"。并指出："晚婚对你们，对下一代都有好处。20 岁至 30 岁正是精力最充沛、脑力最发达的时候，要把旺盛的精力用到学习和工作上，为壮丽的事业增添光彩。如果过早恋爱结婚，生儿育女，就分心了，把精力花到生活小事上去了，那就会损害革命事业，也会影响个人的前途。"他特别强调说："晚婚和计划生育的问题，我经常同年轻人讲，你们要带头执行。"

没有壮丽的人生，就没有幸福的爱情。要在造福人类的伟大事业中，开凿爱情幸福的源泉。侄儿侄女们没有辜负伯父周恩来对他们的关怀和教育。在新中国成立后成家的晚辈们，都只有一两个子女，较好地处理了爱情与事业的关系，在各自的工作岗位上，辛勤地劳动，默默地奉献。

不仅如此，周恩来还教导亲属晚辈既要处理好夫妇之间的关系，又要处理好与父母、与子女之间的关系。他常以自己与邓颖超共同商定的"八互原则"来教导侄儿侄女，希望他们夫妻之间"建立起互为同志、知己和良师益友的新型关系"。"在生活上互相关怀，互敬互爱，在事业上互相帮助，互勉互慰。同舟共济，比翼双飞。"

同时，周恩来又说，"尊老爱幼是人类共同的道德义务"，抚养和教育好子女，赡养和孝敬好父母，"那是不可推诿的责任"。他指出："老一代曾经哺育我们成长，我们就应该赡养他们"，"家庭里养儿育女的事情，也要共同负担"。

他还指出：对子女绝不仅仅是生活上的关怀和照顾，还要教育孩子从小树立远大理想，培养他们爱祖国、爱人民、爱劳动、爱科学、爱护公共财物的道德品质，协助党和国家把孩子训练成为共产主义事业的接班人。1974 年 8 月 1 日，周恩来从医院回到家里，看到他的侄儿周尔辉夫妇及侄孙说，你们的儿子已上小学，成了少先队员。他高兴地弯下腰握着侄孙的手说："希望你以后加入共青团，再加入共产党，做一个革命者，为实现共产主义而奋斗！"他见侄孙点头应诺，感到十分欣慰。随即对侄儿侄媳说："孩子是我们的希望，教育孩子的时候，你们不要把大人的观点强加给孩子，一定要讲民主。"他还强调说："对来自孩子诚恳的批评，做父母的要虚心接受，切实改正，为孩子做出样子，树立一个好的家庭风尚。"

周恩来的侄辈儿女们都没有辜负伯伯的教导，不仅夫妻恩爱，而且在尊老爱幼等方面均做出了表率，受到各自所在的单位和周围群众的赞扬。

3. 教导亲属过好"五关"

周恩来在半个多世纪的革命生涯中，为了处理好自己与外部事物的关系，自觉地过好"思想关、政治关、社会关、亲属关、生活关"，并教育和引导亲属中每一个成员都过好这"五关"，在任何纷繁复杂的国际国内环境中，在日益发展变化的形势面前，都能保持清醒的头脑，科学地观察事物、分析情况、判别是非和处理问题，不断创造人生的辉煌。

在 1963 年 5 月中共中央和国务院直属机关负责干部会议上，周恩来曾经讲过："过思想关就是我们常说的思想改造，是解决世界观和人生观的问题，也就是要树立马克思列宁主义或者说辩证唯物主义和历史唯物主义的世界观和人生观，学会运用毛泽东同志的《实践论》《矛盾论》和最近讲的认识论。"[①]

他不仅这样要求干部，自己率先垂范教育亲属、晚辈：马克思列宁主义、毛泽东思想反映了客观事物的发展规律，集中代表了无产阶级和劳动人民的利益，是我们认识世界、改造世界的最科学、最正确的世界观和方法论，是我们进行思想改造的理论武器，是指导我们行动的指南。因此，他希望亲属、晚辈努力学习马克思列宁主义、毛泽东思想，树立起科学的世界观和人生观。

1964 年 8 月 10 日，周恩来在向亲属、晚辈讲到如何过好思想关的时候，说："思想，就是人的脑筋里想什么，想什么这里问题就大了，有人想得不对，思想方法不对，怎么办？要自己一件事、一件事去实践。大家都是一件事、一件事去弄懂，去看对不对。共产党员、老点的，就比较对？我算老的了，但也还是要不断改造，我常说：'要活到老，做到老，学到老，还要改造到老。'"他分析了亲属成员的状况后又强调："过思想关，是从小到大，改造不完的，总要前进。思想关是用什么方法想事情就对了，用什么方法是不对的。思想问题不解决，就是

---

① 《周恩来选集》（下卷），第 423 页，人民出版社 1984 年版。

对立的矛盾。要使思想方法完整、全面，要长期锻炼才能学好。"

他曾对侄儿周荣庆说："要永远感到不足，思想才能不断进步。我革命40多年，难道没有一点旧思想了？要革命一辈子，学习一辈子，改造一辈子。"他并以自己走过的道路和切身感受，鼓励晚辈一步一步地过好思想关。

教育亲属站在人民大众的立场上，以全心全意为人民服务，过好"政治关"。

周恩来曾经说过："过政治关，最主要的是立场问题。"①这样一个政治立场问题，实质上就是对人民群众的态度问题，就是同人民群众的关系问题。对于党员干部和他们的家庭成员来说，就是全心全意为人民服务的问题。这是科学人生观和价值观的核心，也是共产党人的唯一宗旨，自然也是我们考虑和处理一切问题的出发点和归宿。

1953年秋，周恩来和刚走上幼教工作岗位的表姐龚志如谈话，因势利导，教育她"要站稳立场，过好政治这一关"。当时龚志如叫着他的别名说："翔宇，你现在可以自由自在地在宇宙飞翔了！飞机来，飞机去，多帅呀！"周恩来笑着说："自由吗？可不是那么回事。我到外国去，是代表国家呐，一举一动有人照相，一言一语有人录音，不能出一点差错。"他告诉表姐，外交上的事，得处处留神，慎之又慎，站稳自己的立场。既要站在中华民族的立场上，又要站在社会主义的立场上，还要站在世界被剥削、受压迫的人民一边，站在维护中国人民和世界人民的根本利益的立场上，为全中国和全世界的人民服务。立场不稳，就过不了这种"政治关"。这番话，使这个信奉基督教的旧知识分子，对当时思想改造运动中经常听到的"要把立足点移到无产阶级和人民大众的立场上来"，"要全心全意地为人民服务"之类的话，得到了真正的理解。从此，她懂得了政治立场的重要性，彻底改变了信仰，把接受中国共产党的领导、走社会主义道路，作为自己坚定不移的政治信条，敬业勤业，为新中国的幼教事业贡献出全部智慧和精力。

不仅如此，周恩来在教育亲属过好"政治关"时，还从自己的家庭以及自己应尽的职责进行引导。他说："我们家的亲属关系复杂，我们是旧家庭、旧环境、旧观念，怎么样才能拖着全家投降无产阶级？我现在就要带领你们投降无产阶级。我总是想谈封建家庭，是想批判它，否定它。要否定封建的亲属关系，不是消灭

---

① 《周恩来选集》（下卷），第425页，人民出版社1984年版。

他们，是要救他们，把他们改造成新人。旧的否定了才能创造新的。"真正和人民群众同爱憎，共甘苦，心连心，急人民所急，想人民所想，把自己的一切献给党，献给人民。

教育亲属坚定社会主义政治方向，自觉抵制封建主义和资本主义腐朽意识形态和习惯势力的影响和侵袭，过好"社会关"。

周恩来把"过社会关"看作是改造社会、改造自我的神圣职责。在对亲属教育中，他言传身教，率先垂范，引导亲属正确处理自己与家庭内外的各种关系，逐步实现"同传统所有制"和"传统观念"的决裂，做一个纯粹的人、高尚的人。在一次负责干部会议上，他说："我特别提出后三关（社会关、亲属关、生活关），是因为中国这个社会极其复杂，我们还有改造社会的任务。在这个社会里，旧的封建的资本主义的习惯势力，很容易影响你，沾染你，侵蚀你，如果失去警惕，这些东西就会乘虚而入。所以改造社会的任务是艰巨的，处在领导地位的同志担子更重。"[1]

周恩来是这样说，也是这样做。如他坚决反对送礼。人民出于尊敬，干部和他们的家属往往被看得特殊一点，会有人上门请吃请喝，或送点东西来。这种请客送礼，不仅加重了人民的负担，更危险的是助长了一种腐败的社会风气。我们要坚决抵制。

同样，在中华民族的传统习俗里，祖坟是神圣不可侵犯的地方。为教育亲属移风易俗，实现同传统观念的彻底决裂，他率先做出了平坟的壮举。1953年，周恩来就提出"平掉祖坟，把坟地交集体耕种"。1964年底，他郑重地将此任务交给回家过年的侄儿周尔萃，还特别提醒说："要做好这件事，也不能简单化，既要做好你母亲的工作，又要做好县里干部的工作，还要做好当地群众的工作。"尔萃回到淮安，照此办理，在春节前完成了这个"特殊任务"，并写信向伯父周总理作了汇报：祖坟占地不足一亩，共葬13口棺木，有总理祖父母、生母、嗣父母、八叔、八婶等长辈的遗骨。全部深埋到一米以下了。周恩来收到此信后，立即寄去70元钱，并附言："此款用作支付平坟劳力的工资和偿付被践踏的青苗费。"

总之，他把改造社会、改造自我的思想和精神品格，贯穿在教育亲属过好"社会关"的实践之中，充分显示了他是一个超越时空的世界伟人。

---

[1] 《周恩来选集》（下卷），第425—426页，人民出版社1984年版。

他教育亲属否定封建的亲属关系，树立自尊、自立、自强的信心和勇气，做一个永远力争上游的时代新人，过好"亲属关"。

周恩来是一个极重感情的人，他总是设身处地地为他人着想并竭力提供帮助。但是，他对亲属的关心和照顾是有原则的，绝不顺从迁就，绝不动用人民赋予的权力为之牟取私利。他曾在教育亲属晚辈时说过：在共产党执政以前的中国历史上的执政者，包括许多出色的农民起义的领袖在内，他们走入"人亡政息"周期率的第一步，都是从人事关系上的"任人唯亲"开始的。因此，我们要彻底否定"一人做官，全家享福。一人得道，鸡犬升天"的封建的亲属关系，过好"亲属关"。他说："过亲属关说起来容易，做起来就不那么容易了。"他说："我呼吁我们的领导干部，首先是我也在内的这407个人应该做出一点表率来。不要造出一批少爷。我们是社会主义社会，不像封建社会和资本主义社会那样，但是历史也可以借鉴。秦始皇能够统一中国，可是他溺爱秦二世，结果秦王朝就亡在秦二世。"①

他和邓颖超约定不在一个系统工作，解放后他任总理，邓颖超就不在国务院工作，而在妇联工作。实行回避制度。当有人问他这是为什么时，他解释说："我是政府总理，如果邓颖超是政府的一个部长，那么我这个总理和她那个部长就分不清了；人家会把她那个部长说的话，也当成我这个总理说的话，把她做的事当成是我支持的。这样的家庭关系、夫妻关系、政治关系就混到一起去了。这就不利于我们党的事业，也不利于我们的工作。"

对待亲属中的晚辈，周恩来从培养和造就革命接班人的高度，教育和引导他们"要不靠关系自奋起""要丝毫不搞特殊化""要艰苦奋斗一辈子""要自强不息永向前"，把自己改造成为时代的新人。

他教育亲属养成艰苦朴素的美德，在日常生活和工作实践中，勤俭持家，艰苦创业，自强不息，励精图治，过好"生活关"。

他说："生活关分两种：物质生活和精神生活。物质生活方面，我们领导干部应该知足常乐，要觉得自己的物质待遇够了，甚至于过了，觉得少一点好，人家分给我们的多了就应该居之不安。要使艰苦朴素成为我们的美德。这样，我们就会心情舒畅，才能在个人身上节约，给集体增加福利，为国家增加积累，才能

---

① 《周恩来选集》（下卷），第426—427页，人民出版社1984年版。

把我们的国家更快地建设成为一个社会主义强国。精神生活方面，我们应该把整个身心放在共产主义事业上，以人民的疾苦为忧，以世界的前途为念。这样，我们的政治责任感就会加强，精神境界就会高尚。"①

他以人民公仆无私心的高尚情操和道德风范，教育和引导亲属自觉地戒奢倡俭，拒腐防变，过好"生活关"。

1964年8月10日，周恩来教育亲属过好生活关时说：这是最难过的，在生活实践中要劳动，就可锻炼自己。我为什么痛恨旧社会封建家庭？没落的封建家庭，什么都败坏了，贪污、腐化，有许多坏东西，我们小时候都见过。铺张、虚荣、说假话，完全是虚伪，我最痛恨这些。对这种生活方式不痛恨，就改变不了它。你们年轻一代，不要学老一代的旧的生活习惯，穿衣服要朴素。要一心一意为人民服务。

他不仅这样要求亲属、晚辈，而且身体力行。他穿的衬衣补了又补。很多人不理解。有人说周某人是一国总理，穿着这样补丁衣服，是不是有点过分了。他笑着说，我看不过分。前提是我们国家还很穷。身为七亿人口的大国总理，我这样做不是我个人的事，这表明我们提倡什么！七亿人口是应该提倡节俭呢，还是现在就不顾国情去追求享受呢？当然是提倡节俭！他特别强调："现在的大好形势是靠大家艰苦奋斗得来的，将来国家富强了，也不能丢掉艰苦朴素、艰苦创业的光荣传统！"

他说："当然，我们不是说一天到晚只搞政治斗争，只干工作。人的生活要丰富一点，精神更要舒畅一点。文艺生活总是要有的，但是，我们的文艺生活是为了活跃人的思想，提高人的修养，把教育寓于文化娱乐之中。我们的文艺节目要有教育意义。那种庸俗低级的、野蛮恐怖的、堕落腐化的东西，是资产阶级和封建阶级的产物，我们应该坚决批判，坚决反对，不能用官僚主义态度对待它，容忍它。这些东西不仅对我们不利，对青年一代的成长更为不利。还应该看到，资本主义国家的某些文艺思潮和文艺作品是颓废的没落的，决不能让那些糟粕影响我们的干部，影响我们的青年一代。"②

周恩来认为：要抵制这些东西，肃清其影响要经历长期的、复杂的、艰苦的斗争过程。因此，我们都要艰苦奋斗一辈子！

---

①② 《周恩来选集》（下卷），第427页，人民出版社1984年版。

附录一　周嵩尧中举资料 *

　　周嵩尧，原名贻良，字峋士，号香藩，一字峋芝。行六。同治癸酉年闰六月十八日吉时生。浙江绍兴府会稽县。附生，民籍。光绪癸巳、甲午等科本省乡试房荐者。著有《磨绮集诗草》一卷。

二十世祖

　　茂，字元泊。元进士。官至左丞相，特进金紫光禄大夫，封沂国公，赠太师。妣氏司马，封一品夫人；妣氏施，封一品夫人。

十九世祖

　　万，字无咎。官生。授奉政大夫，淮安府同知。妣氏钱，赠宜人。

十八世祖

　　寿，字葆真。进士。授高安丞，累官浙江儒学副提举。妣氏朱，赠宜人。

十七世祖

　　庆，字德芳。明赠资政大夫，福建布政使司左布政使。妣氏程，封太恭人。

十六世祖

　　叔庄，字元童。授北京顺天府大兴县第六箱万石长。妣氏王，赠孺人。

十六世伯叔祖

　　叔源。叔敬。颐，选贡，历任山西道监察御史，山东、江西布政使司左参议，福建布政使司左布政使。

十五世祖

　　宗，字承甫。授大兴县第五箱万石长。妣氏柳，赠孺人。

十五世伯叔祖

　　容。吉。宿。杰。显。宪。宜。

---

* 该资料出自《浙江乡试同年齿录·光绪丁酉科》（第 2 册），周秉宜标点抄录。

十四世祖

富，字富三。妣氏钟。

十四世伯叔祖

经。咸。宁。贤。福。全。英。让。恭。绅。绮。纬。绎。

十三世祖

顺，字顺斋。妣氏袁。

十三世伯叔祖

朝。华。贵。芳。文英。彰。黼。铬。文彩。文盛。文魁。文祥。文原。文宪。珊。琥。文林。文理。文玉。文瑞。文佩。国桢。尧直。朗。昂。冕。律。

十二世祖

锳，字南坡，号敏庵。晋赠中大夫。妣氏陈，晋赠太宜人。

十二世伯叔祖

镈。镇。钦。镗。岳。鳞。银。正。铭。镐。镙。锦。锐。钺。钰。钟。振。羲。恕。大忠。大经。大纲。恩。肆。制。健一。健二。继宗。仁。义。

十一世祖

廷孝，字宇明。上寿乡宾，敕赠文林郎，晋赠奉政大夫，山西大宁县知县，扬州府同知。妣氏胡，晋赠太宜人。

十一世伯叔祖

化。侃。廷谏。廷椿。廷节。廷章。褚。光义。书。易。廷元。廷忠。廷恺。廷篡。廷簇。廷爵。廷簋。廷符。廷登。廷祥。廷禄。廷科。廷佐。廷辅。廷臣。廷俊。廷韶。廷勋。廷魁。廷礼。廷乐。

十世祖

懋章，字奕庵，号宜迪。上寿乡宾，敕赠承德郎，州同知。妣氏王，敕赠太安人，钦旌百寿。

十世伯叔祖

懋（文），明壬午举人，山西大宁县知县，扬州府同知。乾。坤。长。巽。时兑。时茂。时宪。时杰。时晋。时祚。联芳。有芳。桂芳。时泰。时官。时益。时富。时懋。时新。时成。时敏。时浩。时仁。昇。官郎。时隆。时鸣。时雍。时和。时澄。时清。时来。时达。时逵。时旦。时升。良辅。良仕。良臣。良相。良宰。进。逵。达。远。暹。良儒。

九世祖

汝相。妣氏。

九世伯叔祖

祖尧。祖舜。来王。鼎臣。鼎耀。显懋。显忠。言昌。世荣。世泽，顺治辛丑科进士。世汲。逢甲。世沽。世洽。世润。世淇。世治。起凤。起鹏。国祚。鼎。国俊。国礼。世昌。兴文。兴宗。兴让。士敬。自夏。鼎元。维贤。维彦。家助。麟忠。国鼎。国鼐。国厝。国初。国芳。国祥。国昌。国宾。砺生。望生。谨。

八世祖

熙祚。妣氏。

八世伯叔祖

日文。格麟。裔祚。遐祚。继祚。敬祚。钦祚。殷祚。祜祚。邦祚。家祚。奎祚。懿德。士良。士贤。士芳。元秀。之凤。之骏。栋。楳。柱。威。成。咸。之鼐。思怙。显祚。景。繁祚。锡祚。永祚。绵祚。启祚。矿祚。士钦。岐祚。邠祚。长祚。

七世祖

步超。妣氏。

七世伯叔祖

然，雍正癸丑科进士，授内江县知县。坫。程。增。墉。均。□。垣。基。兆龙。合恺。梦龙。增。继蒿。堃。垌，乾隆甲子科顺天举人。步杰。恒。思。恂。圭。堂。坦。日培。日坤。日佳。士迥。璺。惠。坡。丙。风。雪。

太高祖

应麟，字孔锡，号红雪。貤赠奉政大夫，晋封中宪大夫。妣氏陈，晋封淑人。妣氏俞，晋封淑人。妣氏鲁，晋封淑人。妣氏王，晋封淑人。

六世伯叔祖

汝基。渭基。秉钧。大钧。成钧。其达。其显。新。镛。璟。申。甫。镇。易。中规。铨。绶曾。应凤，岁贡，例赠修职郎。应熊。应彪。福钧。荣。广钧。宗钧。兰钧。芝钧。菁钧。纲钧。毅钧。国钧。朝钧。辅钧。宝钧。可钧。驭钧。衡钧。诚钧。和钧。恭钧。

高祖

文灏，字景商。貤赠奉政大夫，晋封中宪大夫。妣氏鲁，晋封淑人。

高伯叔祖

沄。淇。渭。学泗。学濂。书。河。淮。品。焱。森。垚。瀛。建中。建功。建伟。益谦。文溥。益清。兆濂。兆斌。兆法。顺蛟。顺龙。顺鳌。潮，国学生，候选从九同知衔。溶。涛。淞。藩。藻。式序。右序。淇。淦。沂。

曾祖

元棠，字笑岩。邑庠生，历科荐卷堂备，貤赠奉政大夫，提举衔两淮候补盐运判，升用同知直隶州，仪征县知县，江苏候补同知，晋封中宪大夫，著有诗钞。妣氏史，晋封淑人。

曾伯叔祖

元林，五品衔蓝翎。元杰。梦龄。梦焱。廷潞。廷瓒。元椿，国学生。元季。元枚。元棣。元燮。元植，廪膳生。元祜。元枢。元荣。元杏。元樟。元棵。元莱。宗夏。元机。元桂。烘荪，道光壬千科顺天举人。谦。诰。谟。承绩。承霖。南金。南成。南，邑庠生。

祖

光勋，字樵水。邑庠生，诰赠奉政大夫，提举衔两淮候补盐运判，升用同知直隶州。仪征县知县。江苏候补同知，晋封中宪大夫。妣氏樊，诰封宜人，晋封淑人，钦旌节孝。同邑邑庠生讳维城公女，蓝翎五品衔前署江苏甘草司巡检讳文炜公，花翎知州衔，历任砀山、萧县、宿迁、沐阳、沛县、铜山等县知县讳燮公胞姊；蓝翎五品衔两淮候补盐巡检印沛霖，蓝翎五品衔代理江苏召伯、衡阳等司巡检印祥霖，提举衔候补通判印瑞霖，国学生印衡霖、印为霖，江苏候补县丞印寿霖，国学生印承霖、印溥霖、印时霖、印甘霖胞姑母。

伯叔祖

光煮，例赠承德郎。耀祖。念祖，邑庠生。衍祖。蕃祖。浩祖。纯亮，蓝翎六品顶戴候选从九品。怀兰。蠡。发祥。发普。福种。

父

昂骏，字霞轩。国学生，代理江苏扬州府仪征、江都等县知县；署理通州、如皋县知县；特授扬州府仪征县知县；调补徐州府宿迁县知县；钦加知州衔升用同知直隶州。前江督沈文肃公以"每事躬亲、不避嫌怨可备任使等语"保奏，奉旨军机处存记。赏戴花翎，诰授奉政大夫，晋封朝议大夫。

妣氏

郑。诰封宜人，晋封恭人。侯官诰封资政大夫讳兴宗公女；诰封资政大夫前江苏候补知府、署东台县知县讳仁昌公胞妹；花翎三品衔候补知府印仁寿公胞姊；五品衔两淮候补盐知事印贻庚，候补同知印言德，五品衔江苏候补府税课大使、前代理淮安府经历、阜宁县典史印履安，五品封典候选道库大使讳锡蕃，候选道讳庭鲤，浙江候补布政司理问印贻鼎，六品衔印贻壮胞姑母。永感下，庶母氏王，貤赠儒人。

从堂叔

延曾，蓝翎五品顶戴。延春，候选盐大使。延祐。延寿。

嫡堂叔

殿魁，理问衔现任江宁布政使司仓大使。骏皆。骏发，南河候补闸官。

胞伯叔

晋侯，提举衔两淮候补盐运判。联骏。提举衔县丞。起魁，花翎江苏同知，前代理安东、阜宁、桃源等县知县，海州直隶州知州。子庞，蓝翎五品衔、从九品前署丹阳县典史。

胞姑母

一。早故。

再从堂弟

嘉琛，邑庠生。嘉瑛。学文。学行。祐麟。

从堂弟

贻宽，国学生。

嫡堂兄弟

贻谦，国学生、国子监典簿衔。贻庚，附贡生、翰林院孔目衔。贻鼎，原名贻定，国学生。劻纲，原名贻能，国学生，主事衔。贻奎，国学生。宗翰，原名贻淦，国学生。震岳，原名贻震，国学生。毓章，原名贻升，业儒。

胞兄

炳豫，原名贻豫，字立之，国学生，指分江苏布政使司理问，钦加五品衔。龢鼐，字调之，附贡生，候选儒学训导，甲午科举人，乙未科会试荐卷，出嗣胞伯逸帆公。

胞姊

一，适花翎盐运使衔现任徐州运河同知前代理淮安府知府万印青选公子、理问衔江苏候补巡检名立镇。

胞妹

一。未字。

嫡堂姪

恩瀛。恩焕。

胞侄

恩涛。

妻

樊氏，同邑蓝翎五品衔前代理江苏召伯、衡阳等司巡检印祥霖公女。

子

恩夒。

族繁不及备载

世居绍城宝祐桥现寓淮城驸马巷。

附录二　周氏渊源考*

　　粤稽周本国号，在岐山之周原，今陕西岐山县也。帝喾子后稷十三世孙古公亶父邑其地，因以为国号。至平王东迁洛阳，少子食采汝坟十九传而秦并其地。遂为汝南著姓，盖姬姓于前周姓于后也。周自得姓，居汝南至晋太康中少府卿裴，子武城侯浚娶李氏女络秀为侧室，生子曰头、曰嵩、曰谟，皆为晋名臣，称一时望族。逮唐永泰中廉白二州太守崇昌，七传而徙营道濂溪，系今湖南道州也。数传而生元公敦颐，因知南康军卜居于庐，公于莲花峰下筑屋曰濂溪书室。子孙繁衍分徙扬州、溢都。未几宋南迁徙至浙东山阴、柯峰亭之阳。所居地曰螺蛳湖主人，建周惠王庙，奉为香火院。四世祖讳庆避兵入城居会稽县镜水里。洪武辛酉徙居于永昌坊。按：敕命载沂国公讳茂嫡母孙氏，元左丞相女，封太夫人，系延祐二年所封。沂国公之父失考，俟确查全谱载入可也。

　　大清道光四年（1824 年）岁次甲申秋九月裔孙五十房文灏遵照老簿誊录。

　　民国三十二年（1943 年）岁次癸未六月玄孙嵩尧恭录待印以子孙。

周氏本支世系

迁浙一世祖

　　茂，字元泊。元封沂国公。配司马氏、施氏，元封一品夫人。合葬。

二世祖

　　万，字无咎，官生。授淮安府同知。配钱氏。合葬。

---

　　* 本文为周嵩尧 1943 年写成，原件现存淮安周恩来童年读书处。为便于读者阅读，全文由周秉宜加标点抄录。由李海文增加公元纪年。

三世祖

　　寿，字葆真。进士。授高安丞。累官浙江儒学副提举。配朱氏。合葬。

四世祖

　　庆，字德芳。明赠资政大夫，福建布政使司布政使。配程氏，明封太夫人。子四。合葬绍兴破塘殷家坞山麓。

　　谨按：德芳公始由绍兴府山阴县迁入会稽县籍。

五世祖

　　叔莊，字玄童。授北京顺天府大兴县第六箱万石长。配王氏。子二。合葬绍兴林家湾。兼祧五世祖。

　　颐，字养浩。明选贡。历任山西道监察御史，山东、江西布政使司左参议，福建布政使司布政使。子宪、宣，孙五，曾孙四，玄孙四。配余氏、鲁氏、郑氏。明封夫人。合葬绍兴黄祊岭。

六世祖

　　宗，字承甫。授大兴县第五箱万石长。配柳氏。子三。合葬绍兴林家湾。

七世祖

　　富，字富□。配钟氏。子一。合葬绍兴林家湾。

八世祖

　　顺，字慎斋。配袁氏。子三。合葬绍兴林家湾。

九世祖

　　锟，字南坡，号敏庵。吏员，冠带散官。生于明嘉靖四年（1525 年）乙酉。配陈氏。子四。合葬绍兴黄祊岭。

　　谨按：兼祧五世祖养浩公传四世而至玄孙健二受门婿王文美之诱，盗卖黄祊岭坟山。经慎斋公、南坡公起诉本县庄大令，文美毙于狱，健二科徒刑，绝嗣。合族公议以南坡公兼祧。薨后葬养浩公墓侧。南坡公多才尚义，名誉日隆，为口排陷，屏迹山居不入城市。友兼至子孙皆享大年，今云仍繁衍甲于全族，皆公之德泽也。

十世祖

　　廷孝，字宇明。上寿乡宾。生于明嘉靖二十九年（1550 年）庚戌，寿九十。配胡氏。子二。合葬绍兴三凰山。

十一世祖

懋章，字奕庵，号宜迪。例赠承德郎、州同知，上寿乡宾。生于明万历廿七年（1599年）己亥八月廿四日，寿九十四。公为宇明公次子。配王氏，寿百岁。子四。合葬绍兴钓鱼台。

谨按：奕庵公胞兄懋文，字李庵，授山西大宁县知县，升扬州府同知。赠父宇明公如其官。十一世祖妣王太夫人享寿百龄，今绍城宝祐桥河沿吾家老宅犹存横额，曰"百岁寿母之门"，老宅大厅额曰"锡养堂"，其右新厅曰"诵芬堂"，而族人则统称曰"百岁堂"。今散布苏浙科名宦者皆百岁堂一支之后裔也。按察簿百岁王太夫人九月初六日生辰，为明万历某年则未详。

十二世祖

汝相，字公佐，号觉轩。生于明崇祯五年壬申。配倪氏、陈氏。子六。合葬绍兴石脐。

十三世祖

熙祚，觉轩公第六子。字竹庄。生于清康熙壬戌（1682年）七月二十日。配徐氏。子二。合葬绍兴中灶山。

十四世祖

步超，竹庄公长子。字孟班。生于清康熙辛卯（1711年）十一月十二日。配陈氏、孙氏、倪氏。子三。合葬绍兴鸭嘴桥。

十五世祖

应麟，字孔锡，号红雪。生于清乾隆元年丙辰（1736年）十一月初五日，薨于乾隆癸卯（1783年）十二月十九日，年四十八岁。公为孟班公长子，陈太夫人出。

配鲁氏。生于清乾隆九年甲子（1744年）十月三日，薨于乾隆辛卯（1771年）五月二十四日。景商公生母也。元配陈氏，继配俞氏、王氏。子一。合葬绍兴鸭嘴桥，佃张长云、张长庆。

十六世高祖

文灏，字景商。清赠中宪大夫。生于清乾隆辛卯（1771年）五月初三日寅时，薨于清道光壬辰（1832年）十一月二十八日丑时，年六十二岁。

配鲁氏。清赠淑人。生于乾隆丙戌（1766年）七月十八日午时，薨于清道光癸巳（1833年）六月二十日卯时。子三。合葬绍兴石脐唐家澳，佃金阿贡，子华林。

十七世曾祖

元棠，字笑岩。邑庠生，清封中宪大夫，晋封资政大夫。生于乾隆辛亥（1791 年）九月初八日丑时，薨于咸丰辛亥（1851 年）八月初六日寅时，年六十一岁。著有《海巢书屋诗钞》。公为景商公长子。

配史氏。清封淑人，晋封夫人。生于乾隆乙卯（1795 年）十一月初六日酉时，薨于道光丙戌（1826 年）十一月初十日未时，年三十二岁。子二。合葬绍兴外凰，佃朱兰生又王阿富。

十八世祖考妣

光勋，字樵水。邑庠生，清封中宪大夫，晋封资政大夫。生于嘉庆己卯（1819 年）正月十九日戌时，薨于咸丰辛亥（1851 年）九月十九日酉时，年三十三岁。公为笑岩公长子。

配樊氏。清封淑人，晋封夫人。同邑邑庠生樊公维城女，江苏甘草司巡检文炜、铜山县知县燮胞姊。生于嘉庆戊寅（1818 年）十一月十二日酉时，薨于咸丰庚申（1860 年）正月二十日午时，年四十三岁。钦旌节孝，绍城百岁堂老宅名台门额曰一门三节，太夫人其一也。子五。合葬绍兴红桃子山挂壁灯，佃朱蕙生，又曰王鹤中，子阿富。谨按：红桃子山即外凰山笑岩公墓山脚。

十九世考妣

昂骏，字霞轩。国学生。历任江苏江都、如皋、仪征等县知县，花翎升用同知直隶州。清封中宪大夫，晋封资政大夫。生于道光己亥（1839 年）六月初三日戌时，薨于光绪辛巳（1881 年）九月初四日酉时，年四十三岁。公为樵水公次子。

配郑氏讳藻，字南滨，福建侯官郑公兴宗女，江苏、东台县知县仁昌胞妹，花翎三品衔江苏知府仁寿胞姊。生于道光戊戌（1838 年）正月初五日酉时，薨于光绪戊寅（1878 年）六月十二日丑时，年四十二岁。子三：长炳豫；次稣蕭，出嗣胞伯晋侯；三嵩尧。合葬扬州平山堂西北蔡家山，佃罗永富。

谨按：霞轩公居官清正、爱民如子，每事躬亲，不避嫌怨。经两江总督沈文肃公明保，交军机处存记。薨后为仪征县城隍神土人，确有所见。吾家世居绍兴，自公初迁淮安，继迁扬州，应为迁居江都始祖。谨按：郑太夫人德行纯备、孝慈贤淑，与霞轩公孝友根诸，天性仁德，布于戚族，同为斯世所布。太夫人幼受舅氏十三峰草堂张春峦先生（振）亲授六法，工花卉。中年多病，不轻作，故世鲜传本。男嵩尧恭识。

以上祖宗考姚讳字官爵、生没年月、墓地所在，或录之百岁堂祭簿，或本诸见闻，谨述大略，以示孙曾毋忘木本水源所自。时中华民国三十二年（1942年）癸未六月，第二十世裔孙嵩尧恭识。

二十世以下附记于后

二十世

嵩尧，字峋芝，号薰士，晚号芝叟。清邑庠生，光绪丁酉科举人。内阁中出升内阁侍读，调邮传部路政司郎中，参议厅长，江苏道尹；历充漕运总督、江淮巡抚、江北提督总文案，江西都督、江苏督军秘书处长，陆海军大元帅统率办事处秘书长，封邦办浦口商埠事宜。二等大授嘉禾章、二等文虎章。生于同治癸酉（1873年）闰六月十八日辰时。

娶樊氏讳韶，字姒音。同邑樊祥霖女。生于同治甲戌（1874年）八月十五日丑时，卒于民国癸亥（1923年）正月十三日未时。清封淑人，晋封太夫人。葬江都平山堂西北蔡家山先茔之东。

二十一世

恩夔，字铁仙。国学生，江苏州同分苏县知事。生于光绪癸巳（1893年）十二月初十日酉时。

妻王氏碧瑛，同邑王宽甫女。生于光绪甲午（1894年）十月廿五日子时，殁于民国癸亥（1923年）二月十三日午时。葬扬州蔡家山。子二，女一华綵。

继配陆氏，江宁陆子才女。生光绪丙午（1906年）六月三十日亥时。子六，女一华绂。

附录三　周同宇访谈录 *

1. 我们家族亲属中对总理影响、帮助较大的几个人

总理幼年时期对他影响较大的是两个母亲——生母万氏和过继母亲陈氏。

我祖父有四个儿子，按大排行是四、七、八和十一。我父亲排七。最小的十一叔身体不好，刚结婚一年就患了重病，因没有后代他心里很难过。当时上一辈人中只有总理一个大男孩，他还不满周岁，母亲虽然舍不得，但还是把他过继给了十一叔，使十一叔在弥留之际有所安慰，使十一婶有所寄托。

外祖父姓万，家住清江浦。外祖父在清江浦做了30多年官，颇得人心。他朋友多，交际广，经常要参加社会上的活动。母亲在万家很受宠，外祖父最喜欢她，在亲友交往中，经常带她一同去，这对母亲影响很大，使她视野开阔，性格开朗，不像大家闺秀，足不出户。环境的影响，生活的磨炼，使她锻炼得精明强干。母亲生了我们兄弟三人，总理是老大，虽然从小过继他人，母亲仍最喜欢他，出门办事总是带着他，这对总理影响也很大。

记得总理6岁时随两个母亲搬到清江浦外祖父家居住。外祖父家人多，关系复杂，矛盾重重，经常请母亲去调解纠纷。我母亲处理问题时总是先耐心听情况，然后再发表意见，因此解决问题很顺利。总理常随母亲同去，学到了不少东西，我想他处理问题坚定、果断就是从母亲那里学到的。这可以从后来处理两个母亲的丧事上看出来：总理9岁时两个母亲相继去世，当时家中除我们哥仨之外只有一个残废叔叔，一个婶母和一个叔伯哥哥，家中事情都要总理来管。万家对办母亲的丧事要求很严，不顾我家已破落的境况，坚持按封建家族的一套非常隆重的

---

* 1982年9月17日方铭、力平、朱同顺、廖心文采访记录，廖心文整理。

旧规矩来办，不但买了楠木棺材，还提出出殡时要有多少人吹打，多少和尚念经，多少人送葬。但是我家没有钱，办不成，只得将母亲的棺木寄存在清江浦一个庵内。直到二十多年后，父亲积蓄多年，才将母亲的灵柩移回淮安安葬。陈家对过继母亲的丧事没有提出什么要求，总理就做主一切从简，当即将过继母亲的灵柩送回淮安与十一叔合葬。两个母亲处理章法繁简迥然不同，招来很多非议，但总理一概置之不理。在封建社会中对于一个9岁的孩子来说是很了不起的。以后全家搬回淮安，由于两个母亲的丧事，欠下了很多债务，都是由总理处理的。我所以了解这些情况，一方面是从总理写的一篇《念娘文》中了解的。这篇文章是1920年总理在天津检查厅被拘留期作的。他被释放后就拿来给我看，并对我说："弟弟呀，娘的事情你一点儿也不知道，这篇文章你好好看一看。"我看了几遍，从中了解了母亲对他的影响。这与在外婆家听到的大致相符。

我们有一个表哥叫陈式周（陈氏母亲的内侄），在家乡时与总理经常来往。总理去法国时陈在上海，对总理有过不少帮助，1924年以后失去联系。解放后总理托外婆家的表兄打听陈式周的下落，1965年才得到消息。他派成元功同志去看望时得知陈式周1953年到了北京，1954年春天就病逝了，留下两个儿子都在北京工作。以后总理忙于处理"文革"中的事情没能同这两兄弟取得联系。我是1978年才与他们联系上，从交谈中听到了过继母亲的家世：过继母亲陈氏娘家在宝应，出身书香门第，从小受到其父的教诲与熏陶，是一个富有才学的女子。她年轻守寡，总理是她唯一的依靠，因此对总理寄以很大的希望。总理很小的时候就开始念书、写字、背诗词、读小说。陈氏母亲亲自教他，使他的理解能力和接受能力从幼儿时代就得到很好的锻炼。可以说在念书方面总理的基础知识能这么扎实是与过继母亲的教育和培养分不开的。

两个母亲死后总理能离开偏僻的家乡，走进一个新天地，接受一种崭新的教育，全在于四伯父的帮助。可以说四伯父的培养对于总理的一生都是有影响的。

总理在家乡时有事总是写信与四伯父商量（母亲去世时，父亲从湖北赶回来，但因他胆子小，能力差，不能给总理什么帮助），总理的文笔很好，备受四伯父的赏识和钟爱，他自己没有子女，觉得这个侄子很有培养前途。1910年四伯父托人把总理接到沈阳。当时四伯父在度支司做事，因文字好，总有事做。他到过沈阳、天津、哈尔滨、吉林等地做事，对东北很熟悉，知道哪些地方有好学校。那时奉天有两个比较有名的书院，一个在辽阳，一个在铁岭。因铁岭离沈阳近，三伯父又在铁岭工作，所以总理就入了铁岭书院念书。1962 年总理到东北视察，与邓大姐专程去铁岭看了龙首山。传说那里有个银岗书院，究竟有没有这个书院，总理是否在那里念书就不清楚了。总理在这里读书的时间并不长，到夏天就转到沈阳东关模范学校念书了。那里有思想开明的教师，总理在这所学校里就读了梁启超、康有为、章太炎、陈天华等人的文章和他们出版的报纸。

总理从东关模范学校毕业后考入南开学校，最初的费用是靠四伯父帮助，但因四伯父挣钱少，家庭负担重，所以总理的学费常常不能及时交付。学校方面了解到他的家庭经济困难，又看到他的学习成绩优异，就破例免收学费，总理是这所私立学校中第一个也是唯一享受免费的学生。

二伯父这个人也很好，顾大局，在经济上帮助过总理，对总理有一定的影响。1927 年底总理从香港到上海时去看过二伯母。二伯父去世较早。

此外总理的一些老师、同学对他的影响与帮助也很大，其中有常策欧、张瑞峰、李福景、张鸿诰和伉乃如（化学老师）等。

2. 我的父亲

1918 我在家乡亲戚的资助下到北京找父亲，对父亲的情况才有所了解。父亲原在北京京兆尹府做外收发，职业不稳定，经常失业。1922 年他离开北京到东北齐齐哈尔，四伯父介绍他到烟酒事务局做办事员，生活逐渐稳定下来。1931年"九一八"事变后他才回到吉林四伯父家，四伯父要我带父亲和四伯母先回天津。1932 年夏四伯父也离开东北回到天津，因他联系广、熟人多，很快就在天津民政局找到事做，并且托人推荐父亲去深县县政府做小职员。四伯父到天津后我就离家去上海找组织，但一直没有找到。当时邓大姐的母亲在杭州司马渡巷莲如庵当医生，我去杭州找她，她说她也失去了联系，当时是组织上把她和夏之栩的母亲安顿在那里的。我没有别的办法只好又回上海，在朋友的帮助下学会了开汽车。因无保人，仍旧谋事无着，1933 年我回到天津。这年夏天四伯父病故，总理是被通缉的著名人物，父亲与他人商量，决定在讣告上署上了总理的小名大鸾的名字，代为表达总理对四伯父的哀悼之情。四伯父去世后，在他的朋友帮助下父亲去安徽谋事。1935 年为葬母回到清江浦，以后又辗转上海，生活一直很清苦。抗战爆发后，汉口八路军办事处成立，父亲和邓妈妈 ① 一起到那里。武汉撤退时，组织上派朱端绶姐妹保护两位老人经长沙—衡阳—桂林到了重庆，住在红岩。1941 年邓妈妈去世，1942 年父亲去世，总理和大姐为二老立了碑。解放后（大概是 1958 年）总理派童小鹏同志去将两位老人的墓和碑深埋了。

母亲去世时父亲才 34 岁，因无钱没有再结婚。他一生清苦、颠簸，晚年生活才安定下来，总理对他是很同情的。

3. 总理旅日回国后的有关情况

总理对四伯父很有感情，1917 年去日本前专程到沈阳向四伯父告别。1919 年 4 月由日本回国坐船到大连，首先赴沈阳看望四伯父，然后去哈尔滨东华学校看望邓洁民（1917 年总理曾到哈尔滨帮助邓等筹备建立东华学校），他曾对我说差点留在哈尔滨教书。五四运动的消息传来后总理才赶回天津。我记得总理是坐火车回来的，我去车站帮助领取行李。拿回来的行李是几个柳条箱，里面装着中文、日文的书籍和杂志。记得其中有种杂志名叫"改造"，还有河上肇著的书。

4. 总理旅日旅欧时的主要经济来源

总理旅日旅欧时经济上得到过老师和同学的帮助，最主要是南开学校的董事长严范孙的帮助。严老特别喜欢总理，总理去日本主要是严的帮助。总理在日本学习期间，严曾去美国，路过日本特意去看他，并在经济上帮助他。总理与李福景去欧洲时护照上写的是：周李二人去英国留学。后来之所以到法国是因为英国的物价太贵，费用太大。旅欧期间严老曾让他的儿孙想办法资助总理，他在家信中常常问到周的生活情况。此外李福景的父亲对总理也有帮助。旅欧期间总理主要靠自己向报社投稿，用稿费的收入维持生活。他曾为天津《益世报》等几家报社写文章，同时也向上海的《时事新报》等投稿（我没有查过上海报纸）。英矿工罢工时他曾专门到英国去了解情况，写报道。到柏林后因物价便宜，生活宽裕多了，他给我寄过不少东西，我只保存下了明信片。

---

① 指邓颖超的母亲杨振德。

5.1928 年总理和大姐去苏联途中的情况

1928 年总理和大姐去苏联参加中共六大，途中受到日本特务盯梢，在大连时被公安局找去谈话。总理谎称是到东北看望舅父。为甩"尾巴"，他从长春下车，转长吉路到吉林市。最初住在旅馆，为迷惑敌人他给我写了一张便条，其意是：特意来看舅父，不知家中住宿是否方便。用的是一个化名，但我认得总理笔迹，立刻明白怎么回事，马上同四伯父商量。四伯父要他们回家来住，我立即去旅馆将他和大姐接回家中。那天总理与四伯父长谈至深夜。第二天一早总理一人先走了。他是从长春换车到哈尔滨，住在二哥恩溥处。隔了一天我送大姐也到了哈尔滨二哥家。在火车站找到李立三同志，他们一起去苏联的。

1930 年总理去莫斯科向共产国际报告中国执行六大决议情况及其他问题。这次回国路过东北是张鸿诰先生招待的。走时张老用小车送他到车站，但总理不让他进站，说："我对生死置之度外，不能牵连你。"当时张在哈尔滨电业局做技师长。

6. 其他

1927 年底总理从香港回到上海，我曾去找过他。我在上海住在钟善路，很多同志都住在那里。后来组织上考虑我住在那里不合适，就让我转到一个同志家中住。

1928 年初我脱离组织回到吉林，到 1946 年在北平通过叶帅找到总理，总理一见面就严厉地批评了我。后以军调部让我在天津办"民生货站"掩护革命工作。我在天津认识了一位搞兵运的地下党员，曾帮助、支援、掩护过他。

总理对亲属要求严格，曾多次批评我，记得解放初我见到总理，他和我谈了一个晚上，最后问我今后打算怎么办。我说：从头做起。总理对这句话还是满意的。后来范文澜同志给我开了介绍信，让我到华北大学学习。

附录四　周嵩尧谈周恩来的亲属 [①]

总理的同姓旁系血亲及其配偶：

胞弟恩寿，字同宇；胞侄荣庆、秉钧、秉华；胞侄女秉德、秉仪 [②]；胞弟媳王氏荣庆之母，王氏 [③] 秉德等之母。以上均在北京，无须详叙。

胞姊杨氏，年 74，月领公粮，住淮安驸马巷。堂侄尔辉，年 17，尔（萃）年 12，均入小学，皆杨氏之孙，其母（陶）氏。

堂兄恩夔，年 58，扬州书报阅览室，住扬州弥陀巷 32 号，是我之子。堂弟恩霦，年 42，住上海，耳聋。大英，年 40 余，原在汉口铁路，久无信。堂侄华禹，年 36，向为人经手贸易，今失业，住扬州双巷 53 号（凡华字皆我之孙辈）。华宝，年 33，第三野战军政治部员，随同出发。华田，年 27，镇江小学教员，其妇洪金声，任校长。华东，年 25（以下均未娶），店员，浦镇南门鼓楼街长春堂药号。华璋，年 22，远东饭店。华琪，年 19，店员，扬州左卫街文海书社。华瑞，年 17，学习店员，扬州辕门桥百货商店。华凯，年 14，住扬州弥陀巷，扬州小学六年级生。尔鎏，年 22，随第四野战军出发。尔圻，年龄等未知其详，传闻已故。尔张，同上。尔均，同上，亦随四野出发。堂侄女华绥，年 39，住镇江，一子二女。华绂，年 11，住弥陀巷，扬州小学四年级。堂侄女婿包允祯，年 42，镇江中国银行员。堂侄孙国镇，年 14，失学，原小学四年级，扬州双巷。堂侄孙女国盛，年 13，失学，同上 [④]。又堂嫂陆氏，年 45，恩夔妻。

从堂弟恩灿，年 51，娶马氏，扬州琼花观小学教员。从堂侄庆荣，年 20 余，娶（王）氏，均在扬州有小职业。

---

① 这是周嵩尧 1951 年 11 月 25 日写给周恩来警卫秘书何谦的信的附件。
② 秉仪，1952 年 8 月由周恩来改名秉宜。
③ 分别为周恩溥妻子王兰芳和周恩寿妻子王士琴。
④ 这里的"同上"是指住地与周国镇同。

以上皆在八等亲以内，即五世以内，亦古时所谓五服以内，五服外远房本家太多，不列。

从堂姊妹尚有九房之女四人，夫家姓名不详，年皆三四十外，……

五房有一女，年近50，嫁过两次，原嫁方氏后未详，听说到北京来过一次，算起来是堂妹；又有一子，未知下落，名恩煦。①

大房有两孙女，长华，长荣，皆已嫁人，不知下落。算起来是堂侄女，年皆四十内，三十外。

二房有一孙女，即恩霍之女。其妻马氏已离婚赴台湾，此女亦未知下落，年十余岁。

总理的异姓旁系血亲（八等亲以内）：

曾祖母樊太夫人娘家。樊明五，年50余，曾充蒋政府参事。明耀，年50余，上海某煤行经理。华堂，年40余，曾在上海浙江实业银行任庶务科长。皆樊太夫人内侄孙，我的表弟，樊府男子仅存此三房，他们多有子女，但名字、年龄、职业都不清楚。樊明丽，年50余，嫁吴文熙，曾任杭州市政府科员。樊华丽，他（她）本人年40余，嫁某姓不记得，曾任上海教育局视察。皆樊太夫人内侄孙女，我的表妹，他们亦皆有子女，不清楚。以上均久不通信，所写皆解放前之事。我的原配樊氏，即樊太夫人胞侄孙女，恩夔之母，华璋等之祖母是也。

祖母鲁太夫人娘家。鲁觉侯，年约70，鲁太夫人堂内侄，绍兴汽车公司职员，小和子。又鲁学平，年20余，小和之孙，从斐列宾来（菲律宾）已赴该管机关登记。学海，年30余，觉侯子，上次来信，曾充绍兴邮政局员，今失业。又鲁彦本，鲁太夫人胞内侄，越龄之孙，住绍兴皋埠，名、业、年龄待查。

生母万太夫人娘家。老辈死亡略尽，后嗣分散凋零，仅知一人；万叙生，年50余，脑筋腐旧，文理欠通，上次来京，总理劝其回扬，曾充蚌埠中国银行点票员，今失业，住扬州安东巷。我的胞姊嫁万太夫人的胞兄立镣，有一女，小名黑子，今年52岁。嫁江西钟一琹（琴），扬州未解放，他（她）到南昌寻夫，久无信息。万家下一辈，都是"方"字为名，"生"字为号。

嗣母陈太夫人娘家。仅存一人（却非血亲），陈石逸，名式周，年70左右，

---

① 经查对《周氏宗谱》，周嵩尧说的"五房"应为周恩来的五伯父周贻鼎，他有两子（恩焕、恩宏）一女（范宜）。恩煦是周恩来大伯父周贻豫的次子。这里存疑。

前数年宝应有解放消息，他迁扬州，到我家来，我亦去访他，不久即回宝应。

以上樊鲁二家，凡是真正血亲，都已全数开列，若不在此单之内，除非是后出小辈，否则即是转弯抹角的沾亲，惟万府总该尚有些人，我曾问过叙生，他亦说不清楚，如有信来，可交我考核或问总理。

又鲁太夫人堂内侄鲁彦本，字德甫，年龄未详，职业景况均未悉。住杭州建国南路125号。他前托陶念新来候我，托他函知德甫，将他祖父名号写来。

凡绍兴皋埠鲁姓，不知住址者，有信皆可寄绍兴子余路清风里四号王贶甫转。

总理没有胞姑母，亦没有胞姐妹。

堂姑母七八家，多无后。今惟绍兴王家，王贶①，年50上下，任绍兴人民代表协商委员会副主席及绍兴工商分会主委，住绍兴子余路清风里4号，有妻子女。王瑾，年40外，有妻子女，无业，依兄贶养赡。王远，年40外，有妻子，瞽目，依兄贶养赡。以上皆我的堂妹婿之子。王贶的妹夫章瀋源，说是曾任法官，前有信来，经人事处复信令来，现已入华大②学习，年40余。王逸鹤，年33，贶妹，嫁沈长泰，年33，南京大学经济系讲师。王去病，年29，贶妹，学会计，失业，嫁张福履，年39，浙干校学习。王逸鸣，年25，北京最高检察署研究生，贶最小之妹。均是王贶后母之女，无血亲关系。另外又有一个王远，年40外，来信说是老三房女婿王言伯之子，大约是姜所生，现随军任文化弹唱之事，亦无血亲关系。

他如郑姓。是我的母舅家，人狠（很）多，大半曾在南京伪政府任事，今多不通音问。郑泽远③，我的表侄，年30，诚实可靠，曾在法院任职，今失业，住扬州花园巷10号。他的胞侄崇朴，年19，随第二野战军任教员出发。崇实，年50外，曾任泰州金库办事员，解放后失业，前两月来京求见，今未知在京否？他的为人我不深知。

屠姓是老五房娘家，恐已无人。

---

① 即王贶甫，周嵩尧在依次介绍他弟兄三人时，都没有写最后一个"甫"字。

② 指华北人民革命大学。

③ 应为郑谋远。

曾姓，是三房娘家，无后，只存堂房一二人，前年在扬州一会，后不知何往。

此数家与总理无血亲关系。在前清尚算姻亲，现在新法律，亦无姻亲关系，若有来求谋者，果系正派明白，而又为需要的人才，自可酌量介绍工作，但不得以至亲论。便是至亲，太没有用处，或有不可靠处亦真使人为难。远房本家，不在九族之内，出了五服，即为路人，古今皆然。惟有些地方，如绍兴等处，几世同居尚认行辈，亦封建余习也。前有本家周文炳来信，求总理介绍沪杭一事，因知不好介绍，已婉言拒绝，今附入失业单。

失业的人：

今又将单内失业或最窘的人，另开一单以备遇机安插。又失学的小孩二人附之。

周恩霆，年 42，耳聋，曾为律师，住上海，今久无信息。

周文炳，年 50 余，曾充小学教师，今失业。此乃远房本家，住绍兴让檐街三号，景况甚窘，一妻一女，女充小学教员。

周华禹，年 36，曾在警界及乡镇公所办事，扬州沦陷后为人经手贸易，今失业，住扬州双巷 53 号，景况甚窘，其子国镇，年 14，失学，侄女国盛，年 12，失学。

鲁学平，年 29，新从斐律宾（菲律宾）游（留）学毕业来京，在教育部登记，现回绍兴，闻回京后拟赴东北，定有工作。

鲁学海，年 30 余，上次来信呈总理，未知有无奉批，曾在绍兴邮局任局员，解放后失业，景况甚窘。

鲁彦本，年龄、职业待查，住杭州建国南路 125。

万叙生，年 50 余，曾任蚌埠中国银行员，后失业，住扬州安乐巷，一妻一女。景况甚窘。厚官，年 50 余，女性，姓名、关系未明，住上海，失业，甚窘。

王谨，年 40 外，向无恒业，恐无用处，住绍兴子余路清风里 4 号。

王去病，女性，年 29，曾学会计，今失业；张福履，去病之夫，年 39，浙干部（校）学习。

以上皆有血亲关系，详见前，或血亲配偶。如王去病，非血亲；张福履，非血亲配偶，系连类而入。

郑泽远，年 30，曾在南昌法院任校录、收发等职，今失业，住扬州花园巷 10 号，甚窘。

郑崇实，年 50 外，曾任泰州支库员，今失业，住北京北河沿椅子胡同 13 号余宅。

赵芝芳，女性，年 32 岁，镇江县立女子中学毕业，江苏省土地测量训练所毕业，历充镇江县清丈大队绘图员，土地局绘算员，地政局绘图员；江苏省地政局绘算班技术员，土地测量总队检查员。今失业，景况甚窘，倒是技术有用人才，是我的孙女婿包允桢之甥女，通讯处：镇江中国银行包甲林收转。此人未列单内，亦未见过，是包允桢函荐。

以上皆非血亲关系。不过择其失业而稍有用者列入；其非沾亲之年世谊，人太多，不列。

附录五　有关周恩来祖父的名字和官职的考证[*]

在迄今（1997 年）为止公开发表的有关文字记载中，周恩来祖父的姓名均被写作"周殿魁"。

中央文献出版社 1989 年 3 月出版的《周恩来年谱（1898—1949）》一书第 1 页"诞生"中写"祖籍浙江绍兴。祖父周殿魁曾任山阳县知事，在周恩来出世后不久病故，家境逐渐破落"。

中央文献出版社和人民出版社 1989 年 2 月合作出版的《周恩来传》（1898—1949）一书第 1 页"童年"中写"但到周恩来的祖父周殿魁（字攀龙）一辈时，他这一支家族就离开绍兴，迁到了淮安"。又写"周殿魁因为当师爷来到淮安，晚年有很短的时间做了淮安府山阳（1914 年改名为淮安县）的知县"。

从以上记载中我们可以看出，周恩来的祖父名周殿魁，曾经任过山阳县知县。此定论均来自于周恩来生前的自述。如：

1946 年 9 月周恩来和美国记者李勃曼谈话中说道："我的祖父名叫周殿魁，生在浙江绍兴。""到了祖代。两家（周家和万家——周秉宜注）都搬到江苏淮阴、淮安当县官，因此结了姻亲。"[②]

1964 年 8 月 2 日周恩来对周家亲属的谈话中也说："我们这同一个祖父名攀龙，号云门，字殿魁。这名字有封建思想，想中科举，结果是秀才还是举人，不清楚了。"又说："我祖父从绍兴师爷升为县知事。"

淮安地区有关研究人员根据此一说法，曾去翻阅过淮安府志，但均没有找到

---

*　是文为周秉宜为"纪念周恩来百年诞辰学术研讨会"撰写的论文，原标题为"关于对周恩来的祖父名'周起魁'而不是'周殿魁'及其任知县的考证"，收入本书时改为现名。此观点已被史学界接受，见中共中央文献研究室编：《周恩来年谱（1898—1949）》，第 1 页，中央文献出版社 1989 年版。

① 《中共党史资料》1982 年第 1 辑。

有关周殿魁做知县的记录。淮安中共党史资料办公室的孙芝瑶在《周恩来家世、童年和故乡研究中的几个问题》[1]一文中介绍说：

"我们查阅了《淮安府志》和《山阳县志》，《淮安府志》始修于光绪七年（1881 年），刻成于光绪十年（1884 年）。这部府志第 13 卷第 10 至 48 页记载了顺治二年（1645 年）到光绪九年（1883 年）所属各县历任知县的姓名、籍贯、文化程度和任署时间。""而山阳（淮安）县历任知事中却没有周攀龙。"又说："在周恩来祖父可能任职的时间内，'山阳县志'有两部，一为《重修山阳县志》，一为《续纂山阳县志》。《重修山阳县志》始修于同治九年（1870 年）刻成于同治十二年（1873 年）。""《续纂山阳县志》始修于民国八年（1919 年）刻成于民国十年（1921 年），仿重修本体例和文笔，从同治十二年（1873 年）记叙至宣统三年（1911 年）。重修本没有周攀龙任山阳县令的记载，续纂本亦然。"

与此同时，淮安的研究者们却在《淮安府志》中查到了周殿魁担任过巡检的记载：

《淮安府志》盐城县条目"上冈司巡检"：周殿魁，会稽人，光绪中任。

阜宁县条目"草堰司巡检"：周殿魁，会稽人，光绪中任。

由此，淮安的研究者认为：周恩来的祖父周云门（周殿魁）生前并没有做过知县，只做过巡检。此结论有史料为证，似应属确凿无误。

但周秉宜却认为以上结论仍有可探讨之处。原因有三：

1. 《淮安府志》的记载只到光绪九年（1883 年）为止。1883 年周恩来的祖父周云门 39 岁。从 1884 年到 1898 年即周云门 40 岁到 54 岁的时间内，《淮安府志》的记载是中断的。而这段时间，恰恰是周云门最有可能担任知县的年龄段。

2. 《山阳县志》从重修本（1873 年刻成）到续纂本（1921 年刻成）均没有周云门担任山阳县志的记载，固已证实，但不等于周云门没有在其他县任过职。

3. 19 世纪的中国有严格的等级制度，男婚女嫁很讲究门当户对。周云门的亲家万青选曾做过几任知县，代理过淮安知府，徐州运河同知。假如周云门的官职与万青选相差太远，这门亲事则很难做成。

1996 年 10 月，周秉宜参加《周恩来家世》写作后，得到 1897 年《周嵩尧中举资料》（影印本）1 册[2]，周秉宜反复认真研究，发现在此资料中，有周嵩尧

① 见南开大学周恩来研究室编：《中外学者论周恩来》，第 1 页，南开大学出版社 1990 年版。
② 浙江图书馆古籍部存《浙江乡试同年齿录·光绪丁酉科》第 2 册（享字）。

的"胞伯叔"一栏："晋侯，提举衔两淮候补盐运判。联骏，提举衔县丞。起魁，花翎江苏同知前代理安东、阜宁、桃源等县知县；海州直隶州知州。子庞，蓝翎五品衔从九品前署丹阳县典史。"在周嵩尧的父辈中，周晋侯行大，周嵩尧的父亲周昂骏行二，周联骏行三，周恩来的祖父行四，周子庞行五。周嵩尧在"胞伯叔"一栏中所填，正是依照大三、四、五的顺序排列，那么，老四周起魁的位置，正是周恩来的祖父的位置。周起魁应该就是周恩来的祖父。

而另外，周殿魁却在"嫡堂叔"一栏中："嫡堂叔殿魁，理问衔，现任江宁布政使司仓大使。"

从以上资料看，周恩来的祖父应该是周起魁而不应是周殿魁。周起魁曾任"代理安东、阜宁、桃源等县知县。海州直隶州知州"。

1997年9月3日，周秉宜向中央文献研究室李海文提出以上推论。9月4日，李海文即前往中央地方志领导小组办公室资料室查阅有关地方志。民国十五年（1926年）所编的《泗阳县志》包括了晚清末年的官职。泗阳县即桃源县，因为湖南省也有一个桃源县，故于1914年将江苏桃源县改为泗阳县。在《泗阳县志》（影印本）中，查到有"周云门，浙江绍兴人。桃源县令，光绪廿一年任"。而安东、阜宁两县和海州（今连云港），因为目前尚无1870年以后的记载，故无从查找。但仅桃源县志一例，已可确定周恩来的祖父就是周起魁（云门）。

后李海文又电话通知了淮安周恩来纪念馆的秦九凤。秦九凤遂翻阅了存于周恩来纪念馆的《周氏宗谱——老八房祭簿》。其中周恩来的祖父一栏中写有"骏龙，又名攀龙，字云门。五十房笑岩孙，樵水四子，生于道光甲辰年六月廿七日寅时，配鲁氏，子贻赓、贻能、贻奎、贻淦，江苏候补同知"。而在"骏龙"二字的右上角，则清楚地注有小字"更名起魁"。也就是说，周恩来的祖父原名骏龙，又名攀龙，后则更名起魁。周恩来的祖父叫周起魁。至此，关于周恩来的祖父名叫"周起魁"而不叫"周殿魁"以及他"是否曾任过知县"这一长达20年的疑问终于得到了明确的答案。

那么，为什么周恩来对他祖父的名字会有这个错误的印象呢？周秉宜以为有以下两个原因：

1. 周家老一辈人的名字都比较多。周起魁有3个名字：骏龙、攀龙、起魁。他的兄弟们也都有3—4个名字。在封建社会，做晚辈的对长辈的名字都要回避，不允许直呼其名，即使在行文中使用，也只能写长辈的"字"，实在躲避不开，则要求在长辈名字前加一个"讳"字，以示歉意。如周恩来1939年在绍兴添写《周氏宗谱——老八房祭簿》时，写自己是"五十房樵水公曾孙，云门公长孙，懋臣公长子"。樵水是周光勋的字，云门是周起魁的字，懋臣是周劭纲的字。周恩来出生不久，祖父周起魁就去世了。家中大人提起他又有诸多忌讳。周恩来12岁就离开了家乡，几年以后又参加了革命工作，对祖父曾经更名的事未必知道得那么清楚。

2. 1939年3月，周恩来回绍兴省亲时，曾见过《周氏宗谱——老八房祭簿》。周秉宜在参加《周恩来家世》写作后亦得一份影印件，果然看见在周恩来祖父的谱名"骏龙"右上侧，有一行小字"更名起魁"，然而左上侧也有一行小字"更名殿魁"。左右两行小字距离"骏龙"二字都很贴近，不相上下，的确容易让人分辨不清。但从通篇人物更名的情况看，谱名的右上侧才应是本人的更名。而左上侧则应是左边另一人的更名。排在周骏龙左边的，是他的堂弟周骏聪。周骏聪"更名殿魁"。所以说，这是周恩来在看家谱时，把左右看混淆了。

周骏聪这一栏写："骏聪，更名殿魁（此4个小字位于骏聪右上侧）。字子明。五十房笑岩孙、水心长子；生于道光甲辰年八月廿八日酉时。配夏氏。江苏候补从九品。"周殿魁正是从九品"巡检"。因此，可肯定周殿魁就是周骏聪。

附录六　续在家谱上的"恩勤"是谁？*

　　1939 年 3 月 29 日下午，周恩来以国民政府军事委员会政治部中将副部长和中国共产党与国民党谈判首席代表身份回浙江绍兴祭祖、扫墓后回到周氏绍兴老宅百岁堂。周家族长周希农太公即将绍兴周氏家谱《老八房祭簿》拿给周恩来看。周恩来在看到自己谱系应是笑岩公长子樵水，樵水公之四子云门，云门之次子懋臣，即是自己父亲时，随即欣然提笔将自己和恩焕等 16 人续写到家谱上（包括邓颖超和周恩彦的妻子葛少文）。其中第五行他写的是"恩勤，字　，五十房，樵水公曾孙，云门公孙，焕臣公子，生于光绪壬寅年"。光绪壬寅年即光绪博二十八年（1902 年）。

　　这周恩勤到底是谁呢？许多人到目前为止还弄不清。因查遍周家"恩"字辈，也没有一个叫"周恩勤"的。但是，如果按周恩来填写的内容，他应该是周恩来的八叔周贻奎（字焕臣）的儿子，可是焕臣公只有一个儿子，即周恩硕，字潘宇。经秦九凤调查采访，在清末，我国医疗卫生条件还很差，婴幼儿成活率很低，所以，周恩硕小时，父母怕他长不大，就给他做了个"关目"，即请人在他的臂膀上用针刺上了"周恩硕"三个黑字，表示他已受过"墨刑"，他就可以避开一切神魔鬼怪，长活人间。这样，就给他起个乳名叫"大黥"，黥就是墨刑的意思。"黥"与"勤"同音。小时候，周恩来他们兄弟在一起玩时，就常叫他"大勤"。秦九凤经与周恩硕的两个儿子周尔辉、周尔萃同志核实，他们的父亲是独子，并没有夭折的伯伯或叔叔，他们的爸爸比七伯（周恩来）小四岁，所以，周恩来续写在绍兴周氏家谱《老八房祭簿》上的"恩勤"就是指的周恩硕。不过周恩来在旅日求学的 1918 年 1 月 9 日日记中曾写着"上月接八弟来信说，鲸弟已经到了南京"，他这里的"八弟"是指自己的胞弟周恩溥，"鲸弟"就是指的周恩硕。但

---

　　*　本文作者为秦九凤。

附录六　续在家谱上的"恩勤"是谁？　| 339

不知周恩来是写"鲸"的笔误还是因为当时淮安一些人也把"鲸"误读 qin（秦九凤在建国前读私塾时，老师还把"鲸鱼"读成"qin 鱼"）的原因而写成"勤"。由于周恩来他们小时在一起时常呼乳名，喊习惯了，"周恩硕"这一名字在他的脑海里反而印象不深，连周恩硕的"字"他也记不得，这样他在 1939 年续家谱时就只好把他的"勤弟"写成"恩勤"了。由此推断，"恩勤"就是指的"周恩硕"。

附录七　1766—1992年周氏家族大事记

1766年（乾隆三十一年）　周恩来的太高祖母鲁氏出生。

1771年（乾隆三十六年）　周恩来的太高祖周文灏（字景商）五月初三（农历）生于浙江绍兴。

1791年（乾隆五十六年）九月初八（农历）　周恩来的高祖周元棠（字笑岩）出生于绍兴。

1796年（嘉庆元年）十一月初六（农历）　周恩来的高祖母史氏出生于浙江绍兴。

1806年（嘉庆十一年）　周恩来的太高祖周文灏将百岁堂西院诵芬堂典出。

1807年（嘉庆十二年）　周恩来的高祖周元棠16岁前往绍兴西南漓渚村六峰山下家塾馆教书并开始写诗。后将22岁以前的诗编为《海巢书屋诗稿》。

1811年（嘉庆十六年）春末夏初　周恩来的高祖周元棠离开六峰山前往福建随馆学幕。

1817年（嘉庆二十二年）　周恩来的高祖周元棠26岁中秀才。

1818年（嘉庆二十三年）十一月十二日（农历）　周恩来的曾祖母樊氏出生于绍兴。

1818年（嘉庆二十三年）　周恩来的外祖父万青选出生。

1819年（嘉庆二十四年）　周恩来的曾祖父周樵水出生于绍兴。

1821年（道光元年）　周恩来的高祖周元棠30岁开始致力于经济性理之学。

1822年（道光二年）　周恩来的曾叔祖周光焘出生于绍兴。

1826年（道光六年）十一月初十（农历）　周恩来的高祖母周元棠夫人史氏去世，终年30岁。后周元棠娶继室。

1832年（道光十二年）十一月二十八日（农历）　周恩来的太高祖周文灏去世，终年62岁。

1833 年（道光十三年）六月廿日（农历） 周恩来的太高祖母周文灏夫人鲁氏去世，享年 67 岁。

1836 年（道光十六年）九月十七日（农历） 周恩来的大祖父周晋侯出生于绍兴。

1839 年（道光十九年）六月初三（农历） 周恩来的二祖父周昂骏出生于绍兴。

1839 年（道光十九年）9 月 周恩来的曾祖父周光勋（周樵水）和弟弟周光焘用 260 两白银从胡干臣手中买下淮安驸马巷的房子。①

1840 年第一次鸦片战争，1842 年清朝政府和英国签定第一个不平等条约，开通宁波等五个通商口岸。从此，中国逐步沦为半封建、半殖民地的社会。

1842 年（道光二十二年）九月十五日（农历） 周恩来的三祖父周联骏出生于绍兴。卒年不详。

1844 年（道光二十四年）六月廿七日（农历） 周恩来的祖父周起魁出生于绍兴。

是年八月廿八日（农历）周恩来的大叔祖、周光焘的长子周殿魁出生于绍兴。

1846 年（道光二十六年）八月廿八日（农历） 周恩来的五祖父周子庞出生于绍兴。卒年不详。

1847 年（道光二十七年）二月廿九日（农历）周恩来的二叔祖、周光焘的次子周骏皆出生于绍兴。

是年 周恩来的曾祖父周樵水 28 岁，中秀才。

1850 年（道光三十年）12 月 10 日洪秀全在广西桂平起义，1953 年占领南京，定都南京，颁布《天朝田亩制度》。1853 年派兵北伐，自扬州、浦口北上，经安徽、河南北上。同时派兵西征，溯江而上午后克安庆、九江、汉口、汉阳、合肥、武昌等地。

1851 年（咸丰元年）二月十五日（农历） 周恩来的三叔祖、周光焘的三子周骏发出生于绍兴，成年后从绍兴游幕到清淮一带，住淮安周宅。

1851 年（咸丰元年）淮河被迫改道，由洪泽湖南下，流入长江。清政府废漕运，改海运。

是年八月初六（农历） 周恩来的高祖周元棠去世，终年 60 岁。

是年九月十九日（农历） 周恩来的曾祖父周樵水去世，终年 32 岁，葬绍兴。后周恩来的大祖父、二祖父周晋侯、周昂骏随其大舅樊文炜、二舅樊燮去安徽、

---

① 因收藏者没有拿出原件，此事存疑。

江苏一带生活和学习。周嵩尧说："吾家世居绍兴，自公初迁淮安，继迁扬州，应为迁居江都始祖。"

1853 年（咸丰三年） 洪秀全领导的太平天国在南京定都，命林凤祥、李开芳率军从浦口渡江北伐，不久打到安徽蚌埠一带，北方苏、鲁、皖、豫、鄂等省，捻军得太平军之威势，活跃起来。

1855 年（咸丰五年） 黄河在兰考北岸铜瓦厢决口，夺大清河由山东利津入海。但淮河入海道已被淤塞，高出两岸平地，淮河不可能重复故道。

1856 年（咸丰六年）4 月 太平军解镇江之围，击破曾国藩驻扎在扬州一带的江北大营。是年，太平天国发生内讧，韦昌辉在南京屠杀东王杨秀清家属、部众几万人，石达开率将士 20 万左右出走。清军反击，加强、重建江北、江南大营。1858 年太平军再破江北大营。

1860 年（咸丰十年）正月廿日（农历） 周恩来的曾祖母周樵水的夫人樊氏去世，终年 42 岁。

是年 捻军李大喜、张宗禹率步骑兵各万余由邳县、宿迁一带东进，正月二十七日攻陷桃源县城（今泗阳），捻军据县城众兴镇三日，然后东下破清江浦。①火烧清河县城。周恩来嗣母陈三姑的父亲陈沅百余间房子被烧毁，为避兵乱，从清河县城迁到宝应。

是年 5 月（阳历） 太平军再破江南大营，占苏州，直逼上海。第二次鸦片战争爆发，10 月清政府分别与英国、法国签定北京条约。

1861 年（咸丰十一年）11 月 太平军占领绍兴，周元棠著作手稿遭毁，仅剩《海巢书屋诗稿》。

是年 7 月 周恩来的外祖父万青选任江苏清河县知县。之后历任盐城、安东知县，三次任清河知县，时间长达 10 年。

1863 年（同治二年） 周昂骏娶同在江北大营游幕的郑仁寿之胞姐郑氏。

大约 1863 年（同治二年）秋天，周起魁 19 岁，随二哥周昂骏北上淮安，随馆学幕。

是年 12 月 清军攻陷苏州。

1863—1865 年（同治二年—同治四年） 周恩来的外祖父万青选任江苏盐城知县。

---

① 《泗阳县志》，存全国地方志领导小组办公室资料室。

1864 年（同治三年）春　清军攻陷杭州，7 月攻陷南京。

是年　周恩来的大伯父、二爷爷周昂骏之长子周炳豫在江苏出生。

是年　周恩来的二爷爷周昂骏入淮安府幕掌刑名。郑仁寿入漕运总督署幕，做总文案达 40 年之久，历任漕运总督皆"多劝公出任，公以性刚，不能唯阿取容，皆因不出"。

1865 年（同治四年）　朝廷复行漕运。

是年 10 月　绍兴周家族长周东辉在绍兴打官司。周恩来的大爷爷、二爷爷周晋侯、周昂骏亦在淮安起诉，以配合周东辉。

1868 年（同治七年）1 月 5 日（农历十二月十一日）　周恩来的二伯父、二爷爷周昂骏之次子周龢鼐出生于淮安。

1869 年（同治八年）秋　周恩来的二祖父周昂骏离淮安应扬州府聘，周恩来的祖父周起魁接淮安府幕刑名席。

1870 年（同治九年）4 月　周恩来的二祖父周昂骏致信江宁的周左泉，清淮的周晋侯、周起魁，告绍兴盗坟一案已结束。

1871 年（同治十年）左右　周恩来的祖父、27 岁的周起魁回绍兴和鲁登四之女鲁大姑成亲。

1871 年（同治十年）10 月 28 日（农历九月十五日）　周恩来的三伯父、五爷爷周子庞之长子周济渠出生于绍兴。

1871 年—1874 年（同治十年—十三年）　周恩来的外祖父万青选任清河知县。

1872 年（同治十一年）9 月 18 日（农历八月十六日）　周恩来的四伯父、祖父周起魁之长子周贻赓出生。

是年　周恩来的二祖父周昂骏任江都县知县。1875 年受到上司表扬。

1873 年（同治十二年）5 月 14 日（农历四月十八日）　周恩来的五伯父、三爷爷周联骏之子周贻鼎出生。

是年　闰六月（农历六月十八日）　周恩来的六伯父、二爷爷周昂骏之三子周嵩尧出生于江苏。

1874 年（同治十三年）7 月 11 日（农历五月廿八日）　周恩来的生父（行七）、祖父周起魁之次子周劭纲出生。

是年 6 月 28 日（农历五月十五日）　周恩来的大爷爷周晋侯回绍兴，重新给祖坟立碑。

是年周恩来的二姑母、大爷爷周晋侯之女周桂珍出生。

1876年（光绪二年）3月27日（农历三月初二）周恩来的八伯父、祖父周起魁的三子周贻奎出生。幼年患腿疾，行动不便。

是年　周恩来的三叔祖、周光燾孙子周贻宽出生。

是年　周恩来的岳母扬振德在长沙出生于破落的书香门第，长大后研习中医。

1877年（光绪三年）冬至　周恩来的母亲万冬儿出生。周恩来的八伯母杨氏出生于宝应农村。

1878年（光绪四年）4月6日（农历三月初四）周恩来的嗣父（行十一）、祖父周起魁之四子周贻淦出生。

是年　周恩来的嗣母陈氏出生于宝应。

是年　周恩来的二祖母郑氏去世。后，周恩来二爷爷周昂骏和爷爷周合买淮安城内驸马巷的一幢房子。

1879年（光绪五年）　周恩来的十三叔、五爷爷周子庞之次子周贻震出生。

1879年　周恩来曾祖母的二弟樊燮任沛县知县。

1880年（清光绪六年）4月7日周恩来的从堂叔周嘉琛，字衡峰，号笑如。生于淮阴。

1881年（光绪七年）　周恩来的十五叔、五爷爷周子庞之三子周贻升出生。

是年　周恩来的二祖父周昂骏在仪征知县任上去世，葬扬州。其妾王氏（亚老太）回到淮安驸马巷，20世纪40年代去世。周恩来二伯父周龢鼐过继给大祖父周晋侯。六伯父周嵩尧由其二舅漕运总督总文案郑仁寿抚养。

1884年（光绪十年）　停止漕运。淮安开始衰败。

是年　周恩来祖母鲁氏的父亲鲁登四从福建退职回到绍兴皋埠镇。

1886年（光绪十二年）　周恩来曾祖母的二弟樊燮任铜山县知县。

1890年初（光绪十六年）　周恩来的父亲周劭纲、三伯父周济渠、四伯父周贻赓、五伯父周贻鼎、六伯父周嵩尧回绍兴参加县试。只有四伯父周贻赓考中秀才。周嵩尧考中第一名后，在淮安带十一弟周恩来嗣父周贻淦游泮宫。

是年　周恩来外祖父万青选任淮安府同知，官到正五品，分管水利。

是年4月（闰二月）　周恩来祖母的父亲鲁登四在绍兴分家，周恩来的四伯父周贻赓回绍兴代表父亲周起魁做中人出席了分家仪式。鲁登四的家训："务当谊笃亲亲，顾全大局，勿以锱铢而起争竞，勿因小节而致摧残。"后周贻赓在绍兴跟随其舅父鲁小和学习钱谷。

1891 年（光绪十七年） 周恩来的六伯父周嵩尧回绍兴参加乡试，未中。后回淮安一边教书一边继续复习功课。

1892 年（光绪十八年） 周恩来外祖父万青选代理淮安知府。

是年 周恩来的表哥、十三舅万立铉之子万叙生出生于清江浦（淮阴）。

1893 年光绪十九年 周恩来的四伯父周贻赓出师，开始师爷生涯。

是年或之前 周恩来五伯父周贻鼎娶万青选之女万十三姑。

1894 年（光绪二十年）1 月 16 日 周恩来的四哥、六伯周嵩尧之子周恩夔出生于淮安。

是年至 1997 年 周恩来外祖父万青选任徐州府运河同知。水利专家。

是年 中日甲午战争爆发

是年 周恩来的五哥、五伯父周贻鼎之长子周恩焕出生于淮安。

是年 周恩来的二伯父周龢鼐 27 岁中举，后到漕运总督公署做文案。之后周恩来的大爷爷周晋侯去世（时间不详）。

是年 周恩来的外祖父、前代理淮安知府万青选任徐州运河同知。

1895 年（光绪二十一年）4 月 17 日 中日《马关条约》签订，中国承认朝鲜为"完全无缺之独立自主"；中国割让台湾全岛及所有附属岛屿，赔偿日本军费平银 2 万万两。

是年 周恩来的祖父周起魁任桃源县（今泗阳）知县一年。

1897 年 周恩来的六伯父周嵩尧 24 岁中举，中举后到漕运总督公署任文案。

约于 1897 年（光绪二十三年） 周恩来父亲与母亲万青选之女万氏（十二姑）结婚。在此前后，周恩来大姑妈嫁给万青选的第十八子万立钤。

1898 年（光绪二十四年）3 月 4 日 周恩来的外祖父万青选去世，享年 80 岁。一生为官 30 年，生了 32 个子女，成家的有 17 个。

是年 3 月 5 日 周恩来（行七）出生于淮安，其父周劭纲 24 岁，在高邮县做事。半年后，周恩来的十一叔周贻淦去世，周恩来过继给周贻淦为子，由嗣母陈氏抚养。他称陈氏为"娘"，称万氏为"干娘"。

1899 年（光绪二十五年）周恩来的胞弟周博宇（恩溥，行八）出生于淮安。周劭纲 25 岁。

是年 2 月 19 日 周恩来的表妹、十八舅万立钤之女万贞出生于清江浦（淮阴）。

1900 年左右　周恩来的祖父周起魁去世。

1900 年（光绪二十六年）　周恩来六伯周嵩尧（峋芝）将绍兴百岁堂内老宅一所
　　一门三节台门租给周滌初。

1901 年（光绪二十七年）　周恩来的从堂叔周嘉琛 21 岁中举。

是年　周恩来姑母长子王贶甫在绍兴出生。

是年　周恩来的岳母扬振德和邓忠庭（河南光山人）在广西南宁结婚。

1902 年（光绪二十八年）　周恩来的九弟、五伯父周贻鼎之次子周恩宏出生于淮
　　安。

是年，周恩来的十弟、八伯周贻奎之子周恩硕出生于淮安。

1903 年（光绪二十九年）　周恩来的二伯父周龢鼐去河南巡抚陈夔龙处做总文案。

1904 年（光绪三十年）2 月 4 日　周恩来的夫人邓颖超出生于广西南宁。

是年　2 月 23 日　周恩来的胞弟周同宇（恩寿，行十二）出生于淮安。周恩来
　　的父亲周劭纲 29 岁，在武汉做事。周恩来的母亲和十八舅万立钤合买彩票
　　中头奖 1 万元，每人分 5000 元。

是年　周恩来的三伯父周济渠娶钱能训之妹钱馥兰为妻。钱能训送妹妹到淮安时，
　　曾辅导周恩来书法。

是年秋　周恩来的生母万十二姑带陈氏及周恩来三兄弟回清江浦万家。后将周贻
　　奎一家三口接来同住过一段时间。

1905 年（光绪三十一年）　清政府撤消设在淮安的漕运总督，改为江淮巡抚，设
　　在清江。从此清江浦地位高于淮安。淮安沦为三等小县。

是年　钱能训任巡警部左参议、左丞，巡警部改为民政部，钱能训任右丞。

是年　万十二姑和陈氏带周恩来三兄弟从万家迁出，到清江浦陈家花园住。

是年 11 月 24 日　周恩来的十三弟、三伯周济渠之子周恩彦出生于淮安。

是年　周恩来的三叔祖、周光焘的三子周骏发去世于淮安驸马巷周家院，终年
　　44 岁。周骏发的儿子周贻宽、孙子周灿恩仍住在淮安周宅。

1906 年（光绪三十二年）农历元宵节后　陈三姑在陈家花园自立家塾馆。恩来、
　　恩溥兄弟及十八舅的女儿万怀芝、万芳贞在家塾里念书。

1907 年（光绪三十三年）　清政府将江淮巡抚改江北提督，是年袁世凯任命亲信
　　王士珍为江北提督。1910 年王士珍请辞。

是年　徐世昌任命钱能训为为奉天参赞、藩司及顺天府尹。

春　周恩来的生母万氏在清江浦去世，终年 29 岁。外婆提出厚葬的要求，因无力达到，只好将灵柩停放在寺庙中。陈氏带周恩来到宝应侄子陈佩容家治病。周恩来和陈佩容的弟弟陈式周成为朋友。

是年　周恩来的二伯父周龢鼐在江苏巡抚陈夔龙处任总文案。

1908 年（光绪三十四年）初　周恩来的六伯父周嵩尧接江淮巡抚暨江北提督府总文案席。约三个月左右，由江北提督王士珍保举，进京觐见慈禧太后和光绪皇帝。以中书舍人升内阁侍读。后调补邮传部郎中掌路政司。

是年 7 月 28 日（阴历六月十九日）　周恩来的嗣母陈氏在清江浦去世，终年 29 岁。周恩来简葬，将母亲与父亲合葬。

是年 9 月　周恩来的四伯父周贻赓北上奉天，任奉天省度支司俸饷科正司书。

是年 11 月左右　周恩来带两个弟弟回淮安同八伯父母在一起生活。得到正在淮安一带做师爷，住在驸马巷周宅的五伯父周贻鼎的资助。到表舅龚荫荪家寄读，读到刚问世的《革命军》等禁书。龚荫荪多次去过日本，结交同盟会会员。在国内，奔波于上海、武汉、南京、苏州等地，变卖家产，支持孙中山革命。1909 年秋天，龚家被抄后由祖母袁氏带领全家迁移清江浦，寄居万家。

是年　开始修建天津到南京浦口的（津浦）铁路，1912 年全线通车。

1909 年（宣统元年）初　周恩来的三伯父周济渠北上奉天投奔钱能训。5 月周济渠任铁岭税捐局主任。

是年 10 月　周恩来的三伯父周济渠去湖北办赈捐一案，在武汉见到周劭纲。

是年　周恩来三兄弟和八伯父一家靠典当衣物生活，同时四伯父周贻赓寄钱回来，五伯父周贻鼎（周恩来的十三姨父）也给一些接济。

1910 年（宣统二年）初　周恩来和父亲周劭纲随三伯父周济渠到辽宁铁岭。周恩来入铁岭银冈书院读书。

是年秋　周恩来到奉天（今沈阳），随四伯父周贻赓生活，入奉天省官立第六两等小学堂（后改名奉天省立东关第一模范两等小学堂）读书。了解到 1905 年日俄战争时，中国人受蹂躏的情况。立下"为中华之崛起"的读书志向。

是年　周恩来的胞弟 11 岁的周博宇留淮安附马巷家中，失学，在家学珠算。6 岁的周同宇由姨母万十四姑抚养。

是年　周恩来的三伯父周济渠定居天津，1912 年任奉直隶勤业道委充水产股科员。1914 年到奉天任蒙厅长委办铁岭税捐征收局局长，家眷留在天津。

是年　因邓忠庭流放新疆，杨振德带邓颖超到天津。杨行医供邓颖超读书。

1911 年（宣统三年）　徐世昌密荐钱能训任陕西布政使，并护理巡抚。从此钱能
　　训跻身于督抚封疆大吏之列。

辛亥革命　结束了中国二千年的帝制统治。

是年　周恩来的二伯父周龢鼐从南京搬到北京，赋闲在家。

1912 年（民国元年）初　周恩来的三弟周同宇 8 岁回到淮安附马巷和周贻奎一
　　家一起生活，开始做家务。四伯父周贻赓按时寄钱回家。

是年　周恩来的二伯父周龢鼐退职，闲居天津，转而做些生意。周恩来的六伯父
　　周嵩尧退职回到淮安，另租《老残游记》作者刘鹗家房产闲居。

1913 年（民国二年）　钱能训任熊希龄内阁的内务部次长。2 月，周恩来的四伯
　　父周贻赓调往天津长芦盐运司榷运科任科员。周恩来随四伯父一起迁到天津。
　　秋天考入南开学校。后，周恩来的五伯父周贻鼎搬到天津，工作不详，生活
　　富裕，1932 年前去世。和三伯父周济渠、四伯父周贻赓往来较多。

是年　周恩来的六伯父周嵩尧应江西督军李纯聘，任江西督署秘书处长。后进京
　　调任袁世凯大帅府办事处秘书长。

是年　周恩来的二姑母周桂珍病故绍兴，终年 39 岁。

是年秋　邓颖超考入直隶第一女子师范属小学（免食宿、学费）。

1914 年（民国三年）钱能训任政事堂右丞协助徐世昌处理政务，深得袁世凯的
　　赏识。周恩来的四伯父周贻赓娶杨氏。

1915 年（民国四年）夏　周嵩尧因反对袁世凯称帝辞去秘书长职。后任江苏督
　　军李纯秘书长，平息了江、浙两省军阀的一场战争，保护人民的生命财产免
　　遭战火。周恩来认为这是他做的两件好事。

1916 年（民国五年）3 月　周恩来的四伯父周贻赓去奉天省任奉天全省清丈总局
　　西丰清丈支局第一科科员。他只身前往，夫人杨氏留在天津，照顾侄儿。周
　　恩来在南开住校。3 月 31 日周恩来作文《禀家长书》，致信四伯父。

是年　钱能训升任军政院院长。

是年　周恩来的三伯父周济渠任津浦铁路局局长秘书，时常接济周恩来。

是年夏　周恩来的同胞二弟周博宇（17 岁）在十三舅万立鋐（在山东临沂公署
　　工作）的资助下到天津，入南开学校学习。

1917年（民国六年）夏　周恩来在南开学校毕业。秋天赴日本留学，受到三伯
　　父周济渠的接济。为办理签证曾去北京，住在二伯父周龢鼐家中，并受到他
　　的资助。临出国前，去沈阳和四伯父周贻赓告别。不久，四伯父周贻赓到黑
　　龙江赴任。

是年 11 月　冯国璋代理大总统时，钱能训任王士珍内阁的内务总长。

是年　周恩来的二伯父周龢鼐应江苏督军李纯聘任江苏督署秘书处长。

是年底　周恩来的八伯父周贻奎在淮安因贫病而去世，终年 41 岁。周恩来的十
　　弟八伯父周贻奎之子周恩硕到天津，入南开学校学习。后因被抓壮丁，逃回
　　淮安。

1918年（民国七年）1 月 2 日　周恩来在东京焚香阅读带来的母亲（陈氏）的
　　诗本。

是年 1 月　周劭纲来到北京在京兆尹公署做外收发。周恩来的三弟周同宇 (15 岁)
　　从淮安来到北京、天津。1921 年入南开学校学习。

是年　2 月，王士珍下台，钱能训为内务总长兼代国务总理。3 月，段祺瑞任总
　　理，钱仍任内务总长。9 月 4 日徐世昌被选为大总统，10 月 10 日就职，钱
　　能训暂代总理。

是年 7 月 26 日　周恩来在东京写日记："母亲（陈氏）亡后十周年忌辰。"

是年 7 月 28 日　周恩来启程回国，8 月 1 日到天津，见四姨（即周贻赓的夫人
　　杨氏）、三伯父母、四妹、叶太伯母等。8 月到北京看望大哥、父亲。8 月末
　　返回日本。

1919年（民国八年）1 月 24 日　郑仁寿殁淮安家中，享年 80 岁。

是年　5 月，周恩来从日本回国，先去哈尔滨看望在黑龙江省财政厅工作的四伯
　　父周贻赓。后闻五四运动爆发、立刻赶回天津投入爱国学生运动，主编《天
　　津学生联合会会报》，在直隶第一女子师范学习的邓颖超任"女界爱国同志
　　会"讲演队队长。9 月，周恩来入南开大学学习，同月周恩来、邓颖超等 20
　　名青年创建"觉悟社"。

是年 6 月 10 日　钱能训因处理五四运动不力下台。1924 年 6 月 5 日于北京病故，
　　享年 55 岁。

是年　时任临榆县令的周嘉琛支持朱启钤主持修建北戴河第一个公园——莲花石
　　公园，两次布告民众，明令禁止汽车、摩托车在海滨行驶，禁止民众上山砍

柴、伐木、采药、打猎和挖土取石等。使莲花山的优美环境保持至今。周嘉琛在内邱、临榆等县任县知事期间，与周恩来的二伯父周龢鼐、三伯父周济渠、四伯父周贻赓、五伯父周贻鼎、父亲周劭纲都有过交往。

1920年（民国九年）1月29日　周恩来和于方舟、郭隆真、张若茗4人代表天津市学生向省长请愿遭拘捕。一起被捕的陶尚钊与周恩来是表亲。7月17日被释放。时已被南开大学开除。在狱中写《念娘文》。

是年　周恩来的十三弟、三伯周济渠之子周恩彦考入南开中学。

是年　10月18日，周恩来为赴欧留学，离津赴沪，在济南得到从堂叔周嘉琛（时任山东省民政厅长）的资助，在上海得到二伯父周龢鼐、表哥陈式周的资助。11月7日陈式周送他上了船。周恩来由上海乘法国邮船"波尔多斯"号，12月13日前后抵法国马赛港。翌晨，换乘火车抵巴黎。在法国，周恩来与陶尚钊共策救国事宜。用酒精炉烧开水时，陶尚钊因补注酒精，引燃衣服，延烧全身，医治无效，赍志而殁。周恩来诸人料理后事。

是年　邓颖超到北京师大附小任教。

1921年1月30日（民国十年）　周恩来在英国致信表兄陈式周："英之成功，在能以保守而整其步法，不改常态，而求渐进的改革；俄之成功，在能以暴动施其'迅雷不及掩耳'之手段，而收一洗旧弊之效。若在吾国，则积弊既深，似非效法俄式之革命，不易收改革之效；然强邻环处，动辄受制，暴动尤贻其口实，则又以稳健之说为有力矣。执此二者，取俄取英，弟原无成见，但以为与其各走极端，莫若得其中和以导国人。至实行之时，奋进之力，则弟终以以为勇宜先也。"

是年　周恩来的二伯父周龢鼐病逝上海，享年53岁。夫人程仪贞和13岁的儿子周恩霍相依为命。

1922年（民国十一年）1月21日　周恩来从伦敦到巴黎的码头上给给从堂叔周嘉琛之子周毓澧（1899年出生）寄明信片。1938年左右，周毓澧在山东益都县任税务局长。

是年2月　周恩来的父亲周劭纲为感谢南开大学校董严修资助儿子周恩来能赴法国留学，特地到天津严修家中当面向严老先生致谢。秋天，周劭纲经由四哥贻赓介绍，到齐齐哈尔市烟酒事务局做办事员。

是年　邓颖超回到天津在达仁女校任教。

1923 年（民国十二年）春　周恩来与邓颖超确定恋爱关系。

是年　周恩来的从堂叔周嘉琛任北洋政府内务部民政司司长。1928 年，北洋政府垮台后，赋闲在家，经商。1931 年九一八后，周恩来的四伯父周贻赓、父亲周劭纲回到天津，多有来往，并接济周恩来的二弟周博宇。1944 年病故，享年 64 岁。四个女儿后均参加新中国建设。

1924 年（民国十三年）　1 月，邓颖超加入共青团。9 月，周恩来从法国回到广州，先后任中共广东区委员会委员长、常委兼军事部长、黄埔军校政治部主任等职。

是年，周恩来的四伯父周贻赓从黑龙江调往吉林任吉林省财政厅支用科科长。杨氏因侄子们毕业，到吉林与四伯父周贻赓团聚。

1925 年（民国十四年）　3 月，邓颖超转为共产党员。8 月，周恩来与邓颖超在广州结婚。夫妇生活中总结八互：互敬、互爱、互信、互勉、互助、互让、互谅、互慰。

是年 10 月　邓颖超从广州发来电报，让周同宇陪同母亲杨振德一起来广州。杨先照顾因打胎身体虚弱的邓颖超，后到执信中学任校监。

1926 年 1 月　周同宇进入黄埔军校第四期政治科学习，同年 6 月毕业。

是年 12 月　周恩来为组织上海工人第三次武装起义到上海，与在申新九厂当职员的表弟龚仁甫联系上。1927 年 4 月蒋介石叛变革命后，龚仁甫被开除出厂。1942 年，龚仁甫劳累吐血而亡，终年 44 岁。1952 年周恩来见到表姐龚志茹说："我多次打听，都没有查到他的下落……"

1927 年（民国十六年）　春，周恩来在上海领导工人第三次武装起义，与父亲周劭纲见面。周劭纲帮助儿子做些秘密通讯联络工作。4 月，邓颖超在广州难产，在杨振德陪伴下从广州脱险来到上海，与周恩来团聚。5 月，周恩来邓颖超到武汉。7 月底，周恩来到南昌领导八一起义。11 月，从汕头、香港回到上海，与邓颖超团聚。

20 世纪 20 年代末　周贻宽从淮安移居扬州，家境贫寒。1927 年左右和 30 年代，周恩来的父亲周劭纲几次去扬州，均在贻宽家中住过。周贻宽 1940 年左右于扬州去世。享年 60 余岁。

1928 年初　周恩来任中共中央政治局常委，弟弟周同宇在上海做地下工作，提出读书太少，想去念书。虽经兄嫂劝阻而无效，离开了革命队伍，自行脱党。

是年（民国十七年）4月 周恩来、邓颖超遭到日本特务跟踪盘查，周恩来谎说是去吉林看望舅舅父骗过了敌人。后在周赠赓安排下，周恩来先离开吉林，周赠赓又派周同宇护送邓颖超前往哈尔滨住周博宇家。周恩来怕牵连弟弟，让他俩以字为名。周恩来、邓颖超在周博宇、周同宇掩护下平安出境，赴莫斯科出席中共六大。

是年12月 周恩来到天津处理中共顺直省委的问题，被军警扣留，周恩来的三伯父周济渠将他接回来。1929年，周济渠调往南京任津浦铁路总务处文管课课员。

1930年、1931年 周恩来在上海和陈式周联系上。陈式周掩护过周恩来。1931年底，周恩来离开上海前往江西革命根据地，陈式周携家眷返回家乡宝应，失去联系。建国后，陈式周住在北京儿子家中。1954年，陈式周病故，享年72岁。俩人始终没有联系上。

1931年（民国二十年）2月 周劭纲到上海住四川北路永安里44号二嫂程仪贞（即十四弟周恩霔）家中，帮儿子做点通讯联络的工作。

是年6月21日 中共中央总书记向忠发被捕叛变。同住机关的杨振德、夏娘娘为掩护周恩来夫妇，不愿撤离而被捕，周恩来、邓颖超曾隐藏在程仪贞、周恩霔母子家中。12月，周恩来到江西中央苏区。

是年 "九一八"事变，日本占领东北。

1932年（民国二十一年）4月 邓颖超到江西中央苏区。扬振德住杭州马渡巷莲如庵行医。

是年春 周恩来的四伯父周赠赓不愿给日本人做事，从吉林回到天津，在天津财政厅工作。夏，帮助周劭纲到河北深县县政府做小职员。

1933年（民国二十二年）夏天 周恩来的四伯父周赠赓在天津病故，享年61岁。周恩来的父亲周劭纲在报上登讣告时，署上恩来的小名大鸾。周劭纲将小儿子周同宇过继给杨氏。不久，周劭纲在周赠赓的朋友帮助下，去安徽谋一差事。

1934年5月，杨振德到中央苏区瑞金红军医院任医生。10月，红军长征后被捕，关在九江反省院。1937年7月，全民抗战爆发后出狱，1938年到武汉，与女儿、女婿团聚。

1935年（民国二十四年） 周劭纲到清江浦，将妻子万氏20多年以前停放在寺庙中的灵柩迁回淮安，归葬在淮安东门外周家茔地。

是年　周恩来的三伯母钱氏病故南京。周济渠退休到武汉儿子周恩彦家住。

1936年（民国二十五年）　周恩来的三伯父周济渠病故武汉，享年63岁。

1937年"八一三"后　日寇迫近杭州，时任大明电气公司和华光电灯公司的共管处（后该处转为大明电气公司）会计、科长的王贶甫将两台发电机拆往嵊县隐藏。

1937年冬　日军占领扬州，没收了周嵩尧在淮安的田产。周嵩尧和周恩夔拒绝给日本人干，生活日渐贫困，周嵩尧妻子孙氏、孙儿媳、孙女先后病逝。周恩夔为生存跑单帮，因腿脚不便而作罢。妻子做小生意。他开办私塾、卖画勉强维持生活。

是年　周恩来表弟万叙生因银行被日本人接管，不愿为日本人做事，带着家眷离开扬州下乡逃难，在饥寒交迫中熬到全国革命胜利。

1938年初　日军占领淮安城。杨氏与儿子周恩硕、儿媳陶华和两个幼年孙子到淮宝县林集区乡间，住在弃用牛棚内。不得已杨氏带着全家回城居住，给人洗衣、缝补为生。城里、乡下"两头跑"。

1938年（民国二十七年）　周恩来在武汉见到十三弟周恩彦，将电台在他家隐藏。

是年　5月，在周恩来的安排下，父亲周劭纲到武汉。8月，周劭纲和邓颖超的母亲杨振德在八路军办事处副官长袁超俊的带领下，随着部分工作人员和家属，从武汉撤退到湘乡、衡阳、桂林、贵阳。

是年　周博宇再次失业，经周嘉琛介绍到山东做文书工作。

1939年（民国二十八年）3月28日　周恩来回到绍兴拜望姑父王子余。在表弟王贶甫、表侄王慕向（又名王戍）陪同下，与周氏族曾祖周希农、周文炳、族叔周嘉璋、周金麟祭扫了周氏十四世祖、十五世祖、十六世祖周景商（即周文灏）、十七世祖周元棠（笑岩）（周恩来高祖）和周氏十八世祖周樵水（周恩来曾祖）墓，续谱。会见在绍兴的亲友并题字，鼓励他们坚持抗战、坚持学习、进步。周恩来把祭祖多余的钱救济族人祥婆婆。1939年3月30日，得知族人延祜早逝无子，其兄延春将子嘉璋过继于延祜遗孀赵氏为子。在族人要求下周恩来在《合同继书》上列名签字补证。抗战期间，百岁堂饿死的有三人：周金麟、延祜夫人和祥婆婆。

是年，到八路军驻桂林办事处的乡下大院子里看望避难的周恩彦夫人葛少文和6

个孩子。

1939 年 4 月　周恩霆从上海到重庆，在八路军办事处做文秘工作。因身体不好，9 月离开重庆，回到上海。

1940 年（民国二十九年）秋　周恩来的父亲周劭纲随一批家属转移到重庆住红岩村。

是年　周恩来的十弟周恩硕在家乡淮安参加革命，1943 年牺牲。终年 38 岁。

是年　1940 年浙江杭嘉湖相继沦陷，周恩来的姑父准备以身殉国，举家搬到乡下张墅。1941 年 4 月 17 日，日寇侵占绍兴，王子余拒绝当绍兴维持会长。日寇占领电厂，其子王贶甫辞职闲居，变卖家什度日。1943 年电厂归民营，王贶甫回厂任秘书。1944 年 8 月 8 日王子余病世，享年 71 岁。1946 年王贶甫被聘为电厂副经理。

1941 年 12 月 16 日（民国三十年）　周恩来的岳母杨振德病故红岩，享年 65 岁，安葬于红岩墓地。

是年　周恩彦夫人葛少文在战乱中病逝，终年 30 余岁。不久两岁的儿子夭折。

1942 年（民国三十一年）6 月下旬　周恩来因病住院手术。7 月 5 日，周恩来的父亲周劭纲生病，7 月 10 日，病逝，享年 69 岁。13 日，周恩来得知父亲去世已三日，悲痛欲绝，恸哭不已，赶回办事处，为父亲守灵至拂晓。周劭纲的丧事公布后，蒋介石等国民政府的要人致函或到红岩村吊唁。毛泽东获悉致唁电。18 日安葬于红岩墓地。

1942 年（民国三十一年）左右　周恩来的大伯父周炳豫病死在扬州一座破庙里，终年 78 岁。

1943 年（民国三十二年）　周同宇举家到天津与杨氏一起生活。10 月，周恩来的四伯母杨氏在天津病故，享年 54 岁。

1944 年 12 月 2 日　日军发动豫湘黔战役，是日占领独山。周恩彦因公务在身，夫人病故，家中一个小脚嫫姆带着 5 个孩子，走了两个多月到贵阳才与父亲会合。

1944 年底　周博宇贫病相加，在山东潍坊病逝，终年 45 岁。

1945 年　抗日胜利后，周恩来通过组织让华中分局五分区委给八伯母杨氏一家拨救济粮。

1945 年秋　在重庆红岩村，与周恩彦长谈。要他认清形势，不要做对不起人民的事。建议将周恩彦两个儿子送往延安就读。后未能成行。

1946 年（民国三十五年） 在北京军调处的叶剑英给周恩来三弟周同宇一些钱，让他开办民生货栈，购买解放区紧缺物资，通过地下党运往解放区。

是年春 在上海周公馆见到周恩霔的儿子周尔霔、周尔均，要他俩在上海读书。1949 年 6 月周尔霔、周尔均参加人民解放军。1954 年周尔霔以调干生入南开大学，毕业后分配在对外友协工作。

是年 6 月 11 日 周恩来致信四哥嫂周恩夔（周嵩尧的独生子）、陆淑珍夫妇信："人生赖奋斗而存。""旧社会日趋没落，吾家亦同此命运，理有固然，宁庸回恋。"1947 年周恩夔在《苏北日报》找到校对工作。

1946 年 周恩来在南京当面鼓励堂弟周恩灿（周贻宽之子）做一个自食其力的人。周恩灿回到扬州在学校教书。

1946 年 6 月 周恩霔程绣云夫妇到淮阴苏皖边区任剧团编导，因肺病复发，12 月回到上海。

1947 年或 1948 年初 周恩来二弟周博宇儿子周荣庆被国民党抓壮丁。

1947 年（民国三十六年）7 月 周同宇在天津被捕。夫人王士琴带着 4 个孩子（秉德、秉均、秉宜、秉华）担惊受怕。三个月后周同宇被周恩来的老师伉乃如和同学常策欧、吴玉如保出。

1948 年 2、3 月间 潍坊解放，周博宇夫人王兰芳参军，参加常（乐）潍（县）战役。先做后勤工作，后任幼儿园保育员。1949 年，随幼儿园进了北平，在中央军委保育院工作。

1949 年（民国三十八年）春 周同宇到北京进华北人民革命大学学习。1950 年分配到北京钢铁局工作。

是年 南方各地为迎接解放，周恩彦被公推为粤汉铁路局衡阳应变委员会的副主任。受到特务监视。

是年 4 月某星期天下午 周恩来、邓颖超和周恩寿登门看望周嘉琛的儿女们，安慰重病卧床的周毓燕（当时 25 岁左右），后给周毓燕妻子刘淑媛介绍工作，解决了生计。1953 年周毓燕病愈，在建设部任会计。1958 年响应号召下放杭州工作。

是年 周同宇、王士琴的三个孩子周秉德、秉钧、秉宜住在西花厅。周恩来历来认为家庭问题是社会问题的一部分，从不把家庭承担的责任推向社会。由于国是繁忙，家事多由邓颖超出面处理。

是年绍兴解放前夕　周恩来表弟王贶甫任临时救济委员会副主任，与游击队、解放军联系，护厂。1949年7月，王贶甫与寿积明等发起筹建民间的鲁迅文化馆，保护三味书屋。8月筹备成立工商联。10月2日任绍兴市"劳资关系委员会"副主任。1951年市工商联成立，任主任委员。1952年2月被选任绍兴市副市长，分管文教卫生工作。从1951年开始，带头捐赠家中所藏书字画。1952年兼任鲁迅纪念馆内内的文物管理小组组长。1953年12月，王贶甫任经理的大明公司首先公私合营。他的6个子女均加入共产党。

是年10月　广州解放，周恩来收到周恩彦以子女名义的电报，回电："请到原单位报到。"周恩彦回到衡阳，为广州铁路分局财务科副科长。1951年12月因担任过国民党区分部委员被捕并判处7年徒刑，先后在沈阳、内蒙古劳动改造。1953年周同宇给他寄钱。1957年1月提前释放，住在儿子、女儿家。

是年冬　周恩来邀六伯父周嵩尧进京，安排周嵩尧住远东饭店，为照顾他的起居，随行的孙子周华章在饭店工作。周恩来让秘书何谦给周嵩尧写信，请他介绍一下周家的各方亲属。

是年　周同宇的夫人王士琴到北京女四中担任高中俄文老师。

1950年1月　周恩来委托六伯父周嵩尧同祖母的孙侄鲁觉侯取得联系，婉言谢绝鲁觉侯在北京解决儿子工作的要求。

是年8月25日　周恩来在西花厅见表兄万叙生，称赞了他不给日本人干事。鼓励他现在工作是为人民服务。万叙生回家后参加街道居委会组建工作，不向他人透露他与周恩来的亲戚关系。

是年秋天　接八伯母杨氏和其孙子尔辉到北京，住在国务院机关事务管理局的惠中饭店。不久，杨氏返回淮安，因是烈属，由政府每月发抚恤金（或实物）。1952年后杨氏、儿媳陶华、孙子周尔萃三人每月45元。侄子周尔辉留在北京念中学，一切费用由周恩来负担。后侄子周尔萃后在淮安参加空军。

是年　邓颖超参加周嘉琛女儿周毓济的婚宴，赠词："相爱始终，服务人民。"1959年周毓济随丈夫调宁夏银川小学任教。

是年下半年或1951年　收到族人周希农来信，得知1941年绍兴沦陷后，周希农失业在家，长子失业，无力完税。周恩来两次汇钱，缴百岁堂的房产税。

建国初期　周毓澧从山东回到北京，在街道服务社帮忙，有时挎篮子卖小百货。

得到周恩来的表扬。

1950 年前后　周恩来的亲戚中很多人失业，生活无着，写信求助，或要求介绍工作。周恩来建议他们应靠自己努力，向当地政府登记，由地方政府量才使用，做自食其力的劳动者，以期为人民服务。

建国初期　周恩来得知王子余的小女儿王逸鸣大学毕业，分配到最高检察署研究室工作，动员年青人应到基层法院工作。

1951 年 6 月　周嵩尧由政务院常务副秘书长齐燕铭推荐，政务院总理周恩来批准，被正式聘为中央文史馆馆员。周恩来几次将周嵩尧请到西花厅来，向他请教清末民初政府各级机构之建制、各级官吏工资之安排等。

是年　收到表姐龚志如失业救助信，回信感谢了当年龚家对他的关心和照顾，并寄来 50 万元（旧币，相当 50 元）。要她向地方政府登记，量才使用。不久龚志如找到保育员工作。

1951 年、1952 年　王士琴先后生了幼子周秉和、幼女周秉建。邓颖超出钱请了两位嫫姆，并请到西花厅来吃便饭，说："我工作这么忙，身体又不好，所以只好把你们请来帮忙。以后就请你们多费心了。"平日，邓颖超常派工作人员去周同宇家看望。

1952 年 3 月　周嵩尧的独生子周恩夔在扬州去世，享年 59 岁。周恩来同意周嵩尧曾孙周国镇从扬州到北京上学。

是年 8 月　周恩来设家宴祝六伯周嵩尧 80 寿初度。

是年　周恩来在上海见到表姐龚志如，鼓励她敬业，为人民服务。

1953 年　周恩来八伯母到北京看病，住惠中饭店，提出要修祖坟。周恩来派人送她回去时，特向县委转达三项要求：一、从现在起，八婶的生活由我来照顾，县政府就不要再管了。二、淮安附马巷的房子不准修理、不准组织人参观；三、平掉祖坟，把坟地交集体耕种。

1952 年夏　支持侄女周秉德不上高中，入北京师范学校（中专）学习。1955 年秉德参加工作。

是年 9 月 2 日　周恩来六伯周嵩尧病故，享年 80 岁。周恩来主持入殓，邓颖超代为送葬。

50 年代初　周恩来派卫士成元功到周恩霍家看望二伯母。邓颖超到上海时，也代表周恩来去看望过二伯母。

1954 年 10 月　周恩来接见参加工商联代表大会代表，见到参加会的表弟王贶甫。鼓励他走社会主义道路。得知族人周尚麟生活困难，让王贶甫带回 300 元给周尚麟。

是年　解放军实行义务兵役制，裁减女兵，周博宇夫人王兰芳复员。后到河南焦作同儿子周荣庆一起生活。1975 年病逝，享年 69 岁。

1955 年　全国干部由供给制改为薪金制，因周同宇孩子多，周恩来每月给他 100 元，以补家用。

1956 年 9 月　周恩霆任上海参事室参事。1983 年病故上海，享年 75 岁。

是年秋天　周恩来的一位族叔从绍兴来北京找周恩来，希望能介绍个好工作。周恩来在西花厅召开 20 多人亲属的家庭会议，说："我们共产党是唯物主义者，我们要承认家族之间的关系。但是，我们不能像国民党那样搞裙带风。"表扬周毓澧自食其力。周毓澧 1961 年去世，享年 62 岁。

是年　全国掀起社会主义改造高潮，王贶甫推动全市工商业实现公私合营。大明公司由公私合营转变为国营。组建"中国民主建国会"绍兴市委会，连续任主任委员。

是年底　周恩来的八伯母杨氏病故于淮安，享年 79 岁。周恩来于 10 月 29 日、12 月 14 日，1957 年 3 月 13 日、4 月 17 日致信淮安县人民委员会，就杨氏治疗、安葬一事表示感谢，其费用由周恩来汇给淮安人民委员会，以后，杨氏的儿媳陶华的生活费由周恩来负担（每月寄 45 元）。

1958 年 6 月 29 日　周恩来得知淮安县委准备修周家老宅致信王汝祥并县委同志："由我寄钱给你们先将屋漏的部分修好，然后将除陶华住的房屋外的全部房院交给公家处理，陶华也不再收房租。"随信附 50 元。1985 年 8 月 15 日，陶华病世，享年 81 岁。

1958 年　淮安县委想请周恩来帮助上工业项目。周恩来只给江苏省委写了一封信，特别说明："我的看法，由于远在北京，而且对淮安建设也是初次听到，不一定对，你们千万不要以为这是什么成熟的意见，更非组织上的意见。写出仅供参考，并请酌办。"

1959 年　周恩来表弟王贶甫将周恩来 1939 年来绍时的题词，动员王家亲属捐献给鲁迅纪念馆。

是年 10 月　邓颖超到绍兴，和王贶甫共进午餐，尔后到家中探望。

是年 12 月　周恩来接见参加民建、工商联代表会议代表时，特意见表弟王贶甫。

是年　周同宇因身患胃病，调内务部任专员。

1960 年 9 月　周恩来到庐山开会，得知表妹万贞的消息，到庐山植物园宿舍看望。

是年　绍兴鲁迅纪念馆负责修复周恩来祖宅百岁堂。王贶甫将工商联修房时拆换
　　下来的两支粗大屋梁送至百岁堂。

是年　周恩来两次接见赴京的淮安县委负责同志，一再叮咛："要把房子（故居）
　　拆掉。"对淮安县委的同志带了家乡的特产小吃茶馓，周恩来付钱，同时让
　　办公室写信批评。淮安想办个纱厂，周恩来说："要顾全大局，全国一盘棋，
　　要服从省里的统一安排。"

1961 年春节期间　周恩彦的儿子周保章（因病从部队转业到工厂当工人）在西
　　花厅住了七天。周恩来要求他坚持在基层工作，做普通劳动者。

1961 年 2 月 3 日除夕　秘书何谦安排周同宇一家及在京侄子们共 20 多人同周恩
　　来夫妇一起吃年夜饭。

是年　周恩彦重病，邓颖超两次寄钱、寄药。周恩彦 1962 年病故。终年 56 岁。

是年 7 月 1 日　周恩来为侄子周尔辉和孙桂云结婚设简单的便宴，得知孙桂云已
　　经调到北京工作，说："我想方设法减少北京人口。"后周尔辉、孙桂云回到
　　淮安，分别当中学老师、小学老师。

是年夏　因经济困难，增加城市征兵名额、减少农村招兵数，周恩来希望干部带
　　头送子女参军，他动员高中毕业的侄子周秉钧参军。后周秉钧考入空军第三
　　航校成为飞行员。

1962 年 11 月 25 日　在西花厅和周恩彦的大儿子周保昌谈话。

1963 年春节　周恩彦的女儿周保庄夫妇路过北京，在西花厅住了三天。

是年 6 月　周同宇提前办理退休手续。周恩来对同宇的经济补贴提高到每月 200
　　元，几乎是周恩来工资的一半。

1964 年春节　表兄万叙生在扫雪时突发病而故，因工作一贯表现好，为他开了
　　追悼会。周恩来得知后寄了 150 元钱作为追悼会的开支。

是年 8 月　周恩来两次在与亲属谈话，教育他们要过好五关：思想关、政治关、
　　社会关、家庭关、生活关。要周同宇辅导孩子们的功课，做对社会有益、力
　　所能及的工作。

是年 10 月 1 日　周恩来、邓颖超支持侄女周秉德与民主人士沈钧儒的孙子沈人

骧谈恋爱。是日邓颖超到沈谦（沈人骧父亲）家参加婚礼。后周秉德从北京到沈人骧所在的西安工作。1974年初随军（夫）回北京工作。

是年　周恩来派总理办公室主任童小鹏前往重庆，将周劭纲的棺枢、邓颖超的母亲的棺枢及其他12个大人、3个小孩合葬，将原墓地交地方使用。

是年底　周恩来要回淮安探亲的侄儿周尔萃，平掉周家祖坟，棺木就地下沉，退葬还田。事毕后，尔萃写信汇报：祖坟占地不足一亩，共葬13口棺木。全部深埋到一公尺以下了。周恩来立即寄去70元钱，并附言："此款用作支付平坟劳力的工资和偿付被践踏的青苗费。"

1965年夏　鼓励侄女周秉宜考工艺美术学院，说："我国的商品包装设计粗糙，影响换汇率。我们还需要在包装设计上下很大功夫才行。"

是年夏　周恩来鼓励侄子周秉华到农村插队，后周秉华被选中参军入伍。

1966年夏　有人动员周秉华参加群众组织，他写信给邓颖超问如何参加"文革"。周秉华看了只是抄《人民日报》社论的回信，没有一句鼓励的话，悟出：这事得慎重，不能盲目跟着跑。

是年8月　王贶甫受到冲击，膀胱癌治疗拖延停顿。9月被扫地出门。1967年3月病逝。1978年，绍兴县委、县政府为王贶甫平反昭雪，举行追悼会。

1968年2月　周恩来在"拘留"周同宇的报告上写"拘捕审查"。

是年　周恩来支持侄女（周同宇的小女儿）周秉建到内蒙牧区插队。秉建写信反映挖内人党扩大化的情况。

是年　周恩来鼓励（周同宇的小儿子）侄子周秉和到陕北插队。

1968年、1969年　王士琴工资有限，给狱中的周同宇送东西，6个孩子分别在西安、广东、河北、四川、延安、内蒙工作或插队。邓颖超把侄女、侄子秉德、秉钧找到西花厅来商量，她说："秉德负责秉和的生活费，秉钧负责秉宜的生活费，我来负责秉建。我们是想让你们也为妈妈分忧，养成对弟弟妹妹的责任心。"

是年年底　周秉和反映延安问题，1970年3月召开"延安地区插队青年座谈会"，1970年6月召开"全国知青上山下乡工作会议"。

1969年2月　周恩来一向宣传计划生育，对23岁的侄子周秉华说："我要你带头，25岁之前不谈恋爱，过30岁再结婚。一个世纪出生三代人，这对民族和国家是贡献。"秉华谈恋爱8年，1977年春节周秉华和李玉澍结婚。

1970 年 10 月 2 日　周恩来对侄子周秉钧和他的女朋友刘军鹰说："你和秉钧的关系，既不要因为他的伯父是总理，也不要因为他父亲蹲班房而有什么影响。你们完全要从对对方的认识、感情上去确定你们的关系。"

1971 年初　得知周秉和、周秉建被部队招兵，邓颖超分别致信周秉和、周秉建，要他俩脱去军装，继续插队。

1972 年 2 月春节期间　周恩来建议回家探亲的秉建：找一个内蒙族的青年。王昭君不是做了蒙古人的媳妇吗？

是年 7 月 14 日　周恩来会见来中国参观、探亲美籍中国学者参观团和美籍中国学者访问团，和团内钱文训叔侄孙、放射物理学教授钱家其谈到钱能训。

1973 年 4 月　周恩来接见王觐甫的妹妹，肯定了王觐甫与党同心同德。

是年 11 月 17 日　国务院办公室给淮安县委打来电话，正式传达周总理关于处理旧居的三条指示：一、不要让人去参观；二、不准动员住在里面的居民搬家；三、房子坏了不准维修。

1974 年春夏　周恩来对周同宇的大儿子秉钧说："虽然你们父亲那时（1928 年）脱了党，但我相信他不会出卖我们，实际上他还掩护了我们。"给弟弟一家巨大的安慰。

是年 6 月 1 日　周恩来因患癌症，住进 305 医院，当天手术。

1975 年 4 月末　周同宇释放回家。同年 7 月 2 日中央专案审查小组办公室，为周同宇作了结论。1979 年中央组织部为周同宇彻底平反，恢复名誉。后当选为第五、六届全国政协委员。

是年 5 月 1 日前后　周恩来在医院和秉建通电话，鼓励她在内蒙古大学学好蒙文。

1976 年 1 月 8 日　周恩来病逝，邓颖超规定在外地的亲属不准放下工作到北京奔丧。1 月 10 日，周秉德沈人骅夫妇、周秉钧刘军鹰夫妇、周秉宜任长安夫妇、周秉华、周秉和、周秉建、周尔辉孙桂云夫妇、周尔鎏王章丽夫妇、周尔均邓在军夫妇、周华章侯云珍夫妇、周保章参加遗体告别。周秉德夫妇、周秉钧夫妇、周秉建、周尔辉、周尔鎏、周保章、周华章 9 人参加遗体火化。13 日晚辈亲属参加太庙的告别活动，15 日参加追悼会。会后邓颖超与亲属工作人员、医务人员、谈话。她对亲属说：你们伯伯一再叮嘱我，死后不留骨灰。把我们的骨灰撒到祖国的大好山河，这是一场革命。从土葬到火葬是场革命。从火葬保留骨灰到不保留骨灰也是一场革命。我们是唯物主义者。

你们伯伯讲过，把我的骨灰撒到土地里可以做肥料，撒到水里可以喂鱼，这也是为人民服务。活着为人民服务，死后也为人民服务。物质不灭，生生不已。谈话后，与亲属一一握手。

是年底　淮安县委根据广大人民群众的愿望，经省、地委有关部门批准，对周恩来故居进行了初步整修。1978 年底将故居重新修建，恢复到 1910 年周恩来离开淮安时的旧貌，并于 1979 年 3 月 5 日正式开放。

1977 年　为实现周恩来殡葬改革的遗愿，邓颖超委托在杭州工作的周嘉琛次子周毓燕、刘淑媛夫妇回到绍兴平掉 16 世祖周景商、18 世祖周樵水的坟，成为村民的菜地。平坟的工作所花费用，邓颖超要求周家亲属共同分担，以共尽晚辈的责任。

1979 年 10 月 2 日，周秉建和蒙古青年拉苏荣结婚。邓颖超得知他们工资低，负担重，支援 400 元。今日邓颖超对 6 对 12 个侄子侄女夫妇说：你们要记住只有工作上的甜蜜，才有生活上的甜蜜。

1982 年 4 月 28 日，周同宇夫妇和孩子们去中南海西花厅看望邓颖超。邓颖超说："你们伯伯（指周恩来）当时对同宇问题的处理，我都不清楚内情，直到最近我才弄明白，是'四人帮'发难。伯伯把同宇交北京卫戍区监护审查，是他采取的保护干部的一种措施。如果让同宇落在'红卫兵'或'四人帮'手里，那他就不会有今天，可能叫你死无对证了。"1985 年 5 月 13 日，周同宇病逝，享年 82 岁。

1982 年 7 月 11 日，邓颖超约周秉德周秉钧到西花厅，向他们讲了她于 6 月 17 日做的遗嘱内容。

80 年代，周尔辉的夫人孙桂云生病，邓颖超将她接到北京治病，住西花厅。

1990 年 5 月 19 日，周同宇夫人王士琴带着孩子们到西花厅看望邓颖超。

1991 年 7 月 27 日，邓颖超住院。

1992 年 3 月 7 日，周秉德、周秉钧到医院看望邓颖超。

1992 年 7 月 11 日　邓颖超病逝，享年 88 岁。7 月 18 日骨灰撒向天津海河入海口。

附录八　世系表

周敦颐—周澳世系表 *

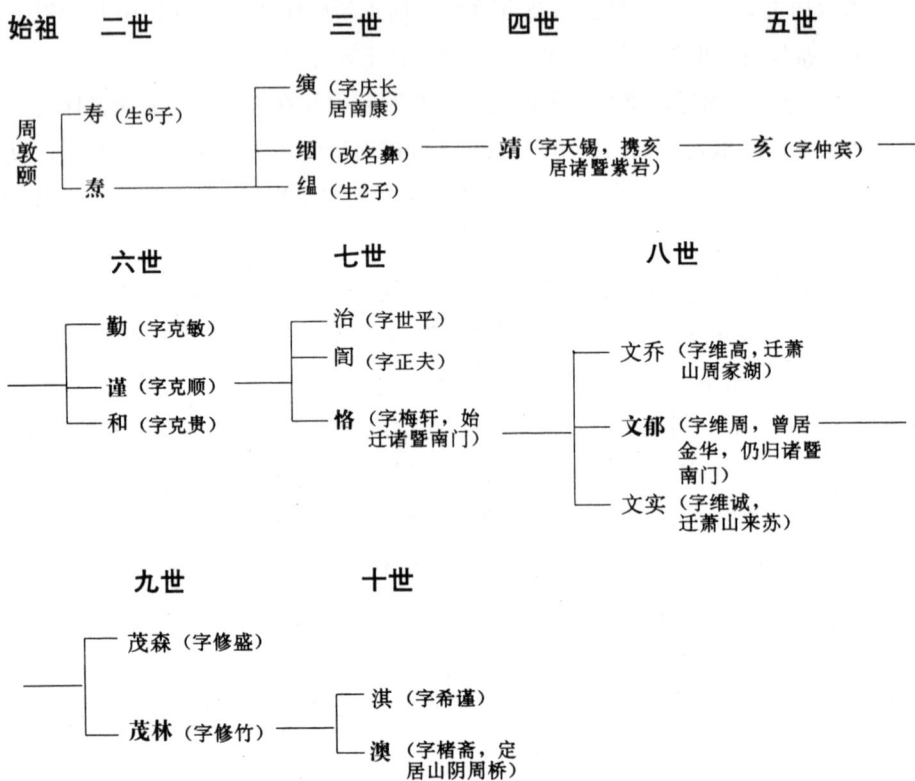

始祖	二世	三世	四世	五世

周敦颐
├─ 寿（生6子）
└─ 焘
　　├─ 缤（字庆长　居南康）
　　├─ 纲（改名彝）—— 靖（字天锡，携亥　居诸暨紫岩）—— 亥（字仲宾）——
　　└─ 缊（生2子）

六世	七世	八世

├─ 勤（字克敏）
├─ 谨（字克顺）
└─ 和（字克贵）
　　├─ 治（字世平）
　　├─ 闾（字正夫）
　　└─ 恪（字梅轩，始　迁诸暨南门）——
　　　　├─ 文乔（字维高，迁萧　山周家湖）
　　　　├─ 文郁（字维周，曾居　金华，仍归诸暨　南门）——
　　　　└─ 文实（字维诚，　迁萧山来苏）

九世	十世

├─ 茂森（字修盛）
└─ 茂林（字修竹）——
　　├─ 淇（字希谨）
　　└─ 澳（字楮斋，定　居山阴周桥）

---

* 此表据绍兴鱼化桥周氏《越城周氏支谱》和诸暨丰江《周氏宗谱》记载编订。

宝祐桥周氏山阴先祖世系表*

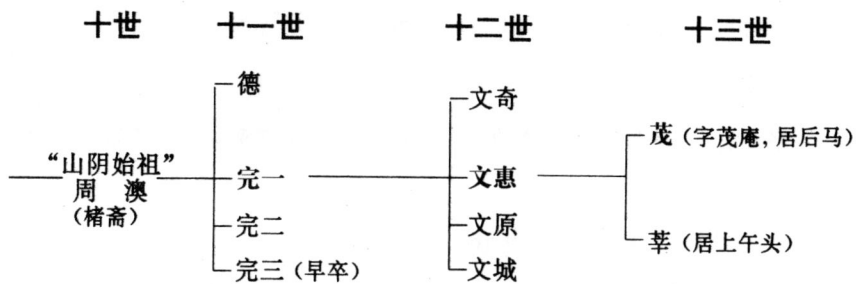

十世	十一世	十二世	十三世

"山阴始祖"
周　澳
（楮斋）

├ 德

├ 完一 ──── ├ 文奇

　　　　　　├ 文惠 ──── ├ 茂（字茂庵，居后马）

　　　　　　├ 文原　　　└ 莘（居上午头）

　　　　　　└ 文城

├ 完二

└ 完三（早卒）

---

* 此表据绍兴鱼化桥周氏《越城周氏支谱》和诸暨丰江《周氏宗谱》记载编订。

绍兴宝祐桥周氏五十房世系简表（一）*

一世	二世	三世	四世	五世	六世
茂 —	万 —	寿 —	庆 —	叔庄 —	宗 —
字元泊	字无厽	字葆真	字德芳	字玄童	字承甫

七世	八世	九世	十世	
— 富 —	顺 —	锱 —	廷孝 —	长子懋文 行四十九
字富三	字慎斋	字南坡	字宇明	次子懋章 行五十

---

* 此表（1—10 世）据绍兴宝祐桥《周氏破塘祖茔祭簿》中之《历代祖妣考》记载编成。

绍兴宝祐桥周氏五十房世系简表（二）*

十一世　十二世　十三世　十四世　十五世　十六世

```
                                              应麟 ——— 文灏
                                              字孔锡    字景商 —
—— 懋章 —— 汝相 —— 熙祚 —— 步超 ┤
   字奕庵                  字孟班 │
                                  └
```

十七世　十八世　　十九世　二十世　二十一世

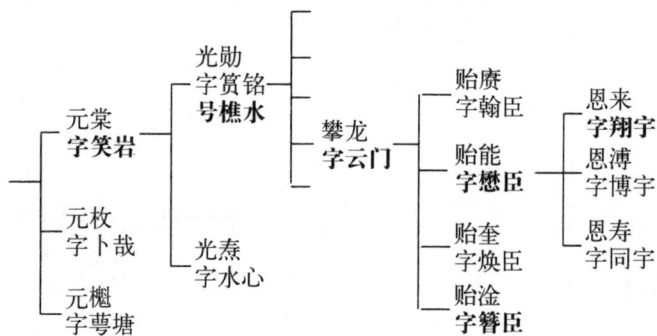

```
                                            贻赓
                                            字翰臣         恩来
                 光勋                                      字翔宇
                 字箎铭                      贻能
                 号樵水 ┐          攀龙      字懋臣 ——┤ 恩溥
   元棠 ┌────────────┤          字云门                字博宇
   字笑岩│                ├────────┤
        │                │           贻奎         恩寿
—— ─────┤          光焘 ┘          字焕臣         字同宇
        │ 元枚     字水心
        │ 字卜哉                     贻淦
        │                           字簪臣
        └ 元槐
          字蓴塘
```

---

* 此表（1—10 世）据绍兴宝祐桥《周氏破塘祖茔祭簿》中之《历代祖妣考》记载编成。

从周恩来高祖到周恩来侄辈世系表 *

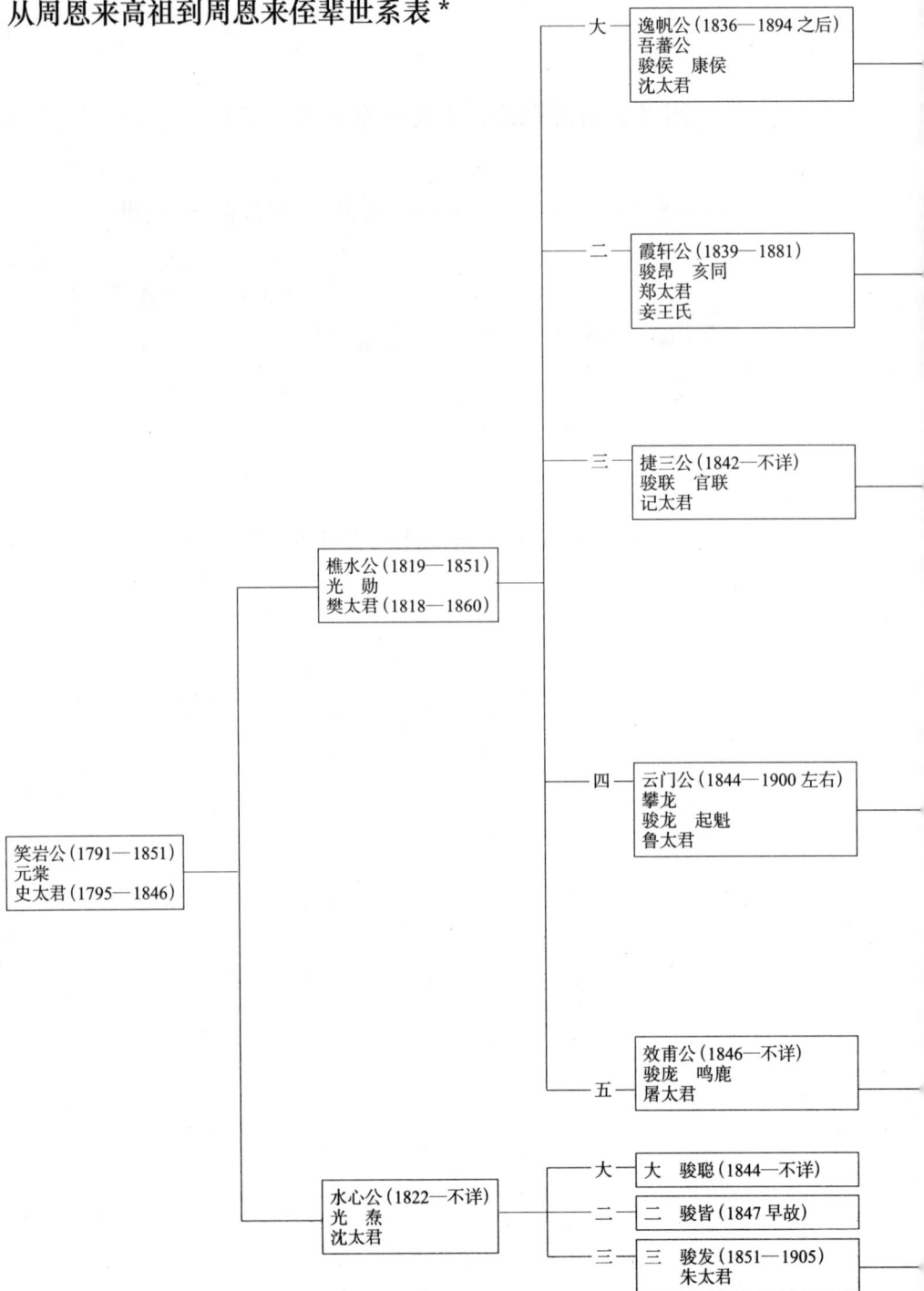

```
                                                ┌─ 大 ─ 逸帆公 (1836—1894 之后)
                                                │        吾蕃公
                                                │        骏侯  康侯
                                                │        沈太君
                                                │
                                                ├─ 二 ─ 霞轩公 (1839—1881)
                                                │        骏昂  亥同
                                                │        郑太君
                                                │        妾王氏
                                                │
                                                ├─ 三 ─ 捷三公 (1842—不详)
                                                │        骏联  官联
                                                │        记太君
                             樵水公 (1819—1851) ─┤
                             光  勋                │
                             樊太君 (1818—1860)    │
                                                │
                                                ├─ 四 ─ 云门公 (1844—1900 左右)
                                                │        攀龙
                                                │        骏龙  起魁
                                                │        鲁太君
        笑岩公 (1791—1851) ──┤
        元棠                  │                   │
        史太君 (1795—1846)    │                   └─ 五 ─ 效甫公 (1846—不详)
                             │                            骏庞  鸣鹿
                             │                            屠太君
                             │
                             │                   ┌─ 大 ─ 大  骏聪 (1844—不详)
                             └─ 水心公 (1822—不详) ─┤
                                光  燾              ├─ 二 ─ 二  骏皆 (1847 早故)
                                沈太君              │
                                                └─ 三 ─ 三  骏发 (1851—1905)
                                                            朱太君
```

*—————————————
    * 此表根据同宇手稿编,原表将周恩灿排为九。

368 | 周恩来家世

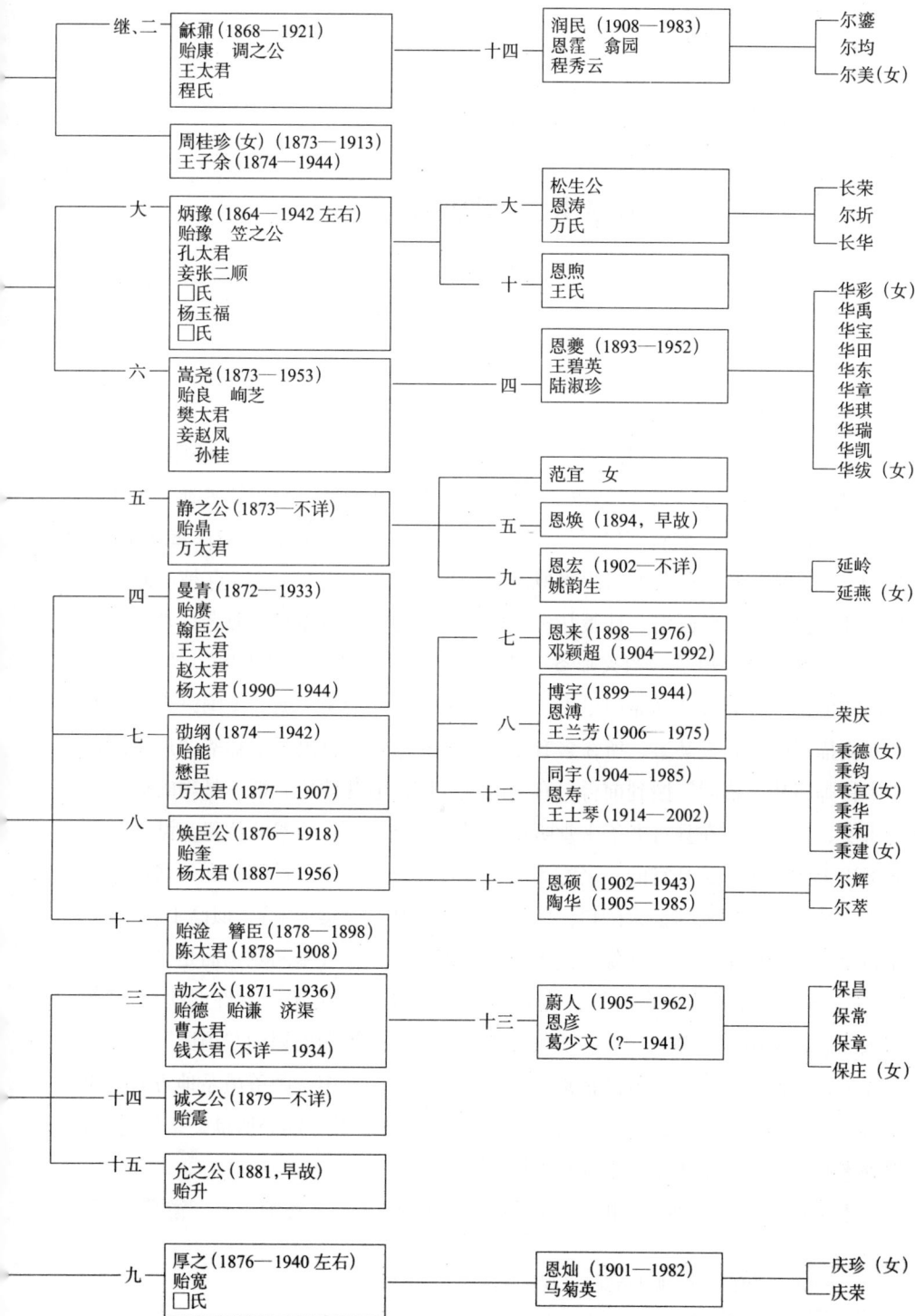

继、二　龢蒲（1868—1921）
貽康　调之公
王太君
程氏

　　十四　润民（1908—1983）
　　　　恩霆　翕园
　　　　程秀云
　　　　　　　尔鎏
　　　　　　　尔均
　　　　　　　尔美（女）

周桂珍（女）（1873—1913）
王子余（1874—1944）

大　炳豫（1864—1942左右）
貽豫　笠之公
孔太君
妾张二顺
□氏
杨玉福
□氏

　　大　松生公
　　　　恩涛
　　　　万氏
　　　　　　　长荣
　　　　　　　尔圻
　　　　　　　长华

　　十　恩煦
　　　　王氏

六　嵩尧（1873—1953）
貽良　岣芝
樊太君
妾赵凤
　孙桂

　　四　恩夔（1893—1952）
　　　　王碧英
　　　　陆淑珍
　　　　　　　华彩（女）
　　　　　　　华禹
　　　　　　　华宝
　　　　　　　华田
　　　　　　　华东
　　　　　　　华章
　　　　　　　华琪
　　　　　　　华瑞
　　　　　　　华凯
　　　　　　　华绂（女）

五　静之公（1873—不详）
貽鼎
万太君

　　范宜　女

　　五　恩焕（1894，早故）

　　九　恩宏（1902—不详）
　　　　姚韵生
　　　　　　　延岭
　　　　　　　延燕（女）

四　曼青（1872—1933）
貽赓
翰臣公
王太君
赵太君
杨太君（1990—1944）

　　七　恩来（1898—1976）
　　　　邓颖超（1904—1992）

　　八　博宇（1899—1944）
　　　　恩溥
　　　　王兰芳（1906—1975）
　　　　　　　荣庆

七　劲纲（1874—1942）
貽能
懋臣
万太君（1877—1907）

　　十二　同宇（1904—1985）
　　　　恩寿
　　　　王士琴（1914—2002）
　　　　　　　秉德（女）
　　　　　　　秉钧
　　　　　　　秉宜（女）
　　　　　　　秉华
　　　　　　　秉和
　　　　　　　秉建（女）

八　焕臣公（1876—1918）
貽奎
杨太君（1887—1956）

　　十一　恩硕（1902—1943）
　　　　陶华（1905—1985）
　　　　　　　尔辉
　　　　　　　尔萃

十一　貽淦　簪臣（1878—1898）
陈太君（1878—1908）

三　劼之公（1871—1936）
貽德　貽谦　济渠
曹太君
钱太君（不详—1934）

　　十三　蔚人（1905—1962）
　　　　恩彦
　　　　葛少文（?—1941）
　　　　　　　保昌
　　　　　　　保常
　　　　　　　保章
　　　　　　　保庄（女）

十四　诚之公（1879—不详）
貽震

十五　允之公（1881，早故）
貽升

九　厚之（1876—1940左右）
貽宽
□氏

　　恩灿（1901—1982）
　　马菊英
　　　　　　庆珍（女）
　　　　　　庆荣

附录九　绍兴师爷*

　　"绍兴师爷"的名声，在清代的官场可谓无人不知、无人不晓。民间亦多流传其逸事与笑话。近人柴萼（梵天庐丛录）尝谓："至清末，始稍稍凌夷，然'绍兴师爷'之名，犹妇竖皆知也。"可是，人们知其名易，而知其实难。尤其因为其总是以"故事"或者"笑话"的方式流传，其本来的面目已被严重地歪曲。20世纪40年代末，有一本《绍兴概况调查》说："绍兴师爷的特点是，通文达理，处世接物，机警圆滑，计策甚多，博得长官的信托倚赖，一般老百姓到衙门里去，见了很是畏惧。""绍兴师爷"让一般老百姓感到"很是畏惧"，虽然事出有因，但说一般老百姓到衙门里去"见了"云云，却查无实据。民国以来，小说和戏剧描写师爷其人其事，所在多有；时下一些影视剧也出现了师爷的形象。戏剧中将师爷从"幕后"搬到前台，有它的合理性，但其情境大抵不是当时衙门中的事实。实际上，在县官老爷坐堂听讼之时，堂上并没有师爷的位置，站在县官老爷边上的人物，是县官的一名称为"值堂"的家人（或曰长随）和一名值堂的书吏。负责记录犯人与证人的口供的招房书办，则"设桌檐下"，似已不在堂内。手执杀威棍的皂隶，也并非像戏剧中所演的那样站立在大堂两侧，而是"站廊候唤"；巡风二名则站立月台之下。其余书、快等役，非奉呼唤，不许近堂。①"衙门人"总是摆出一副高人一等、盛气凌人的做派，把无知无识的"愚民"弄得手足无措，在清代确实是普遍的情形，但衙门有衙门的规矩。师爷虽系地方官的座上客，但他们作为主人的"客"，也要受到许多拘束，并非随心所欲。一般地说，普通老百姓到衙门里去是见不到师爷的。

　　本文仅对"绍兴师爷"的下述问题：一、佐治；二、宾师；三、游幕；四、

---

　　*　本篇作者为郭润涛，浙江诸暨人，现任北京大学历史系教授。

　　①　潘构灿：《未信编》卷三，告示部上，《堂规》。

仁恕，做一些阐述，以说明绍兴师爷在衙门中的工作、身份、职业关系，以及为人们常所误会之处。

1. 佐治

临民者曰官，佐治者曰幕。官幕同舟，相互利用，是清代地方行政的一个特色。"绍兴师爷"就是清代地方官私人所聘请的、用以"佐治"的幕友。

"佐治"是佐助主人治理百姓的意思。绍兴师爷在衙门中是"佐"主人之"治"，所以与公务密切联系在一起，与一般寄食于衙门之中以诗酬唱为能事的帮闲有着明显的区别。清代地方衙门的公务，可分为吏、户、礼、兵、刑、工六个方面。当时地方衙门中有所谓"六房"，就是将这六个方面的公务，分作相应的六个办事部门。事实上，"六房"在清代已为"成说"，在政务较为简单的地方，衙门中大抵分作六房的设置，而在政务较为繁杂的地方，则往往在六房之外再设"招房""承发房"等房科。清代地方行政有督、抚、司、道、府、州、县等层级，每个层级衙门内的诸房设置也参差不齐。房科的设置，系根据政务的繁简情况；房科的增设，意味着行政分工的细密化。

上述诸方面的公务，可以归纳为两个大的方面，即所谓"刑名"和"钱谷"。从字面意义看，"刑名"与"钱谷"两大方面政务，似乎就是上述诸政中的"刑"与"户"；或者按照现在的解释，即"司法"和"财政"。这样的理解，如果指的是地方行政的实质，可谓毫无歧义。传统国家政治的实质在于为了维护既得的政治利益而控制社会，行政就是实施控制的具体过程或曰具体体现，既通过行政来控制社会以保证政局的稳定，又通过行政从社会获得运转国家机器的物质资源。因此，在吏、户、礼、兵、刑、工六政中，"刑"和"户"是两个基本的，也是主要的政务。这也就是清代地方官的两个基本的、主要的职责。他们聘请"绍兴师爷"，以佐地方之"治"，也就是要完成这两个任务。所以，清代的师爷以"刑名师爷"和"钱谷师爷"最为著名。

将吏、户、礼、兵、刑、工诸政务划分为"刑名"与"钱谷"两部分，并不意味着"刑名师爷"和"钱谷师爷"所佐理的政务就是六政意义上的"刑"与"户"，这一方面可以从上述叙述中直接看出。虽然刑名与钱谷或者说"司法"与"财政"是行政的实质所在，但刑、钱师爷所处理的公务，并不以六政意义上的

"刑""户"为限，他们还要处理"吏""礼""兵""工"等政务。至于这些政务如何归属于"刑名"与"钱谷"，大体上可以说，"吏""礼"和"兵"归诸刑名，"工"则归诸钱谷，但实际情形并非如此简单。刑名和钱谷对之吏工六政，事实上有许多交叉。比如科举考试，按照公务的归类属刑名师爷处理，但所使用的财物又由钱谷师爷办理。在师爷的幕务中，财政包括财物的收支管理，是钱谷师爷的主要职能，但钱谷师爷的职能事实上还包括司法的职能。司法的职能主要由刑名师爷承当，但司法事务在清代地方衙门又分"案件"与"词讼"两部分。简单点说，凡可以由本衙门审断的官司，属"词讼"；需要报送上司衙门审批的官司，则属"案件"。"案件"由刑名师爷处理，"词讼"则由刑、钱师爷分别处理。有些官司一经发生，就属于"案件"，如命盗重案，一旦报县，县衙门就得通报上司衙门和有关的平行衙门；又如生员斥革，也须报上司批准，二者都属"案件"。在清代州县衙门的司法事务中，"案件"固然重要，但毕竟是少数，多数属"词讼"。这些词讼就由刑、钱师爷分别处理。如何分别？王又愧《办案要略》说："夫刑、钱之分，须视其告者来意，为着何事。如意在争田房、索钱债、交易税契等类，内有一二语牵涉斗殴无伤、赌博无据以及别项不法之事，并干连坟山争继者，皆归钱谷；苦告斗殴、奸伪、坟山争继者、婚姻及有关纲常名教一切重事，词内有钱债应追、田产不清等类，应归刑名。"这段话的意思或可如此理解：凡词讼涉及社会治安，归刑名师爷处理；一般的民事纠纷，则归钱谷师爷处理。"刑名师爷"与"钱谷师爷"的幕务职能虽各有侧重；前者侧重于社会的治安，后者侧重于财政的管理，但二者共同承担着民间诉讼的处理。

由于刑名和钱谷既是全部的地方政务两大分类，又是行政的实质之所在，地方官的政绩与前程如何，也就在很大程度上取决于刑名师爷和钱谷师爷的佐治本领。所以，在清代的所谓"幕席"中，"刑名"和"钱谷"称之为"大席"或"正席"；其他诸如"书启""征比""挂号""朱墨""账房""阅卷"等，则属于"小席"或"杂席"。①

清代的师爷以绍兴人著称，原因就在于当时全国各地上下衙门的幕中大席，

---

① 在清代地方衙门，幕席的设置大抵以州县衙门最为复杂，督抚司道府衙门则简单一些。但一切视政务的繁简而定。在政务较为殷繁的省份，督抚司府衙门设有一些专门的幕席；如府的"发审"，藩司的"库席幕友"。著名的"奏摺幕友"，为督抚衙门中特设，并与刑、钱同为"大席"，下属衙门则不设。

多由来自浙江绍兴府的人士所充任。清代有句民谚——"无绍不成衙",说的就是当时全国各地衙门中多有"绍兴师爷"的情形。在此,还可再举下列三段记述说明这个情况:(一)梁章钜《浪迹续谈》:"世人每笑绍兴有'三通行',……如刑名钱谷之学,本非人人皆擅绝技,而竟以此横行各直省。"(二)罗信北《公余拾唾自序》:"天下刑名、钱谷幕友,盛称浙江山阴、会稽。父诏其子,兄勉其弟,几于人人诵法律之书……"(三)范寅《越谚》:"作幕,分刑名、钱谷两学,越士救贫多业化。"可见,清代的师爷之所以绍兴人著称,一在"多",人多则形成规模而有群体的力量,为世人所瞩目;二在"要",处在刑、钱首席,既"专为主人计考成",又在同行中高人一等。在清代地方行政中,绍兴师爷真好比是地方官的左膀右臂,地方官则通过这两只手,来操纵吏、户、礼、兵、刑、工等房科书吏,以及"三班衙役",从而完成整个行政过程和行政任务。不过,事实上即使是刑、钱师爷,也并非全系绍兴人。梁章钜指出绍兴师爷对于"刑名钱谷之学,本非人人皆擅绝技,而竟以此横行各直省",乃"名过其实",①也系实情。

2. 宾师

"绍兴师爷"在清代地方衙门中是"佐治者",但它与"佐贰官""佐杂官"一类官又不同:前者是幕,后者是官。从清代地方行政的实际情况看,佐贰、杂职官员虽系正印官的僚职,但日常行政与他们无甚关系,因而几无权力可言,其地位和作用与正印官的幕友相比,不可以道里计。当然,佐贰杂职亦有聘请师爷佐助为理的,但这大抵仅限于与正印官不同城而事有专司的官员,以及因正印官暂缺而由佐杂代理者。在佐贰杂职之幕友与正印官之幕友之间,自然因为其主人的地位悬殊而有高下的差别,但幕友与官员之间的关系,无论正堂衙门还是佐杂衙门,都是一样。

大家都知道"幕客""幕宾"和"幕僚"等称谓,清人在文献中常用这些称谓来称述地方官的佐治者。然而,对于清代来说,这些称谓是旧名词,"幕友"一词才是清人自己发明的新概念。清代的幕友从职能和地位上与以前朝代的幕宾、幕客有相同之处,但有一个显著的区别:以前的"幕客""幕宾"或者"幕僚"

---

① 梁章钜:《浪迹续谈》卷四,"绍兴酒"条。

是官员，而清代的幕友不是官员。诚然，在清代以前，所谓"幕客""幕宾"，也有官职不明确者；清代也存在具有某种官衔或官职的幕友，但二者的差异还是显而易见的。例如唐代方镇幕府招延幕职，其具体的官职需要奏请朝廷，得到朝廷的正式任命，而后才能明确；这中间从制度上讲，存在着一个由"客"到"官"的过程；在这个过程中，也出现了未等朝廷任命而所延之士已辞去的情况，但有一点是确定的，即所延之士最终有一个官职，即使奏请朝廷仅仅是一个手续，也得履行。清代在督抚衙门也出现了带有官衔甚至官职而身为幕友的情况，其形成的途径有两个：一是奏调属员；一是留用候补官员。其实，在清代地方司道府县衙门，拥有某个官衔而身为幕友者也所在多有。清代以幕为业者，往往通过"捐纳"而获得一官半职，又不去实任，依然以佐幕为生，便形成了上述情形。候补官员和"服制"的官员，因为候补无期或者生活无着而暂时去做幕友的，也形成了上述的情形。然而，有一点也是确定的，即清代的官与幕是相分离的，无论是督抚衙门还是州县衙门，幕友的官衔与佐幕不存在必然的关系。在清代，虽然有人不断地建议仿照以前的制度，把幕友改为"幕职"，也就是把幕友纳入官僚制度的范围之内，但始终没有成功。虽然亦有一些幕友因为诸如河防、军功等而被"保举"入官，但幕友与入仕之途始终没有直接地联结起来。这仿佛现代的铁路，两根轨道缺一不可，但始终平行不交。不过，清代把幕友称之"幕客""幕宾"等等，倒亦不仅仅是用典，在"宾客"这一身分上，清代的幕友与以前朝代的"幕客""幕宾"和"幕僚"基本上相同，而且还保留着官员招延幕客的一些礼仪，即所谓"待之以宾，则有币聘之隆；尊之以师，则有束脩之奉"。[①]

清代幕友制也有它的现实模式。清代的地方官因"回避"制度，要到 500 里之外的地方去署职。由于背井离乡，一般都把家眷带到做官的地方去一起生活。子弟尚幼，则一般在衙署内设"家塾"请塾师课读。塾师与居停的关系就是所谓"宾""东"关系。这虽然是古已有之的制度，但在清代地方衙门中，这种关系与官员延聘幕友的"宾""主"关系是混在一起的，幕友在主人家的地位，与塾师完全一样。在有关幕友生活的文献中，幕友往往称主官为"主人""东家"和"居停"等，主人称幕友则"西席""老夫子"等，幕友从主人那里获得的酬金，也叫"束脩"或"脩金"。可见，清代衙门中的官幕之间所采取的关系方式，就是

---

① 陈文述：《答问幕友》，载葛士浚《皇朝经世文续编》卷27，《吏政十》。

家塾中的塾师与东家的关系。衙门中家塾的教师，因主人的关系，而有"师爷"的称呼。称幕友为"师爷"，大抵由此而来。在绍兴人那里，为了与以教读为业的师爷相区别，有"幕师爷"之名谓，以称以刑名、钱谷为业者。这种区别，也反映出"绍兴师爷"与其主人的关系，是以家塾中"西席"与"东家"为关系模式的。有意思的是——原本属于教师爷的称呼最后倒成了幕友的专利，尤其是在清代中后期，衙门中称之为"教读"的家塾教师，被排在了幕友的行列，算作幕中的一个席位。"教读"虽关系重大，但与"佐治"无关，排在幕友之列不免牵强。它本应有独立的位置，却居然列在幕中的"小席"，环境使然也乎？

清代之所以发明"幕友"一名，来指称地方衙门中的佐治者，原因大体如此。清代有位绍兴人道："今自制府、中丞、司、道以下州郡县，受马币、应是聘者，率呼之曰'友'。'友'于义何居？曰以属则寮，以德则师，以礼则宾。寮近乎卑，师过于尊，宾介乎尊与卑之间，故曰'友'之云尔。"[①]简言之，"五伦"之一的朋友关系是清代师爷与主官之间的关系方式。

"绍兴师爷"多居幕中大席，在师爷之中享有特殊地位，与主人之间的关系亦非小席师爷可比。实际上，在师爷之中真正与主人可以平起平坐的，或者说真正享有宾师之位，也就是刑、钱师爷。[②]这不仅因为刑、钱师爷作为主官的左右手，处理着一应政务，更重要的是"考成"所系，主人的仕途前程取决于刑、钱师爷的作为。而"绍兴师爷"也义不容辞地以仕者师，以至形成所谓"幕派"。罗信北《公余拾唾自序》说："余仕浙，谂知若曹积习至严且忌。凡呈禀批札等事，如尼父制《春秋》，主人莫敢赞一辞。即甚不惬，必亲与婉商，求再酌，主人不能举笔，一举笔则以为暴其短，而袾被去矣，此所谓幕派也云云。"不过，一位绍兴师爷这样叙述过幕中处境："……今则所以待幕者，不过适子之馆，授子之餐；计正务之繁简，定分俸之多寡；以虚情小惠为牢笼，以声音笑貌为恭敬，而所谓'礼贤下士，忠心重禄'，未之闻也；'谋其身家，援其缓急'，未之见也。"[③]这位绍兴师爷意在说明他的幕主对他的所谓"有知音之感"，实际上并非那么回事。把上引两段话加以对照，不难看出官幕之间存在着隔阂。虽然在幕

---

① 王衍梅：《绿雪堂遗集》卷17，《幕学类要序》。

② 徐栋：《牧令书》卷4，王植《署规》："……署中位次，惟两席望重，有师道，不可屈次，即首刑名，次钱谷为尊，而书札、号件、销算皆居其下。"

③ 龚萼：《雪鸿轩尺牍》，"自述类"，《又答王言如》。

中也不乏宾主之间彼我同心、相得益彰的情形，但由于官幕之间"其初本以利交"——宾利主之脩，主利宾之才，要达到"主宾相得"，殊非易事。

3. 游幕

绍兴师爷到衙门去佐治，用他们的行话说，叫作"作幕"。他们通常又把作幕称之为"游幕"。作幕而称之为"游"，大体有两个意思：一是指他们离开绍兴故里，而到外地衙门去工作；二是指他们在作幕生涯中总是不断地更换工作地点，随人浪迹于各地的衙门之间。

既然以佐治为工作，绍兴人离开自己的故土家园也就成为必然。绍兴人也在本地作幕，但即使整个浙江省的上下衙门全由他们"承包"，其就业范围也十分有限。清代十八直省，外地的衙门毕竟占极大多数。

绍兴人作幕，由于以刑名、钱谷为专门，所以一般都要经过"学幕"。学幕可分祖传和师承两种方式，然绍兴人以拜师学幕为主要模式。从文献中，可以看到许多所谓"父诏其子，兄勉其弟"的"世幕"现象，但即使是举家业幕，也往往是"教既受于父兄，学或成于伯叔"。叔侄之间虽有长幼名分，但在幕业之中人们更看重的是其师徒关系。质言之，师傅的名气和地位，乃门徒就业的主要依靠。

衙门多在外地，绍兴人学幕也多在外地。这倒不仅仅是因为"菩萨远的灵"，主要原因在于学幕也同学习其他行业一样，是学用结合的，即现在大家熟知的所谓"从干中学，从学中干"。从理论上讲，学幕要先读律，后办案，也就是先读《大清律例》，而后再练习办理刑、钱公事。不过，实际上学幕有速成的办法，即从抄写"成案"中熟悉律例及其应用。学幕一般以三年为期，三年中要学的东西还很多，然而三年之中要学会如何处理具体的公事和办成相应的公文，即所谓"办案"，也并非易事。实心实意教育徒弟的师爷，通常要让徒弟尽快接触实际的公事，并在实践中对徒弟加以严格的指点。所以，实习比读书更重要。这样，待在绍兴家里，靠家里几本成案汇编和所谓"枕中秘笈"之类的书，以及"函授"之类的办法都行不通。学业中有句话，叫作"师傅领进门，修行靠自身"，学幕也不例外。学幕是否有成，名师固然重要，终究要靠自己眼观六路、耳听八方的用心和触类旁通、举一反三的领悟，这就决定了学幕必须随师而学。当时把学幕者，叫作"帽辫子"，即"喻其不与师离也"。

绍兴师爷各省皆有，绍兴人自然可以凭借各种社会关系去攀援，到各地去学幕；各省皆有名幕，皆是一方的名师。但正如现代的大学有所谓名牌，幕学也有正宗之说。幕学的正宗有两处：一是保定，一是苏州，二者又以直隶保定为尚。这两处地方，之所以为幕学之正宗，与它们的政治地位有关。苏州在清代一直是江苏布政司的所在地，此地是所谓"天下四聚"之一，其政治、经济、文化影响所及，几乎涉及全国；抚、司、道、府、县衙门林立且集中，加上地处当时全国社会经济最发达的区域，政务殷繁；又处南北交通之孔道，是绍兴人北上南下的必经之所，幕学师徒聚集于此，势所必然。由此之故，苏州及其周围的常州、松江、湖州、杭州诸府人氏，也都趋之若鹜。抑或由此，绍兴人以在常州府及其附廓县武进县学幕为"绍兴师爷"的正宗。

在绍兴人心目中，幕学之正宗主要在北方的保定。康熙八年（1669 年），直隶巡抚移驻保定，直隶始称省，保定也就成了直隶省省会。这里衙门林立，与苏州相差无几。由于直隶省的政治地位，保定，更确切地说，保定府所在地清苑县城，成了仅次于京城的各地官员交往汇聚之所。如果说苏州主要由于其经济的发达而成为当时全国最具影响力的地方之一，清苑县城则主要依靠其政治上首屈一指的地位而成了当时全国各地官员众望所归之地。再加上与京城毗邻，与朝廷勾通方便，这里便"天然"地成了幕学师徒的聚居地。从清代中叶始，绍兴人就在这里办"习班"，大规模地培训师爷。这种由"帽辫子"式的师徒相传，发展为学校式的规模培养，说明官场对于师爷的需要。而"习班"之出现在保定，与保定一呼百应的政治地位，以及幕师爷可以通过官场的关系网，易于将门徒推荐给全国各地衙门，从而使幕业子弟得到就业等因素，是紧密相关的。绍兴师爷来自绍兴，但正宗的绍兴师爷出于保定。

保定府也就由此而成了绍兴人的侨寓地，而且往往由侨寓而寄籍，最后定居于此。清末曾入张之洞幕的许同莘说："北省幕友，多籍保定，其先亦绍兴人。"[①]在民国《清苑县志》中，其先为绍兴人而入志者就有十多人，其中有仕绩而入名臣传者有七人，占总数的六分之一。而这些名臣，其先人主要是作幕的绍兴人。近人谢宗陶《说保阳年俗》云："保定居本省中部，位于大陆，接近农村，复以

---

① 许同莘：《公牍学吏》，第 236 页，档案出版社 1989 年版。

省会故，当时南来官幕，恒多落户其间（浙人尤多，皆当时刑钱老夫子后裔）。故今日之习俗，殆为乡农与浙绍之混合体。"①移风易俗到如此程度，绍兴人移居保定的人数规模可见一斑。

事实上，保定的情况不过较为突出罢了。清代全国各省会城市，都是绍兴师爷的侨寓之处。由于绍兴师爷总是常年在外地游幕，往往把家眷携到作幕的地方。又由于作幕要随主官更调而更调，或者主官调向别处而需要另觅新主，工作上具有很大的流动性，所以绍兴师爷又不是把家眷带着走，而是选择一个相对稳定的地方作为侨寓之所。一般地说，省城就是最佳的侨寓地，无论是生活还是觅馆，都最为方便。因此，绍兴师爷往往以省城为中心，以一省为游幕的范围。而由于侨寓的相对稳定，年长日久，也就转为定居，成为当地人，以至于"后人或不忆其先世"。②

绍兴人定居于外地而成为外乡人，原因很复杂。从个别情况看，大体有两个原因：一是在老家无田无地，甚至没有亲人，而无家可归；一是子弟已获得很好的发展，特别是在外地生长的子弟入仕为官，既以所寄之籍而"通籍"，又使家庭成了当地的势宦人家，回乡倒反而显得陌生而局促。从总体上看，由于绍兴人在外地侨寓而聚居，形成了一个相对独立且自足的社会生活体系。由于绍兴人一般在五方杂处的都市中生活，与官府有着特殊的关系，在众多的社会力量中间，往往技高一筹；又是在官府中讨生活，与当地的土著保持有一定的距离，并没有受到土著的排挤。更重要的是，绍兴人往往通过家族、同乡、师徒等种种关系，联结成一个出入相望、得失相援、生死相助的生活集体。章学诚说，其"章氏族党，宦游四方，所在辄成聚落"，其在京师，"萃处尤众"，因而有"公会"之设，以"会章氏之族人也"。③虽然绍兴人各有其族，其在外地不见得都与章氏宗族在京师那样设会相聚，但绍兴人之"世幕"，就是以家族力量为纽带的。而且，幕中同行，还可以通过义结金兰，扩大其社会联系。再者，绍兴人还以"乡缘"作为联结的纽带。绍兴人很看重同乡关系。章学诚在所撰《蒋南河先生家传》中记述，"山东游幕多乡人，一人不得所"，山阴蒋五赋"若由己陷之"。尝有乡人携

---

① 《河北月刊》第4卷第3期，1936年。
② 章学诚：《章学诚遗书》卷16，《史府君墓志铭》。
③ 章学诚：《章学诚遗书》卷21，《偶山章氏京师公会簿序》。又，同卷《偶山章氏京师公会簿后序》云："公会之立，义仿宗祠。……得相赞，失相匡；喜相庆，灾相恤；忠孝友悌，相与黾勉；道德术艺，相与讲求。公会人合之义，实与宗祠天属之仁，立法不同，而同有裨于人伦之教。"

家到济南而客死者，五赋即"倡众醵金助"。① 这样的事例，在绍兴师爷群体中所在多有。当时有所谓"到处认同乡"之说，意谓绍兴师爷以同乡关系在官幕之间呼朋引类。这虽然系基于职业，但利益相关，原本并不密切的同乡关系，在游幕的职业生活中变得相当亲密，以至于牢不可破。

事实上，家族关系、同乡关系又往往是与师徒关系结合在一起的。而师徒之间的相互援引，则是绍兴师爷在幕业中最普遍、最显著的职业联系。据许仲元《三异笔谈》记载：山阴人王某，因"工奏摺，刑、钱均擅，居滇久，尤熟其风土人情，遂执梃为幕宾盟长"，云南一省的幕友，都由其点定，"其在门下士"。周询《蜀海丛谈》记载："川省刑、钱幕友，十九皆为浙籍。浙籍中又分绍兴、湖州两帮。两帮中颇各树党援，互相汲引。大致督署及布、按两司之刑、钱系何帮之人，则何帮人中得馆较易也。"② 徐珂《清稗类钞》记载："山阴任筱棠观察之龄，初治申韩家言，久幕于湘，郡邑幕僚，大率为其门徒。"③ 任筱棠，名麟，④ 绍兴府山阴县人，久幕于湘，且长期佐巡抚幕。陈天锡《迟庄回忆录》云："湘省名幕有'邬一王二潘三冯四'之称，……四人者，皆为任筱棠（麟）之高足。"⑤ 而位在"四名幕中之第一人"的邬同寿，就是任氏之同乡。当时有幕业中人曾作《论时下幕习之坏》一篇云："今世之人家子弟，读书不佳，往往改而学幕，或则刑名，或则钱谷。将学幕时，预择一省中之有名老幕而从之……初处适馆，名曰'出手'，例由其师吹荐。倘非师荐，如医生不送招牌然，不但无人延聘，即有人延聘亦断断不能行其道。何也？幕友所恃，全凭声气……而就幕之人，卒未有能不从先生，以试其无师之学者，则非例案中有别解也，有渊源无渊源之别耳。曾从师者，为有渊源，出就馆则他署之幕友，非吾同门即为先生之同门，或为先生之同盟之弟子，自然情谊相洽，指臂相连。倘其人不从师，或所从非本省有名老幕，则一切公事尽形隔膜，虽在院司衙门尚不可，何况州县。我等之所以必先从师者在此。"⑥ 这就是绍兴师爷在清代官场之中声名之盛的主要原因。

---

① 章学诚：《章学诚遗书》卷17。

② 周询：《蜀海丛谈》卷2，《幕友》。

③ 徐珂：《清稗类钞》，第5282页，中华书局1984年版。

④ 陈天锡：《迟庄回忆录》，见《近代中国史料丛刊续辑本》，第49页记载："……其后由幕而官，改名子麟。"

⑤ 陈天锡：《迟庄回忆录》，第49页，《近代中国史料丛刊续辑本》。

⑥ 宜今室主人：《皇朝经济文新编》吏治卷之六。

不过，客居异地而不归，并非其初衷。事实上，绍兴人总是千方百计地回到老家去的。绍兴人到外地游幕，实是不得已而为之的事。章学诚说："吾乡……地僻，人工不修。土之所出，不足食土之人。秀民不得业，则往往以治书律令，托官府为幕客。"[①] 而在绍兴师爷心目中，托足官府，为人作嫁，乃"读书无成，迫于饥寒"所致。他们的人生理想也是学而则仕。所以，他们在入幕之初，多半有过三番五次回乡赶考的经历，而且，于游幕欲罢不能之中，总是以修脯所得，捐一个一官半职，以解心头的渴望，最终目的则在于：在功德圆满之后，能够因此，绍兴人在游幕生活中，总是不忘故里。曾佐姚启圣幕的会稽人谢羽辛，晚年居江宁，转徙扬州，欲返会稽不果。章学诚在其《传》中记："每语子弟，他日毋忘故乡。"[②]《会稽秦氏宗谱序》云："绍兴俗朴，厚重氏族。……语及家世，必冠以族居之地曰'某乡某氏'。间有徙居出其乡者，岁时之祭必与，不敢以为远。述家世，必从其朔。或有客他郡，经数世已著籍其地，子孙之生长于外者，未尝一归省邱墓，而与乡人语，犹自道其家世族居之地曰'吾某乡某氏'也，其不忘祖也盖如是。"

绍兴人之不数典忘祖，表现在游幕的绍兴师爷中，就是在侨寓之所总是保持绍兴的生活习俗，连一口"绍兴话"总是不愿意改。关于绍兴人之说"绍兴话"，梁章钜在《浪迹续谈》中说：绍兴人是"无一人肯习官话而不操土音者"，并且以此通行全国，成为"绍兴三通行"之一。周作人也曾著文谈道："绍兴话并不特别难懂，它只是吴语的东边的一支，但与普通话总差得很多，在大多数人听去很是别扭的吧。而且他们（指绍兴师爷——引者注）偏要强调这个，对于来请教他的东家特别非说老绍兴腔不可，或者懂得几句蓝青官话，这时候反而收起来不用了。"[③] 不过，梁氏说绍兴人无一人肯"习"官话，后来大概有所改变。周作人说他见到的绍兴师爷，是"见同乡打官话，对外省人说绍兴话"。[④] 然而，我们从绍兴师爷非说绍兴话不可的现象中，不是正可以寻找到保定的习俗居然成为"乡农与浙绍之混合体"的原因吗？

当然，绍兴师爷在官场中总是讲他的一口乡谈，还别有妙处。众所周知，官

---

① 章学诚：《章学诚遗书》卷 17，《汪秦岩家传》。息肩乡里，养生送死，过宁静的田园生活。

② 章学诚：《章学诚遗书》卷 17，《谢恕园传》。

③ 周作人：《华侨与绍兴人》，香港《乡土》第 4 卷第 11 期，1960 年 6 月。

④ 周作人：《华侨与绍兴人》，香港《乡土》第 4 卷第 11 期，1960 年 6 月。

场通行的是官话。可绍兴师爷却反其道而行之。其实，讲官话或者讲土语，与佐治并无直接关系。从绍兴师爷方面看，这不过是一种"包装"而已，目的在于显示自己是原装的正牌货。但这毕竟是"商家"的一厢情愿。如果顾客对货色有充分的认识，当然不会被包装所蒙蔽。正如问题总带有正反两个方面。绍兴师爷之讲绍兴话，还有官员方面的原因。恰如当下人们购物讲究买名牌，官员聘请师爷佐幕也是这种心理。既然对师爷并无了解，别人推荐的话大约全如现在的促销广告，又非请几位师爷不可，那就只好从众，购买大家公认的名牌。名牌货的质量总是过硬一些，聘而佐之，自然保险一些。只是当时的官员并不像现在的顾客那么容易上当。如果还以现在顾客的购物状况作比，那么，清代官员似乎在看重名牌的背后，更看重商家"三年保修"的承诺。绍兴师爷在清代官场因为职业的关系，联结成了一张张所谓"聚集省会，引类呼朋，与上下衙门往来交结，因之盘踞把持，勾连串合"①的关系网。这张网原本是附着在官僚关系之上的，但由于"官有黜陟，幕无黜陟"，以及幕友通过上司衙门"勒荐"幕友等等原因，而反客为主，成为清代官僚政治中一层稳定的基础。何桂芳《请查禁谋荐幕友片》指出："各省州县到任，院司幕友必荐其门生故旧，代办刑名、钱谷。该州县不问其人例案精熟与否，情愿厚出束脩，延请入幕，只因上下通声气、申文免驳诘起见，而合省幕友从此结党营私，把持公事，弊端百出，不可枚举。"②正可谓官幕同舟，相得益彰，绍兴师爷之"不肯习官话而操土音"，以及勾连串合、结党营私，固然有其自身的职业原因，但问题的根源却在官场本身。

4. 仁恕

绍兴师爷之刻薄人命，可以说是尽人皆知。通常人们把绍兴师爷称之为"刀笔吏"，用意就在"刀笔"二字上。据云绍兴师爷在词讼上弄刀笔，有所谓"事出有因，查无实据"之说。且不管这句著名的公文用语，其意涵究竟是什么，绍兴师爷之刀笔杀人，似乎不仅"事出有因"——因为绍兴师爷以佐理"刑名"出名，刀笔之下生杀人命，而且"查有实据"——其定人于死罪，在文献中所在多有，更有清末浙江巡抚幕中的绍兴师爷章介眉，"性咨刻，工刀笔"，革命党人秋

---

① 《大清会典事例》卷97，《严查幕友》。
② 葛士浚：《皇朝经世文续编》卷27，《吏政十》。

瑾就是死在他那个"先斩后奏"的坏主意之下的事例,"绍兴师爷"真真是十恶不赦了。关于绍兴师爷刀笔杀人的事例,确实不少,人们所津津乐道者,几乎都在于此。然而,对此需要提出疑问——这难道就是有清一代绍兴师爷的全部作为吗?或者说,拿这些事例来评估判断绍兴师爷的真相就充分了吗?当然,作为茶余饭后之谈助,无论如何演义,都无伤大雅,也不乏兴味,但人云亦云,甚至以讹传讹,对之于学术,那就不够负责。窃以为,对于绍兴师爷需要时下一些人经常说的"平常心",既不把它神秘化,也不把它简单化。

事实上,绍兴师爷在"刀笔"之下,既有"杀人"的一面,还有"生人"的一面。《会稽陶氏族谱》记载:"化鹏,字培风,一字裴风,弱冠游京师,随伯兄从事部曹,郁郁无所遇。……归。既乃习律学,游上元袁简斋大令幕。端谨有老成度,简斋目为铁面。……在通州时,有沿海抢夺案,株连甚夥。剖析冤滞,牍上大府,三驳辄坚持不屈,全活五人,得不兴大狱。"同谱又载:"骏,字东皋。……自杭、湖、金、严、处等郡,及青田、太平、黄岩、建德、乌程、海盐、会稽、嵊县、鄞、仁(和)、钱(塘)等邑,皆先后以礼为罗,致之幕下。所至案法明允,狱无冤抑。逮佐首郡,平反尤多。每定谳,必委曲详核然后已。"诸如此类,亦不胜枚举。诚然,将这类事例全部举出,也不足以证明绍兴师爷皆仁人君子,正如以章介眉之徒不足以证明绍兴师爷全系"劣幕"或者"恶幕"。我们在此举例以证,只是要说明绍兴师爷并非全是章介眉之徒。绍兴师爷是良莠不齐的,但良中有莠,或者莠中有良,总是有其良善的一面。至于名幕汪辉祖"治刑名佐史,凡二十六年,入于死者六人而已",[1] 而有"佐人为治,疑难纷涌,一览得要领。尤善治狱,平情静虑,侔境揣形,多所全活"[2]之类的定评,昭揭于史,在此毋庸赘述。[3]

徐哲身《绍兴师爷轶事》记载:光绪十一年,浙江巡抚刘秉章接到按察司送来的这么一件公事:一个渔民,为报生母之仇,杀死了其父之妾。杀人偿命,这桩命案的审断不言而喻。但结果因为一位姓年的绍兴师爷出计,将谳词中"情有可原,法无可赦"一句,上下文一调,变为"法无可赦,情有可原",那位渔民便免了死罪。徐哲身系绍兴府嵊县人,他说这件翻案之事,起心于他在浙江省营

---

① 汪辉祖:《佐治药言》"求生"条。
② 钱仪吉:《碑传集》卷108,阮元《循吏汪辉祖传》。
③ 参见拙文:《汪辉祖与清代州县幕府》,第145页,《中国史研究》1993年第1期。

务处当差的父亲。其父因为那位渔民是一位有名的孝子，而有心救之，故有先商之于刘中丞，后找年师爷出计之事。言之凿凿，其事之真实性大约毋庸置疑。在这件事中，年师爷虽非主角，出计亦非其主动，但毕竟起了关键的作用。有人从这件事情中看到：绍兴师爷最会舞文弄墨。然而，我们应该进一步提问：他们舞的是什么文、弄的是什么墨，仅仅是尽杀人之能事吗？

梁章钜《退庵随笔》卷四记载："今世司刑之官，多为'救生不救死'之说，不知起于何时；佐刑幕者尤持此论，牢不可破。"佐刑幕者尤持此论，可证之于汪辉祖《佐治药言》。其"求生"条云："法在必死，国有常刑，原非幕友所敢曲纵。其介可轻可重之间者，所争止在片语，而出入甚关重大，此处非设身处地诚求不可。诚求反复，必有一线生机可以藉手。"再可证之于费山寿《官幕同舟录自序》，其云："山读书未成去而读律。山阴沈镜湖先生……教山治狱以'仁恕'为主，如法而止，无过于情。情有可原，当于法外求生，不可于法中求尽。无枉无纵，仍不敢于法，期合乎'哀矜勿喜'之义而已。"还可证之于绍兴人人以"公门中好修行"为劝勉的风尚。

绍兴师爷之所以力求以仁恕治狱，与他们佐刑幕的职业息息相关。他们之所以为官员所聘任，或者说，清政府之所以需要他们佐理刑名，在于他们熟悉与掌握清朝律例案的运用。他们的本领，就在于明确具体的案情，找出相应的律例，在案情与律例之间做出"恰当"的组合，以达到治狱的情真罪当。这也是大家熟悉的所谓"以事实为依据，以法律为准绳"。因此，他们不免要对人命重案做出极刑的判决。把人的生死作为职业，即使是针对命盗重犯，尽管"法在必死，国有常刑"，绍兴师爷并不违言其非。绍兴有句民谚，叫作"作幕吃儿孙饭"，意思是作幕如同作孽，有伤阴骘。即使佐刑名数十年而入人于死者"六人而已"的汪辉祖，亦承认"幕中无心之过，所在多有"，所以他不愿子孙更习此业。① 然而，绍兴师爷以仁恕治狱，无论是来自佛道合一的因果报应的压力，还是源于儒家仁治的政治理念，至少他们在治狱之中存有因果报应的恐惧心理，使他们在处理人命重案之时能够保持一种谨慎的态度，而不致有恃无恐，以致草菅人命，总是值得赏识的！而这一点，恰恰被那些传闻轶事所掩盖。

对人命重犯加以"求生"，并不等于不判以死刑，因为"法在必死，国有常

---

① 汪辉祖：《双节堂庸训》卷5，"幕道不可轻学"条。

刑"。绍兴师爷大抵采取这样的心态对待之，即所谓"求其生而不得，则死者与我两无憾也"。绍兴师爷龚萼说过："刑名、钱谷之事，实为官声民命所关，则哀矜而勿喜，求其生而不得，方可死之。"① 然而，正是一个"求"字，反映了绍兴师爷在职业中，对生命有一种至高的尊重。这是一种精神，也是一种境界。

汪辉祖说："诚求反复，必有一线生机可以藉手"，与他在26年的刑名师爷生涯中"入死者六人"的事实相对照，显然不是案案都要"出"人之罪，而是讲求一种求生的精神。显然，正是因为具有这种精神，他才会有"尤善治狱，平情静虑，侔境揣形，多所全活"的业绩。试想，假如没有这种精神，"轻心锻炼，草率粗略"，其治狱又会是何种结局呢？

本文因为篇幅所限，只能就上述方面做一简略说明。读者诸君如欲对"绍兴师爷"做较为系统的了解，可参阅拙著《官府、幕友与书生——"绍兴师爷"研究》。

---

① 龚萼：《雪鸿轩尺牍》，"规劝类"，《寄甘林侄》。

第一版后记

　　中华民族有 5000 年以上的文明历史，可是由于长期找不到先祖的生活遗迹，不少历史学家不承认炎帝、黄帝、尧、舜、禹，认为这只是一种传说，更不要说有巢氏、燧火氏、伏羲氏、神农氏。是啊，到埃及可以看到古老的金字塔，到希腊可以看到大理石的巍峨建筑，尽管已是残垣断壁，但可以证明他们曾有几千年的辉煌。而在中国却找不到这样的古迹。中国的文明发源于黄河流域和长江流域，先祖们或住窑洞，或住干栏式的房屋。在黄土高原，由于水土流失，地貌发生了很大的变化，六七千年人类活动的遗迹很难保存至今，唯有黄帝陵前那株有五千年左右的"黄帝手植柏"默默地向人们讲述历史。中国自从有了秦砖汉瓦之后，中国的建筑两千年来都是砖木结构，这种建筑一般存在几百年，屡建屡毁，屡毁屡建，所以在中国很难看到埃及、希腊那样古老、壮观的建筑。虽然考古发掘黄河流域的仰韶文化、长江流域的河姆渡文化是 7000 年的历史，由于宣传不够，世界公认两河流域文化是 7000 年，埃及文化是 6000 年，而中国文化只有 4000 年。

　　受自然条件的限制，我们的先祖没有巍峨的建筑，可是中国人十分聪明，很早就发明了文字。著名老作家，金文研究学者骆宾基认为在伏羲氏时代就已有了文字。现在考古发掘从陶器上发现了一百多个字，但是人们能认识（破译）的还不多。骆宾基研究金文后认为在殷墟发现的青铜器不少是夏代的。但是他的研究成果在中国没有得到学术界的认可，而在韩国却有几百人的研究会专门学习、研究他的著作。

　　有文字就有记载，文字和历史是不可分的。中国历朝历代都重视修史，自古以来，国有国史，县有县志，家有谱牒。近百年来中国由于受人欺凌，战乱、瘟疫、自然灾害不断，地方上已有几十年、近百年没有修史了。盛世修史，粉碎"四人帮"后，国泰民安，经济发展，各地都组织人力修县志、地方志。但是相对来说对宗谱的研究不够。为什么？曰：反封建。在封建社会以人的血缘关系为纽带，呼朋引类，结党营私，成为阻碍社会前进的一大顽症。从这点讲，反对的应该、有理。但是在宗谱中也记载了许多正史所没有的东西，是正史的补充，特别是研究历史人物的不可缺少的材料。随着工业的发达，商品的流通，人口移动日益频繁，大家庭从19世纪末开始瓦解，大家庭的成员星散各地，现在大家庭在城市已不复存在。中国有句俗话"远亲不如近邻"就是反映了这个事实。现在对宗谱的研究已带有抢救的性质，《周恩来家世》就是这样一个有益的尝试。

《周恩来家世》记述了周恩来家族33代，近千年的历史，涉及数百人，写出传记者百余人，为研究周恩来提供了家庭背景、人文环境的资料。当我们看完书稿，掩卷沉思，第一个想法就是这本书动手太晚了，如果邓颖超、周同宇、王贶甫在世，很多问题可以迎刃而解，不必费这么多的周折。现在编这本书已是抢救，非做不可了。

由李海文于1995年发起组织绍兴、淮安、北京三地的研究人员写作，绍兴方面由张能耿牵头，淮安方面由秦九凤牵头。经三地研究人员的通力合作，终于取得了今天这个成果。

绍兴、淮安、北京三地的同志毫无保留地提供材料，交换意见，从大量的原始材料和口碑材料中去伪存真，去粗取精，反复商榷、研究，三地来往信件百余封，在绍兴举行座谈会（有金经天、俞昌泰、裘士雄、沈建中、梁志明等七八个同志参加），大家畅所欲言，各抒己见，才有今天的这本书。但仍有个别问题因史料的缺少，难以定论；有个别问题因参加写作的同志意见不尽一致，我们都在书中一一讲明，在正文只取一种说法，而在注释中将其他看法写明。既开诚布公，尊重各方；也希望知情人能提供新的材料，纠正书中的谬误，以便后人进一步研究。

这本书之所以能完成，这是粉碎"四人帮"后全国开展研究周恩来生平和思想的成果；这是绍兴的同志40年来不断收集材料，不断研究的结果；这是淮安的同志20年来调查研究的成果。

绍兴关于周恩来在绍史迹的调查有过四次。早在1959年，在庆祝建国十周年之际，那时有一个写回忆录的高潮。借这个东风，绍兴的同志就开始收集材料。50年代末60年代初，参加这项工作的有绍兴鲁迅纪念馆的张能耿、章贵（闰土的孙子）等，其成果主要表现在两方面：一、搜集到了宝祐桥周氏世代珍藏的《周氏破塘祖茔祭簿》和《老八房祭簿》。在《老八房祭簿》中还有周恩来手迹一页，珍贵异常。二、搜集到了1939年周恩来在绍兴题词多幅。又访问了陈山、王贶甫、蒋桐生、陆与可、孙胡法、祝更生、周文炳等有关人物。得到浙江省省长周建人、浙江省文化局副局长许钦文、绍兴市工商联主任王贶甫的支持。在周建人领导和支持下绍兴修复了周恩来祖居百岁堂（主体部分）。

第二次调查是在粉碎"四人帮"到20世纪70年代末，参加这次调查的人先后有金经天、张能耿、裘士雄、章贵、许宋奎、方杰、刘有成、陈惟予、沈建中、谢德铣、王德林、陈佐林、朱元桂、杨德礼等。这次调查先后得到了当时的中共浙江省委宣传部商景才、谢兰生，中共绍兴地委副书记、专员吴书福和绍兴县委领导王尊贤、沈祖伦、崔树桐、倪焕铨等的大力支持。参加这次调查的同志广泛走访周恩来的亲属和知情人。调查由绍兴开始，而后推及到淮安、杭州、萧山、嘉兴、兰溪、天台、诸暨、武汉、上海、天津、北京、东北等地。经这些调查，基本搞清了周恩来与绍兴的关系，抢救了不少鲜为人知的材料。并新发现和征集到不少珍贵的照片和实物资料。在这基础上，在百岁堂布置了"周恩来总理纪念展览"，供游人瞻仰。

第三次调查在20世纪80年代初，由党史系统为主组织进行，以调查1939年周恩来浙江之行为主要内容。参加这项工作的，主要是绍兴市委党史研究室和绍兴县委党史研究室、诸暨县委党史研究室，他们先后访问了杨源时、乐培文、周迪道、章宗义（六龄童）、陈山、倪寒若、王去病、王成、王京、王俭、夏高阳、郭子韶、刘久洲、宋子亢、陆与可、史美钰、陈香珍等人，获得调查材料近30万字，还查阅了黄绍竑关于周恩来的回忆及当年报刊资料，获得党史有关照片59幅。发现了敌伪档案中有关周恩来皖浙之行的内容。先后参加调查的，有杨伯心、董光楚、王文全、黄平、陈章兴、魏伟、余一苗、赵玲华等，王文全、陈章兴等，写出较详细的调查报告。

继三次调查之后，由于绍兴宝祐桥河沿周恩来祖居百岁堂的对外开放，又有绍兴市文物管理处的朱云珍、王足、楼隆春、李建明调查。同时张能耿在鲁云海的陪同下，从诸暨枫桥周恩来表弟鲁学琪处，征集得皋埠鲁家的《利字分书》，丰富了皋埠鲁氏表亲的材料。此次为编写"家世"，对过去的调查材料又作了必要的核对和补充调查，调查、采访了周思英、周思源、周毓淦、周桂英、周毓鉴、周华夫、陈文惠、骆昌泉、宋子亢等，收集到大量原始资料及口碑资料。并经诸暨安华镇镇长和丰江村周红光协助下，从周柏琴处看到了诸暨丰江周《周氏宗谱》。

从第一次调查史料搜集文物到这次编写"家世"，前后历时近40年。在这40来年里，调查人员曾先后访问周恩来族人、亲戚、朋友、部属和战友不下百余人，收集到大量资料。但是因为没有看到后马的周氏宗谱，对后马的周氏没有排出较详细的世系表，是本书的遗憾。

《周恩来家世》的编写，得到了中共绍兴市委、绍兴市人民政府、绍兴市政协、中共绍兴市委宣传部领导的赞同和支持。中共绍兴市委副书记沈才土、绍兴市政协主席戴本妥、绍兴市委宣传部部长季章拉、副部长尹凌云、市委宣传部理论科科长柳巨波、绍兴市文化局副局长陈华忠、绍兴县政协副主席章榴先、绍兴越文化研究所所长李月兔，均给予种种的支持和协助。

绍兴市文物管理处主任高军、绍兴县华舍镇领导俞水林、周信祥、陈吉安及宣传委员朱伟萍；齐贤镇党委书记章长胜、镇长章阿牛、宣传委员王阿厚；皋埠镇委书记贺晓敏、镇长张金林、宣传委员毛海美及张续红；诸暨市的安华镇镇长陈国镇、枫桥镇镇长方建明和绍兴县后马村村委主任周纪根、诸暨市安华镇丰二村村委主任周红光、丰江周《周氏宗谱》收藏者周柏琴等也给予了很多支持与帮助。金经天提供了所掌握的调查材料。

照片的拍摄、翻拍等方面，得到绍兴鲁迅纪念馆、王养吾、章关甫、李奎懋、钟守成、李操、袁士雄、谢涌涛、柳巨波等的许多帮助。

调查编写中得到了绍兴县齐贤镇人民政府、皋埠镇人民政府和绍兴华宇印染纺织集团公司董事长、总经理周松祥和华港染织集团公司董事长、总经理肖国英和绍兴金银饰品厂厂长俞承祝的资助。

淮安方面的调查是从1977年初开始，中共淮安县委成立了《周总理与故乡》编写组，明确规定采访对象以周恩来的亲属、晚辈为主；采访的重点是周恩来在淮安时的童年生活，及其对亲属、晚辈的教育，对故乡干部的教导，对故乡建设和群众生活的关怀。编写组有狄仁康（组长）、邢熙坤、卢再彬、张人权、朱国瑾、杨大生等人，从周恩来的诞生地淮安，及其童年曾生活过的地方淮阴、宝应开始，逐步扩展，走向全国各地，历时一年多，涉足18个省市，行程一万多公里，接触了数百人，抢救了一大批资料。除周恩来的亲属外，还有周恩来故居的老邻居、96岁高龄的张老太、周恩来在沈阳东关模范学校读书时的老师、年逾九旬的张镜玄、同学卢广绩，并查阅了有关档案资料。编写组收集到不少周恩来家族从其祖父开始定居江苏后三代人的情况。及万氏、陈氏家族的情况。这可以说是淮安的第一次调查。

周恩来故居开放以来，1990年周恩来纪念馆建成后周氏亲属不少人回故乡访问，也送去了许多鲜为人知的资料。如秦九凤从周华凯处征集到周嵩尧写的《周氏渊源考》，从浙江图书馆古籍部征集到的周和鼎、周嵩尧、周家琛的中举资料等。

周恩来祖居管理处和周恩来故居纪念馆，经过长时间的努力，征集到不少文物及万氏家族的字画，从而订正、补充了史料和口碑材料的不足。

在本书编写过程中得到周恩来故居管理处、周恩来纪念馆、周恩来少年读书处等单位的帮助，刘丽丽帮助提供照片。

周恩来的侄女周秉宜（周同宇之女）从1993年开始潜心研究周恩来家世。5年来，她自费在北京、绍兴、淮安、铁岭、沈阳、天津、广州、南京、保定、石家庄等城市进行了广泛的采访。采访对象达100多人次。其中有原重庆八路军办事处张颖、袁超俊、颜太龙、吴宗汉、刘三元等；原武汉八路军办事处朱慧等；原西花厅工作人员成元功、张树迎、张永池等；广泛地采访周恩来的亲属，及郑仁寿的后代郑约之、沙青，尤其是和王士琴、周华章做过多次的交谈与探讨。严修的孙子严仁赓和铁岭的李奉佐提供了历史资料。共整理采访记录60多万字。并对采访和收集的资料进行了反复的分析与求证，尤其对周家旁系亲属如樊家、郑家、鲁家和周家的横向关系做了思考和研究，又结合自己对周氏家族特点的了解，终于对周氏家族100多年来从周元棠到周恩来（青年）五代人的历史演进有了一个比较清晰的概念。但仍因苦于有关证明材料的欠缺而不能贸然动笔。

1997年9月初，周秉宜加入《周恩来家世》的编写工作。主要对本书第七、八、九、十一各章进行修改和重写。她因得到《周氏渊源考》、《老八房祭簿》等重要史料而豁然开朗，厚积薄发，在一个半月内写出六七万字。在写作过程中，与李海文多次讨论推敲，并由李海文在清官制度和中共党史方面给予全面校正与补充。

经过一年多的时间，在大家的努力下，这本书终于以一个真实、丰满和完整的轮廓，以一个比较扎实和成熟的学术面目面对广大读者。

通过这些历史的画卷，我们可以从家庭和社会演进的角度看到一代伟人周恩来是如何走出封建家庭，投身轰轰烈烈的大革命，成为一名坚定的无产阶级革命战士。

周恩来生前十分重视对家庭的教育和改造。周家是个封建大家族。建国以后，周恩来并没有简单地采取和封建家庭划清界限、一刀两断的办法来对待亲属，而是热心地帮助大家。周家几房数十人乃至上百人，从清朝遗老周嵩尧到新社会出生的小侄女周秉建，他都分别给予了相应的帮助和教育，以使大家族中的每一个成员都能放弃传统的家庭观，走上自食其力和为大众服务的新的人生之路。正如他在 1964 年 8 月初对亲属的谈话中所说："要否定封建的亲属关系，不是消灭他们，而是要救他们。""我希望你们能跟着我一起背叛封建家庭，投降无产阶级，走一条革命的道路。"

1959 年 4 月 29 日，周恩来在全国政协举行的茶话会上还讲过这样一段话："收集旧社会的典型事迹也很有价值，如近百年来有代表性的人物、家庭和家族的情况就值得研究。看看他们是如何发生、发展和衰亡的。"从这个意义上说，对周恩来家世的研究也是研究周恩来思想的一个重要和不可或缺的部分。

鉴于时间仓促，有些亲属还没有找到，有很多资料也尚待进一步挖掘。还有一些问题因史料的缺乏而难以定论。此书仅作为对周恩来家世的初步探索。

在成书过程中得到周秉德、周秉钧、周尔辉、周尔萃、周尔均、周尔鎏、周保庄、周保昌、周保常、周保章、周华凯、周毓沧、周华章、王士琴、王兰芝、朱钟则、陈莱官等周恩来亲属的帮助。周秉宜几年来的研究采访，在经济上得到丈夫任长安的全力支持；李海文得到严佑民、天津王绪周、李爱华、九江吴金标等同志的帮助。

对曾经支持过调查研究、帮助过《周恩来家世》编写的人员和单位，均一并致以谢意。

李海文　张能耿

周秉宜　秦九凤

附记：

由于参加本书编写的人员很多，又由于在成书的过程中经过多次修改，且从全书的谋篇布局考虑，对部分稿件进行编并，故删去了原附于篇末的作者姓名。为了比较清楚地反映出每位作者为本书所做的工作，特将写作情况简列如下：

此书于1996年秋由张能耿组织绍兴的同志写出本书的一、二、三、四、五、十章的全部内容及六、七、八各章的部分内容。参加的作者有（以文章出现先后为序）：

邹志方　周敦颐、周长发、周元棠

张能耿　周敦颐到周靖世系表，二世、三世小传，周靖，五世、六世小传，周治、周阊、周恪及八世至十世小传，南门族世系表，周澳，绍兴周桥族世系表，十一、十二小传，周恩来和鲁迅的革命友谊，周庆，五世到十世小传，宝祐桥周氏世系表《周氏破塘祖茔祭簿》、《老八房祭簿》介绍，周懋章，十二世到十四世小传，五十房世系表，周文灏，周左泉、周樵水和他的五个儿子，周延春，百岁堂，周嘉璋，周金麟，周希农，周文柄，鲁登四及其后代，鲁氏世系表，鲁小和，陶堰，1939年周恩来在绍题词

杨士安　诸暨和紫岩的历史和现状，诸暨南门概况，周谨到周庆世系表

方彩琴　诸暨南门族后裔的迁徙

陈　逸　历史文化名城绍兴

金建华　周桥简介

张　昇　周恩来和鲁迅属周桥同宗

俞昌泰　周茂小传，后马介绍

何信恩　后马周氏历代名人，周桂珍

孙伟良　上午头，宝祐桥河沿的变迁（与梁志明合写）

章　贵　百岁堂修复记

裘士雄　建国初期周恩来汇款缴故居房产税，周嵩尧给鲁觉侯的三封信

王文全　周恩来1939年回绍抗战三昼夜

梁志明　周恩来1939年在绍祭祖与续谱

杨伯心　周希农儿媳陈芝年访谈录

谢诵涛　王子余，周恩来与绍兴家乡戏，从火珠巷到光明路

王　足　王觊甫

陈永良　皋埠镇

陶馨远　周恩来和陶尚钊是祖表亲

秦九凤组织淮安的同志写了七、八、九、十三各章的内容，参加的作者有：

秦九凤　周光焘、周骏发、周贻宽、周恩灿、周嘉琛、周晋侯、周昂骏、周
　　　　联骏、周子庞、淮安、周劭纲、万十二姑、周贻奎、陈沅和陈氏、
　　　　周贻赓、周贻奎和杨氏、周龢鼐、周嵩尧、周济渠、周贻鼎、万青
　　　　选及其后代、龚荫荪及其后代、周同宇、周恩涛、周恩夔、周恩焕、
　　　　周恩宏、周恩勤、周恩硕和陶华、周恩彦、周恩煦、陈式周，和张
　　　　人权合写周博宇

李　潇　周殿魁

杨大生　周恩来故居

王旭馗　周恩霪

毛鼎来　文渠

卢再彬　周恩来的十条家规，参加陈氏、陈式周的写作

淮阴周恩来少年读书处　万家世系表

　　　　　由李海文组织北京的作者有：

周秉德　从高祖到周恩来世系表

方铭、成也竟、郑淑云　周恩来与邓颖超

廖心文　整理周同宇访谈录

李海文　大事记

郭润涛　绍兴师爷

　　1997 年 4 月稿件陆续收齐，由李海文负责全书的谋篇布局，组织并自己写了部分第二稿（四易其稿）。

　　9 月周秉宜加入后，写了樊氏、樊文炜、樊燮、周嘉琛的子女、周起魁、郑仁昌、郑仁寿、周贻赓夫人杨氏、王兰芳、王士琴、万贞、有关周恩来祖父的名字和官职的考证；对周嘉琛、周晋侯、周昂骏、周炳豫、周贻鼎、周劭纲、周贻赓、周济渠、周贻淦、陈式周、周博宇、周恩夔、大事记做了许多重要增

补，修改并写出第二稿；对周八太、万十二姑、周嵩尧、周恩灿等做了部分增补与修改。

全书由李海文定稿。

1997 年 10 月

再版后记

　　此次再版，由李海文、秦九凤修订。2008年2月6日陈式周之子陈莱官审定秦九凤写的《周恩来嗣母陈氏》一文时，将其爷爷陈源的名字改为陈沅。此次采纳了他的意见。由李海文两次修改，审定全书。第一次修改是从2013年底开始到2015年8月完成，因忙于《"四人帮"上海余党覆灭记》的写作和《在历史巨人身边——师哲回忆录》的修订、再版（九州出版社2015年出版），此项工作只能断断续续地进行。事隔5个月后又做了第二次修改。

　　李海文增写了《钱能训》《周恩来的岳母杨振德》，增订了《大事记》。秦九凤增写了《龚志如》《续在家谱上的"恩勤"是谁？》，并提供照片。

　　本次修订得到周秉德、周秉宜、周保章、周尔鎏、周尔均、陈莱官、李玉树、周华凯、钱家骏、杨士安、李凤翔、乔宝华、黄向才、王艾村、绍兴周恩来纪念馆的帮助，周秉德、周保章、周尔鎏、周尔均、丁龚敏、钱家骏、绍兴鲁迅纪念馆、杨士安、秦九凤等提供照片。在此一并表示感谢。

　　利用再版之机，对古文几处断句的争论，特别请教于郭庆山、戚燕平先生，他们是北京师范大学、中医学院资深的中文副教授。在此表示感谢。

　　感谢兄嫂李海渊、秦吉玛的邀请，在侄子李征的安排下我和先生严晓江到博鳌千舟湾小住。此处空气清新，环境优美，顿觉神清气爽，身体大好，头脑清晰，大大提高工作效率。这里远离城市的喧嚣和雾霾，专心致志修改书稿，对书中众多人物进行横向、纵向比对，思考、研究，发现了几处错误，均已更正，并在几处增加了画龙点睛之笔，将周恩来成长的环境交代得更加周全，终于完满完成了任务。

　　感谢严晓江几十年如一日地对我的支持、鼓励与帮助，家和万事兴。

　　感谢九州出版社的厚爱，感谢郑闯琦、周春、李文君等同志的努力。没有他们的努力，也不可能有此次的再版和如此精美的印制。

最后，感谢读者。真诚希望他们能对我的书提出宝贵意见。因为最终，一本书是在读者那里实现它的价值的。

李海文 2016 年 3 月 5 日于千舟湾